가계도 분석을 통해 본
세계 유명인의 가족비밀

Monica McGoldrick 저 **남순현 · 황영훈** 공역

학지사

『You can go home again』: RECONNECTING WITH YOUR FAMILY
by Monica McGoldrick

역자 서문

이 책의 원서 『You Can Go Home Again』을 번역하게 된 계기는 역자들이 Bowen과 그의 제자 Kerr의 『Family Evaluation』을 번역하게 되면서였다. 『Family Evaluation』을 번역할 당시, 역자 모두는 가족심리학이 한국에서 얼마나 중요한 영역인지를 실감하면서 실제 현장에서 가족치료를 좀 더 쉽게 독자에게 알릴 수 있는 방법을 모색하고 있었다. 그 무렵 가족치료를 전공하는 몇몇 사람에게는 미국에 있는 Monica 선생에게 직접 단기 슈퍼비전을 받을 기회가 생겼고, 그것을 계기로 학회에서는 Monica 선생을 모시고 한국에서 워크숍을 갖게 되었다. 『Family Evaluation』이 너무나 이론적이었기 때문에, 가족치료가 독자에게 쉽게 다가설 수 없다는 것을 절감하고 있었던 역자들에게 Monica 선생의 『You Can Go Home Again』은 너무나 신선한 충격이었다.

『You Can Go Home Again』은 세계 유명인의 가족사례를 통하여 유명인의 가족은 말할 것도 없고 자신의 가족에 대해 새롭게 조명해 볼 수 있는 기회를 제공해 주기 때문에, 가족심리학을 전공하고 현장에서 가족치료를 활용하고 있는 역자뿐만 아니라 일반 독자에게도 유용할 것이다. 『You Can Go Home Again』에서 Monica 선생은 일반인도 쉽게 활용할 수 있는 가계도 분석을 통해 우리가 알지 못했던 세계 유명인의 가족비밀을 심도 있게 파헤쳤고, 가족원이 만들어 낸 가족신화나 가족비밀이 어떻게 한 세대에서 다음 세대로 전수되는지에 대한 명확한 이해를 제공해 주었다.

따라서 『You Can Go Home Again』은 가계도를 이용하여 가족치료를 하고 있는 전문가에게, 지금 가족심리학에 매료되어 가족치료를 기웃거리고 있는 학부생이나 대학원생에게 그리고 현재 행복한 삶을 살고 있거나 혹은 불행하다고 느끼고 있는 일반인 모두에게 많은 도움과 큰 힘이 될 것이라고 확신한다. 역자 중 한 명인 황영훈 소장은 Monica 선생을 아줌마라고 표현하곤 한다. 실제로 그녀는 너무나 소탈하고 털털한 아줌마다. 하지만 그녀의 강의는 부드러우면서도 빈틈이 없다. 아마도 역자들은 『You Can Go Home Again』이라는 저서보다는 너무나 인간적인 Monica 선생에게 더 매료되었는지도 모른다. 그래서인지 몰라도 역자들은 번역이라는 힘겨운 과정 속에서 인간에 대한 더 많은 이해와 배려를 배웠다.

역자들은 이 책을 통해서 독자에게 가계도가 가족을 평가하고 치료하는 중요한 도구임을 다시 한번 전하며, 가계도를 이용한 가족탐구여행이 독자 개개인 모두를 새롭게 탄생시킬 것이라고 믿는다. 아울러 이 한 권의 책이 여러 독자에게 가족을 다시 한번 되돌아보고 감싸안을 수 있는 기회를 제공하고, 독자 모두의 마음속에 영원히 간직되길 바란다.

마지막으로, 이 책의 출판을 맡아 주신 학지사 김진환 사장님께 감사의 마음을 전한다.

역자 남순현

저자 서문

이 책이 완성되기까지 오랜 시간이 걸렸다. 『To Go Home Again』에 대한 집필은 내가 처음으로 Murray Bowen의 가족체계적 관점을 접하면서 가족 안에서 나의 역할을 변화시키려고 노력하던 20년 전부터였다. 나는 우리 가족사를 통해 강인하면서도 마음이 여린 어머니에게 더욱더 깊은 사랑을 느꼈다. 나는 아버지를 사랑하지만 어머니를 더 사랑할 수밖에 없게 하는, 다정다감하고 재치와 유머가 넘치는 아버지의 한계를 인정하게 됐다. 나는 와이오밍주에서부터 더니골주 밸리보페이 근처 '계곡'과 스키버린 근처 산꼭대기에 걸쳐 사는 친척들에 대한 조사와 함께 우리 가족의 가계를 탐구하는 데 많은 시간을 보냈다. 이런 은밀한 여행은 내가 우리 조상의 일부라는 것과 우리가 우리 후손에게 어떤 것을 물려주는 것이 올바른지를 알게 해 주었다.

나는 지난 23년 동안 가족치료를 가르치면서, 내게 커다란 영향을 미친 가족체계의 이론적 개념을 널리 알리려고 했다. 나는 인물에 대한 가계도가 없는 책은 읽지 않을 정도로 가계도에 푹 빠져 버렸다. 이 책을 읽는 독자도 이 책에 있는 유명인의 가족이야기를 통해 내가 느꼈던 흥미와 매력을 느끼기 바란다.

유명인에 대해 얘기하고 있는 사람이 어떤 사람인지 독자가 알 수 있도록, 간략하게 우리 가족사를 소개한다. 나는 3녀 중 둘째이고, 아일랜드계 미국인 4세다. 1943년 브루클린(브루클린 다저스)에서 태어나, 6세부터 펜실베이니아주 솔리버리의 한 농장에서 자랐다. 나와 어린 시절, 사춘기 그리고 성인기를 함께 살아온, 내가 아는 한 가장 흥미로운 여성 중 한 명인 나의 어머니는 바너드 대학 34회 졸업생이다. 어머니는 37년 동안 해로한 아버지를 만나면서 가족을 위해 홍보회사의 성공한 자리를 포기했다. 아버지는 뉴욕에서 잘 알려진 급진적인 정치가로서 변호사이자 교사였다. 사실 우리 집안은 교육자 집안이다(언니와 여동생, 시댁, 친정 친척 중 한 명을 제외한 모두). 사랑하는 가사도우미 Margaret-Margaret Pfeiffer Bush는 북부 캐롤라이나주 애슈빌 출신의 흑인이다. 그녀는 인종차별 때문에 가족의 품을 떠나 어머니의 손에 이끌려 온, 내가 글을 가르쳐 줄 때까지 글을 몰랐던 어린 시절 가장 절친한 친구였다. 아버지는 주말마다 가족을 방문했다.

나는 우리 확대가족에게서 많은 사랑을 받았다. 이모 Mamie는 우리의 '산타클로스'였다. 브루클린 공립학교에서 여러 해 동안 아이들을 가르쳤고, 나에게 그림 그리는 것을 가르쳐 준 이모 Mildred는 나를 입양하고 싶어 했다. 삼촌 Raymond는 나에게 러시아어와 음악을 알게 해 주었고, 내가 우리 집에 또 다른 물리학자(남편)를 데려오자 기쁨을 감추지 못했다.

또한 나에게는 아버지의 동창이자 훌륭한 대부모인 Marie와 Elliot Mottram이 있다. '골리워그의 스텝댄스'를 피아노로 잘 연주하던 외할머니가 사촌 Hughie와 McGoldrick 일가 다른 친척들과 잦은 왕래가 있었던 사실을 한참 뒤에야 알게 됐다. 나는 그들에게서 중요한 몇 가지 가족비밀을 알게 됐다. 내가 1975년에 알게 된 이후 자주 방문하게 된 코르크의 Cahalanes 일가처럼 가족비밀은 나 자신과 우리 가족을 더 정확하게 이해할 수 있게 해 주었다. 더니골주 밸리보페이 근처 '계곡'에 살고 있는 친척 모두가 지금 내 영혼 속에 살아 숨 쉰다.

나는 대학에서 러시아문학을 전공했다. 사회복지학(내 논문은 치료에서 어린아이의 유머 사용에 관한 것이었다.)으로 전과하여 가족치료에 매료되기 전까지 러시아문학(내 논문은 도스토옙스키와 푸시킨에 관한 연구였다.) 박사과정을 마쳤다. 나의 주 관심 분야는 문화, 계층, 성별, 인종, 결혼, 생애 주기, 정신분열증, 재혼가족, 형제자매, 국제결혼, 1인 가족치료 및 가족원의 상실이 가족에게 미치는 영향 등이다. 저서로는 『변화하는 가족생애주기(The Changing Family Life Cycle)』, 『다문화 가족치료(Ethnicity and Family Therapy)』, 『가족과 여성(Women in Families)』, 『상실을 넘어서(Living beyond Loss)』, 『가계도(Genograms in Family Assessment)』 등이 있다. 나는 1991년에 설립된 뉴저지주 다문화가족연구소장이 되기 전까지 여러 해 동안 로버트 우드 존슨 의과대학교에 재직했다.

이 책의 개념들은 저서『가계도(Genograms in Family Assessment)』에서 나온 것이다. 나는 사례로 인용된 유명인의 가계도가 가족체계의 개념을 이해하기 쉬운 방식으로 전달해 줄 것이라 확신한다. 따라서 가족체계의 개념들이 독자를 위해 한 권의 책으로 탄생되었고, 10년 후에는 이 책이 모든 독자의 손에 있게 되길 바란다.

저자 모니카 맥골드릭

차례

제**1**장

집으로 돌아가야 하는 이유

이 책은 인생에서 가장 중요한 관계에 대한 탐색, 즉 우리에게 '집(home)'이란 개념을 가장 먼저 알려 주는 가족과의 유대에 관한 책이다. 가족을 알면 알수록 나를 더 많이 알 수 있고 삶이 자유로워진다. 알코올중독, 성학대, 자살과 같은 힘겹고 고통스러운 가족경험조차 나의 일부이다. 실제로 나의 행동에 영향을 미치는 가족에 대한 이해는 내가 모르는 부분을 알게 해 주고 타인과 좀 더 완전한 관계를 맺게 해 준다.

"지난날을 기억하지 못하는 자는 똑같은 역사를 되풀이하게 될 것이다."[1)]라는 말이 있다. 가족과 가족사를 알고, 여러 세대에 걸친 가족원의 문제와 관계 맺는 방식을 알게 됨으로써 단순히 가족 경험의 피해자나 가해자가 아니라, 과거 가족원이 했던 행동에 동참하는 적극적인 행위자로서의 내 모습을 이해할 수 있다. 가족유산에 대한 이해가 나의 미래를 변화시킨다.

1) 역주: 미국의 철학자, 시인, 소설가인 George Santayama(1863~1952)의 저서『이성의 삶 *(The Life of Reason)*』에 실린 글로 폴란드 아우슈비츠 수용소 정문에 있는 돌에 새겨져 있다.

'가족(family)'은 세상에 존재하는 우리와 깊이 연결되어 있다. 가족원은 서로 닮았다. 버릇이나 제스처가 비슷하다. 가족은 출생, 졸업, 질병, 죽음 등 우리 삶에서 가장 중요한 순간을 함께했다(아니면 우리는 그들이 항상 거기에 있는 것이 당연하다고 믿는다.). 게다가 우리는 가족이 나를 이해하지 못하고 사랑하지 않고 격려해주지 않는다면, 그렇게 해 줄 수 있는 사람이 아무도 없다는 것을 잘 안다. 우리가 나이를 먹든 정신적으로나 물리적으로 떨어져 있든 간에, 우리는 가족의 중요성에서 벗어날 수 없다. 비록 우리가 가족과 자주 연락하지 못하고 왕래가 뜸할지라도 우리 삶에서 가족관계는 매우 중요하다. 그러나 우리는 의사소통할 통로를 찾지 못한다. 혹자는 우리가 부모나 형제를 사랑하지 않거나 그들이 우리를 사랑하지 않아도 전혀 문제될 것이 없다고 하지만, 실제로는 그렇지 않다. 가족과 멀리 떨어져 있거나 멋진 성과를 올리거나에 관계없이 가족은 늘 우리와 함께하며 우리는 늘 가족과 함께한다. 원가족은 사실 종종 기괴한 방법으로 결혼생활 내 배우자와 자녀관계 속에서 되살아나고 오늘날 많은 '혼합가족' 속에서 반복된다.

가족은 배우자든, 자식이든, 문화와 시간을 초월한 친구, 심지어 일에서까지 우리를 끊임없이 따라다닌다. 각 가족은 가족 고유의 독특성을 지닌다. 그리고 가족구조와 가족역할이 크게 바뀔지라도 가족이 관계하는 기본 방식은 바뀌지 않는다.

1세기도 훨씬 더 전에 '바람직한 가족관계'를 맺으려고 애쓴 에이브러햄 링컨(Abraham Lincoln)은 20년 동안 왕래하지 않았던 아버지의 임종을 보려 하지 않았다. "우리 부자가 지금 만난다면, 기쁨보다도 고통이 더 작았는지 의심스러울 것이다."[2] 유년시절 아버지의 학대를 받았던 것으로 여겨지는 링컨의 아버지와의 관계개선에 대한 진솔한 무망감은 오늘날 많은 사람의 행위와 유사하다. 전 미국에 지대한 영향을 끼친 링컨의 많은 업적에서 볼 수 있듯이 그의 총명함과 명석함에도 불구하고, 아버지에 대한 회의는 어쩌면 달라질 수도 있는 부자간의 마지

2) Stephen B. Oates, *With Malice toward None: The Life of Abraham Lincoln* (New York: New American Library, 1977).

막 만남조차 이루어지지 못하게 했다. 이런 양상은 오늘날에도 마찬가지이다. 겉으로 보기에 성공한 많은 사람이 가족 안에서 관계를 잘 맺지 못한다. 아버지들은 외롭게 숨을 거두지 않으려고 자신의 속마음을 감춘다. 팻 콘로이(Pat Conroy)는 소설『사랑과 추억(the Prince of Tides)』에서 톰 윙고의 상처투성이 여동생과 가족을 학대한 아버지를 통해 가족 모두에게 복잡하게 얽혀 있는 가족비밀을 잘 묘사했다. "가족이 서로를 할퀴고 상처 줄 때, 알 수 없는 뭔가가 느껴졌다. …… 심연 깊숙이 꿈틀거리는 알 수 없는 본능적이고 전율을 느끼게 하는 오래된 공포 …… 난자한 피, 낯선 남자들, 어떻게 해야 할지 몰랐던 …… 그것이 그렇게 내 안에서 심하게 요동치게 한 것은 여동생의 눈물도 아버지의 눈물도 아니었다. 내 안에 숨겨져 있는 공포, 잊을 수 없는 그날의 두려움 그리고 형언할 수 없는 가족의 침묵이었다."[3)]

도대체 무엇이 우리가 가족에게 다가가는 것을 그토록 힘겹게 하는가? 어째서 우리는 부모와 형제자매는 안중에도 없고, 배우자와 자녀에게만 집착하는가? 어째서 많은 사람이 가족과 무료하고 고통스러운 일상에 갇히거나 집에서 도망치려 하는가?

대부분의 사람은 중요한 가족원과의 '관계를 끊으려고' 할 때, 정서적 대가를 지불해야 한다는 것을 안다. 마음속 저 깊은 곳에서 좀 더 만족스러운 무언가를 갈구하고 있기 때문에, 부모와 얼굴을 보지 않고 산다는 것은 긴장의 연속이다. 똑같은 일이 형제자매 사이에서도 일어날 수 있다. 만약 두 자매가 40년 동안 대화를 단절했다면, 자매 모두에게 상당한 큰 손해이다. 그들은 서로 닮았을 수도 있고, 비슷한 목소리와 태도로 그들만의 공유된 과거를 갖고 있을 수도 있다. 누군가가 그들에게 가족 행사에 함께 참여해야 한다고 한다면, 그 사람은 눈에 보이는 그들의 냉랭함 이면에 깔려 있는 긴장감을 느끼게 된다.

이 책에서는 유명인과 그들의 가족유형을 설명하기 위해서 유명인 가족의 가계

3) Pat Conroy, *The Prince of Tides* (Boston: Houghton Mifflin, 1988).

도를 소개한다. 특정 가족을 대상으로 삼은 것은 그들의 가족유형과 여러 세대에 걸친 인명기록을 쉽게 접할 수 있기 때문이다. 이 책에 소개된 많은 이야기는 불완전하다. 왜냐하면 사례를 설명하기 위해 가족의 특정 단면만을 조명했기 때문이다. 사실 매우 극소수의 전기작가만이 유명인의 가족 내력을 알고 있으므로 수집한 자료만으로 '유명인 가족'을 충분히 파헤친다는 것은 매우 어려운 일이다. 모든 가족사가 그렇듯이 정보가 부정확할까 봐 염려스럽지만, 우리는 언제나 불완전하고 때론 부정확한 정보를 취급하여야 하기 때문에 가지고 있는 정보를 토대로 최선을 다해야만 한다.

모든 가족이 그들의 특정 역사 속에서 독특성을 보이지만, 가족의 기본 상호작용은 유사하다. 유명인 가족은 세간의 이목을 받고 있기 때문에 일종의 유명세를 치를 수 있지만, 모든 가족은 시간, 계층 그리고 문화장벽을 뛰어넘어서 생사를 함께 경험하며, 사랑과 고통 그리고 갈등을 다루는 기본방식을 갖고 있다. 모든 가족은 반드시 가족원을 잃고 얻는 방법을 알아야만 한다. 따라서 정서과정 면에서 유명인 가족은 다른 가족만큼 '일반적'이거나 '독특'하다.

많은 사람이 가족사를 무시하는 경향이 있다. 그 누구보다도 인간행동에 대한 우리의 생각에 지대한 영향을 미친 지그문트 프로이트(Sigmund Freud)는 부모의 삶, 형제간의 역할, 확대가족의 중요성을 경시하고, 거의 예외적으로 오직 어린 시절 부모와의 성적 환상의 중요성만을 강조했다. 거기에 감히 그가 말하지 않은 프로이트 가족의 비밀이 있는 것인가? 최근 조사에서 이를 지지하는 결과가 나오고 있지만, 수많은 프로이트 전기작가조차도 그동안 그의 가족에 대한 탐구에서 이를 간과해 왔다는 사실은 매우 흥미롭다. 예를 들어, 프로이트의 전기작가가 95세까지 산 프로이트의 어머니에게 관심을 가질 수는 있지만, 프로이트 가족 안에서 어머니의 역할에는 거의 관심을 갖지 않았다. 우리는 프로이트 어머니의 부모와 형제 관계 그리고 어린 시절의 삶에 대해서 전혀 아는 것이 없다. 어째서 알지 못하는 것일까? 프로이트가 어머니에게 전혀 물어본 적이 없단 말인가? 예상할 수 있는 것처럼, 프로이트의 이론은 그가 그토록 무시하고 잊어버리려 했던 자신의 개인 가족사에서 형성됐다. 그는 자신을 "우리 선조가 그들의 신전을 지킬 때 쏟아

부은 모든 열정"[4]의 계승자처럼 느끼고 있다고 기술했고, 그가 의도했던 대로 알려지길 바랐던 가족사를 분명히 드러내기 위해 최선을 다했다. 많은 다른 사람과 마찬가지로 정신병과 수많은 가족원의 범죄행위에 당황한 그는 많은 개인기록과 가족기록을 없앴다.

불행하게도 우리는 자신의 과거를 바꿀 수 없다. 우리가 그것을 묻어 버리려고 하면 할수록, 과거는 우리 안에서 더욱 강하게 자리 잡을 것이다. 가족은 과거를 묻어 두려고 현재 상당한 대가를 지불했을 것이다. 가족사를 덮어 두려는 것은 후손에게 악영향을 주며 근본적으로 고통스러운 경험과 관계에 더 큰 상처를 줄 뿐이다. 프로이트의 전기작가는 프로이트가 남긴 복잡 미묘한 개인 비밀을 밝히려고 했다. 우리 또한 그토록 비밀로 가득 찬 가족사를 형성하고 있는 기본 상호작용 유형을 파헤칠 것이고, 함께 퍼즐 조각을 맞추듯 우회적으로 접근할 것이다.

다행히 최근 몇 년 동안 확대가족에 대한 관심이 높아지고 있다. 나 또한 알렉스 헤일리(Alex Haley)의 가족 뿌리 조사에 큰 영향을 받았다. 정말로 헤일리의 『뿌리(Roots)』는 매우 큰 충격이었다. 헤일리의 엄청난 집요함은 자신의 가족을 아프리카인 세대로까지 거슬러 올라가게 했다. 자기탐구에 대한 그의 영향력 있는 설명은 가족의 뿌리를 이해하는 것이 가치 있다는 것을 재고해 보도록 범국가적인 경종을 울렸다. 부분적으로 헤일리의 열정은 계보학을 미국에서 가장 대중적인 관심사로 만들었다.

가족체계적 관점에서 모든 가족원은 그들이 배신자든, 골칫거리든, 악당이든, 영웅이든 간에 똑같이 중요한 사람이다. 우리는 성인, 순교자 그리고 허레이쇼 앨저스(Horatio Algers)[5]에게서 배우는 만큼 '죄인' '구두쇠' '건강염려증환자'에게서조차 많은 것을 배울 수 있다. 알코올이나 약물남용자는, 예컨대 조지 워싱턴(George Washington), 존 퀸시 애덤스(John Quincy Adams), 시어도어 루스벨트(Theodore Roosevelt), 지미 카터(Jimmy Carter), 빌 클린턴(Bill Clinton) 그리고

4) Ernest Jones, ed., *Letters of Sigmund Freud* (London: Cambridge University Press, 1975).
5) 역주: 1913년에 출간된 소년용 입신 출세 이야기 『더 스토어 보이(The Store Boy)』의 작가.

1992년 7월 민주당 전당대회에서 함께 모습을 보인 대통령 후보 빌 클린턴과 남동생 로저. 우리는 유명인의 가족과 일반 가족에게서 많은 것을 배운다.
(출처: Reuters/Bettmann)

그 외 많은 사람의 사례처럼, 대통령이 된 그들의 유명한 형제관계를 알아보아야 한다. 때때로 변변치 못한 사람이 영웅을 더욱 위대한 영웅으로 만들곤 한다. 우리 가족에게 그런 실패는 가족관계의 위기에 교훈을 줄 것이다. 전체를 알지 못하면 각 개인의 역할을 이해할 수 없기 때문에, 우리는 모든 사람을 알 필요가 있다. 가난하거나 여성이거나 혹은 그 외 어떤 다른 이유로 발언권을 얻지 못한 구성원도 비록 그들이 가족 안팎에서 존재감이 없을지라도 가족의 심리적 현실 속에서는 똑같이 중요한 사람이다.

그런 일이 발생하지 않길 그토록 바라지만, 원가족의 문제는 우리 가족 안에서 종종 반복된다. 다른 영역에서 놀라운 재능을 발휘하고 있는 사람조차도 그들의 가족을 설득시킬 좋은 방법을 잘 알지 못하고, 그들의 어린 시절 가정으로 되돌아갔을 때 평정을 잃게 된다. 특히 우리의 사고와 행동이 이미 오랜 역사를 지닌 문제와 어떻게 영속되는지를 이해하기는 어려운 일이다.

예를 들어, 빅토리아 여왕(Queen Victoria)의 남편과 자식과의 관계는 그녀의 어린 시절 경험 속에 고착되어 있다. 여왕이 그리워하던 아버지는 그녀가 겨우 생후 8개월이 되었을 때 죽었고, 여왕은 무남독녀로 성장했다. 그녀는 18세가 될 때까지 매일 밤 어머니와 함께 잠을 잤고, 어머니와 모든 것을 함께 공유했다. 독일인인 빅토리아 여왕의 어머니는 정략결혼으로 영국에 왔지만, 아버지가 죽은 후 영국 친척의 대부분이 어머니와 관계를 끊었기 때문에 친인척에게서 철저히 고립되어 있었다.

성장하면서 빅토리아는 어머니의 과도한 요구에 질식할 것 같은 압도감을 느꼈다. 여왕은 18세에 왕위를 계승하면서 어머니에게서 등을 돌렸다. 어린 시절 어머니와의 강한 유대는 곧 사촌이자 남편인 앨버트 왕자(Prince Albert)와의 열정적이고 격렬한 관계로 대치됐다.

어머니가 돌아가셨을 때, 빅토리아 여왕의 나이는 42세였다. 어머니의 죽음은 지난날 어머니와의 불화에 대한 죄책감과 후회로 여왕을 커다란 슬픔 속에서 지내게 했다. 여왕이 어머니의 유품을 정리할 때 슬픔은 절정에 달했다. 그녀는 어머니가 빅토리아의 어린 시절 기록을 모두 스크랩하여 보관하고 있었다는 사실을 알게 됐다. 어머니가 자신을 얼마나 사랑했는지 뒤늦게 깨달은 빅토리아는 비통함을 금치 못했다. 여왕은 상실의 고통으로 당시 사교계 인사는 아니지만 어머니와 정서적 단절에 결정적인 영향을 끼친 여자 가정교사와 어머니의 고문을 통렬히 비난하기 시작했다. "나에 대한 어머니의 사랑 …… 그것은 너무나도 감동적이었다. 내가 아기 때 모습이 담겨 있는 작은 책을 발견했을 때 어머니의 사랑이 어떤 구속도 없이 포근하게 다가왔다! 난 한동안 두 사람이 나와 어머니와의 관계를 소원하게 만들었다고 생각하니 비참해졌다. …… 한 소녀가 어머니의 사랑을 갈구하면서 어머니의 사랑에 가장 목말라 할 때, 그 사랑을 믿지 못했던 것이 지금 나를 미치게 한다."[6)]

여기서 중세시대를 살아온 여성으로서 빅토리아 여왕은 그녀 자신을 '소녀'라고 칭했다. 여왕은 어머니의 죽음 이후 다른 곳에서는 자신이 더 이상 보살핌을 받지 못한다고 느끼면서 스스로를 '불쌍한 고아'라고 칭했다. "그녀는 자신의 슬픔을 소중히 여겼을 뿐 위로받으려고 하지 않았다."[7)]라는 기록에서 보듯이, 그녀는 실제로도 그렇게 보였다. 몇 주 동안 그녀는 자녀들을 '방해물'로 여기며, 이미 중병을 앓고 있던 남편에게 모든 국정을 맡긴 채 홀로 식사를 했다.

몇 달 후 앨버트 왕자가 죽자 빅토리아 여왕은 완전히 절망에 빠졌다. 그녀에게 앨버트 왕자는 삶 전체였기 때문에, 다른 모든 관계는 부수적인 것에 불과했다. 그녀는 남편의 장례식에 참석하지 않았다. 하지만 몇 년 동안 남편의 잠옷을 품에 안고 잠들었다. 그녀는 앨버트 왕자의 방을 그가 살아 있을 당시와 똑같이 관리하도록 지시했고 '신성한 방'처럼 다루었다. 그녀는 남은 생애 동안 매일 앨버트 왕자의 침대보를 갈게 했고, 그의 옷을 잘 보관하게 했으며, 그가 면도를 할 수 있도록 물을 준비해 두도록 했다. 빅토리아 여왕이 잠자는 모든 침대에는 앨버트 왕자의 사진이 마치 죽은 남편이 누워 있는 것처럼 놓여 있었다. 그 이후 40년 동안 빅토리아 여왕은 앨버트 왕자가 죽었을 때 입었던 상복을 입었다. 빅토리아 여

6) Cecil Woodham-Smith, *Queen Victoria* (New York: Donald Fine, Inc. 1972).
7) Stanley Weintraub, *Victoria* (New York: E. P. Dutton, 1987).

왕이 『슬픔에 잠기는 것을 어떻게 사랑하지 않을 수 있는가(How one loves to cling to grief)』[8)]를 쓰기 전 여러 해 동안 그리고 죽기 전까지 그렇게 지냈다. 그녀는 절대로 바뀌지 않도록 정해져 있는 모든 것에 집착했다. 그녀는 과거의 추억 속에서 살았고 모든 것을 그대로 두도록 명령했다. 또한 그녀가 살아 있는 동안 바뀌거나 없어진 것은 아무것도 없었고 그 명령은 지켜졌다.[9)]

빅토리아 여왕의 행동은 우리에게 그것이 얼마나 구속적이고 경직된 것인지를 떠나서, 고뇌를 이해하려는 인간의 반응이라는 것을 알려 준다. 상실은 마치 시간이 멈춘 것처럼 느끼게 해 준다. 정말로 중요한 한 부분에서 인간관계가 마비되기 때문에, 자신이 여전히 영향력을 미치는 자신만의 세계를 통제하려 하며 폐쇄적으로 될 것이다.

빅토리아 여왕은 위대하고 영향력 있는 여성이었다. 그녀는 19세기를 지배했고, 20세기에도 계속해서 여러 측면에서 영향력을 끼쳤다. 64년 동안 대영제국의 통치자로서, 그녀는 역사상 그 어느 군주보다도 더 많은 기록을 남겼다. 모든 기록에서 그녀는 고집이 세고 까다롭고 변덕스럽지만, 온화하고 열정적이고 겸손하고 정직하다는 수많은 역설로 묘사된다. 반면, 그녀는 일반 사람처럼 깊이 뿌리박혀 있는 가족문제로 고통을 받았다. 실제로 고립된 어린 시절의 문제가 자녀에게 쉽게 다가서지 못하게 하는 한계를 낳았다. 한번은 그녀가 친한 친구에게, "나는 정말 외롭게 자랐고 언제나 성인사회에서만 생활했기 때문에, 어린 사람과 함께 생활해 본 적이 전혀 없다."[10)]라고 편지를 보낸 적이 있다.

빅토리아 여왕의 자녀가 어린 시절을 어떻게 회고할지는 우리가 지금 알고 있는 심리학적 지식을 동원해서 추측해 볼 뿐이다. 우리는 빅토리아 여왕이 정치경험을 쌓고 싶어 하는 큰아들의 요구를 단호히 거절하고 숨을 거두는 순간까지 그

8) E. F. Benson, *Queen Victoria* (London: Chatto & Windus, 1987).

9) Lytton Strachey, *Queen Victoria* (New York: Harcourt Brace Javanovich, 1921).

10) Louis Auchincloss, *Persons of Consequence: Queen Victoria and Her Circle* (New York: Random House, 1979).

를 어린아이로 취급했다는 것을 알고 있다. 그 당시 큰아들의 나이는 60세였다. 대부분의 사람은 자신의 실패한 가족관계를 청산하고 바꿀 방법을 찾지 못해서 가족문제에 직면하기를 꺼려 한다. 빅토리아 여왕도 그랬듯이 가족관계가 좋지 않을 때 일반 사람은 이전의 잘못을 대신하는 새로운 관계를 찾는다. 그리고 이러한 관계가 만족스럽지 못하다면, 대부분의 사람이 비통함과 고통을 배로 느끼게 될 것이다. 사실(물리적이든 정신적이든) 집에서 벗어나는 것은 전형적으로 사람을 과거의 덫에 빠지게 한다. 즉, 자녀나 배우자와의 현재 문제를 해결하지 못하거나 그들의 원가족에게 실질적인 이방인으로 남는 오랜 회한을 떨쳐 버리지 못한다.

아마도 미국 역사상 가장 유명한 가출은, 1724년 당시 17세였던 벤저민 프랭클린(Benjamin Franklin)이 자신의 행선지를 아무에게도 알리지 않고 보스턴의 가족을 떠나 필라델피아로 노망간 사건일 것이다. 그는 특히 12세의 어린 나이에 인쇄공 일을 가르쳐 주던 형, 제임스(James)와의 관계에서 야기되는 가족갈등으로 고통스러워했다. 제임스는 벤저민이 규칙을 어길 때마다 그를 때리고 욕했다. 프랭클린은 자신의 처지나 눈에 띄는 부모의 무관심을 참을 수 없었다.

결국에 매형이 프랭클린을 찾아 필라델피아로 내려왔고, 다시 가족의 품으로 돌아오도록 설득했다. 결국 그는 보스턴으로 돌아왔는데, 이는 가족에게 돌아가기 위한 것도 있었지만 더 중요한 이유는 돈이 필요해서였다. 하지만 그는 이 두 가지 목표 중 어느 것도 이루지 못한 채 여전히 이방인으로 남아 있었다. 25년을 넘게 부모와 함께 살았지만, 부모와의 대화는 거의 없었고, 겉으로는 노력하는 척했으나 관계를 개선하려는 의지도 없었다. 그의 천재적인 모든 글에 가족이야기는 거의 언급되지 않았다. 프랭클린에게는 사생아 윌리엄(William)이 유일한 자녀였다. 부자관계가 심하게 악화되어 극에 달하기 전까지 그는 아들에게 매우 집착했고, 아들은 그에게 친구이자 동료였다.

여러분은 부모처럼 살기를 거부하지만, 결국 부모와 똑같은 행동양식을 반복한다. 거의 동일한 방식으로 프랭클린의 아들 윌리엄도 가족관계에서 어려움을 겪었다. 아버지처럼 그도 사생아를 낳았고, 아들과 친구처럼 지냈다. 그러나 이들 부자지간도 결국 사이가 나빠지면서 소원해졌다. 그 뒤 프랭클린의 손자는 2명의 사생아를 낳았고, 그들 역시 관계가 악화되어 파국을 맞이했다. 그리고 여러 세대에 걸쳐 이런 형태의 우연은 계속됐다. 프랭클린은 아들이 자신에게서 등을 돌리자 손자에게 집착했고, 윌리엄도 자신의 손녀를 마치 자식처럼 사랑했다. 가족 안에서 일어난 모든 일은 나에게 영향을 준다. 살아가는 동안 가족 안에서 단 한 번도 언급된 적이 없었던 내가 태어나기 훨씬 전에 일어났었던 일조차 무의식적으로 큰 영향을 미친다. 예를 들어, 한 아이가 자신이 태어나기 전에 죽은 다른 아이의 대리물로 태어났다고 가정해 보자. 만약 이 '대리'아이가 건강한 성인이 되어 가족에게서 독립하려고 한다면, 가족은 혼란을 겪는다. 그러나 아무도 그 혼란이 이미 죽은 아이와 관련 있다는 것을 알지 못한다.

가족의 모든 사건은 개인이 정체성을 형성하는 데 일부 기여한다. 예를 들어, 만약 고모가 자살을 했다면, 그것은 바로 고통, 분노, 죄책감 그리고 사회적 오명 속에 남겨진 고모부와 자녀(삼촌과 사촌)에게 영향을 준다. 또한 부모(조부모)에게 영향을 미치고, 부모(조부모)는 그들의 잘못을 영원히 자책한다. 그것은 또 큰 슬픔에 잠길 삼촌(부모)에게 영향을 주고, 그들은 나의 자살을 막을 방도를 찾느라 고민한다. 그러나 이들은 분명히 고모의 자살에 영향을 받은 사람일 뿐이다. 고모의 자살은 조카(나, 나의 형제와 사촌)에게도 영향을 주고, 조카는 나의 부모도 고모처럼 자살시도를 한 적이 있었는지를 심각하세 고민할 것이다. 그리고 고모의 자살은 고모의 손자녀에게 영향을 주는데, 할머니의 죽음이 부모에게 준 고통은 그들 자신의 두려움과 경험에도 영향을 미친다. 그리고 나의 자녀는 가족 안에서 자살이 계속되었는지 그리고 그들 삶 속에서 자살이 또다시 발생하게 될지 의구심을 품게 될 것이다. 또한 각 가족원은 다른 구성원의 반응에 민감해질 것이다. 자살을 경험한 여파는 불가피하게 모든 가족에게 확산될 것이고 오랜 시간 계속될 것이다.

가족의 정서과정을 이해하기 위해 여러분은 여러 세대에 걸친 가족생애주기의 변화를 이해해야만 한다. '가족'은 비록 그들이 다른 곳에 살더라도 최소한 3세대나 최대한 4세대까지 하나의 정서체계를 형성한다. 가족의 일원으로서 우리는 공통된 과거와 예측된 미래를 공유한다. 오늘날 가족생애주기는 많은 변화를 보이

1752년 세간을 떠들썩하게 했던 벤저민 프랭클린과 아들 윌리엄의 연날리기 실험. 프랭클린은 "지금까지 나의 하나뿐인 아들이 나의 노후를 쓸쓸하고 외롭게 한 것만큼 나에게 상처를 주고 심장에 비수를 꽂는 일은 없었다."라고 후에 기록했다.

(출처: The Bettmann Archive)

고, 점점 가족의 요구는 가족생애주기에서 벗어난다. 따라서 가족이 과거에 보여 주었던 가족 간의 유대는 더 이상 찾아보기 어렵고 이는 매우 심각한 상실을 가져온다. 우리는 한 세대가 다음 세대로 문화를 전달하는 테이프와 필름, 사진 그리고 비디오 기술을 갖췄다. 그러나 오늘날 가족은 오랫동안 문화와 개인의 정체성에 가장 중요한 원천이 되어 왔던 가족일화를 공유하는 데 종종 실패하곤 한다.

우리는 과거 선조가 누리지 못했던 긴 수명을 누리고 있다. 따라서 이전 세대와 함께 지낼 가능성이 많아졌다. 동시에 변화와 이동이 커지면서 연락 두절로 어려움을 겪기도 한다. 우리는 평균적으로 4년마다 한 번꼴로 이사를 한다. 그리고 가족원 내 별거가 늘어나면서 이혼율은 50%에 육박하고 있다.

오늘날 일하는 아버지와 가정주부인 어머니 그리고 몇몇 자녀로 구성된 '가족'의 이미지는 전 미국 가정의 7%도 안 된다. 어떤 민족은 여성이 항상 집 밖에서 일을 해 오기도 했지만 점차 여성은 성인기에 일정 기간 일을 한다. 따라서 우리는 전통적으로 집에서 자녀와 여성이 노인을 보살피는 것과는 매우 다른 형태의 가족을 요구한다. 생애주기의 변화로 특히 관계의 재설정이 필요해졌기 때문에 가족의 취약성에 주목하면서 오랜 기간에 걸쳐 형성된 가족의 상호작용 유형을 추적해 보는 것이 매우 중요하다. 생애주기적 관점은 가족이 과거에 밟아 왔던 발자취에서 문제를 찾아내고, 가속이 현재 날성해야 하는 과제와 미래의 모습을 알려준다. 가족은 각 개인의 합 이상이다. 출생에서 사망까지 개인의 생애주기는 가족생애주기 안에서 이루어진다. 요절, 만성질병, 이혼 혹은 이민으로 가족이 서로 떨어져 지내거나, 아이를 낳을 수 없거나, 새로운 친척이나 손자의 출생을 받아들일 수 없거나, 가족생애주기의 과도기에서 방해나 혼란이 발생할 때, 대부분 가족 문제가 드러난다.

시간을 거슬러 올라가서 3세대 혹은 4세대 전체 가족 안에서 여러분 자신의 모습을 그려 보는 것도 의미 있는 작업이다. 부모자녀관계와 부부관계가 그렇듯이 부모, 형제자매, 자녀, 조부모와의 관계는 가족생애주기에 따라 단계적으로 변화한다.

드라마에서 몇몇 주인공이 바뀔지라도, 생애주기의 한 시점에서 미해결된 문제는 다음 단계에서 그 해결책을 찾기 위해 미루어지는 경향이 있다. 우리는 또한 인생에서 어떤 일이 있었는지에 따라 생애주기의 각 단계에서 다른 경험을 한다.

일반적으로 사람들은 가족 안에서 영웅, 악당, 익살꾼, 피해자 등 어떤 역할을 담당한다. 이런 특성이 누가 '좋은 놈'이고 '나쁜 놈'인지를 암시하면서 가족의 기본 메시지를 강화시킨다. 가족일화와 가족일화 속에 담긴 메시지를 알게 될 때, 여러분은 이런 '명칭'을 고수할 것인지의 여부를 평가할 것이다. 가족사의 어떤 일에 대해 심하게 당황하거나 부끄러워하거나 심지어 절망하는 것은 결코 이상한 일이 아니다. 사람은 나쁜 성향이 유전되거나 가족의 실수를 반복하게 될까 봐 걱정한다. 일부는 진실을 알고 싶어 하지 않거나 다른 사람이 진실을 얘기하지 않기를 바라기 때문에, 가족비밀을 깊숙이 묻어 둔다. 고통스러운 기억을 피하는 것은 원래 행동 그 자체보다 더 많은 문제를 초래하므로 가족관계를 왜곡시킨다. 비밀이 있는 가족관계는 솔직하지 못하고 불안정하다.

때론 여러 세대에서 똑같은 사건이 가족 안에서 되풀이되는 것은 신기한 일이다. 어떻게 과거에 일어난 일이 전혀 아무도 알지 못하는 상황에서 동일하게 반복되는 것일까? 한 가족의 13세 딸이 가출해서 히치하이킹을 하는 도중에 살해당했다. 부모는 딸을 화장하고 그 일을 아무에게도 말하지 않았다. 부부는 다른 도시로 이사한 후 또 다른 딸을 낳았다. 그러나 그 딸도 13세에 가출을 했다. 다행히 부모는 딸을 찾을 수 있었고, 그때서야 비로소 가족관계의 비밀이 밝혀졌다. 어머니의 죽은 쌍둥이 언니에 대한 비밀이 밝혀지면서 결국 부모는 과거에 죽은 어린 딸의 죽음에 직면해야 했다. 우연히도 어머니에게는 13세에 죽은 쌍둥이 언니가 있었다. 이는 어머니에게는 너무나 커다란 고통이어서 심지어 남편에게조차도 이야기하지 못했던 사실이었다. 가족비밀을 알 수 있는 정확한 방법을 아는 것은 어려운 일이다. 하지만 중요한 점은 이전 세대의 경험을 통해 많은 것을 배운다는 것이다. 만약 우리가 자신의 인생에 가족이 얼마나 지대한 영향을 미쳤는지 생각해 보고 그런 사실을 더 많이 알게 된다면 더욱 큰 통찰을 얻을 수 있을 것이다. 가족 간의 유대관계가 어렵다면, 애인, 자녀, 친구 그리고 그것을 대신할 수 없는 가장 중요한 부분에서 이방인이 되는 것이다. 이는 내가 가족과 소원하다면 가슴 한구석에 묻어 두었던 커다란 짐을 안고 있는 것과 같다. 머리에 울려 퍼지는 목소리, 낙담한 음성, 자포자기한 공포 그리고 상실 등과 같은 악령이 나를 괴롭힐 것이다. 이런 악령은 인생에서 가장 소중했던 모든 것일 수도 있다. 그렇지 않으면 생산적이고 만족스러운 삶을 슬픔으로 멍들게 할 것이다. 어떤 가족은 가족의 악령을 인식하지 못한 채 영원히 과거에 갇힐 수 있다.

우리 문화는 인생을 살아가는 데 지대한 영향을 미친 확대가족의 중요성을 간과한 채, 개인 혹은 넓게는 부부와 그 자녀에게만 초점을 맞추는 경향이 있다. 언제나 문제가 발생할 때마다 되뇌는 '괜찮아, 잘될 거야!'는 우리 머릿속에 뿌리박혀 있는 생각이다. 만약 부모와 함께 살기 어렵거나, 내가 선택한 배우자와 부모의 생활방식이 맞지 않는다면, 멀리 떨어져서 1년에 한두 번만 가족을 만나라. 결국 가족 간의 왕래가 거의 없어졌다고 해도 누군가는 가족을 찾게 될 것이다. 이 책의 목적은 기본적으로 우리는 내가 살아온 전체의 일부분이고, 우리 가족이 살아온 전체의 일부란 걸 다른 식으로 보여 줌으로써 독자의 이해를 돕는 데 있다.

가족'탐사'는 절망스럽고, 지겹고, 긴장되고, 고통스러운 경험을 바꿀 절호의 기회다. 이 책은 지금까지 살아온 삶을 새롭게 조명하여 가족을 이해할 수 있도록 도와줄 것이다. 이 책의 내용은 대부분 가족일화에 관한 것이다. 그래야 내 자신이 가족관계의 가해자인지 피해자인지 판단할 수 있기 때문이다. 우리는 인생의 가장 중요한 사건, 즉 출생, 사망, 관계, 이사, 결혼, 소송 그리고 유언 등 가족의 기본 사항을 살펴볼 것이다. 가족사의 고통스러운 경험은 이런 사건 속에 숨겨져 있다. 가계도에 수록될 자료를 수집하고 가족치료자가 가계도라고 하는 개념을 통해 우리는 여러 세대에 걸친 가족을 이해하게 될 것이다. 가족관계와 사건에 대해 더 많이 생각해 볼수록 가족연대기는 더 풍성해진다. 이런 식으로 가족을 도식화하는 것은 매력적이고 충분히 보상받을 수 있는 학문의 출발이다.

제2장

가계

우리는 하나의 정형화된 연속체이다. 선대 사람 중 현재까지 생존해 있는 사람은 아무도 없다.
하지만 후대 사람은 계속 태어날 것이고 지구는 불변할 것이다.

전주곡으로서의 과거 – 호르헤 루이스 보르헤스

일전에 칼 반 도렌(Carl Van Doren)이 벤저민 프랭클린을 평가한 적이 있다. 그는 "조화를 이루려고 애쓰는 사람들의 모임", 즉 위원회보다도 훨씬 더 복잡한 성품을 지녔다.[1] 어쩌면 우리는 위원회보다도 훨씬 더 복잡할 것이다. 우리는 관계를 맺을 때마다 그 관계에 걸맞게 행동하고, 다른 사람 또한 그 관계에서 나를 평가한다. 가족관계 재설정 프로젝트는 오랫동안 의문을 품었던 가족 안에서 내가 '좋은 놈'인지 '나쁜 놈'인지에 대해 다시 한번 상기시켜 준다. 전형적으로 가족의 각 구성원은 자신의 관점이 올바르고 정확하며 객관적이라고 생각한다. 그러나 여러분도 알다시피, 영화 〈라쇼몽(羅生門, Rashomon)〉처럼 모든 이야기에는 참여자의 수만큼 서로 다른 관점이 있다.

1) Carl Van Doren, *Benjamin Franklin* (New York: Viking Press, 1958).

여러 전기에서 나타나는 벤저민 프랭클린의 지지와 비평은 매우 흥미진진하다. 전기작가 캐서린 드링커 보웬(Catherine Drinker Bowen)은 프랭클린을 가장 훌륭한 인품을 지닌 사람이라고 옹호했다. 나는 행복의 가능성을 다각도로 타진하는 다재다능하고 늘 자기를 수양하며 지칠 줄 모르는 열정을 지닌 이렇게 훌륭하고 매혹적인 인물과 함께 일을 한다는 데 벅차오른 기쁨을 느낀다.[2] 데이비드 허버트 로런스(David Herbert Lawrence)는 보웬과는 전혀 다른 견해를 보였다. "그 인간의 영혼은 광활한 숲 속에서 거친 생활을 한 것처럼 도통 이해하기 어렵다. 벤저민은 신이 존재한다는 사실을 자각해야 한다! …… 그는 자신을 고결한 사람처럼 포장하고 있지만, 그것은 경마장 한 귀퉁이에 자리 잡고 있는 은회색 노쇠한 말처럼 우기는 꼴이다. …… 작은 키, 뚱뚱한 몸집, 구릿빛의 프랭클린 박사 …… 나는 그를 혐오한다. …… 나는 단지 벤저민과 미의회에 오랫동안 큰 소리로 저주를 퍼붓고 싶다. …… 그는 나의 전부와 비밀의 숲, 즉 나의 자유를 빼앗았다."[3] 마크 트웨인(Mark Twain)도 그 위대한 자의 업적을 조롱했다. "소년들의 원망을 산, 역사를 통틀어서 그 누구도 그렇게 원망을 산 적이 없는 [프랭클린], 모든 소년이 자신을 본받도록 하기 위해, 그렇게 하지 않을 땐 소년들이 그를 비난하게 내버려둔 채, 벤저민 프랭클린은 하루 종일 일을 하고 난 후 밤에도 연기 나는 화로 불빛 아래 앉아서 대수학을 공부하곤 했다. 그는 그 정도로 만족하지 못하고 물과 빵만으로 모든 생활을 하면서 식사시간에도 천문학을 공부했다. 하지만 수많은 소년에게 고통을 주게 된 사건은 그 소년들의 아버지가 프랭클린의 그 끔찍한 자서전을 읽었다는 것이다."[4] 허먼 멜빌(Herman Melville)은 프랭클린을 "겉으로 시인임을 내세워서, 너무나 상투적이고 주제넘은 충고를 하며 호의를 조롱하는 이해관계가 밝은 사람"이라고 했다.[5] 그리고 윌리엄 코벳(William Cobbett)은 "매춘부가 주의

2) Catherine Drinker Bowen, *The Most Dangerous Man in America: Scenes from the Life of Benjamin Franklin* (Boston: Little Brown, 1974).
3) D. H. Lawrence, *Studies in Classic American Literature* (New York: Viking Press, 1951).
4) Mark Twain, The Late Benjamin Franklin, *Writings of Mark Twain*, vol. 19 (Hartford: American publishing Co., 1907).

회 의사당 길을 걸어갈 때, 그의 멋진 조각상이 매춘부를 음흉한 눈빛으로 훔쳐보는 교활하고 음란한 늙은 위선자"라고 그를 칭했다.[6]

우리는 프랭클린의 친척이 쓴 기록을 가지고 있지 않을지라도, 그에 대한 평가가 여기 소개된 전기작가와 비평가의 견해처럼 다양할 것이라고 추측해 볼 수 있다. 가족은 나의 생각에 많은 영향을 미친다. 각 가족원은 부모, 형제, 배우자, 자녀, 조부모, 삼촌 그리고 그 외 여러 사람과 다양한 관계를 맺는다. 모든 사적인 관계는 다른 사람과의 행동과 선택에서 개인의 생각과 해석에 영향을 준다. 가족 안에서 나의 행동은 내가 관계를 맺는 사람에 따라 달라진다. 가족 안에서 내가 어떤 위치에 있는지에 따라 나는 가족관계를 다르게 평가한다.

사람들이 벤저민 프랭클린에게 받은 상반된 인상이 각 개인의 특정 권위나 신념과 관련 있을지라도, 각 개인의 견해는 다양한 관계 속의 프랭클린을 대변한다. 그의 다중적인 성격은 가족 안에서 그의 독특한 처지 때문에 형성된 것이다. 일찍이 아버지 조사이어(Josiah)는 벤을 모든 자녀 중에서 가장 특별한 아이라고 극찬했다. 그는 막내아들을 미국으로 이민 와서 가족이 받은 모든 축복을 신에게 되돌려줄 수 있는 '자신의 십일조'라고 선언하곤 했다. 그는 벤저민을 하버드 대학교에 보내 공부를 시킨 후 목사가 되게 할 생각이었다. 그러나 후에 아버지는 그 약속을 지키지 않았다. 그는 분명히 학자로서 벤의 재능을 처음부터 알고 있었지민, 의무교육조차도 시키지 않았다. 조사이어가 약속했던 많은 것을 지키지 않았기 때문에, 우리는 벤에게 보인 그의 태도 이면에 깊이 뿌리박힌 양가감정에 의혹을 품게 된다.

따라서 의문점은 그가 그렇게 한 이유는 무엇인가이다. 그의 가족에게 벤저민 프랭클린은 어떤 존재였는가? 그는 누구를 대신한 사람이었는가? 조상이 행해 온 역할과 가족유형이 그의 생애과정에 어떤 영향을 미쳤는가?

5) Herman Melville, *Israel Potter* (London: Constable, 1923).

6) William Cobbett, *Porcupine's Works, cited in Esmond Wright, Franklin of Philadelphia* (Cambridge, Mass.: Haverd University Press).

1. 가계도

앞의 질문에 답하기 위해서 우리는 벤저민 프랭클린의 생애를 다각도로 살펴보아야 한다. 가족사란 매우 복잡한 것이어서 가족치료자는 가족을 이해하는 수단으로 가계를 설명하는 일종의 가계도라고 하는 간단한 도구를 개발했다. 가계도에는 50명 이하의 가족원을 표기할 수 있다. 가계도는 전체 가족사에서 발생한 기본 사건의 자취를 더듬어 봄으로써 우리가 알고 있는 것을 다시 한번 상기시켜 주고, 알지 못하는 것을 깨우쳐 주기 때문에 중요하다. 다음은 가계도에서 사용되는 주요 기호이다(가계도 작성법).

가계도는 누가 누구와 결혼을 했고, 자녀의 이름이 무엇인지 등에 관한 기본적인 가족의 유전적이고 법률적인 구조에 기초한다. 가계도는 각 개인과 가족원과의 관계에 대한 주요 사실을 알려 준다는 데 그 가치가 있다. 예를 들어, 많은 정교한 가계도에서 우리는 고등학교 전체 성적, 어린 시절 질병 혹은 지나치게 밀착되거나 소원한 관계를 파악할 수 있다. 가계도에 기록된 사실은 가족의 고통스럽거나 난처한 가족사로서 가족이 숨기려고 하는 가족비밀이나 가족신화에 대한 실마리를 제공해 준다.

가계도는 다음과 같은 가족정보를 다룬다.

① 가족원, 가족의 출생일, 결혼, 이사, 질병, 사망과 같은 기본 사항
② 교육, 직업, 심리적 · 신체적 건강, 개인적 특성, 재능, 성공과 실패와 같이 모든 가족원의 중요한 특징과 기능수준에 관한 정보
③ 친밀, 갈등 혹은 단절과 같은 가족관계 유형

일단 중요한 가족정보가 가계도에 그려지면, 모든 가족원은 다양한 관점에서 '가족'에 대해 검토해 볼 수 있다. 어떤 가계도는 가족관계 유형을 강조한다. 다른 가계도는 예술적 재능을 강조하고, 또 다른 가계도는 질병 형태를 강조한다. 일반

가계도 작성법

남성은 사각으로, 여성은 원으로 표시한다.

남성 = □ 여성 = ○

출생일과 사망일은 각 개인의 기호 위에 표기한다.
나이는 사각이나 원 안에 기록한다. 사망은 각 개인의 기호를 ×로 표시한다.
추정일은 ? 혹은 ~로 표시한다(~1898 혹은 ? 1989).

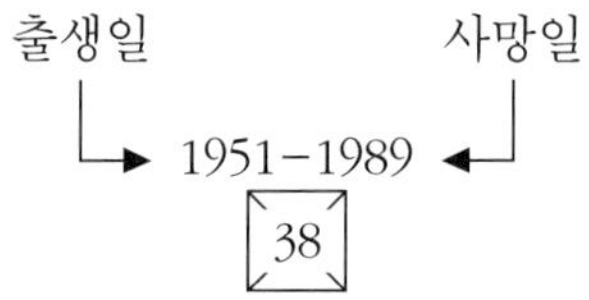

다음과 같이 부부관계를 나타내는 선 위에 관련된 날짜를 기록한다.

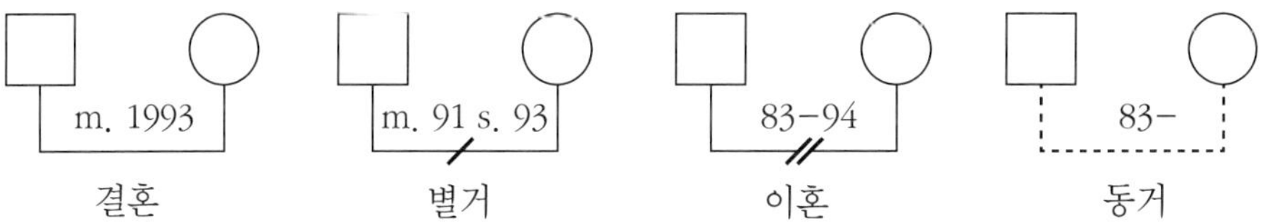

출생순위에 따라 자녀들은 왼쪽에서 오른쪽으로 그려 나간다.

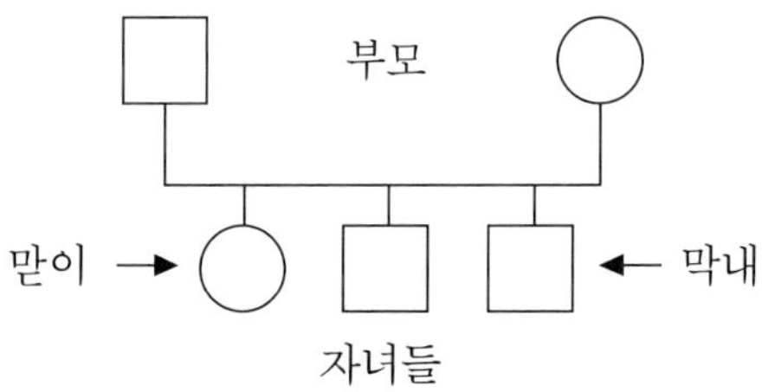

여기 한 예를 살펴보자.

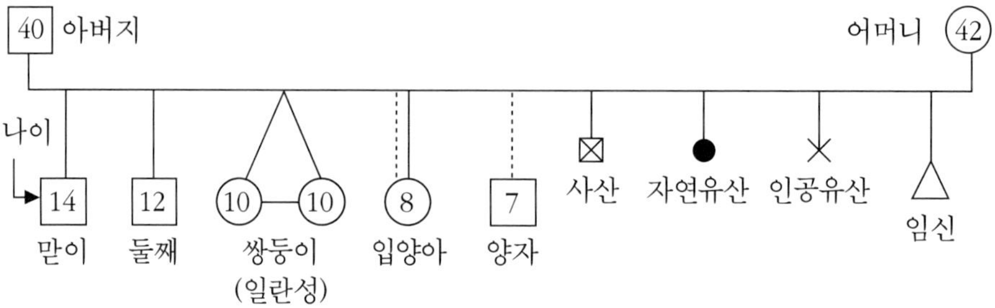

다음은 가족원 간의 정서유대를 나타낸다.

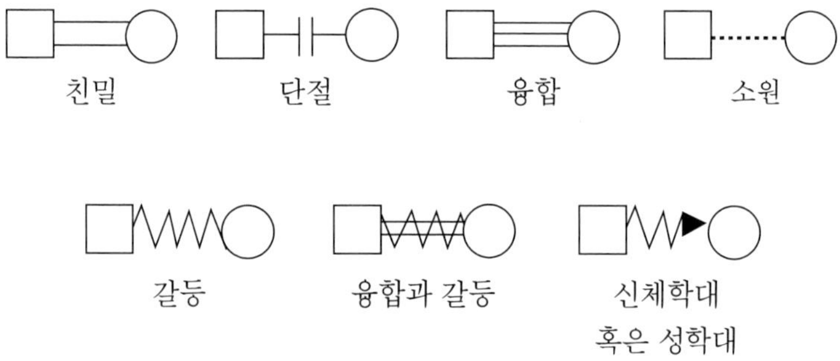

가계도에서 가족관계는
다음과 같이 표기한다.

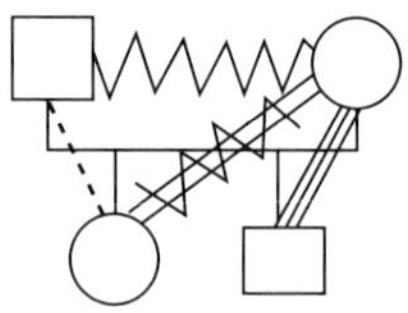

심각한 정신적 혹은 신체적
문제는 사각이나 원의
왼쪽 반을 검게 칠한다.

약물이나 알코올 문제는
사각이나 원의 아래쪽
반을 검게 칠한다.

적으로 가계도는 핵심 인물 그리고 핵가족의 관점에서 가족이 문제로 지목한 사람(identified patient, IP)과 그의 자녀와 손자녀를 포함한 최소한 3세대로 형성된다. 또 다른 가계도에서는 방계가족이나 방계가족의 기능과 관계를 상세히 강조할 수도 있다.

가족갈등과 동맹의 예측 가능한 다양한 유형이 가계도에 그려질 수 있다. 이런 유형을 살펴보는 것은 가족 스스로가 객관적이라고 생각할지라도, 개인이 종종 가족사건에 대해 갖고 있는 즉각적인 반응을 이해하는 데 도움이 된다. 예컨대, 시어머니와 시누이가 며느리를 '피상적이고 실리적이며 이기적'이라고 헐뜯는 것은 분명히 겉으로 보이는 며느리의 성격 때문일 수 있다. 하지만 며느리 '희생양 만들기'가 3세대 동안 계속됐던 가족주제였던 것을 알게 될 때에야 비로소 우리는 한 걸음 뒤로 물러서서 그 관계를 재고해 보게 된다. 이는 오빠를 '가족영웅'으로 만들려는 가족의 단합일 수 있다. 또한 이미 올케가 오빠의 마음을 사로잡았다면, 오빠가 더 좋은 여자를 만나지 못한 안타까움 때문일 것이다. 한 사람은 가족의 꿈과 기대이지만, 또 다른 사람은 가족 마음속에서 모두가 두려워하는, '영웅'인 오빠의 또 다른 모습, 즉 '실패자'인 오빠이다. 가족원이 수시로 그 문제를 구분 지으려고 할 때, 그것은 문제 그 자체가 아닌 편을 가르는 가족의 정서동맹이 된다.

2. 개인과 가족

벤저민 프랭클린의 가계도를 살펴보면서(가계도 2-1), 우리는 그의 개인적 특성 이면에 있는 세 가지 특이한 측면을 알아보아야 한다.

① 형제지위
② 가족 내 다른 사람에 대한 그의 평판
③ 가족사에서 그의 출생시기

우리는 실제로 우리와 가장 많이 닮은 자녀를 동일시하는 것처럼, 우리 모두는 나와 동일한 형제지위에 있는 자녀를 동일시하는 경향이 있다. 만일 이런 유형이 여러 세대 동안 계속 반복됐다면, 심지어 나와 꼭 닮은 자녀가 나의 희망일 경우에 훨씬 더 심한 가족유산을 초래한다. 벤저민을 '자신의 십일조'라고 여겼던 조사이어의 결정에서 이는 더 명확해 보인다.

그의 출생시기를 살펴보면, 우리는 프랭클린 또한 출생 당시 잃어버린 다른 세 아들을 '대신한 자녀'였다는 것을 알 수 있다. 첫째 아들 에버니저(Ebenezer)는 2세에 욕조에서 혼자 놀다가 익사했다. 할아버지의 이름을 딴 둘째 아들 토머스(Thomas)는 벤저민이 태어난 후 몇 달 만에 사망했다. 같은 시기에 아버지의 이름을 딴 벤의 큰형 조사이어는 21세에 바다로 도망친 후 9년 뒤에 잠시 집으로 돌아왔다가 영원히 가족의 품으로 돌아오지 않았다. 이런 상실, 특히 에버니저의 사고를 프랭클린 가족은 심하게 자책했다. 어쩌면 그들은 막내아들 벤저민(그가 그랬던 것처럼)이 네 아들의 몫을 해 주길 기대했을 것이다. 반면에 부모는 이전의 상실 때문에 그에게 지나치게 집착하지 않았다. 프랭클린의 출생이 두 형이 어릴 때 죽은 시기와 비슷하다는 사실은 가족 안에서의 그의 위치를 특별하게 만들었다. 자녀의 죽음은 가족 전체에게, 때론 이후 세대에까지 종종 엄청난 영향을 미친다. 가족은 깊은 상처 때문에 유산이나 사산 그리고 어린 시절의 질병을 자주 잊으려 한다. 심지어 후에 태어난 아이가 앞서 죽은 형제자매에 대해 전혀 알지 못할 수도 있다.

우리는 또한 프랭클린의 자서전을 통해서 그가 바다에서 죽은 형 조사이어를 닮고 싶어 했다는 것을 안다. 가족이 프랭클린에게 그 형을 대신해야만 한다는 기대를 전달했을까? 그가 가출할 만한 심한 갈등이 있었는가? 과거에 죽은 형이 벤에게 물려준 유산의 일부로서 조사이어는 부모와 갈등을 겪었는가? 확신할 수는 없지만, 우리는 조사이어가 잠시 집으로 돌아왔을 때 가족이 함께했던 그 마지막 시간을 평생 기억할 것이라는 것을 짐작한다. 조사이어의 죽음은 분명히 그들 모두에게 깊은 상처를 주었다.

게다가 프랭클린의 출생시기를 좀 더 살펴보면, 그는 토머스(Thomas) 삼촌이

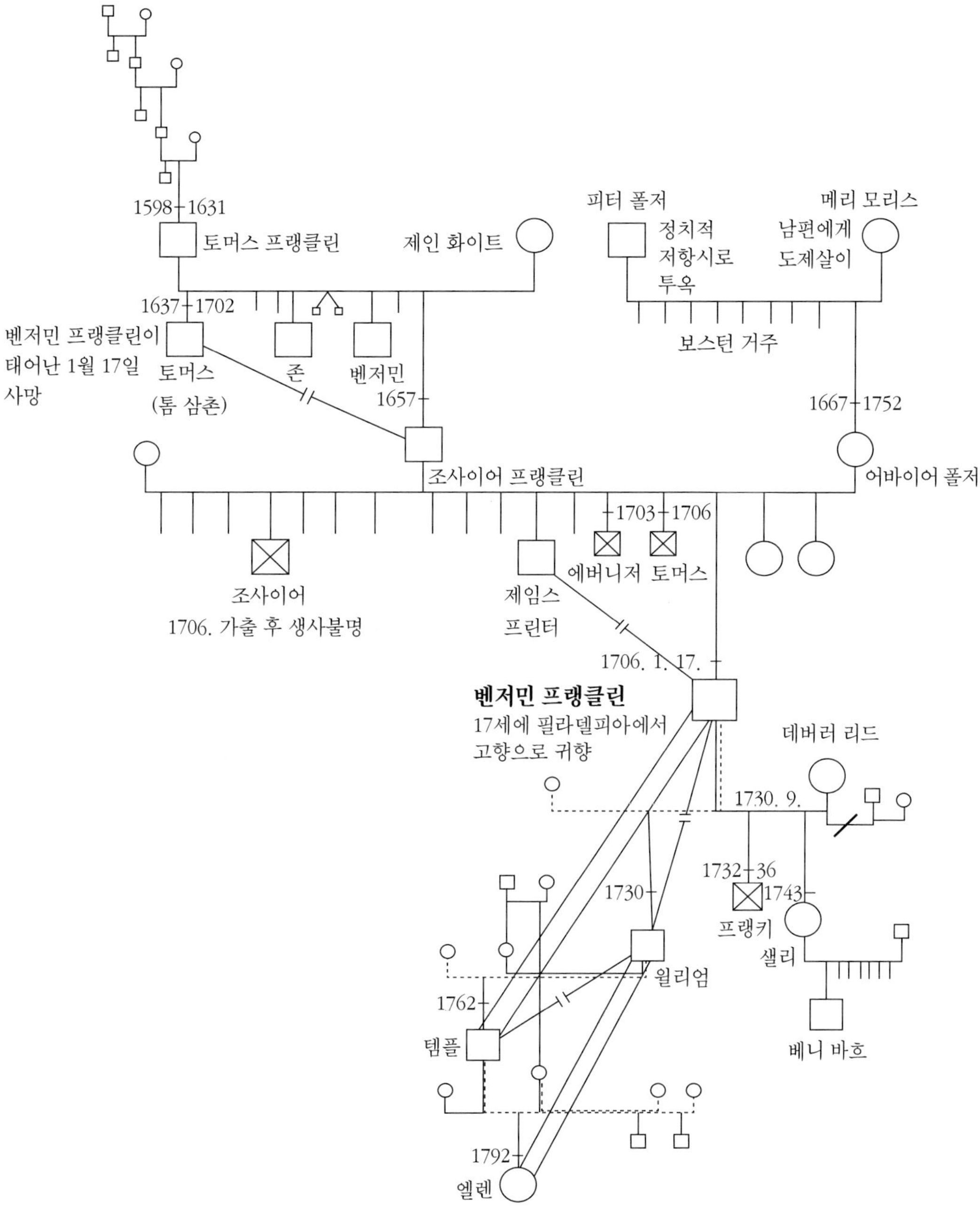

〈가계도 2-1〉 프랭클린 가족

사망한 4년 뒤 바로 그날(오래된 기록에서)인 1월 6일에 태어났다. 사건과 사람 간에는 대체로 신비로운 연결이 있기 때문에 일반적으로 가족에게 기념일은 중요하다. 프랭클린의 자서전에서, 그는 톰 삼촌과 닮은 자신을 아들에게 이렇게 표현했다. "[톰 삼촌은] 1702년 1월 17일에 사망했고, 나는 4년 뒤 바로 그날에 태어났다. 내가 알고 있는 몇몇 어른이 이야기한 톰 삼촌을 닮았다고 하는 나의 성격과 네가 알고 있는 나의 모든 것이 너에게 영향을 줄 것이다. '삼촌이 죽은 지 4년 후 바로 그날 내가 환생했다.'고 할 수 있다."

자식이 없었던 톰 삼촌의 죽음은 조사이어의 고향인 영국 액턴의 5대 프랭클린가의 대를 끊었다. 톰 삼촌은 매우 학식이 뛰어난 재능이 풍부한 발명가이자 금속세공업기술자인 동시에 점잖은 법률가이기도 했다. 그는 지역 유지로 국가적으로도 '모든 국영기업의 주요 발기인'이었다. 실제로 이런 사실은 미국의 최초 신문사, 초기 회원제 도서관, 최초 의용소방대, 초기 필라델피아 병원, 우체국 그리고 미국 초기 대학의 전신인 펜실베이니아 대학교의 설립자인 벤저민과 매우 흡사하다. 더욱이 그는 노예제도 폐지를 부르짖은 펜실베이니아 행정위원회 위원장이었고, 미국 대표로서 영국에서는 식민지연합안 제안과 인지조례 철폐를, 프랑스에서는 불미동맹을 성립시켰다. 또한 그는 미합중국 독립선언의 기초의원이었으며, 헌법회의 펜실베이니아 대표였다.

우리는 프랭클린이 톰 삼촌을 닮았다는 사실을 알게 될수록, 벤의 아버지 가슴 속에 도사리고 있는 뒤엉킨 응어리를 짐작할 수 있다. 벤과 형 그리고 아버지와 톰 삼촌, 벤저민 프랭클린 형제의 가슴 아픈 갈등처럼, 부모 세대의 형제간의 갈등은 종교갈등이었다. 조사이어와 형제들, 즉 존과 벤저민(프랭클린의 대부와 이름을 받은 사람)은 톰(프랭클린의 큰삼촌)과 소원했고, 톰은 가족이 이사할 것을 권했지만 묵묵히 선대로부터 내려온 집을 지켰다. 이후 가족은 결코 함께 살지 않았다.

가족에게 날짜는 남다른 특별한 의미를 지니기 때문에, 조사해 볼 가치가 있다. 예를 들어, 프랭클린 가족에게 프랭클린이 일요일에 태어났다는 사실은 큰 문제가 아닐 수 없다. 그 당시 통념에 따르면, 그것은 부모가 일요일에 성관계를 맺었다는 것이고, 따라서 벤은 악마의 자식인 셈이었다. 가족이 다니는 교회의 '교리 수호자'

로서 종교적 믿음이 매우 독실했던 프랭클린의 아버지에게는 작은 문제가 아니었다! 가족은 그의 정확한 생일을 철저하게 비밀에 부침으로써 이 '죄'에서 벗어나려고 했다. 13일의 금요일 혹은 중요한 가족원의 가출, 사망 혹은 다른 의미 있는 사건이 발생한 동일한 날에 태어난 것 또한 가족에게는 특별한 의미를 지닌다.

그러나 아이의 출생과 함께 야기되는 또 다른 논쟁거리는 아이의 이름을 짓는 일일 것이다. 셰익스피어는 "이름 안에 무엇이 담겨 있는가?"라고 의문을 제기했었다. 가족체계적 관점에서 그 해답은 매우 많은 의미를 지닌다! 가족 안에서 지어지는 이름은 내가 닮고 싶었던 사람이 되길 바라는 희망에서 자녀에게 붙여진다. 그리스 문화에서 자녀는 출생순위에 따라 유명한 조부모의 이름을 물려받는다. 유대인의 전통에서 자녀는 일반적으로 현재 생존하지 않는 죽은 사람의 이름을 물려받는다. 가족이 그들 문화의 전통을 따르지 않았을 때는 반드시 이유를 알아봐야 한다. 예컨대, 존 퀸시 애덤스(John Quincy Adams)는 장남에게 미국의 제1대 대통령 조지 워싱턴(George Washington)의 이름을 따서 조지 워싱턴이라고 지음으로써 장자에게 존이라고 작명하는 4대째 내려오는 전통을 깼다. 따라서 존 퀸시 애덤스는 분명히 아들의 이름 속에서 장남에게 거는 기대와 바라는 역할 때문에 갈등을 겪었을 것이다.

프로이트가에서 지그문트는 그가 태어나기 전에 요절한 랍비인 친조부의 이름을 물려받았는데, 그는 이름보다도 훨씬 더 많은 것, '심지어 영혼의 일부분까지'도 할아버지를 닮았다고 믿으면서 성장한 것으로 보인다. 어머니는 그를 '나의 보배 지키'라고 불렀고, 그에게 동생의 이름을 짓는 영광을 주었다. 프로이트는 자신의 영웅 알렉산더 대왕의 이름을 본떠 알렉산더라고 동생의 이름을 지었다. 그는 4명의 딸을 포함한 자신의 자녀 6명 모두에게 자신의 영웅, 선생님 또는 친구나 여자 친척의 이름을 붙여 주었다. 다시 말해서, 프로이트가 어머니의 보배로서 그의 생애 동안 얼마나 대단한 지위를 누렸는지 알려 주는 것처럼, 가족의 이름을 작명하는 프로이트의 권위는 성인이 되어서도 계속됐다. 우리는 프로이트가 어릴 때 사망한 남동생 율리우스(Julius)에게 그 당시 유대전통을 위배하면서까지 아직 생존해 있는(아마도 그 당시 생사의 고비에 있었을) 삼촌의 이름을 딴 이유를 알지 못한다. 아마도 그것은 문화보다도 더 강한 가족의 정서과정을 반영하는 것으로 보인다.

자녀의 이름을 짓는 것은 아이에 대한 가족의 '미래'나 희망이 무엇인지 잘 알려준다. 프랭클린의 경우, 그는 아버지가 가장 좋아했던 형이자 자신의 대부인 벤저민의 이름을 물려받은 데 스스로도 많은 의미를 부여했다. 프랭클린 가족 모두가 좋아했던 큰삼촌 벤저민은 어린 시절 몇 년 동안 벤과 함께 지냈던 유능한 인물이었다. 그러나 이 두 벤저민의 연합이 가족에게 어떤 의미를 부여했을까? 아내와 10명의 자녀 중 9명의 자녀를 잃은 채 벤의 가족에게로 온 벤저민은 어떤 존재였을까? 결국 조사이어는 형 벤저민과의 갈등으로 벤의 미래와 교육에 대한 자신의 신념을 저버리고 아들이 출세할 수 있는 길을 닫아 버렸다.

3. 가족관계

우리는 가족의 내부인 가출(벤의 형이었던 조사이어가 바다로 떠났거나 17세 벤의 가출)과 외부인 유입(벤의 큰아버지가 가족과 함께 거주) 유형을 알게 될 때, 가족의 충성심을 파괴하는 갈등과 동맹을 자연스럽게 알게 된다. 거기에는 이제 우리가 예측할 수 있는 가족 간의 강한 친밀감, 갈등, 소원함 그리고 단절을 보완하려는, 겉으로 보기에 유사친밀과 같은 단절의 반복 양상을 프랭클린 가족 역시 보임으로써 모든 예측가능한 단절을 가져왔다. 예를 들어, 벤과 아들 윌리엄과의 소원함으로, 벤이 손자 템플에게 집착하면서 사이가 좋아졌을 때, 템플과 아버지 윌리엄 간에 긴장이 커질 것이라는 추측이 가능하다. 이런 관계는 윌리엄과 아들 템플 그리고 손녀 엘렌에게로 계속 반복됐다([그림 2-1]).

벤이 성장하면서 겪은 프랭클린 가족의 주요 삼각관계는 벤, 아버지 조사이어, 벤이 6세 때 영국에서 온 삼촌 벤저민과의 관계이다(가계도 2-2). 삼촌 벤저민은 자식 1명을 남기고 가족 모두를 잃은 사람으로 4년 동안 프랭클린 가족과 함께 지냈다. 그러는 동안 어린 소년이 보인 충성심은 삼촌과 아버지 사이에 팽팽한 신경

전으로 치달았다.

두 형제는 30년 동안 서로 연락조차 하지 않았다. 그들의 성격은 정반대였다. 조사이어는 실리적이고 수완 좋은 사업가이고, 기계를 잘 다룬 광신적인 청교도였다. 삼촌 벤저민은 공상가적인 기질을 지닌 자유로운 사색가, 재담가, 몽상가 그리고 한없이 관념적인 독서가이자 끝없는 운율에 맞춰 시를 짓는 시인이었다. 그는 발명가이기도 했지만 늘 궁핍한 생활을 했고 시 쓰는 일에만 전념했다. 삼촌 벤저민이 익살스럽고 인습타파적인 글로 어린 조카를 들뜨게 했을 때, 아버지 조사이어는 점차 그들 모두에게 심한 반감을 갖게 됐다. 프랭클린은 후에 "아버지는 …… 삼촌과 함께 있을 때 싫어하는 이유를 최대한 찾으려고 뒷짐 지고 서서 많은 밀담을 건넸다. 나는 아버지의 그런 행동을 아버지와 삼촌이 서로 좋아하지 않는 증거라고 생각했다."[7]라고 기록했다.

삼촌 벤저민이 어린 벤에게 가능한 한 최상의 교육을 받고 목사가 되길 부추기면 부추길수록 아버지 조사이어는 자신의 과거 신념에 염증을 느꼈고, 마침내 조사이어는 프랭클린이 총명한 학생이었음에도 불구하고 그를 학교에 보내지 않고 강제로 생업에 뛰어들게 하는 굴욕감을 맛보게 하였다. 그러나 삼촌처럼 벤도 아버지가 공부하는 것을 막으면 막을수록 배움에 대한 열망은 더욱 강해졌다. 아버지가 벤의 정규 교육을 8세에 끝내 버렸을지라도, 그는 결국 하버드, 예일, 세인트 앤드류 및 옥스퍼드 대학에서 명예학위를 취득했다. 이를 살펴볼 때 조사이어는 벤이 자신의 십일조가 되어 주길 바랐던 것 이상으로 형 벤저민을 더 닮은 모습에 자신을 뛰어넘을까 봐 더 두려웠던 것이다.

7) Willard Randall, *A Little Revenge: Benjamin Franklin and His Son* (Boston: Little, Brown, 1984).

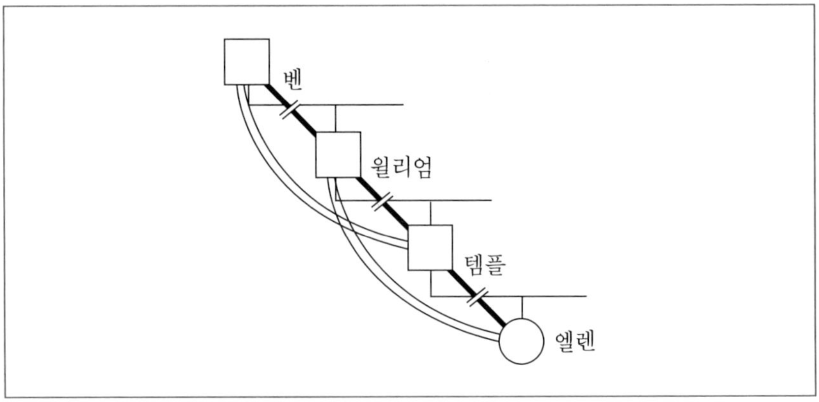

그림 2-1 프랭클린 가족의 단절과 동맹

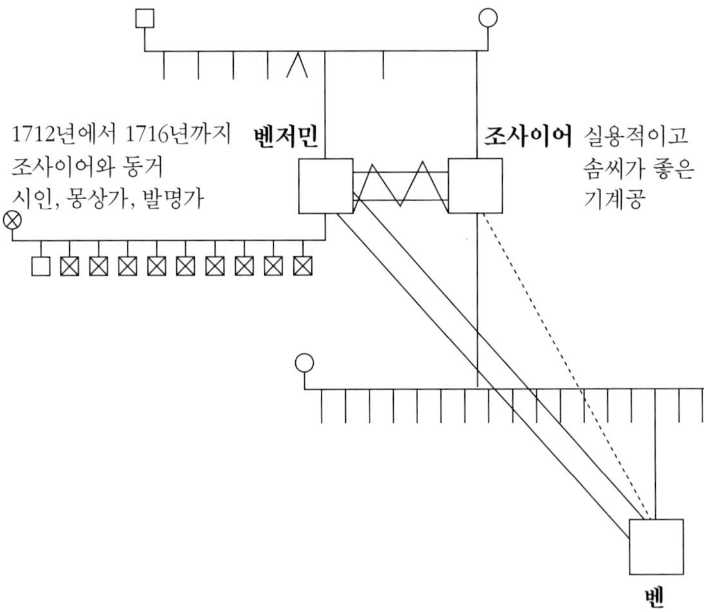

〈가계도 2-2〉 어린 벤저민 프랭클린 가족의 삼각관계

4. 의문과 후담: 이해의 실마리

가족을 다른 방법으로 접하면서 우리는 많은 의문을 갖게 된다. 우리가 어떤 질문에 때때로 적절한 답을 하지 못하는 것은 의아해 보인다. 어떤 질문을 받으면 그 질문이 다른 사람을 당황하게 만든다는 생각 때문에 우리는 대답을 피하기도 하는데, 이런 생각이 옳을 수도 있고 그렇지 않을 수도 있다. 암묵적으로 맺어진 가족규칙이 질문에 답하는 것을 막을 수도 있기 때문에 질문하는 것을 꺼리기도 한다. 가족의 암묵적 침묵은 "찰리 삼촌(Uncle Charlie)은 평생 어려운 일은 해본 적이 없는 거들먹거리는 멍텅구리기 때문에 이야기할 가치조차 없다."라든가 혹은 "사촌 베티(Cousin Betty)는 거짓말을 밥 먹듯이 하는 사람이라 암튼 그 가족에 대해서는 어떤 것도 기억할 필요가 없다."라고 말할 것이다. 모든 가족에게는 가족원이 있는 그대로 믿는 규칙, 가정 그리고 일화가 있다. 밀착된 가족원을 제거하는 일은 종종 정밀탐사를 요한다. 여러분은 샬럿 숙모(Aunt Charlotte)가 "화를 잘 내기 때문에 숙모와는 아무리 중요한 일이라도 의논해서는 안 된다."라고 들어왔을 것이다. 숙모는 문제가 생겨도 결코 도와달라는 요청을 하지 않았고, 아무도 숙모의 생각을 들으려고도 하지 않았다. 여러분은 누가 어떤 근거에서 샬럿 숙모가 화를 잘 참지 못한다고 생각했는지 의심해 볼 필요가 있다. 우리는 모든 결론에 도달하게 하는 사람과 방법을 찾아서 우리가 갖고 있던 가족에 대한 의문점을 제기해 보아야 한다.

가족원의 출생과 사망에 대한 질문은—누가, 언제, 어디서, 어떻게—자살, 알코올중독, 혼외 임신, 사산, 자연유산, 인공유산과 같은 고통스러운 사건을 은폐하지 않을 것이다. 우리는 2세대가 지난 후에도 여전히 가족에게 영향을 주는, 가족신화로 자리 잡고 있는 할아버지가 10세였을 때 죽은 쌍둥이가 있었다는 사실을 간과하고 있을 수도 있다. 우리는 할머니가 심장병을 앓은 해에 부모가 별거했다는 사실에 주의를 기울이지 않을 것이다. 그리고 할머니가 실제로 전에 한 번 결혼한 적이 있다는 사실 또한 우리가 알려고 할 때 비로소 알 수 있게 된다. '결코 있을 수 없는' 일이기 때문에 단 한 번도 생각해 본 적이 없고 변명거리만 찾기도 했을 것이다. 즉, 할머니의 첫 번째 남편은 건달이었고 결혼한 지 2개월 만에 그녀를 떠났다.

일단 우리는 가족에게 알고 싶은 의문이 어떤 것인지 깨닫게 되면, 필요한 대답을 얻기 위해 언제, 어떻게 가족원에게 접근해야 하는지 알게 된다. 이는 후에 더 깊이 논의해야 할 복잡한 문제이다. 중요한 것은 어떤한 사람의 관점을 '진리'로 생각하고 치우치지 않는 중용적인 태도와 건전한 호기심이다. 나침반으로서 가계도는 각 가족원이 가족사에서 발생한 사건과 관계를 어떻게 경험했는지 알게 해 줄 것이다.

우리는 중요한 기념일, 조부모와 부모가 보여 준 인간관계 유형, 조부모와 부모의 삶의 방식과 우리의 삶의 방식 간의 연계를 통해 형사 콜롬보가 될 것이다. 어머니가 결혼식을 올리기 바로 3일 전에 외할아버지가 사망했다는 사실은 결혼에 대한 강한 불신을 준다. 아버지는 할아버지처럼 결혼생활이 실패로 끝날까 봐 두려웠을 것이다. 혹은 어머니와 이모는 5명의 어린 자녀와 함께 버림받은 외할머니처럼 될까 봐 겁났을 것이다. 간과했던 이런 정보는 가족 전체에 설명할 수 없는 불안을 초래하고 혼란을 가져올 수도 있다. 반대로 그런 정보를 알게 되면 가족 간의 이해와 강한 유대감이 생길 수 있다.

이런 점에서 정보는 힘이다. 어떤 정보가 어떻게 맞아떨어질지 알 수 없기 때문에, 우리는 언제 어디서라도 정보를 알아야 한다. 사소한 것이 상당한 의미를 지닐 수도 있다. 만일 어머니가 내 나이 40이 넘어도 지나칠 정도로 심하게 간섭하는 '드래곤 레이디(Dagon Lady)'[8] 그 이상이라면, 나는 딸, 조카, 자매, 친구, 동료, 손녀, 연인, 사촌으로서의 어머니를 알아야만 한다. 또한 이런 각각의 역할에서의 할머니를 알게 될수록 어머니에 대한 실마리가 풀릴 것이다. 이런 이유로 어린 시절에 들은 사실과 신화 그리고 일화 간의 연관성을 살펴봐야 한다. 또한 그 가족경험에

8) 역주: 만화『캐러비안의 해적(Terry and the Pirates)』에 나오는 무자비하고 엄청난 권력을 지닌 뚱뚱한 여자.

대한 다른 사람의 반응을 가족원에게 물어보는 것도 유용하다. 예를 들면, "엄마, 외할아버지가 증조할아버지와 의절하셨을 때 어떠셨어요? 알 삼촌(Uncle Al)은요? 그리고 마사 이모(Aunt Martha)는요? 실제로 두 분이 다투셨을 때 거기엔 누가 계셨나요? 그 뒤로 휴일이나 가족모임에서 두 분은 어떻게 지내시나요?"

변화에 대한 가족의 저항을 이해하는 것은 문제를 해결하는 결정적인 열쇠다. 탐색가인 여러분은 가족이 비밀을 폭로하거나 그들이 맺어 온 관계방식을 고수하려고 한다는 것을 인정해야만 하지만, 변화에 대한 저항은 해로울 수 있다. 가족은 종종 "아는 악마가 모르는 악마보다 더 낫다."라는 말을 믿는다. 친근함 속에서 상당히 편안함을 느낀다. 변화가 어떤 일을 초래할지 모르기 때문에 변화는 스트레스를 가져온다. 두려운 것은 '내가 만일 아버지의 자살을 얘기한다면 일이 더 악화될 거야.'라는 생각이다.

모든 가족이 갖는 의문 이면에 있는 중요한 가정은 가족 고유의 다양한 관점 속에서 인간이 할 수 있는 최선의 것을 하는 것이다. 전형적으로 우리는 가족드라마에서 부모를 우리의 운명을 결정하는 주인공이고, 우리 자신을 관객이라고 생각한다. 우리는 이런 관점에서 우리 모두가 주인공이고 관객이라는 것을 깨달아야만 한다. 학대가 학대를 낳는다는 통계치가 말해 주듯이, 자녀를 학대하는 아버지는 아마도 유년기에 학대를 받았을 것이나. 물론 과거의 행동이 현재를 정당화시킬 수는 없다. 단지 재앙을 들여다볼 수 있는 통찰을 줄 뿐이다. 이것은 복잡하게 얽힌 다소 역설적인 개념이다. 우리는 자신의 행동에 책임을 지는 동시에, 다른 사람이 '계획하는' 행동에 공감할 수 있어야만 한다. 우리의 행동을 바꿀 기회가 얼마나 '계획되어 있는지'에 대한 이해는, 반대로 나의 관계개선에 도움을 준다. 예를 들어, 아버지에게 어떤 것도 '의지해서는 안 된다.'는 것을 알게 되면, 낙담하여 아버지에게 지나친 요구를 하지 않음으로써 아버지와 일정한 심리적 거리를 두게 된다.

질문을 하기 전에 우선 질문의도를 파악해야만 한다. 질문의 목적이 자기를 정당화하거나 다른 사람에게 가족의 잘못을 탓하려고 하는 것이라면, 가족원은 그것을 바로 감지할 것이다. "만일 아버지가 나를 심하게 학대했다면, 어째서 아버지의 학대를 다른 사람에게 얘기하거나 학대에서 벗어나려고 애쓰지 않았는가?" 와 같은 질문을 받게 될 것이다. 그러나 만일 부모가 나의 감정을 묵살했고 내가 부모의 묵인을 탓했다면, 나는 질문에 방어하면서 화를 낼 것이다. 그러나 우리가 과거에 일어났던 일에 순수한 마음으로 악의 없이 접근한다면, 실제로 가족원은 우리에게 변명할 기회가 생긴 것에 안도할 것이다.

이 과정에서 다른 사람이 자신을 어떻게 받아들일지 상관하지 않거나 방어하지 않고 스스로의 느낌을 고수하는 능력이 필요하다. 그것은 자신의 생각에 대한 독자적인 판단과 타인의 인정을 두려워하지 않는 것이다. 이는 남에게 '가치 있다'고 느끼게 할 '필요' 없이, 우리가 오해하고 있는 것이 무엇이든지 간에 자신의 가치와 행동의 적절성을 판단하는 것을 의미한다.

동시에 내답을 자제할 수 있을 때 비로소 질문을 해야 한다. 다시 말해서 어머니의 어린 시절에 대해 알고 싶어 할 때, 우리는 자신의 모성적 부적절성에 대해 항변할 준비가 되어 있지 않은 어머니가 심하게 좌절하는 것을 본다. 우리의 질문에 답하는 가족의 반응이 방어적이거나 혹은 적대적이라면, 결코 어떤 것도 얻어낼 수 없다. 목표는 문제에 대한 확신을 가져야 하는 우리 스스로가 받아들인 정보가 어떤 것인지를 평가하는 데 있다(적대적이거나 거부적인 모든 반응 또한 '정보'라는 것을 기억하라). 나는 사랑하는 아버지가 형제를 형편없는 사람이나 혹은 사업상 악덕 고리대금업자로 취급한다든지, 또는 가족이 나를 거만하고 응석받이에 이기적이거나 운이 좋은 사람으로 생각하는 부정적인 감정과 행동을 받아들일 준비를 해 두어야 한다. 따라서 우리는 거기에 어떤 진실이 숨어 있는지 고려해야만 한다. 만일 그렇지 않다면 그 사실을 어떻게 받아들일지 생각해 보아야 한다. 이런 인식이 각 가족원의 행동에 어떤 영향을 미쳤을까?

개인이 자신과 가족사에 대해 말한 이야기는 이야기한 부분과 이야기하지 못한 부분 모두에 조심스럽게 귀 기울여야 한다. 다시 벤저민 프랭클린의 자서전에서 눈에 띌 만한 자료를 모아 보자. 1771년에 집필한 자서전은 그 당시 뉴저지주 주지사였던 아들 윌리엄을 '사랑하는 아들'이라고 부르면서 시작한다. 훈계조의 이야기에 담긴 도덕적 훈시는, 가난하고 미천한 신분에서 부와 명성을 얻은 아버지의 검소하고 부지런한 이야기로 아들을 격려하고 있는 것이 확실하다. "부와 어느 정도의 세계적인 명성을 얻기 위해, 내가 태어나 성장하면서 가난과 비천한 신분에서 벗어나려고 지금까지 일생 동안 힘겹게 쌓아 온 많은 업적을 본받게 하고 싶다."[9] 프랭클린은 약혼녀가 그를 떠나게 내버려둔 것, 결혼을 약속한 후에 연락을 하지 않은 것 그리고 가장 절친한 친구의 여자를 유혹하려고 했던 것 등을 직접 언급하면서 젊은 날의 어리석음과 '잘못'을 시인했다. 반면에 벤은 자서전에서 가장 큰 비밀을 슬쩍 넘기려고 했다. 윌리엄의 어머니가 누구인지, 정확히 아들이 언제 태어났는지에 대해 프랭클린 가족의 암묵적 규칙 중 하나로 남겨 둔 채 전혀 언급하지 않았다.

사실 어찌 되었든 간에 분명히 프랭클린의 아내 데버러(Deborah)가 윌리엄을 어릴 때부터 키웠다. 그러나 데버러와 프랭클린은 결코 정식으로 교회에서 결혼식을 올린 적이 없었고, 부부는 자서전에 기록된 1730년 9월 30일 이후 결혼에 대한 비밀을 숨겼다. 결혼에 대한 그들의 침묵은 데버러가 결혼한 적이 있고, 지금은 이미 고인이 되었지만 그때까지 생존해 있던 남자가 있었다는 사실을 말한다. 그러나 윌리엄의 출생에 대한 비밀은 그가 성장하면서 심각한 고민거리였고, 사생아라는 소문이 정치생명에 큰 타격을 주었을 때조차도 거론되지 않았던 비밀이다. 비밀을 밝히려는 정당한 요구에도 불구하고, 그 문제에 대한 벤저민의 침묵은 모두를 더 놀라게 했다.

가족의 비밀유지는 프랭클린이 간과했던 것처럼 보인 윌리엄의 결혼과 윌리엄의 아들 템플의 출생과 양육에 대한 비밀로 다음 세대까지 이어졌다. 자서전에는 분명히 템플이 '가난한 친척'의 아들이었다고 적혀 있다. 벤은 종종 서신으로 가족과 친구에게 안부를 전했지만, 데버러는 결코 아들에게 안부를 전하지 않았다. 아마도 이것은 2세대에서 아들이 사생아를 낳은 것에 대한 그녀의 분노였을 것이다. 여러 차례 프랭클린이 아내에게 보낸 모든 편지에서 템플에 대한 이야기는 언

9) Benjamin Franklin, *The Autobiography of Benjamin Franklin* (New York: Lancer, 1968).

급되지 않았고, 데버러도 전혀 템플에게 안부를 전하지 않았다. 몇 년 후 벤저민 가족의 한 친구가 템플을 가족으로 받아들이려 하지 않는 가족 전체가 벌이는 이 흥미진진한 게임에 대해 얘기했다.[10]

4세대에 걸쳐 템플의 사생아에 관한 비밀은 유지됐고, 윌리엄과 템플이 단절한 후 윌리엄조차 템플의 딸 엘렌을 자신의 딸이라고 믿게 하려고 애썼다.

프랭클린 가족의 3대에 걸친 사생아의 반복적인 탄생은 상당히 기이해 보인다. 소위 반복되는 이런 비밀 안에 세대 간 연계성이 있는가? 가족비밀은 훨씬 더 은밀하고 왜곡되는 경향이 있다. 프랭클린 가족처럼, 진실은 감출 수 없다. 이는 보이는 가족경험이 결코 완전하지 않다는 것을 가족원에게 가르쳐 준다.

프랭클린의 전기작가 중 몇몇은 자서전에서 눈에 띌 정도로 벤저민이 언급하지 않은 부분을 지적했다. 에스먼드 라이트(Esmond Wright)는 "여기에 겉으로는 너무나 솔직하게 우리에게 모든 것을 얘기하고 있는 것처럼 보이지만, 놀랍게도 대외적인 이미지 이면에 숨겨진 사실과 허구를 우리에게 감추고 있는 한 남자가 있다."[11]라고 말했다. 프랭클린의 '사생활'을 기록한 클로드 앤 로페즈(Claude-Anne Lopez)와 유지니아 허버트(Eugenia Herbert)는 "벤의 현재 가족은 자서전에 실제로 존재하지 않는다. 딸은 단 한 번도 언급된 적이 없고, 아들은 어쩌다가 넌지시 등장하고, 아내는 그녀의 인품 때문이 아닌 잘못을 바로잡기 위한 것처럼 결혼하기 전의 모습으로 그려지고 있다. 예외적으로 관심은 오로지 자신에게만 쏠려 있다. 자기 성찰이란 찾아볼 수 없다."라고 언급했다. 만일 아들 윌리엄이 아버지와 할아버지의 좋지 않은 관계를 알았다면, 특히 자신에게 강요했던 정치적 야심처럼 가족에 대해 그렇게 긍정적인 측면만을 이야기한 아버지에게 분개했을 것이다.

실제로 프랭클린은 자서전에서 결코 드러내지는 않았지만, 아버지에 대한 복잡

10) Claude-Anne Lopez and Eugenia W. Herbert, *The Private Franklin: The Man and His Family* (New York: W. W. Norton, 1975).

11) Esmond Wright, *Benjamin Franklin: His Life as He Wrote It* (Cambridge, Mass.: Harvard University Press, 1990).

미묘한 양가감정을 나타냈다. 그는 아버지를 매우 건장한 체구에 재능이 풍부한 사람이라고 말한다. "그림을 매우 잘 그렸고 악기를 기교 있게, 멋스럽게 연주할 줄 아는 …… 하지만 아버지에게서 볼 수 있는 놀라운 재능은 공과 사를 엄격히 구분하는 것이다." 그러나 우리는 그가 아버지에 대해 언급한 내용에서 찬사 이면에 숨겨진 암묵적 비난을 알아챌 수 있다. 예를 들어, 벤은 아버지가 자신에게 먹는 것에 완전히 무관심하고 자신 앞에 놓여 있는 음식을 탐하지 않도록 가르치면서 식사 중에 교육적인 대화를 매우 자주 가졌다고 말한다. 그는 아버지의 이런 교육이 마땅히 먹을 것이 없어도 견딜 수 있게 해 주어 자신이 여행에서 잘 버티었다고 말하고는 있지만, 사실상 우리는 프랭클린이 상당한 미식가였다는 것을 안다. 분명히 그는 잘 차려진 저녁식탁에서 아버지가 보여 준 경직된 모습을 기술하려고 한 것이나, 그의 진술이 모순됨을 우리는 알고 있다.

프랭클린은 계속해서 아버지가 자신을 학교에 보내지 않았다고 기록하고 있다. 왜냐하면 아버지는 그가 대학교육을 '잘 해내지 못할 것'이고 교육을 많이 받은 사람이 결국 '미천한 생활'을 한다고 생각했기 때문이다. 이미 그는 아들의 지적 재능을 알고 있었기 때문에, 프랭클린 자신도 이런 변명을 받아들이기는 쉽지 않았다. 그 당시 그는 장학금을 받을 수 있었고, 프랭클린이 되고 싶었던 목사는 확실히 보장된 생활이었다. 우리는 그가 쓴 글에서 아버지의 강요에 끓이오르는 분노를 억누르고 있다는 것을 감지할 수 있다. 13세 무렵 그는 시를 쓰기 시작했고, 쓴 시 중 일부는 "상당히 훌륭했다."라고 스스로 찬사했다. "그러나 아버지는 이런 나의 행위를 비웃었고 시를 쓰는 것은 거지나 하는 짓이라고 꾸짖으며 나를 좌절시켰다. 그래서 나는 가장 나쁜 직업 중 하나일 수 있는 시인이 되는 것을 그만두었다."라고 덧붙였다. 다시 아버지를 비평하는 그의 톤은 아이러니하다. 우리도 아는 것처럼, 그는 계속해서 아버지의 잘못을 검증했고, 우리 모두는 200년도 훨씬 더 넘은 지금 가엾은 리처드(Richard)의 재담에 관심을 모으고 있다.

프랭클린이 자서전을 집필할 당시, 그 둘 사이가 매우 가까웠을지라도 그는 윌리엄의 삶의 방향을 인정하지 않았다. 프랭클린은 아버지가 갖고 있는 지혜를 수용할 가치가 있다고 강요하면서 윌리엄에게 자신의 말에 귀 기울이도록 애썼지만, 프랭클린은 조사이어에게 좀처럼 그렇게 하지 않았다. 다시 프랭클린 가족일화 속으로 들어가 보자. 그는 아버지가 옳았던 경우에도 늘 아버지에게 반대했다는 것을 알 수 있다. 그러나 프랭클린은 그가 태어난 가족에게 문제가 전혀 없었던 것처럼 성인시절의 이야기를 풀어 나가고 있다. 그는 자신의 가족에게 실망을 감추지 못하고 부모와 자녀 간의 단절을 3대째 보이고 있는 가족생활에 대해 양가적 메시지를 전하고 있는지도 모른다.

벤저민 프랭클린에 대해 알고 있는 사실과 가계도에 나타난 세부사항은 그와 그의 가족에 대한 흥미로운 연구로 우리를 끌어들인다. 그는 왜 자신이 가족의 테두리 안에서 살 수 없다고 믿었는가? 그는 왜 자신에게 거는 가족의 기대, 희망 그리고 갈등에서 벗어나길 간절히 원했는가? 그와 형 제임스는 뛰어난 동생에게 복종을 강요하다 끝내 추방시켜 버리고 마는 다세대 간 가족드라마를 재연했어야만 했는가?

프랭클린과 그의 원가족에 대해 좀 더 완전한 이해를 하기 위해 우리는 다른 가족원에게 의문을 가져야 할 것이다. 형제는 누구의 이름을 물려받았는가? 그 밖의 다른 가족원의 출생일이 가족원의 사망일이나 중요한 가족기념일과 동일한가? 부모가 부모 역할을 제대로 하지 못한 것에 자책하면서 유아기에 대리자녀로 살게 강요한 부계 쪽 가족의 사망은 없는가?

프랭클린의 가족을 이해하려면 우리는 다른 많은 의문을 제기해야 한다. 교육을 전혀 받지 않은 무지한 여자와의 결혼이 프랭클린이 그의 부모와 외조부모의 경험을 반복한 것인가? 외조부는 시인이자 작가로, 자신의 하녀와 결혼한 지명도 있는 유명인사였다. 후에 프랭클린은 오히려 다른 가족과 더 가깝게 지냈다. 이것이 프랭클린가의 전통인가? 아니면 가족 외부와의 강한 유대 역사를 말해 주는 것인가?

가족체계적 관점에서 프랭클린의 업적과 개성은 여러 의미를 지닌다. 무엇보다도 그는 선천적으로 뛰어난 지능, 건장한 체격 그리고 다혈질의 성격을 물려받았다. 게다가 그는 후천적으로도 가족의 우수한 자질을 많이 갖고 있었다. 그는 아버지처럼 기계를 다루는 데 능했고 삼촌처럼 작가, 우상파괴자, 시인, 철학자, 발명가, 정치가, 외교관, 해학가 그리고 자유로운 사상가였다. 어쩌면 그의 개성은 그렇게도 많은 가족원의 정체성, 즉 아버지와 동일한 출생순위, 삼촌 톰의 사망일과 동일한 출생일, 증조부 벤저민의 형 토머스처럼 생존해 계신 종조부에게 이름을 물려받은 것, 대부인 삼촌과 동일한 세례와 세례명을 받은 것 그리고 가족이 죽은 후에 프랭클린의 가족과 함께 산 삼촌과 같은 처지에서 형성된 것이다.

사람들은 긍정적이든 부정적이든 간에 자신이 가족에게서 물려받은 특성을 알아차리지 못하는 경우가 많다. 여러분은 가족의 위선에 경멸을 느끼면서도 여러분 또한 가족과 똑같은 방식으로 행동한다는 것을 지각하지 못할 것이다. 그런 특성에 대한 자각 속에서 자기 개선이 이루어진다. 유사하게 가족친밀감에 대한 긍정적 인식은 여러분이 자신의 정체성을 강화하는 소속감과 연계성을 가져다줄 것이다.

물론 성차는 정체성 형성의 또 다른 중요한 요인이다. 여러분은 가족 내에서 남성과 여성의 역할이 무엇인지 그리고 가족원이 그 시대의 사회에 어느 정도 순응하고 있는지를 알아보아야 한다. 또한 문화에 따라 성차를 결정하는 특정한 규칙이 있다. 예를 들어, 전통적으로 결혼과 자녀양육 외에는 특별한 지위를 갖고 있지 않은 일부 아시아 여성과 달리, 아일랜드 여성은 독립적이고 심지어 군인과 통치자로서의 오랜 전통을 갖고 있다.

가족 내 남성과 여성 모두에게 주어진 성역할은 수 세기 동안 많은 고정 관념을 낳았다. 이 분야는 탐구해 볼 만한 매혹적인 분야이다. 살펴봐야 할 가장 중요한 것 중 하나는 가족원이 이런 편견에 어떻게 반응했느냐이다. 때때로 그들은 그 당시 엄격히 지켜야만 했던 성역할을 파괴했는가? 만일 그렇다면 이들 가족 내외에 있는 다른 사람이 어떻게 받아들였는가? 나는 사람들에게 특히 그 당시 사회의 성 규범에 완전히 순응하지 않은 가족원을 연구해 보라고 권유한다. 자기주장이 강하고 대담한 여성은 독자적으로 일을 처리하고 쉽게 위협당하지 않으며, 온화하고 자녀양육을 잘하는 남성은 어떤 이유로든 '훌륭한 가장'으로서의 역할을 하지 못한다. 우리가 이런 차원에서 가족을 연구한다면, 우리는 나와 가족에 대해 많은 것을 알게 될 것이다.

물론 최근 여성이 극적인 변화를 가져오고 있기는 하지만 어떤 점에서 가족 내 성역할은 변하지 않고 있다. 여성에게 강요하는 것이 변할 수 있지만, 여성에 대한 전반적인 가족의 태도는 크게 변하지 않는다. 할머니는 요리와 청소를 하며 가족을 보살폈기 때문에 성자처럼 보였을지라도 그녀는 여전히 다소 '우둔한' 존재로 여겨진다. 그리고 현 세대에서 어머니는 컴퓨터 사업에 매우 성공하고 동시에 수많은 일을 해결할 수 있어 '유능한 여성'이란 말을 종종 듣더라도 여러분도 알다시피 그녀는 '매우 심약한 존재이다.' 가족 내 성역할의 세부적인 측면이 변할지라도, 가족의 이면에서 반복되는 기본 양상을 알아보는 것은 중요하다.

프랭클린은 어머니에 대해 전혀 언급하지 않았다. 어머니와의 관계에서 문제가 있었던 것으로 보이는 미국독립선언의 여러 기초위원처럼, 다양한 주제의 방대한 자료에도 불구하고 그는 어머니에 대한 자료를 거의 남기지 않았다. 제퍼슨, 링컨, 워싱턴 또한 어머니에 대해 거의 아무 말도 하지 않았다. 그리고 존 애덤스도 어머니에 대해 매우 부정적인 반응을 보였다. 이들은 버림받고 불만족스러운 가족관계를 보상받으려고 국가에 더 기여했을 것이다.

가족에 대한 이해 또한, 부모, 형제, 자녀라는 생물학적 한계처럼, 전통적인 가족에 대한 사회적 통념에서 벗어나야 한다. 그리고 우리 대부분은 인격형성에 결정적인 역할을 한 비공식적인 가족체계를 갖고 있다. 나에게도 가족 안에서 중추 역할을 해 준 보호자가 있었다. 종조모 마미(Mamie)는 할아버지의 출가하지 않은 여동생이었다. 그녀는 3세대에 걸쳐 우리 가족과 여러 친척에게 산타클로스와도 같은 존재였다. 비공식적인 대부모, 숙모, 삼촌, 조부모 또한 우리 가족의 친구이다. 몇몇 친구의 부모도 어린 시절 나에게 중요한 역할을 했고, 우리 가족이 다른 사람을 위해 본거지를 마련해 준 것처럼 나를 위해 또 다른 본거지를 제공해 줬다. 물론 가족은 혈연적으로나 혹은 그렇지 않거나 간에 우리와 함께 있는 사람이고 보호자, 교사, 목사, 친구, 이웃처럼 성장기에 우리의 가족이었던 사람이다. 이런 사람은 종종 가족의 숨겨진 남자 영웅과 '여자 영웅'이다. 마야 안젤루(Maya Angelou)(가계도 2-3)는 삼촌 윌리(Willie)를, 불구라는 심한 장애에도 한밤중에 구구단을 암송할 정도로 그녀에게 구구단을 잘 가르쳐 주었던 교육과 가치관에 상

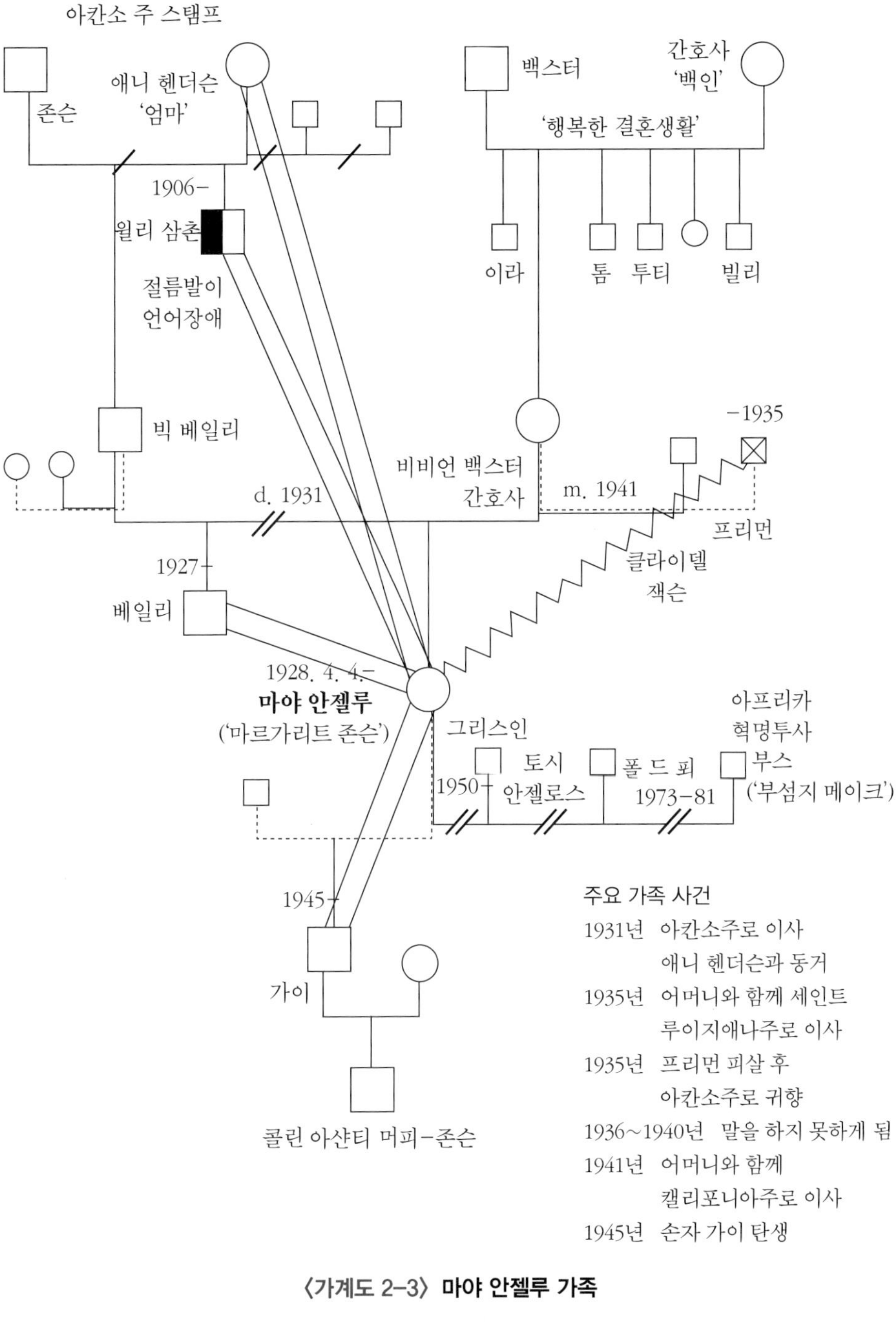

〈가계도 2-3〉 마야 안젤루 가족

당한 영향을 미친 사람이라고 회고했다. 안젤루가 삼촌 윌리의 장례식 때문에 아칸소주 스탬프의 작은 고향 마을로 돌아왔을 때, 삼촌 윌리가 친척에게는 물론 많은 다른 사람에게까지 훌륭한 지도자로 영향력을 미쳤다는 사실을 알았다. 그녀는 모든 무명의 소리에도 귀를 기울이라는 교훈을 남기는 그에 대한 추모시를 썼다. 그는 '우리의 자녀가 부르는 노래 속에 존재'할 것이다. 그리고 역사책이나 가족에게 중요하게 기록되지 않았을지라도 그의 개인적 영향력은 남모르게 우리에게 상당한 영향을 미쳤다. 다음은 그녀가 쓴 시의 일부이다.

> 윌리는 명망 높은 사람이 아니다.
> 그의 이름을 아는 이는 거의 없다.
> 절름발이에 절뚝기리고, 늘 절면서 걸어노
> 그는 말한다.
> "나는 걷는다. 그냥 한곳으로"
>
> 고독이 머릿속을 휘감고
> 공허가 그와 함께할지라도
> 그가 내딛는 걸음걸음에 고통이 메아리쳐도
> 그는 말한다.
> "나는 간다. 신이 이끄는 곳으로"
>
> 나는 울부짖으며 죽어 가리라.
> 하지만 나의 영혼은 해마다 봄의 전령이 되어
> 나를 지켜보리라. 그리고 당신을 보리라.
> 아이들이 부르는 노래 속에 나는 살아 숨 쉬리라.[12)]

12) Maya Angelou, *Poems: Maya Angelou* (New York: Bantam Books, 1986).

5. 가족에 대한 입장변화

가족의 경직된 견해를 바꿀 수 있는 가장 좋은 방법은 모든 가족의 입장에서 가족사를 전하는 것이다. 특정인에 대한 나쁜 감정이 나를 압도한다면, 그 사람을 좋아하는 친척이나 친구가 그를 어떻게 생각하고 있는지 알아보면서 여러분의 시야를 넓혀라. 만약 아버지가 여러분을 지독하게 괴롭혀 그를 불한당이라고 생각한다면, 아버지의 어린 시절과 조부모, 아버지 형제 그리고 증조부모가 어린 시절의 아버지를 어떻게 회고하는지를 알아보는 것도 도움이 된다. 이는 반대 입장에 있었더라면 어떠했을까를 생각해 보는 데 도움이 된다. 어쩌면 우리는 어머니가 철저히 자기통제하는 성실한 사람이기 때문에, 어머니를 지배적이고 독단적인 사람이 아니라고 평가하게 될 것이다.

이모가 9세, 어머니가 3세였을 때, 이모는 어머니를 어떻게 생각했는가? 어머니가 5세였을 때, 외할아버지가 가족을 버린 것에 대해 어머니는 어떻게 느끼는가? 어머니의 가장 친한 고등학교 친구는 어머니를 어떻게 생각하는가? 아버지는 어머니와 연애할 때, 어머니를 어떻게 생각했는가? 가족 내 여성사를 알아보는 방법으로 특히 어머니가 외할머니와 자신의 어린 시절을 어떻게 회고하는지 아는 것도 도움이 된다.

심각한 역기능적 가족 안에서 다른 사람을 보살피는 역할을 하는 일부 구성원은 무의식중에 거만하게 은혜를 베푸는 것처럼 행동할 수 있다. 심지어 다소 문제가 있는 가족일지라도, 가족원은 서로 간의 관계를 제약하며 종종 서로를 '보호한다.' 여러분이 얘기하기 전에 "음, 나도 너무나 연로하고 유약한 어머니를 생각해 보지 않을 수 없다. 좀 더 분명하게 네가 걱정하는 어머니의 존재를 부정하려고 내가 지금 어머니를 부정하면서 벗어나려 한다면 그것은 어머니의 존재를 없애 버릴 수 있다." 모든 사람이 그들의 최선을 다한다는 가정하에서 작업을 해라. 의혹을 푸는 데 도움이 된다면, 그들이 평생을 무분별하게 행동하고, 거부적이고, 적대적이고, 건망증이 심하고 혹은 다소 어리석을지라도 종종 가족에 대해 그들이 알고 있는 것을 정중하게 물어봐라.

(가끔은 우둔하고, 실리적이고, 오만불손하고, 멍청하거나 혹은 '빈민층'의) 친척조차도 가족에 대한 훌륭한 정보의 원천이 될 수 있다. 부딪쳐 보아라. 그들은 여러 해 동안 여러분의 가족을 지켜봤고, 지금쯤이면 아마도 전문가가 되어 있을 것이다. 또 다른 좋은 원천으로 가족 친구나 원가족의 친구도 생각해 볼 수 있다. '가족비밀'을 지켜야 하는 가족규칙은 가족 내부인에게만 암묵적으로 지켜지기 때문에, (원)가족을 아는 사람들은 다른 사람이 꺼리는 이야기를 해 줄 수도 있다.

여기 여러분이 가족탐사를 시작하는 데 도움이 될 만한 몇 가지 질문이 있다.

- 가족은 서로에 대해 어떻게 생각하고 있는가? 누구에게 들었는가? 아무렇게나 떠벌리고 다니는 사람은? 방탕아는? 남의 말을 잘 듣는 사람은? 죽은 영웅은? 전지하고 위엄 있는 노부인은? 가족 내 역할과 호칭에는 어떤 것이 있는가? 누가 착한 사람의 역할을 했고, 누가 나쁜 사람의 역할을 했는가? 어떤 사람이 악당이고 어떤 사람이 영웅인가? 어떤 사람이 나약하고 따분하고 우둔하고, 어떤 사람이 명석하고 거만하고 교활한가? 다른 식으로 가족 내 역할, 가족원의 별칭 그리고 가족원을 설명할 수 있는 목록을 만들 수 있는가?
- 누가 가족 누군가의 이름을 물려받았는가? 그리고 그 이유는? 이름이 가족 내 역할을 말해 주는가? 누가 그 이름을 지었는가? 그들이 그 이름을 지은 이유는? 이름이 돌림이 아니거나 특별한 이유가 있는 것처럼 보인다면, 거기에 숨겨진 의미가 있을 수 있는가? 어떤 사람이 사망한 아버지의 이름을 물려받았는가? 죽은 사람의 이름을 물려받은 가족원은 사망한 사람의 특징을 갖고 있는가? 가족의 이름을 짓는 방법에서 가족구조나 가족원의 심리적 유형을 알 수 있는가?
- 가족원의 출생과 이사나 이민 간에는 어떤 관계가 있는가? 질병이나 사망은? 가족재정상의 변화는? 이민이 자녀의 가족경험에 미친 영향은? 경제적 위기가 자녀의 생활에 어떤 영향을 미쳤는가? 질병이나 사망이 다른 세대에 있는 자녀에게 어떤 영향을 미쳤는가?

- 가족이 문화나 시대의 전형적인 성역할에 얼마나 많이 순응했는가? 예상되는 성역할에 순응하지 않은 가족원이 있었는가? 그리고 다른 사람은 그들을 어떻게 생각했는가? 우리는 가족이 성역할의 역사를 통해 가족의 유연성(혹은 경직성)을 어떻게 짐작할 수 있는가?

제 3 장

가족일화, 신화 그리고 비밀

작품을 쓰는 것은 의미를 찾는 인간의 기본 본성이다. 우리는 각자 새로운 이야기를 만들어 낸다.

인생 창조 – 메리 캐서린 베이트슨

기억하라. 네가 들은 얘기는 실제로 말하는 사람이 꾸며 내고, 들은 사람이 덧붙이고, 그 이야기의 눈과 귀가 그들 모두와 함께한 것이라는 것을.

세바스티안 나이트의 나의 인생 – 블라디미르 나보코프

가족사를 포함한 모든 역사는 나의 일부분이다. 할아버지나 삼촌에 대한 비밀, 1945년 드레스덴 전쟁의 비밀이 폭로되는 순간 숨겨진 진실의 중압감이 사라지는 것처럼 확연히 삶이 달라진다. 그것은 내가 개인사와 세계사의 기념비와도 같기 때문이다.

돌들의 합창 – 수전 그리핀

우리는 단지 가족 안에서 태어난 것이 아니라, 우리를 보호하고 때로는 우리를 힘들게 하는 가족일화에서 탄생한 것이다. 그리고 우리가 죽게 되면 우리 인생이야기는 가족의 의미체계의 일면을 장식한다.[1] 가족일화는 가족원이 소중하게 간직하고 싶은 믿음체계이다. 우리는 영웅과 대담무쌍한 악당까지도 찬양한다. 조상의 일화를 녹음하고 기록하는 것은 그 어떤 방식보다도 가족에 대해 많이 알게 해 준다.

시간이 흘러 일부 내용이 희미해진 일화를 의미 있게 재창조하려는 우리의 노

1) John Kotre and Elizabeth Hall, *Seasons of Life* (Boston: Little, Brown, 1990).

력은 기억에 의존하여 그 일화의 주관적인 측면만을 강조하게 된다. 가족이나 지배 문화의 일화와 불일치하는 동떨어진 경험을 들었을 때, 우리는 충격을 받고 당황해할 수 있다. 모든 가족일화는 회자되는 부분과 회자되지 않는 부분이 있다. 가족의 외상적 경험은 후대로 내려오면서 의식적으로 그것을 믿지 않으려는 후손에 의해 가족의 외부가 더 위험하다는 신화와 미신을 만든다. 실제로 그들은 가족일화가 특정 가족경험을 재확인하고, 설명하고, 제약을 주기 위해 주변에서 어떻게 변모되는지 알지 못한다. 가족일화와 신화는 가족 안에 내포되어 있는 암묵적 가치와 규칙의 신호체계를 분석하는 데 가치가 있다. 가족은 후손의 행동을 규정할 수 있는 메시지를 어떻게 전달할까? 우리가 소중히 간직한 것은 그들의 삶, 관계 그리고 행동에 의미를 부여하면서 만들어진 일화이다.

이떤 가족일화는 내단한 석과 맞서 싸운 가족원의 용기를 생각나게 할 수 있다. 또 다른 가족일화는 굴욕을 당하고 우스꽝스럽게 귀향하는 가족원을 떠올릴 수 있다. 회의적인 가족일화는 '너는 결코 이길 수 없다.'라는 메시지를 전달할 수도 있다. 일반적으로 사람이 좋은 사람과 나쁜 사람을 구분하는 것처럼 가족일화 속 인물은 가족가치 안에서 탄생한 전형적인 영웅, 악당, 익살꾼, 희생자이다. 가족 메시지를 깨닫게 될 때, 우리는 이런 역할과 믿음을 고수할 것인지의 여부를 결정할 수 있다.

보통 가족신화는 명시적이지만, 종종 암묵적으로 전달된다. 그리고 가족신화가 후대에 영향을 미칠 때, 그 힘은 훨씬 더 강하다. 일반적으로 이런 믿음이 실제로 수용되기 때문에 우리는 질문하기 전에 가족마다 가족가치가 다르다는 것을 알아야만 하거나 가족규칙에 대해 완전히 숙지해야만 한다. 가족은 언어적이고 비언어적인 방법을 수없이 교묘하게 사용하며 의사소통을 한다. 모든 가족은 한 세대에서 또 다른 세대로 전수되는 개인의 재담, 일 그리고 기준을 발전시킨다. 나의 어머니는 "키 작은 여자는 결코 믿지 말아라."라고 말씀하시곤 했다. 어머니의 키는 177cm 정도였고, 어머니의 시어머니인 할머니의 키는 140cm 정도였다. 우리가 귀빈을 잘 대접하고 싶을 때 오렌지주스 잔을 컵 받침에 올려 내는 것과 같은 또 다른 메시지는, 다른 사람과의 관계에서 중요한 메시지가 된다. 인종이나 문화적 배경은 절대 언급해서는 안 된다는 메시지는 우리에게 사회적 지위와 관련된 메시지를 전해 준다. 우리는 일찍부터 자녀에게 이야기할 것과 이야기해서는 안 될 것을 가르친다.

게다가 자녀는 가족신화를 고수하기 위해 특정 역할에 고착되거나, 죽음을 불사하면서도 과업을 완수하지 못하거나, 반복되는 고통스러운 과거의 가족드라마에 두려워하는 부모에게 구속받게 된다. 부모가 자녀를 방치하거나 지나치게 집착하여 보상받으려는 가족유산은 다음 세대에 커다란 짐이 될 수 있다.

1. 브론테 가족

브론테 가족(가계도 3-1)은 가정을 떠나는 것은 위험한 일이고, 결국 어느 누구도 가족을 떠날 수 없다는 믿음을 갖고 있는 것처럼 보인다. 가족원 중 누군가가 가족을 떠나려고 할 때나 기존 가족의 질병이나 죽음을 경험하면서 그들의 믿음 일부를 발전시킨 것이 분명하다. 그러나 가족신화가 가족원이 가족을 떠난 뒤에 발생한 질병에 영향을 미쳤을 것이다. 가족 중에서 성인기까지 가장 오래 산 샬럿은 자신의 소설 여주인공의 묘비에 가족 묘비명을 직접 인용한 적도 있었다. "우리의 인생은 그렇게 풍요롭지 않다. 초승달처럼 기운다고 해도 너는 만족해야 한다."[2)]

우리는 세계에서 가장 위대한 소설가로 알려진 『제인 에어(Jane Eyre)』의 작가 샬럿 브론테(Charlotte Brontë)와 『폭풍의 언덕(Wuthering Heights)』의 작가 에밀리 브론테(Emily Brontë)를 탄생시킨 이 비범한 가족의 선대에 관해 아는 것이 많지 않다. 우리는 브론테 자매의 아버지 패트릭(Patrick)의 조부 휴 브론테(Hugh Brontë)와 증조부 웰시 브런티(Welsh Brunty) 모두 양자였던 사실에서, 양자를 입

2) Rebecca Frazer, *The Brontës: Charlotte Brontë and Her Family* (New York: Crown, 1988). The following quotes are from the same source.

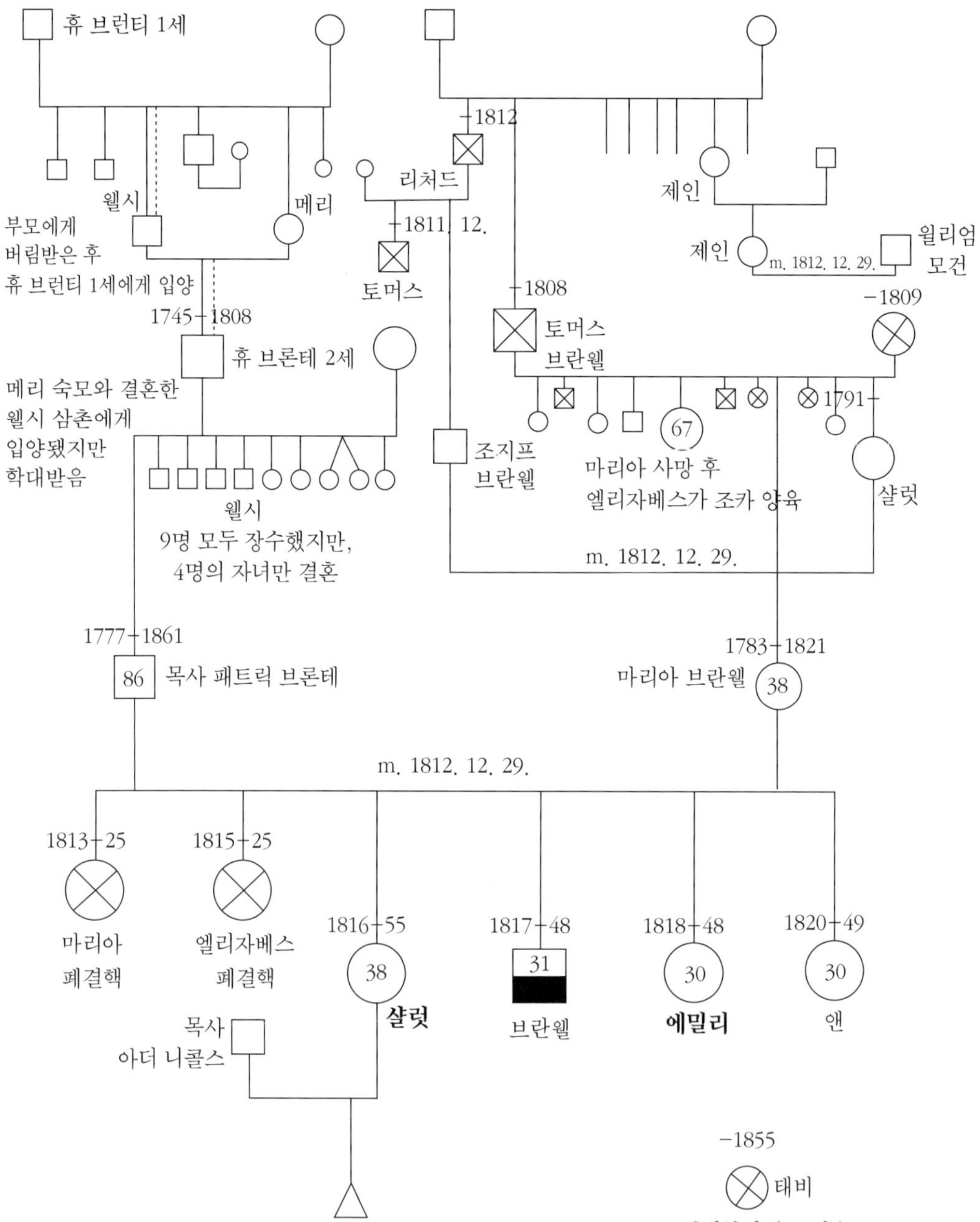
휴 브런티 1세
웰시
부모에게
버림받은 후
휴 브런티 1세에게 입양
메리
1745–1808
휴 브론테 2세
메리 숙모와 결혼한
웰시 삼촌에게
입양됐지만
학대받음
웰시
9명 모두 장수했지만,
4명의 자녀만 결혼
–1812
리처드
–1811. 12.
토머스
–1808
토머스
브란웰
조지프
브란웰
제인
제인
m. 1812. 12. 29.
윌리엄
모건
–1809
67
1791–
마리아 사망 후
엘리자베스가 조카 양육
샬럿
m. 1812. 12. 29.
1777–1861
86
목사 패트릭 브론테
1783–1821
마리아 브란웰
38
m. 1812. 12. 29.
1813–25
마리아
폐결핵
1815–25
엘리자베스
폐결핵
1816–55
38
샬럿
목사
아더 니콜스
1817–48
31
브란웰
1818–48
30
에밀리
1820–49
30
앤
–1855
태비
1820년대부터 유모였음

〈가계도 3-1〉 브론테 가족

양한 가족의 학대를 생생하게 그려낸 소설 『폭풍의 언덕』이 패트릭 가족의 정서적 갈등의 산물이라는 것을 의심해 볼 수 있다. 브론테 자매의 어머니 마리아 브란웰 브론테(Maria Branwell Brontë)는 그녀와 출생순위가 비슷한 3명을 포함하여 유아기나 아동기에 4명의 자녀가 사망한 가족의 출신이다. 패트릭과 마리아는 마리아의 사촌과 패트릭의 친한 친구와 합동결혼식을 올렸고, 같은 날 마리아의 여동생인 샬럿과 예비부부인 또 다른 사촌 조지프 브란웰(Joseph Branwell)이 다른 도시에서 결혼식을 올렸다. 만약 체계적 관점에서 '동시성'이라는 것을 고려한다면, 가족 내에서 일어나는 동시발생적 사건이 때로는 일반적인 우연적 사건보다 훨씬 더 많다. 같은 가족원 4명이 같은 날 결혼했다는 사실은 잦은 가족원의 사망에 기인한 브론테 가족의 일종의 융합을 암시한다. 그리고 실제로 가족은 결혼 바로 직전에 중요한 가족원의 사망으로 인해 상실의 아픔을 겪었다. 외조부 토머스 브란웰(Thomas Branwell)이 1808년에, 외조모가 1809년에 각각 사망했다. 그 후, 그 업보는 토머스의 형 리처드(Richard)에게 그리고 1811년 12월에 비참하게 죽은 리처드의 아들 토머스에게로 이어졌다. 아버지 리처드 역시 그 이듬해 1812년에 세상을 떠났다. 이 마지막 죽음이 가족의 붕괴를 예고했다. 리처드의 또 다른 아들 조지프는 마리아의 막냇동생 샬럿과, 마리아는 패트릭 브론테와, 그녀의 사촌 제인(리처드 여동생의 딸)은 패트릭의 친한 친구와 결혼했다.

계속되는 패트릭과 마리아 브론테 가족의 일련의 비극적인 죽음은 집을 떠날 힘을 제약했고, 그들 자신과 서로에게 내면의 변화를 요구하면서 가족원의 미래 행동에 깊은 영향을 준 것처럼 보인다. 패트릭은 자신을 '지구의 외톨이'라고 여기며 자녀에게 이런 소외감을 전했는데, 외부세계로부터 가족을 보호해야 할 절실한 갈망 때문이었던 것 같다. 6명의 자녀가 단기간에 거의 연년생으로 태어났고, 막내가 태어난 후 곧바로 아내는 심각한 혈관장애가 발병하여 결국 목숨을 잃었다. 마리아가 투병 생활하던 마지막 순간까지 6명의 자녀 모두가 성홍열을 앓았고, 그것은 가족의 비극을 극화시켰다. 마리아는 1년 후에 몹시 고통스러워하다 비극적인 죽음을 맞이했다. 그 당시 그녀의 맏딸은 겨우 9세, 막내는 아직 2세가 채 되지 않았을 때였다. 패트릭은 자녀의 존재가 위로가 되기보다는 아내의 고통스러운 기억을 되살릴 뿐이었다. "때론 질식할 것 같은 슬픔이 가슴속까지 나를 짓눌렀다. …… 나는 그 어디에서도 아내를 그리워했고, 아내의 기억이 매시간 생생하게 되살아났다. 그러나 아이들의 고통스러운 칭얼거림은 그렇지 못했다."

패트릭은 자기 속으로 움츠러들었고 홀로 식사를 했다. 그것은 남은 생애 동안 계속됐다. 후에 딸 샬럿은 아버지에 대해 이렇게 말했다. "아버지는 우리를 별로 좋아하지 않았다. …… 그리고 우리의 보챔은 아버지의 마음을 닫히게 했고, 아버지는 우리와 어떤 유대관계도 원치 않았다. 아니 오히려 매우 귀찮아했다." 마리아의 죽음 후에 브론테 가족은 어떤 가구도 위치를 옮기거나 새로 사거나 버리지 않은 채 그대로 놓아두었다. 그리고 극히 몇몇 사람하고만 왕래하며 지냈다. 그런 경직성은 계속해서 외상을 경험한 가족에게는 일반적인 반응이다.

미혼인 이모 엘리자베스(Elizabeth)가 브론테가로 들어와 여생을 그들과 함께 보냈다. 4년 후 아이들의 유모 태비가 들어왔다. 그녀 역시 여생을 브론테 가족과 함께 보냈고, 그들 가족의 자녀 중 마지막 생존자인 샬럿이 죽기 몇 주 전에 사망했다. 6명의 자녀 모두가 철저히 방치된 유년기를 보냈다. 그리고 그들은 살면서 외부와의 접촉을 금지당했고, 가장 독특한 상상과 환상 속에서 공상의 세계를 키워 나갔다.

맏딸이 12세가 되었을 때, 브론테 가족의 자매는 지방에 있는 목사 자녀를 위한 기숙학교에 보내졌다. 그러나 불행하게도 가족의 지평을 넓히려던 이 시도는 결국 비극으로 끝났다. 맏딸과 둘째 딸은 학교에서 결핵에 걸렸고, 몇달이 채 지나지 않아 죽고 말았다. 어머니 이름을 딴 맏딸 마리아(Maria)는 더 처참했다. 그녀가 숨을 거두는 날까지도 사감선생의 심한 학대가 있었다. 그리고 둘째 딸은 오랫동안 어머니를 대신해 온 가장 좋아하는 언니의 고통을 지켜봐야만 했다. 어머니와 딸의 묘지가 가족이 살던 집 양옆에 둘러싸여 묻혀 있다는 사실은 심리적으로 병적 충격을 더욱 극화시켰음이 분명했고, 그 묘비로 인해 아무도 죽음의 공포스러운 기운에서 달아날 수 없었다. 샬럿 브론테와 에밀리 브론테의 소설에서 나오는 학교에서 학대받는 학생의 이야기와 부모 대리인에게 오해받는 이야기는 브론테 자매의 아동기 경험에서 나온 고통스러운 기억 속에서 시도된 작업이다.

그런 어린 시절에 겪은 죽음이 브론테 자매의 '소설'에서 보듯이 당연히 집 밖은 위험한 곳이라는 믿음으로 발전했다. 아이들은 학교를 그만두었고 남은 4명의 자녀 중 누구도 집을 떠나면, 그들 자신이 질병에 걸리거나 집 안의 다른 누군가가 아프거나 집안이 어려워지는 등의 이유로 집으로 되돌아와야만 했다. 독자이며 집안의 가장 큰 희망이었던 브란웰은 런던의 왕립 예술학교에 입학했고, 학교를 다니려고 집을 떠나야만 했다. 그러나 그는 실제로 학교를 얼마 다니지 못했고, 얼마 후에 약물과 술에 중독되어 집으로 돌아오고 말았다. 그 후에도 그는 직장 때문에 주기적으로 집을 떠났지만 잘 지내지 못했다. 실제로 브란웰이 몰락하게 됐을 때 세 자매의 초기 출판물은 성공을 거둔다. 그들은 아버지나 브란웰에게 그 사실을 비밀로 했고, 남자의 필명으로 작품을 세상에 내놓았다. 마침내 자매는 아버지에게 그 사실을 말했지만, 아버지는 믿기지 않았다. 하지만 자매는 브란웰에게는 철저히 비밀로 했다. 샬럿이 말한 것처럼, "가여운 남동생은 [우리가] 그 글을 출간한 사실을 모른다. 우리는 남동생이 그동안 허송세월을 보내고 자신의 재능을 발휘하지 못한 것에 대한 양심의 가책으로 깊은 상처를 받게 될까 봐 차마 말할 수 없었다. 절대로 그가 지금 알아서는 안 된다. 나는 더 이상 남동생을 구속시키고 싶지 않다. 그것은 너무도 고통스러운 일이다." 그로부터 3년 후 브란웰이 죽자 자매는 필명이 아닌 자신의 진짜 이름을 세상에 알렸다. 생존한 세 자매 중 샬럿은 집을 떠나 가장 성공했다. 집을 떠나 2년 동안 학업에 매진했고 친구를 사귄 유일한 사람이기도 했다. 그러나 그녀 역시 항상 집으로 되돌아오곤 했다.

이와 같이 브론테 가족 고유의 독특성처럼 수많은 가족이 특정문제를 가지고 있다. 패트릭 브론테는 가족과 거의 시간을 보내지 않으면서도 가족이 그를 떠나는 것을 허용하지 않았다. 외부의 자극이 차단된 채 자매는 서로 함께 이야기를 나누며 가장 놀랍고 환상적인 세계를 창조했고, 깨알같이 작은 글씨로 그 이야기를 기록했다. 판독할 수 없을 정도의 작은 글씨로 쓴 800자와 400자 필본이 지금도 남아 있다. 그것은 그들 각자의 상상의 세계에 날개를 달아 주었다. 그들의 마음은 공상 속에서 자유롭게 떠다녔고, 그들이 이미 알고 있는 역사 속의 인물처럼 상상의 주인공으로 역사적인 무용담을 창조했다.

외아들인 브란웰이 초상화의 중심에서 자기 스스로를 삭제해 버린 앤, 에밀리 그리고 샬럿 브론테 자매의 1825년 초상화.
(출처: National Portrait Gallery London)

브론테 자매가 어린 시절 공동 집필한(2인치도 안 되는 작은 글씨의) 800자 필본 3편.
(출처: The Brontë Parsonage Museum)

브론테 가족의 생가인 하워드 목사관. 생가 인근에 있는 비석은 늘 브론테 가족의 수많은 죽음을 일깨워 준다.
(출처: The Brontë Parsonage Museum)

후에 샬럿은 우리 자매는 "어린 시절에 함께 상상을 키웠다."라고 기록했다. 성인이 되어 그녀는 자매의 어린 시절 꿈이 '시들어 버린 잔디'가 됐다고 불안해했다.

샬럿은 젊은 시절에도 중년 여성처럼 보였지만, 그녀는 스스로를 30대 중반이 되었을 때까지도 '어린아이'라고 묘사했다. 그리고 그녀는 아동용 슈미즈를 평생 동안 입었다. 그녀의 상상의 세계는 여전히 '은밀한 기쁨'이었고, 교사 일을 요청받았을 때 그녀는 상상 속의 삶을 동경하면서 자신이 현재 하고 있는 일을 계속하기 어렵다는 것을 깨달았다. 그녀는 상상의 세계에 지나칠 정도로 빠져 현실에서 도피하곤 했다. "나는 내가 추구하는 본질을 의심스럽게 하는 선입견과 엉뚱함의 그 어떤 것도 조심스럽게 피하려 한다." 전기작가 레베카 프래저(Rebecca Frazer)가 말한 샬럿은 '암울한 젊은 시절' 아버지의 건강을 지나치게 염려했던 것처럼, 아버지에 대한 끊임없는 걱정과 같은 집안문제와 가족유산에 대해 '막연한 불안'을 갖고 있는 듯했다. 그녀가 집을 떠나 생활할 수 있는 가장 적합한 사람임에도 불구하고, 그녀가 집을 떠나려고 할 때 심한 만성두통, 불안, 우울 등 알 수 없는 다양한 히스테리 증상을 호소했다. 샬럿은 이렇게 말하곤 했다. "다른 곳에서 나는 나를 괴롭히고 구속하는 이 비참한 '알 수 없는 낯가림'이 있지만, 집에서 …… 나는 말도 편하게 하고 결코 수줍거나 차분하지도 않다." 한 친구는 샬럿에게 집에 머무는 것이 "너를 파멸시킨다."라고 경고했다. 그 친구는 '이기적인 아버지로 인해 희생하는 샬럿의 우울한 분노'를 보고 그런 생각을 했겠지만, 샬럿의 태도에서 곧 포기해 버렸다. 샬럿은 그녀의 인생을 이렇게 기록했다. "나는 가족 모두가 여기 묻힐 것이라고 생각한다. 나는 여행을 즐기고, 일을 하고, 활기차게 함께 살기를 간절히 바라지만, 이런 것이 헛된 소망이라는 것을 안다." 그리고 그녀는 다른 친구에게 이렇게 편지를 썼다. "내 양심에 비추어 생각해 볼 때, 내가 머무르는 것이 올바른 일이라고 확신한다. 그리고 내가 집에서 벗어나고 싶은 간절한 바람을 가졌을 때, 거기에는 그것을 책망하는 고통이 따른다."

다른 형제는 그보다 상태가 심각해 가족을 떠날 수조차 없었다. 에밀리는 몇 번의 시도에서 성공하지 못하자 완전히 포기해 버렸다. 그녀는 브란웰의 장례식 때 아팠던 이후로 다시는 집을 떠나지 않았고 3개월 후에 사망했다. 앤 역시 이때 아프다가, 마찬가지로 에밀리가 죽은 지 5개월 후 6명의 형제자매 중 샬럿만을 혼자 남겨 두고 죽었다. 샬럿은 형제자매의 자취를 보면서 "아마도 나는 죽는 날까지 집을 떠나지 못할 것이다."라고 말하며 두려워했다. 어떤 일에 직면했을 때 가족이 버틸 수 없다는 것을 상기시켜 주는 가족신화, 비밀 그리고 그 밖의 어떤 경험도 회피한 샬럿은 외상의 유산을 차단할 수 있는 가장 훌륭한 방법을 선택했다. "나는 미래를 생각해 본 적도, 과거를 회고해 본 적도 없다. 나는 늘 작고 좁은 널빤지에 의지해 심연을 건너는 것 같다. 주변을 보면 정말 힘이 빠져 버릴 것만 같다." 그녀는 늪에서 벗어나려고 상상력에 의지하며 작품에 몰두했다.

몇 년이 지난 후 샬럿은 그녀에게 끊임없이 구혼해 온, 자신의 아버지와 함께 일하는 부목사 아서 니콜스(Arthur Nicholls)의 청혼을 받았다. 아버지는 격분했고, 그를 해고했다. 1년 후 니콜스를 대신할 만한 사람을 구하기 힘들어지자, 패트릭 브론테는 마음을 누그러뜨리고 그들이 절대로 가족을 떠날 마음이 없다면 둘의 결혼을 허락하겠다고 말했다. 그들은 이에 동의했다. 우리는 샬럿이 2명의 친한 친구와 주고받은 편지에서도 알 수 있듯이, 그녀는 진심으로 니콜스를 사랑하지 않았다. 그러나 결혼하고 얼마 후에 샬럿은 남편을 따라 그의 고향인 아일랜드로 갔다. 그리고 곧 그녀는 남편을 존경하게 됐다. 그녀는 남편이 원가족 안에서 더 재미있고 유머감각이 있는 사람이라는 것을 알았다. 그녀는 그를 사랑하게 됐고 임신도 했다. 그녀는 신혼여행에서 돌아온 후 아버지의 건강 걱정에서도 벗어나게 됐다. 그러나 그녀의 건강은 급속히 나빠졌고 아기를 잃은 지 얼마 되지 않아 죽고 말았다.

샬럿의 사인은 명확하지 않다. 상실을 경험하는 많은 사람에게서 일어날 수 있는 정신적 충격으로만 추측할 뿐이다. 그녀가 가장 사랑했던 유모 태비도 샬럿이 죽기 직전에 사망했다. 샬럿은 어머니가 죽었던 것과 같은 나이인 38세에 사망했다. 브론테 가족의 단명은 괴기스럽기까지 하다. 유일하게 패트릭 혼자만이 86세까지 살다 죽었다.

이에 따라 가장 창조적인 가족의 종말이 다가왔다. 일반인은 가족의 많은 죽음 때문에 브론테 가족이 정신적으로 '불운했다'고 믿을지도 모른다.

2. 애덤스 가족

애덤스 가족일화(가계도 3-2)는 놀랄 만한 성공과 처참한 실패의 반복적인 흥망성쇠의 대서사시이다. 3대에 가장 성공한 찰스 프랜시스 애덤스(Charles Francis Adams)는 이렇게 가족을 회고했다. "나의 가족사에는 기억하고 싶은 즐거운 일이 하나도 없다. 우리 가족은 세계에서 가장 위대한 승리를 거두었지만, 그 승리는 찬란한 영광 속에 숨겨져 있는 깊은 탄식과 뼛속 깊숙이 마음을 갉아먹는 굴욕뿐이었다."[3] 하지만 많은 가족원의 파멸적인 실패에도 불구하고, 애덤스 가족원의 대외적인 업적은 놀랄 만하다. 전기작가 폴 나젤(Paul Nagel)은 강조한다. "성공한 사람이거나 실패한 사람이거나 간에 어떤 애덤스 가족원도 인생을 안락하게 살지 못했다."

애덤스 가족은 4대에 걸쳐 2명의 미국 대통령, 유명한 외교관, 뛰어난 수필가, 역사가와 부유한 실업가를 배출했다. 또한 같은 가족 안에 문맹자, 알코올중독자, 아무짝에도 쓸모없는 사람, 결혼실패자 그리고 자살한 자도 있었다. 애덤스 가족처럼 여러분이 잘 알고 있거나 잘 알지 못하는 가족도 없다. 심지어 가장 성공한 가족원조차도 늘 우울하고 강한 자기불신으로 좀처럼 자신의 영향력에 만족하지 못했다.

애덤스 가족은 일반인과는 다른 생각을 갖고 있었다. 그들이 미국 대통령을 둘이나 배출한 유일한 가족이라는 것을 감안한다면 이는 놀랄 만한 일은 아니다. 그들은 오로지 독립심 하나로 국가에 헌신했고, 탐욕이나 정치적 야심은 없었다고 말했다. 이런 독특한 인식과 위대한 예견은 자기비판에서 나온 것이다. 애덤스 가족은 다른 사람의 청탁을 받지 않았고, 심지어 그들 자신에게도 엄격했으며 불가능해 보이는 기준을 엄격히 지키려고 애썼다.

3) Paul C. Nagel, *Descent from Glory* (New York: Oxford University Press, 1983). The following references are from the same source.

2대 대통령 존 애덤스(John Adams)는 자기 자신을 가장 냉혹하게 비판했다. 그는 다른 사람이 보기에 민망할 정도로 자신을 신랄하게 비판했고, 자신의 동기와 자기 자신에 대해 상당한 의혹을 가졌다. 애버게일(Abigail)이 남편에게 불평한 적이 있었던 것처럼, 그는 선천적으로 나약하게 태어난 자녀가 좌절하지 않길 바라는 바람에서 같은 방법으로 자녀를 비판하기에 바빴다. "알다시피 전 가끔 당신이 너무 엄격하다고 생각돼요. 당신은 인간의 본능적인 충동을 전혀 고려하지 않으세요." 계속해서 애덤스 가족의 특징인 자기비판은 아내에게 보낸 존의 편지에서도 여실히 드러났다. 그는 변호사이자 애국자로서 굉장히 성실한 사람이었음에도 불구하고, 자신을 게으르고 빈둥거리는 사람이라고 자책하곤 했다. 인간의 약점을 질타하는 가족의 냉혹함은 가족이 기대하는 인간성에 부합하려는 가족비판적 사고였다.

존 애덤스는 집사였던 아버지처럼 가족과 자신 그리고 국가에 헌신해야 한다고 믿었다. 장인 윌리엄 스미스(William Smith)는 전 생애 동안 병적인 종교적 믿음에 저항했던 독립심 강한 성직자였다. 양가는 모두 원죄와 인간의 어리석음을 강조하는 신앙심 깊은 청교도 신자였다. 대격동기를 살아온 많은 가족처럼 애덤스 가족은 역경에 저항하는 공동의 목적을 위해 부모와 자식 간의 강한 가족정체성을 발전시켰다. 가족이 유명해졌을 때 그들은 국민의 도덕적 양심으로서의 소명을 다했다.

정치에 점점 더 관여하게 되면서, 존은 애버게일에게 농장경영과 자녀양육을 맡긴 채 고향인 뉴잉글랜드보다는 타지에서 더 많은 시간을 보냈다. 그녀는 미국혁명 속에서 여성의 평등과 권리가 훨씬 더 신장될 것이라는 희망을 키워 왔다. 하지만 남편까지도 진지하게 자신의 주장을 수용하지 않자 몹시 낙담했다. 실망감과 박탈감을 정당화하기 위해 애버게일은 남편의 목표와 이상에 혼연일체가 되려고 노력했다. 애버게일은 국가에 대한 남편의 노력과 희생이 충분히 보상받지 못한 것과 남편만이 파벌정치에 굴복하지 않고 정치하는 데 가장 중요한 것이 무엇인지를 알고 있다는 생각에 존을 지지했다. 남편을 위해 애버게일은 자녀양육에 힘썼다. 남편의 계획은 국가에서 출발됐고, 아내의 계획은 그 국가를 이끌 새로운 세대를 배출하는 데서 시작됐다. 존 또한 아이를 올바르게 키우는 데 많은 관심을 보였지만, 그는 편지로 충고와 훈계를 자주 해 주는 것밖에는 할 수 없었다.

남편처럼 애버게일도 자녀에게 심한 강요를 했다. 이는 그녀의 남동생이 방탕하여 원가족을 패가망신시켰기 때문에, 자신의 아이가 바른 행동을 하고 많은 업적을 쌓도록 강박적으로 매달렸던 것으로 보인다. 그녀는 남동생의 비뚤어진 행동과 타락이 뿌리내릴 수밖에 없었던 부모의 심각한 영향을 이미 알고 있었음에도 불구하고, 남동생의 죄를 계속 질책했다. 그리고 그녀는 그것을 내버려둔다면, '매번 그 싹을 잘라 낸다 하더라도 다시 돋아날 것'이라고 생각했다. 그녀는 겨우 10세밖에 되지 않은 장남 존 퀸시(John Quincy)에게 다음과 같이 말한 적이 있다. "나는 네가 부도덕한 난봉꾼이나 응석받이로 자라는 것보다는 차라리 바다에 빠지거나 어릴 때 갑작스럽게 죽어 버리는 편이 더 낫다고 생각한다."

그들은 가능한 자녀를 올바른 길로 인도하려고 애를 썼다. 그러나 부부는 전 생애 동안 자녀문제로 가슴에 멍이 지워질 날이 없었다. 존 부부는 자녀들이 부모의 걱정, 높은 기준, 혹독한 비판, 회의적인 기대 그리고 질식할 것 같은 가족정체감에 힘겨워할 수도 있다는 사실을 결코 깨닫지 못했다. 상상하지 못한 최악의 일이 현실로 드러났다. 어떤 부분에서는 부모의 간섭에 다소 반항했던 장녀 애버게일(내비)은 사기와 부채로 결국 감옥에까지 간 마음에도 없던 무책임한 남편과의 결혼으로 파경을 맞았다. 알코올중독이었던 두 아들 찰스(Charles)와 토머스(Thomas)는 부모와 자신의 삶을 파멸로 이끈 가족과 단절했다.

유일하게 장남 존 퀸시만은 예외였다. 그는 14세에 외교 업무로 아버지와 유럽까지 동행했다. 후에 그는 하버드 대학교에서 법률을 공부하기 위해 미국으로 되돌아왔다. 그는 27세에 외교사절로 네덜란드에 보내졌고, 공무를 수행하게 됐다. 마침내 그는 미국의 6대 대통령이 됐다. 존 퀸시는 정치가로서 아버지의 헌신과 삶을 공유했을 뿐만 아니라, 심지어 자기비판과 엄격함이 아버지 못지않았다. 존 퀸시에 대한 기대는 컸다. 아버지는 그에게 말했다. "만일 네 성공이 평범한 것이라면, 네게 수치가 될 수 있는 장점을 네 인생에서 숨겨라. 또한 네가 전문가나 국가의 원수가 되지 못한다면, 그것은 전적으로 네가 게으르거나 반듯하지 못한 외

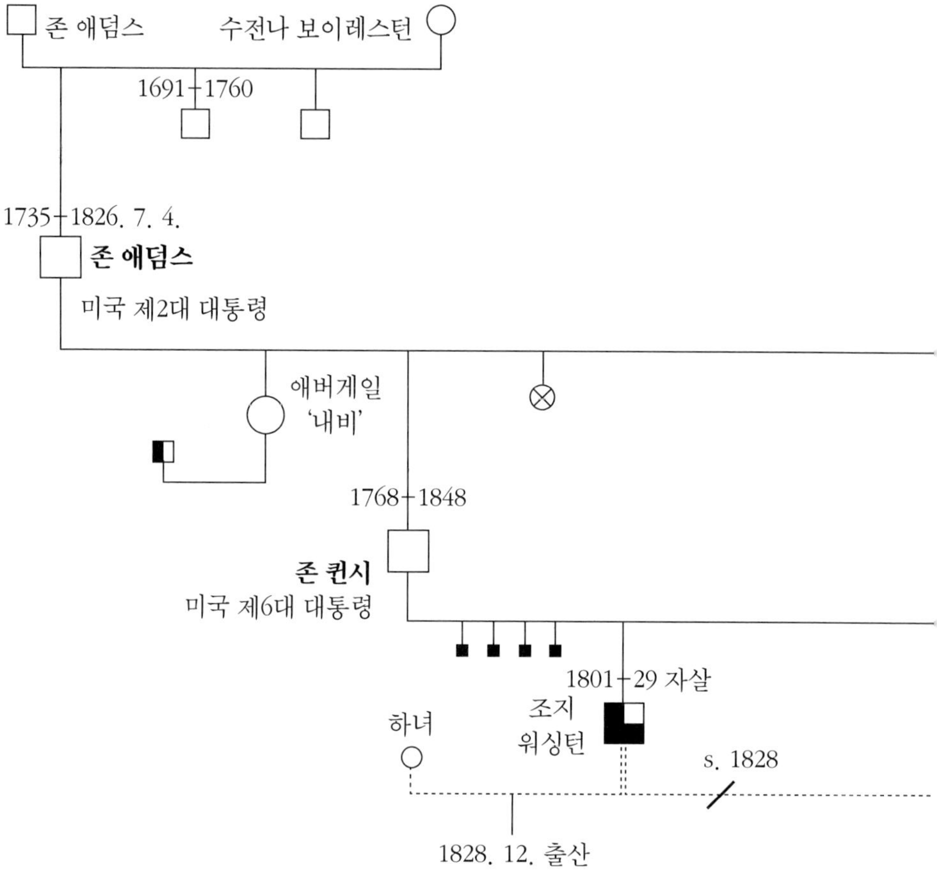
존 애덤스
수전나 보이레스턴
1691-1760
1735-1826. 7. 4.
존 애덤스
미국 제2대 대통령
애버게일
'내비'
1768-1848
존 퀸시
미국 제6대 대통령
1801-29 자살
조지
워싱턴
하녀
s. 1828
1828. 12. 출산

〈가계도 3-2〉 애덤스 가족

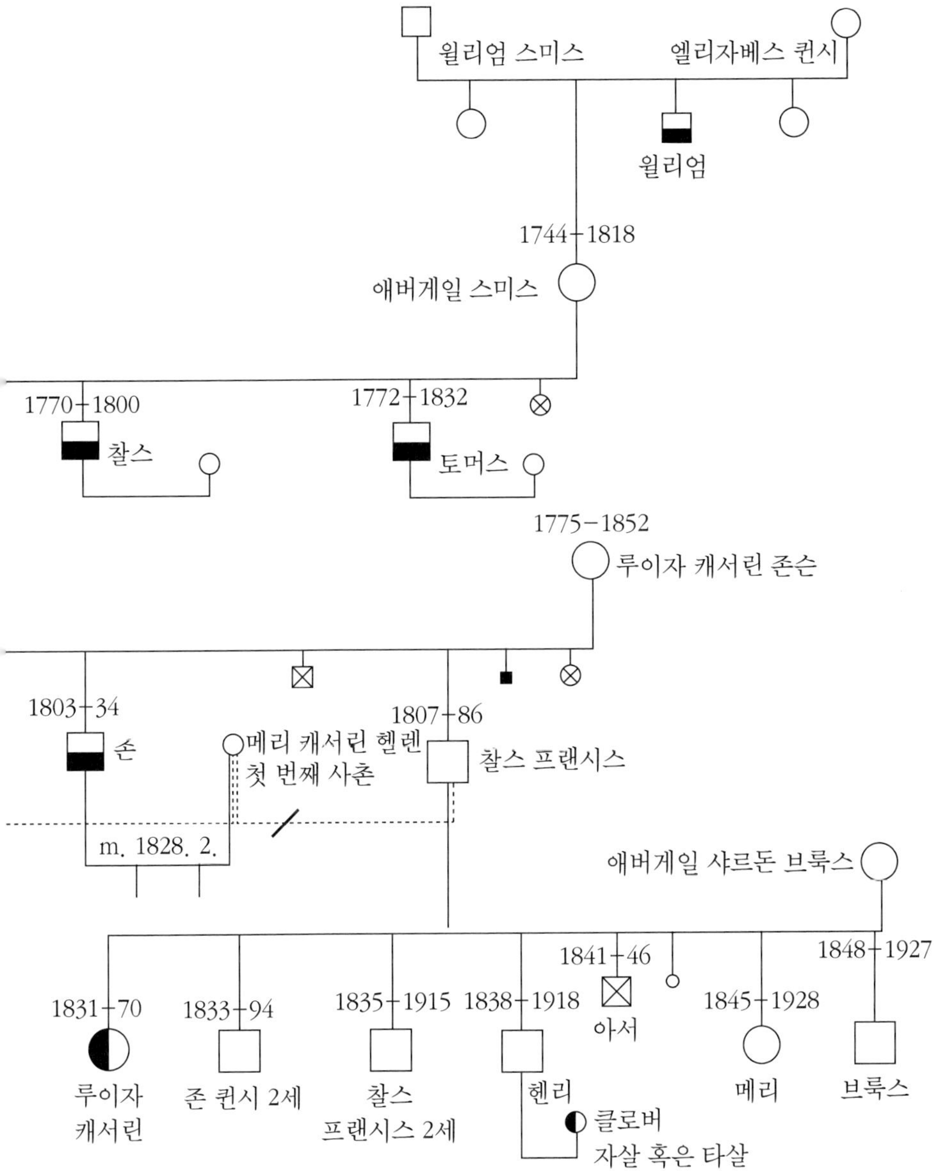

윌리엄 스미스
엘리자베스 퀸시
윌리엄
1744–1818
애버게일 스미스
1770–1800
찰스
1772–1832
토머스
1775–1852
루이자 캐서린 존슨
1803–34
존
메리 캐서린 헬렌
첫 번째 사촌
m. 1828. 2.
1807–86
찰스 프랜시스
애버게일 샤르돈 브룩스
1841–46
1848–1927
1831–70
1833–94
1835–1915
1838–1918
아서
1845–1928
루이자
캐서린
존 퀸시 2세
찰스
프랜시스 2세
헨리
메리
브룩스
클로버
자살 혹은 타살

골수이기 때문일 게다." 다른 형제와 달리 존 퀸시는 어떤 부분에서 부모의 기대를 충족시켰지만, 엄청난 대가를 지불해야만 했다. 탁월한 공적에도 불구하고, 그의 인생은 아버지보다도 훨씬 더 심한 자기불신과 우울의 연속이었다. 그는 자신이 부모가 설정해 놓은 기준에 결코 미치지 못한다고 생각했다. 그도 아버지와 마찬가지로 재선에 실패했다. 그 또한 정계가 매우 무지몽매하고 이상이라곤 찾아볼 수 없는 곳으로 애덤스 가족이 국민을 위해 헌신했던 것에 감사할 줄 모른다는 사실에 염증을 느꼈다. 그는 다시 평의원이 되어 워싱턴으로 돌아왔다. 그는 여러 해가 지나서야 국회의원으로서 그리고 노예제폐지운동의 대표로서의 성취감을 맛보았다.

존 퀸시의 결혼은 순탄치 못했다. 이례적으로 아내 루이자 캐서린 존슨(Louisa Catherine Johnson)은 유능한 여성이었고, 쾌활하고 애정이 넘치는 영혼의 소유자였다. 말년에 그녀는 만일 자신이 좀 더 성숙했다면, 남편의 '불필요한 엄격하고 냉혹한 성격'이 끊임없이 결혼을 힘들게 한 사실을 알았을지 궁금해했다. 놀랄 만한 일도 아닌 것이, 그녀는 세상을 그토록 악의 소굴로 간주하는 애덤스 가족의 생각에 문제의식을 가졌다. 결혼할 무렵 아버지의 파산은 그녀에게 굴욕감을 주었고, 비판적이고 소원한 남편에게 고통스럽게 의지해야 했다. 존이 공무에 바쁠 때 아내를 등한시했고, 아내가 심한 우울증을 앓았을 때도 무관심했다. 종종 아내는 홀로 버려진 채 우울해했다. 남편은 아내가 사랑을 갈구할 때 응답하지도 응답할 수도 없었다. 그녀는 네 차례의 유산 후에 아이를 출산했다. 훨씬 더 많은 죽음이 계속 뒤를 이었다. 그녀는 모두 10명의 자녀를 낳았지만, 성인기까지 생존한 자녀는 단지 3명에 불과했다. 존 퀸시는 국가에 대한 헌신, 위대한 가족 그리고 자녀 양육에 대한 심한 불안감으로 가족을 경계했고, 그것은 다음 세대로 이어졌다. 존 퀸시는 감사할 줄 모르는 세상과 끊임없이 싸우면서 아버지가 기대했던 것보다 더 많은 것을 자녀에게 주지시켰다. 언젠가 존 퀸시는 아들 찰스 프랜시스에게 이런 편지를 보냈다. "아버지와 할아버지는 알거나 모르는 혹은 위장했거나 가면을 쓴 …… 그리고 한두 명의 배신하는 친구보다 더 많은 적이 있는 세상 속에서 우리 자신만의 방법으로 투쟁해 왔다. 여전히 세상은 그대로 존재하고, 그런 인물은 점점 더 많이 속출될 것이다. 그들과 잘 지내거라. 결단코 그들을 책망하지 말아라. 결코 그들을 믿어서도 안 된다. 그렇다고 '그들을 포기해서도 안 된다!' 실망스럽지만 네 자신을 더 단단히 다져라."[4] 존 퀸시 역시 가족은 함께 지내야 하고, 가족이 역사를 산출해 내는 특별한 장소라는 인식을 가르쳤다. 그러나 다시 오랜 헤어짐은 다음 세대에 영향을 미쳤다. 여러 해 동안 존 퀸시와 루이자는 해외에서 외교업무를 보았고, 학령기가 된 자녀의 학업을 등한시했다. 후에 장남 조지 워싱턴 애덤스(George Washington Adams)는 중요한 인성발달 시기에 부모 없이 산다는 것이 얼마나 치명적인지 절감했다.

조지 워싱턴은 존 애덤스의 장손이자 존 퀸시 애덤스의 장남이었다. 마치 이것으로도 충분하지 않았던 것처럼 워싱턴이 출생하기 전에 네 차례의 유산이 있었다. 계속된 유산은 처음으로 생존한 장남에게 더 큰 기대를 걸게 했다. 이는 할아버지의 재선 패배 직후 태어난 불행한 청년에게 충분히 예견된 일이었다. 그에게는 존 애덤스라고 이름이 지어지는 애덤스가의 전통을 깨고, 워싱턴의 업적이 자신의 공이라고 확신했던 할아버지가 늘 심하게 질투해 왔던 초대 대통령의 이름이 붙여졌다.[5] 확실히 이 이름과 관련된 가족일화가 있었을 것이다.

불행하게도 조지 워싱턴 애덤스는 가족의 기대에 부응하지 못했다. 그는 자신이 대통령이 되어야 한다는 강박적인 사고에 매일 매일 시달렸다. 아버지가 러시아 외교대사가 됐을 때 그는 홀로 남겨졌고 어린 시절의 대부분을 부모와 함께하지 못했다. 러시아에서 온 부모의 편지는 온통 그에게 가족유산에 부응할 것을 권하는 내용뿐이었다. 워싱턴은 결코 그렇게 할 수 없었다. 16세가 되어 대학에 입학하기 바로 전까지도, 그는 아버지를 보면 "아버지가 날 쳐다보셨어."[6]라고 말할 정도로 젊은 여성에게 매혹되는 듯한 환상을 꿈꿨다. 하지만 워싱턴은 아버지의 시선을 피했고, 늘 아버지의 시선에서 벗어나고 싶어 했다.

4) Jack Shepherd, *The Adams Chronicles: Four Generations of Greatness* (Boston: Little, Brown, 1975).
5) James Truslow Adams, *The Adams Family* (New York: Signet Books, 1976).
6) Nagel, op. cit.

애덤스는 죽기 10년 전 1816년까지 여러 해 동안 워싱턴에게 편지를 썼다. "내가 네게 너무나 많은 것을 기대하고 있다는 사실이 두렵기만 하다."[7] 사실 워싱턴은 제멋대로였고 어린 시절부터 까다로웠다. 그가 하려 했던 모든 일은 서툴렀다. 워싱턴은 아버지가 미국의 6대 대통령이 되어 수도 워싱턴으로 이사했을 때, 부모의 압박감에서 벗어나는 것 같았다. 하지만 그는 자신의 까다로움과 자제력 부족을 어린 시절 부모와 오래 떨어져 지낸 결과라고 생각했다. 아버지의 재임기간 4년 동안 보스턴에 남겨졌을 때, 그는 부모와 자신의 삶을 혼란스럽게 했다. 결국 1828년 아버지는 재선에 실패했다. 워싱턴의 천박한 사촌 메리 캐서린 헬렌(Mary Catherine Helen)과의 약혼도 2월에 그녀가 남동생 존과 결혼하면서 깨졌다. 그것은 견뎌 내기 힘겨운 고통이었다(그녀는 막내 찰스 프랜시스와도 사랑에 빠진다.). 그 당시 조지는 하녀를 임신시켰고, 그녀는 12월에 아이를 낳았다.

1829년 봄까지 그의 인생은 엉망진창이었다. 부모는 아들에게 워싱턴으로 와서 부모와 함께 고향인 보스턴까지 동행해 줄 것을 부탁했다. 부모를 만나러 가는 배 안에서 그는 몹시 힘들어했다. 그 순간 그는 또다시 아버지의 그늘 아래서 살아야 한다는 중압감에 한밤중 바다로 뛰어들었는지도 모른다.

존 퀸시의 둘째 아들 존(John)은 알코올중독자였고, 31세에 알 수 없는 병으로 사망했다. 전 세대처럼, 오직 1명의 아들 막내 찰스 프랜시스만이 생존해 애덤스가를 계속 이어 갔다. 막내인 그는 가족에게 간섭을 덜 받았기 때문인지, 아버지와 매우 달랐다. 찰스 프랜시스는 어린 시절 부모와 함께 여행했던 유일한 자녀였다. 아마 루이자는 찰스에게 애덤스가의 부정적인 유산을 물려주지 않으려고 했을 것이다. 후에 그녀는 찰스 프랜시스에게 경고하였다. "걱정하지 마라. 형들이 그랬던 것처럼 너 자신을 냉혹하게 비난하거나 벼랑 끝으로 내몰지는 말아라. 그러나 꾸준히 그리고 올바르게 네 갈 길을 가거라." 찰스 프랜시스는 다소 긴장을 늦추고, 자기비판을 덜하며 여전히 아버지에 의해 삶이 지배되지 않도록 직접 아

7) David Musto, "The Adams Family," *Proceedings of the Massachusetts Historical Society* (1981). The following quotations are from the same source.

버지와 맞설 수 있었다. 그러나 그는 여전히 역사에서 가족의 특정 지위와 애덤스가의 유산에 강한 애착을 보였다. 가족의 편지를 모으기 시작했던 사람도 바로 그였다. 유례없이 편지에는 독특한 부모와 조부모의 세계가 여실히 드러났다. 애초에 그는 공무를 수행하는 같은 길을 가지는 않았지만, 한 가족을 책임지는 가장으로서 만족해했다. 심지어 그는 더러운 정치판에 끼어들지 않으려고, 날카로운 애덤스가의 비판의식으로 고향사람의 부패를 비난했다. 과거에 아버지와 할아버지가 했던 것처럼, 결국 그도 56세에 국회의원과 영국 외교대사가 됐다. 그의 탁월한 외교술은 영국이 남북전쟁에 간섭하지 않게 했다. 영국과의 외교에서 이룬 놀라운 성과는 일생 동안 가장 저명한 미국 외교관으로 그를 널리 알렸다. 정말로 찰스 프랜시스는 공무에서 가족전통을 충실히 이행했을 때 상당한 만족을 느꼈다. 그러나 오히려 다행스럽게도 그는 1872년에 대통령 후보로 지명되었다가 패배했다.

그는 보스턴의 유복한 사업가의 사랑스러운 딸 애버게일 샤르돈 브룩스(Abigail Chardon Brooks)와 결혼했다. 브룩스는 애버게일과 루이자 두 영부인처럼 개성이 강하지 않았다. 그녀는 남편에게 의지하여 늘 사랑을 재확인했고, 남편이 대외적인 일로 바쁠지라도 언제나 아내만을 생각해 주길 원했다. 브룩스는 사교모임을 즐겼고, 애덤스가에서 심리적으로 분리하는 데 성공한 사람이었다. 이전 세대에서 벗어나려는 찰스 프랜시스의 시도는 자녀양육에서부터 시작됐다. 형과 삼촌들의 운명을 알고 있었기에 그는 자녀에게 애덤스가의 전통을 강요하지 않았고, 자녀와 더 많은 시간을 함께 보내려고 했다. 그는 모든 의무 중에서 부모의 역할을 가장 우선시했다. 그는 여전히 자녀의 발달에 관심을 가졌고 자녀가 가족유산에서 벗어날 수 있게 도왔다. 그는 자신의 임무에 대해 다음과 같이 말했다. "나는 감히 난파된 배에서 가까스로 도망칠 수 있었던 위험에서 아이를 구해 내기 위해 내가 아이들에게 해 줄 수 있는 모든 것을 할 것이라는 희망 하나로 내 아이를 보살핀다." 그는 자녀를 격려하고 독립심을 고양시켜 주어야 한다고 믿었다. 또한 부모의 한계를 인정했고, 특히 어린 자녀들과 많은 시간을 함께 보내려고 애썼다.

찰스 프랜시스는 부분적으로 애덤스가의 가족유산을 차단한 과도기적 인물이었다. 애덤스가의 4대 아들들은 큰 실패자도, 단명한 자도, 알코올중독자도 없었다. 가족유산은 오히려 여성에게 나타났다. 가족은 첫째이자 맏딸 루이자 캐서린이 자녀 중 가장 뛰어난 재능을 타고났다고 생각했다. 비록 어린 시절 까다롭고 화를 잘 내는 성격이었지만, 만일 그녀가 남자였다면 대통령이 됐을 것으로 믿었다. 가족은 첫째 아이가 계집애라는 사실에 정말로 낙담했다.[8] 그녀는 가족에게 반항했다. 결혼하여 유럽으로 달아나서 가족유산에서 벗어나려고 했다. 그녀의 유럽 생활은 방탕 그 자체였고, 결국 스스로를 자멸시켰다. 그녀는 사고로 39세에 사망했다. 4대의 또 다른 비극의 여주인공은 헨리 애덤스(Henry Adams)의 아내 클로버(Clover)였다. 천부적인 재능을 지닌 사진작가인 그녀는 그 시대의 성차별과 맞서 싸우다가 46세에 자살했다.

장남 존 퀸시 2세(John Quincy II)는 민감하게 가족유산을 부담스러워 했다. 그는 말한다. "존 애덤스라는 이름은 견뎌 내기에는 너무 가혹한 무거운 짐이다."[9] 그는 그에게 거는 가족의 기대에 압도당했다. "조상이 머릿속에서 절대적인 영향력을 휘두를 때, 그 남자가 뭘 할 수 있겠는가?" 아버지와의 관계는 결코 편하지 않았다. 존 퀸시 2세는 자기불신이 강하지도 아버지에게 압도당하지도, 성급하게 혼란스러워하지도 않았다. 만약 다른 사람이 그를 혼자 내버려뒀다면, 부자관계는 더 좋았을 것이다. 그러나 장남에게 거는 가족의 기대는 그에게 충고와 비판을 아끼지 않았다. 그는 '부담에서 벗어나고 싶다.'는 생각에서 자신의 일기와 편지를 태워 버렸다. 그는 자신을(애덤스 가족이 모든 세대에 걸쳐 공유한 희망) 홀로 내버려두길 바랐으나, 그것은 이뤄지지 않았다. 아버지의 격려에도 불구하고 그는 다음과 같이 말했다. "다른 부모와 마찬가지로, 아버지가 자녀를 과대평가하시는 것이 안타깝다. 나는 이 세상에서 가장 중요한 것은 가족이라고 생각한다." 존 퀸시 2세는 가족을 이끌길 바라는 아버지의 압력에 대항하면서도 늘 자신을 아버지의 심부름꾼이라고 생각했다. "다만 한 가지라도 아들도 손자도 아닌, 인격을 지닌 한 개체로 생각해 주길 바란다(그러나 나는 그것이 부질없다는 것을 잘 안다.)." 결국

8) Paul C. Nagel, *The Adams Women* (New York: Oxford University Press, 1987).

9) Nagel, *Descent from Glory*. The following quotes are from the same source.

존 퀸시 2세는 차남 찰스 프랜시스 2세에게 상속권을 양도하면서까지 무거운 짐에서 벗어나려 했다. 그는 주대표 의원이자 주지사로서 또한 한때 부통령으로서 여러 차례 선거에 입후보했다. 하지만 그는 승산이 없다는 확신이 있을 때만 기꺼이 입후보하는 쾌감을 맛보았다. 존 퀸시 2세는 지고 싶어 했다. 그는 승리와 함께 올 정치의 힘겨운 고통에서 도망쳤다. 한번은 그가 아버지에게 고백한 적이 있다. "저처럼 게으른 사람에게 정치는 참 귀찮은 일이에요." 심지어 존 퀸시 2세는 가정생활에서조차도 비참했다. 왜냐하면 그의 가장 사랑하는 2명의 자녀가 디프테리아에 감염되어 죽었기 때문이다. 마치 두 자녀의 죽음을 결코 벗어나기 버거운 가족유산이라고 확신한 그는 슬픔에 잠겨 세상을 등지고 조심스럽게 모든 편지를 소각했다.

나머지 3명의 자녀도 문제가 있긴 했지만, 그들은 모두 자신의 분야에서 성공했다. 존 퀸시 2세가 삶의 모든 자취를 없애려고 결심했던 그곳에서 찰스 프랜시스 2세(Charles Francis, Jr.)는 자신에 관한(물론 조심스럽게 수집했던) 방대한 기록을 남기려고 했다. 그 또한 어린 시절부터 과거 애덤스가의 사람들을 뛰어넘는 성공한 정치가가 되길 바랐다. 비록 제이 굴드(Jay Gould)만한 사업가는 아닐지라도, 그는 성공한 사업가이자 유니언 퍼시픽 철도회사의 사장이었다. 그는 자신의 패배를 시인했다. "내가 할 수 있는 일은 아무것도 없다. 나는 성공하기 위해 난관을 극복해야만 한다. 그렇게 해야 한다는 것을 알지만, 나는 그렇게 하지 못했다. 난 의지가 약했다."[10] 여기서 우리는 다시 애덤스가의 '성공' 이면을 보아야 한다. 심지어 찰스 프랜시스 2세와 같이 위대한 업적을 이룬 인물까지도 확실히 자신감이 부족했다. 그는 계속해서 위장장애를 겪었고, 1893년 많은 가족재산을 탕진한 후 형제자매와 단절했다.

10) Shepard, op. cit.

찰스 버드 킹이 1827년에 그린 조지 워싱턴 애덤스 초상화. 애덤스 가족일화는 흥망성쇠의 연속이다. 누군가가 말한 것처럼, "우리 가족사는 세계에서 가장 위대한 승리를 했지만, 그 안에는 탄식뿐인……."

(출처: U.S. Department of the Interior, National Park Service, Adams National Historic Site, Quincy, Massachusetts)

4대에서 가장 성공한 헨리 애덤스는 저명한 사학자였다. 그리고 역시 사학자였던 막내 브룩스는 미국의 초창기 지정학자였다. 그들은 여전히 전문가로서 국가에 기여했지만, 애덤스가의 4대는 행동가이기보다는 사색가였다. 그들은 정계에 나서기보다 오히려 자신의 생각을 글로 표현했다. 존 퀸시 2세를 제외한 3명의 아들은 가족이 전 세대로부터 물려받은 가족유산을 이성적으로 승화시켰다. 그들은 가족의 편지를 모아 가족을 재조명했다. 비판과 회의로 세상을 바라보는 전통적인 애덤스가의 능력은 그 어느 때보다도 더 날카로웠다. 헨리와 브룩스는 조부모와 부모세대의 사회병폐가 장래 나쁜 예후를 나타낼 것이라는 시대를 조롱하는 가족의 야사를 집필했다. 지금 그들에게 희망이란 거의 찾아보기 힘들었다. 브룩스는 모든 면에서 논쟁적이고 염세적이었고, 헨리는 자신이 경쟁시대에 뒤처지는 인물이라고 생각했다. 데이비드 머스토(David Musto)는 애덤스가의 가족사를 날카롭게 비판했다.

> 애덤스가의 2, 3세대의 성공과 실패는 이상하리만큼 수명과 관련성을 보인다. 단명한 모든 가족원이 가족요구에 부응할 수 없었던 것은 아니지만, 그 반대의 경우는 암시적이다. 성공한 존, 존 퀸시 그리고 찰스 프랜시스 애덤스는 평균 80세까지 살았다. 하지만 찰스, 토머스 보일스턴, 내비, 조지 워싱턴과 존 2세는 평균 40세까지 살았다. 가장 적자만이 생존한 것이다. 미국 초창기 애덤스가의 탁월한 업적을 후손에게 기대하는 것은 하나의 자극일 수 있지만 부담이기도 했다.

4대에게 애덤스 가족을 지탱해 왔던 유일한 가족의 장래는 더 이상 존재하지 않았다. 오히려 이 4대의 애덤스 가족원은 매우 개성이 강했고, 명석했지만 때론 별났다. 모두가 애덤스가의 가족유산에서 벗어나려고 애썼다. 각자 자신의 삶을 살았다. 한편 형제가 함께 공유한 것도 거의 없었다. 아버지가 돌아가신 후 형제는 각자 제 갈 길로 갔고, 마지막 재산까지 분배했다. 아이러니하게도 찰스 프랜시스가 간절히 바랐던 것처럼, 그가 자녀의 독립심과 개인의 재능을 살려 주려고 한 것이 오히려 가족의 결속력을 떨어뜨렸다. 어쩌면 세상에 대한 공포가 가족을 더 결속시키지 못하게 했을 것이다. 때론 죽음도 두려워하지 않았다. 막내 브룩스는 주장한다. "자, 보라. 매사추세츠주 헌법을 입법한 존 애덤스가의 가장 완벽한 4대이다. 그것은 우리가 잃어버린 시간이다. 세상이 우리 가족을 염증나게 한다."[11]

애덤스 가족은 딸에게 큰 성공을 기대하지 않았다. 하지만 독자인 윌리엄(William)이 가족의 기대를 저버리자, 애버게일 스미스 애덤스(Abigail Smith Adams, 2대 영부인)와 여동생은 가족유산에 부응하려고 노력했을 것이다. 2세대 존 퀸시 애덤스의 누나 내비는 특히 아버지와 남동생이 유럽에 있었을 때 많은 압력을 받았지만, 그녀는 단지 결혼해서 좋은 아내가 되고 싶었다. 그녀는 외삼촌처럼, 남편의 사업실패로 결국 부채를 지고 남편과 함께 감옥에서 지내야 했다. 존 퀸시의 아내 루이자는 다재다능한 여성이었지만, 시어머니 애버게일처럼 늘 조용히 우울한 삶을 살았다. 3대의 딸은 유아기를 넘지 못한 채 죽었다. 찰스 프랜시스의 아내 애버게일 샤르돈 브룩스 애덤스는 쾌활하고, 꾸밈이 없고, 사교적인 여성이었다. 그러나 그녀도 결혼하여 몇 년 지난 후에 자기비판을 강요하는 가족, 자녀 출산, 공인으로서의 삶 그리고 그 외 또 다른 고뇌로 '시적 감흥이 생활 속의 무미건조한 산문'으로 바뀌는 것을 깨달았다.[12] 그러나 아들 아서(Arthur)의 비극적인 요절을 겪으면서, 찰스 프랜시스는 치명적인 질병을 앓기 전까지 아서를 벌한 것에 죄책감을 느끼고 자책했다. 이런 남편의 힘든 시기에 브룩스는 힘이 되어 주었고, 여러 해를 함께 보내면서 서로의 삶을 풍요롭게 할 수 있는 능력과 강한 유대를 형성했다.

11) Musto, op. cit.

12) Nagel, *The Adams Women*.

3. 가족비밀

애거사 크리스티(Agatha Christie) 소설의 주인공인 미스 마플(Miss Marple)은 "[비밀]은 마치 땅속 깊숙이 파고드는 메꽃의 뿌리와도 같다."라고 말했다. 실제로 가족일화와 가족신화는 가족이 갖고 있는 비밀에 상당한 영향을 받는다. 모든 가족은 비밀을 갖고 있다. 가족에게 비밀은 가족경계를 일깨워 준다. 때때로 비밀의 내용이 자살, 혼외임신, 성적 방탕 등 매우 심각한 것일 수 있다. 예를 들어 가족이 알코올중독이나 약물중독을 숨기려고 그들의 행실을 왜곡한다면, 비밀이 설정한 경계는 더 강해질 것이다. 비밀은 말하지 말아야 한다는 규칙 때문에 수치와 죄책감이 들 수도 있지만, 비밀을 알고 있는 자를 하나로 뭉치게 하는 힘을 갖고 있다. 가족 안에서 은밀한 유대와 분열을 촉진하기 때문에, 비밀은 또한 신비스러운 힘을 갖는다. 예를 들어 부모가 숨겨 둔 애인의 이름을 자녀의 이름에 붙인다고 상상해 보라. 배우자 또한 자녀의 이름에 숨겨진 의미를 모를 것이다. 그 아이는 그 이름으로 불리는 이유를 모르는 다른 형제자매와 다른 한쪽 부모에게 거리감을 느낄 수도 있다. 이것은 연쇄적으로 그 아이의 자녀에게까지 영향을 미칠 것이다. 윈스턴 처칠(Winston Churchill)의 어머니 제니 제롬(Jenny Jerome)은 외할아버지의 애인 제니 린드(Jenny Lind)의 이름을 땄고, 제니 제롬은 자신의 애인 존 스트레인지 조셀린(John Strange Jocelyn)의 이름을 따서 둘째 아들의 이름을 존 스트레인지 스펜서(John Strange Spencer)라고 지었다. 단지 우리는 가족비밀이 가족관계에 어떤 영향을 미쳤을지 추측해 볼 뿐이다.

가족비밀은 종종 한 가족의 취약성을 드러내기도 한다. 극작가 거니(A. R. Gurney)는 살면서 단 한 번도 언급된 적이 없는 증조부의 자살에 관한 가족유산을 밝힌 적이 있다. "나의 할아버지가 하루는 옷을 입은 채 나이아가라 폭포 속으로 걸어 들어가셨다. 그리고 아무도 그 이유를 몰랐다. 그는 버팔로의 유명인사였다. 아버지는 할아버지의 자살을 단 한 번도 얘기하지 않았고, 이 사건은 암울하고 형언할 수 없는 모습으로 4대에 걸쳐 가족에게 지대한 영향을 미쳤다. 아버지와 할

아버지는 그 사실을 수용하고 예전처럼 일상생활을 하면서 안락한 삶을 살기를 간절히 바랐고, 겉으로 보기에 화려해 보이는 부르주아 세계에 안주했다. 가족은 그것을 매우 위태롭게 지켜보았지만, 결코 그 이유를 말하지 않았다."[13)]

4대가 지난 후에도 조부의 자살은 여전히 영향을 미쳤다. 거니는 48세가 되어서 계보학자인 장인에게 처음으로 그 자살 사건을 듣게 됐다. 그 무렵 거니의 아버지가 사망했고, 흥미로운 양상의 반복 속에서 거니는 아버지의 죽음을 말하길 꺼려 했다. 우리는 전 세대의 비밀이 수 세대에 걸쳐 특정 양상을 나타낼 수도 있다는 것을 안다.

비밀폭로는 받아들일 준비가 되어 있지 않은 자에게 잠재적인 외상을 줄 수 있기 때문에, 비밀유지는 가족에게 중요한 일이다. 피터 폰다(Peter Fonda)와 제인 폰다(Jane Fonda)의 어머니가 자살했을 때에도, 친척 모두는 자녀에게 그 사실을 숨기려고 했다(알려진 대로 헨리는 아내의 자살에 대해 자녀와 단 한 번도 얘기한 적이 없다.). 제인은 그 비밀을 6개월 후에, 어쩌면 가장 잔혹한 방법일지도 모르는 대중 영화잡지를 통해 알게 됐다. 얼마 후 헨리 폰다(Henry Fonda)는 세 번째 결혼을 했다. 그가 신혼여행을 갔을 때 피터 폰다는 '사고로' 자신의 배에 총을 쐈다. 혹자는 그 무서운 비밀이 이렇게 빨리 위력을 과시한 것에 대해 의아해했다.

거의 문제가 없어 보이는 관계에서조차 가족원은 종종 그들 관계를 제약하면서 서로 비밀을 지키려고 한다. 이처럼 어떤 비밀은 가족원을 지키려고 존재하거나 외부인이 인정하지 않는 의혹에서 가족 전체를 지키려고 유지되기도 한다. 어떤 비밀은 대부분 성적 편향을 띤 특정 행동에 대한 사회적 제재 때문에 지켜지기도 한다. 그러나 사회 또한 지배적인 문화의 가치를 지탱하는 비밀을 만들어서 사실을 왜곡하기도 한다. 예를 들어, 최근까지도 대중매체는 일반적으로 남자 정치인의 혼외정사 비밀을 지키는 데 동조해 왔다.

비밀은 종종 부를 숨기기 위해서든 가난을 감추기 위해서든 간에 돈과 관련되

13) Alex Witchel, "Laughter, Tear," *New York Times Magazine* (November 12, 1989).

기도 한다. 남성은 자주 '이건 마누라가 알아서는 안 돼.'라고 생각하면서 아내 몰래 비상금을 숨기곤 한다. 따라서 남성의 권위는 보호된다. 하지만 그런 비밀엄수 또한 남성이 비상금에 가치를 두고 있다는 것을 반증한다. 여성도 마찬가지로 비상금을 갖고 있다. 그들은 생활비 중 일부를 여기저기에 저축해 놓거나, 아니면 남편에게 들킬까 봐 겁에 질린 여성이 옷과 선물을 산 돈과 친척이나 친구에게 꿔준 돈을 비밀로 할 수도 있다. 돈과 관련된 비밀은 분명히 가족에 따라 다른 의미를 지니지만, 가족원에 따라서도 다른 의미를 지닌다. 비밀에 숨겨져 있는 의미를 이해하려면, 비밀이 가족원 중 누구를 보호하기 위한 것이고 누구를 소외시키기 위한 것인지를 정확히 아는 것이 중요하다.

여성은 보통 남성뿐만 아니라 다른 여성의 비밀친구이다. 여성은 남성의 약점을 감싸 주려고 비밀을 지키거나, 남성을 위협하려고 다른 여성과 동맹을 맺고 비밀을 지킨다. 여성은 자녀를 감싸려고 남편의 화를 돋우는 비밀을 말하지 않을 수도 있다. 또한 우리 사회에서 여성은 주로 외모로 판단되기 때문에, 나이와 성형사실을 속일 수 있다. 무엇보다도 남성은 주로 경제나 직장문제 혹은 무능력하다고 생각되거나 실제로 무능력한 그들의 취약한 점을 숨기려고 한다. 일반적으로 우리 문화에서 남성은 강인하고 전능하길 바란다. 따라서 남성은 유약해 보이지 않으려고 자신의 태도와 두려움을 감춘다. 대부분의 남싱이 다른 남성에게 자신의 비밀을 숨긴다. 우리 가족 내에서도 누가 누구에게 어떤 비밀을 숨기고 있고, 비밀이 관계 유지에 어떤 영향을 미치는지 주목해 보라.

가족비밀은 또 다른 비밀을 낳는다. 만약 어머니가 혼전에 임신하여 부모가 결혼을 했고 그것이 가족비밀이 됐다면, 전체 가족사는 그 비밀 하나를 지키려고 결국 왜곡된다. 가족사에서 어머니의 혼전임신과 관련된 주제는 하나의 단서가 계속 꼬리에 꼬리를 물어 비밀이 폭로될 수도 있다는 두려움 때문에 완전히 거론대상에서 제외된다. 따라서 가족일화는 후손에게 밝힐 수 없는 단 한 가지 비밀 때문에 비현실적으로 과장된다. 가족사를 탐구하는 우리는 가족비밀 안에 깊이 뿌리박고 있는 몇 가지 지침을 알아야만 한다.

헨리 폰다와 두 번째 아내 프랜시스 브로코. 아내가 자살한 날 밤 폰다는 여느 때처럼 무대에 올랐다(상단). 어머니의 자살을 철저히 비밀에 붙인 아버지와 함께 잡지를 보고 있는 제인과 피터(하단).
(출처: Museum of Modern Art)

① 과거사는 완전히 거론하지 않는다.
② 특정 친척이나 특정 시기의 가족사를 나눌 때는 언제나 긴장이 감돈다.
③ 가족사의 특정 '사실'을 밝히기보다는 감정이 앞선다.

일반적으로 비밀누설에 대한 가족 불안이 크면 클수록 비밀은 더 지켜지고, 비밀이 오랜 기간 유지되면 될수록 가족생활과 가족사는 왜곡될 것이다.

맥신 홍 킹스턴(Maxine Hong Kingston)의 감동적인 자서전은 그녀의 어머니가 밝힌 고모의 중국에서의 임신과 죽음에 대한 수치심을 감추기 위해 만들어 낸 가족신화와 고모의 행위를 무섭게 질타하는 가족일화로 시작된다. 그 끔찍한 도덕적 훈시는 그녀의 삶에 영향력을 끼친다. 킹스턴은 가족비밀과 수 세대를 걸쳐 가족이 살아온 방식을 기술했다. "이민 온 세대는 …… 그들을 가짜 거리와 가짜 이름으로 내몰면서 저주를 퍼부으며 신을 교란시킨다. 아마도 그들은 언제나 모든 것을 똑바로 하려고 하며, 언제나 말해서는 안 되는 이름을 부르려고 하는 것과 같은 방법으로 자신을 위협하여 자녀조차 혼란스럽게 했을 것이다. 내가 아는 중국인은 그들의 이름을 숨긴다. …… 그들의 생활이 달라졌을 때 미국식 새 이름으로 바꾸려고 그들의 진짜 이름을 비밀리에 감춘다."[14)]

그 어떤 작가도 너새니얼 호손(Nathaniel Hawthorne)보다 여러 세대에 걸친 비밀의 힘에 심취한 사람은 없을 것이다. 그의 작품은 기괴하고 신비스럽게 수 세대 동안 오래전에 죽은 자의 잘못을 벌하는 죄의 유산인 동시에 강박관념 속에 잠재해 있는 파멸적인 조상의 비밀을 숨기려는 고통스러운 고백이다. 이는 소설 『일곱 박공의 집(The House of Seven Gables)』의 핵심주제이다. 죄를 진 자를 벌하기 위해 살렘 마녀의 재판을 주관한 조상의 유령은 100년이 지나서도 후손의 삶에 영향을 미친다. 『주홍글씨(The Scarlet Letter)』 또한 비밀스럽게 감춰진 죄악과 비밀스러운 관계 속에서 태어난 가족신화가 만들어 낸 피해자에 관한 내용이다. 해설자

14) Maxine Hong Kingston, *The Woman Warrior* (New York: Vintage, 1989).

가 말했던 것처럼 "정말 이상한 일이다. …… 비밀을 감추려고 한 사람이 오히려 별다른 어려움 없이 비밀을 파헤치게 되다니……." 호손의 친구 하먼 멜빌이 알고 있는 것처럼, 멜빌은 그의 작품 안에 신비롭게 묘사되고 있는 호손의 삶에 남모르는 비밀이 숨겨져 있다고 믿었다. 호손을 아는 다른 사람도 같은 의혹을 품었다. 호손의 변호사는 다음과 같이 기록했다. "나는 호손의 저서를 읽으면서 호손이 비밀을 감추려고 고통스러워한다는 생각이 들었다. 호손은 자신이 감당하기 어려운 비밀을 영혼 깊숙이 간직하려는 듯했다."[15] 남매의 근친상간은 호손이 처음부터 끝까지 관심을 가진 주제였다. 그가 죽을 때, 그는 남매간 근친상간에 대한 미완성 작품 두 권을 남겼다. 그가 근친상간을 다룬 초기 작품은 자비로 책을 출간했다가 이후 절판시키기 위해 시판된 책을 모두 사들였다. 그는 이 작품에 대해 단 한 번도 언급한 적이 없었고, 또 자신의 작품으로 취급하지도 않았다. 50년 후 남매간의 근친상간에 관심을 가졌던 동생 에베(Ebe)는 그 작품이야말로 오빠의 천재성이 잘 드러나는 작품이라고 표현했다.

작품내용은 살렘에서의 어린 시절부터 시작된다. 인디언의 공격에서 살아남은 유일한 혈육인 오빠와 여동생은 격렬한 사랑을 나눴고, 서로가 '외로움을 달래며' 지냈다. 오빠는 부모의 죽음이 동생을 자신의 사랑으로 만들었다는 사실을 깨달았다. 여동생과의 사랑은 '우리 가족의 수많은 죽음에서 나에게 온 사랑'이었다. 작품 속의 사건은 호손 가족의 고유 일화를 바탕으로 다룬 것이다. 호손이 6세 때 항해사 아버지는 세상을 떠났고, 호손의 어머니는 집에서 쓸쓸히 은둔 생활을 했다. 아버지의 죽음은 호손을 꼭 닮은 그가 가장 사랑했던 여동생 에베와 함께 너새니얼 가족을 세상에서 고립시켰다. 어린 여동생은 생김새나 성격 면에서 작품 속 인물과 많이 달랐다. 호손 가족은 호손의 초기 작품과 또 다른 호손의 작품 속에서 나타난 것처럼 '사이가 나쁜 친척들'과 지내야 했다.

호손은『주홍글씨』의 서문에서 수 세대 전에 가족이 저지른 죄를 암시한다. 호

15) Philip Young, *Hawthorne's Secret: An Untold Tale* (Boston: David R. Godine, 1984).

손은 살렘 고향이 그에게 묘한 매력을 느끼게 했고, 어릴 때부터 알 수 없는 조상의 형상이 그를 따라다녔다고 말한다. 그는 '수많은 역사 속에서 전해 오는' 나의 조상이 그들이 저지른 죄를 후회한 적이 있었는지 궁금해했다. "모든 사건에서, 나는 …… 조상의 대리인으로서 여기 그들을 대신해 수치를 느끼고 조상 때부터 내려오는 어떤 저주가 지금 그리고 영원히 사라지길 기도한다. …… 그것은 시간의 영겁을 넘어 나와 조상이 서로 주고받는 안부이다! …… 조상의 강인한 본성이 나와 조상을 하나로 묶어 준다."

호손은『주홍글씨』의 해설자처럼, 살렘의 오래된 자료를 탐독하면서 몇 년 동안 고립된 생활을 했다. 최근까지 잘 알려지지 않았지만, 분명히 호손은 자신이 밝혀낸 살렘의 공문서 일부로 고생해 왔다는 사실이다. 그것은 1662년 미국으로 건너간 초창기 어머니의 조상 니콜라스 매닝(Nicholas Manning)이 두 여동생과의 근친상간으로 재판을 받은 사실이다. 니콜라스의 아내와 어머니는 그에 대해 증언했다. 아내는 비록 남매의 근친상간을 목격했지만 남편의 행위를 밝히려고 하지 않았다. 이 소송을 맡은 판사도 윌리엄 호손(William Hathorne, 1607~1681)이었다. 그 역시 너새니얼의 친척일 가능성이 크다. 호손은 '내면 가장 깊숙이 숨겨 왔던' 그의 일화를 통해 가족비밀을 말하려고 했다.

가족일화를 듣고 가족원의 입장을 알 수 있는 가족모임, 휴일 또는 결혼식, 장례식, 출생과 같은 가족기념일에 경계를 늦추지 마라. 체계적 관점에서 이날은 가족을 탐구하고 가족연대기를 알 수 있는 가족여행의 적기이다. 또한 우리는 다음과 같은 질문을 해 볼 수 있다.

- 가족원은 일반 가족의 생애주기 규범을 준수하는가? 아니라면 예컨대 만혼이나 독신이나 무자녀나 비관행적인 생활같이 가족만의 독특한 다른 규범이 있는가? 가족 고유의 규범은 어떤 가치를 지니는가?
- 가계도에 '시기적절하지 않은' 사건이 있는가? 5월에서 12월 사이에 결혼식이 있는가? 자녀를 너무 일찍 갖거나 너무 늦게 가진 가족은 누구인가? 너무 일찍 결혼하거나 너무 늦게 결혼한 사람은 누구인가?

- 가족의 특정사건의 의미를 강화하는 출생, 사망, 결혼, 독립, 질병 등 가족생애주기 사건이 동시성을 띠는가?
- 가족은 어떤 가족의식을 갖고 있는가? 휴일? 가족회의? 여가? 휴가? 가족모임?
- 결혼을 축하하는 규칙이 있는가? 장례식? 출산? 생일? 기념일?
- 가족의 기본규칙(예, '키 작은 남자는 믿지 마라.'나 '하루에 한 개 이상 아이스크림을 먹지 마라.' 등)은 무엇인가?
- 가족 내에서 회자되는 일반적인 일화가 있는가?
- 도덕적 훈시도 있는가?
- 가족이 갖고 있는 기본 믿음, 신화 그리고 가치 등을 알 수 있는가?
- 가족의 이민일화가 있는가?
- 가족 내 죽음과 관련된 일화가 있는가?
- 외부세계와의 관계에 관한 일화가 있는가?
- 교육에 관한 일화가 있는가?
- 돈에 관한 일화가 있는가?
- 휴일에 관한 일화가 있는가?
- 배신에 관한 일화가 있는가?
- 생존에 관한 일화가 있는가?
- 어떤 가족신화가 있는가?
- 가족유산이 있는가? 그것의 긍정적인 측면은? 취약성이나 우려되는 부분은? 향후 성공에 관해서는? 주의해야 할 부분은?
- 감춰진 가족비밀이 있는가? 돈? 죽음? 임신? 성행위? 결혼? 정사? 부모됨? 학업이나 직장에서의 실패?
- 가족비밀은 어떻게 유지되고 있는가? 누가 그 이야기를 했고 어떻게 알게 됐는가?
- 비밀이 가족관계에 미친 영향은 무엇인가?

제 4 장

가족 간의 유대와 속박

"그럼 네가 말하고 싶은 게 뭔데." 3월 토끼가 계속 얘기했다.
"응, 그건." 앨리스는 서둘러 대답했다.
"적어도, 적어도 말이야. 내가 말하고 싶은 건 너도 알겠지만 그건 똑같다는 거야."
"전혀 똑같지 않아!" 모자장수가 말했다.
"어째서 넌 '내가 먹을 것을 보았다.'와 '내가 본 것을 먹었다.'가 같다고 하는 거니?" 3월 토끼가 덧붙였다.
"너는 지금 '나는 내가 얻은 것을 좋아해!'와 '내가 좋아하는 것을 얻었어!'가 똑같다고 우기고 있어."

이상한 나라의 앨리스 - 루이스 캐럴

물론 어떤 점에서 모든 가족은 가족 고유의 독특성을 갖고 있지만, 또 다른 점에서 모든 가족은 시간과 문화를 초월하는 동일한 관계유형을 가지고 있다. 가족은 도식화되고 탐구될 수 있는 특정한 방식으로 관계한다. 가족을 알려면 정서관계의 상호작용을 살펴보아야 한다. 누가 누구에게 어떤 이야기를 하고 누가 누구에게 어떤 이야기를 하지 않는가가 중요하다. 이론상 만약 가족 내 모든 것이 완벽하고, 어떤 일이건 가족 모두가 상의하고, 가족을 등진 사람도 아픈 사람도 그리고 죽은 사람도 없다면, 그리고 만약 새 식구가 들어와서 집을 늘려야 하는 일이 없고, 아무도 질투하거나 분노하거나 슬퍼하지 않는다면, 다시 말해 만약 우리가 인간이 아닌 다른 창조물이라면, 가족원이 항상 진솔하게 서로가 공감하고 분명히 서로의 차이점을 이해하면서 이야기했을지도 모른다. 그렇다면 가족관계는 늘 화목했을 것이다.

하지만 삶이란 항상 최상의 상태만이 가능한 것은 아니다. 가족은 서로 마음을 열지 않고, 심심치 않게 관계가 어긋나곤 한다. 실제로 일부 연구자는『이상한 나라의 앨리스(Alice in Wonderland)』처럼 대화란 의미를 명확히 파악하는 것이 아니라 더욱 모호하게 만든다고 주장한다. 일부 가족심리학자는 어느 정도 가족원은 서로의 행복을 위해 다른 사람의 눈치를 살피기 때문에 그런 관계에서 솔직한 대화가 이루어지지 않는 이유를 밝혔다. 다시 말해서, 의존심이 강한 가족원이 상처받지 않으려고 다른 가족원에게 동의하면 할수록 의사소통은 더욱더 왜곡된다.

1. 스트레스에 대한 반응

알다시피 변화 없는 인생도 없고 혼란 없는 변화도 없다. 따라서 가족의 의사소통체계와 관계가 자주 변하는 것도 놀랄 일은 아니다. 모든 가족원은 서로 간의 관계를 맺기 때문에, 가족은 다른 사람의 고민에 쉽게 반응한다. 종종 가족의 반응은 서로 뒤엉켜 한 사람의 혼란이 결국 모두 혼란스럽게 한다.

가족은 살아가면서 겪게 되는 피할 수 없는 변화에 마치 이런 확연한 변화가 가족에게 심한 고통과 불안을 주는 것처럼 기존방식을 고수한다. 실제로 변화에 대한 저항은 모든 체계의 자연스런 섭리다. 어느 정도의 저항은 필요하고 건전하다. 하지만 필요 이상의 저항은 변화해야 하는 가족을 경직되고 순응하지 못하게 한다. 변화에 대한 극도의 저항이 결국 가족을 나약하게 만들고 왜곡된 의사소통을 하게 한다.

스트레스에 대처하는 독특한 방법은 대개 경험에서 학습된 것이다. 가족은 기존방식을 고수하듯이, 우리는 또한 가족이 했던 기존방식 그대로 스트레스에 대처하는 경향이 있다. 가족의 스트레스 위기는 의사소통을 어렵게 한다. 가족원은 위기에서 벗어나려고 자신을 탓하거나 타인을 비난한다. 가족원은 다른 사람의 요구에 순응하며 자신의 욕구를 억제하는 회유자가 된다. 위엄 있는 사람이건 '멍청한 사람'이건 간에 가족문제를 해결하려고 할 때 가족은 우유부단해하거나, 지나친 권위를 내세우거나, 부적절하고 불합리한 반응을 보이거나 혹은 모두 침묵해 버릴 수 있다.

가족이 스트레스를 겪을 때 획일적인 감정과 행동을 강요하면서 가족외부인의 침입을 막고, 가족내부인을 한데 뭉치게 하는 정서적 힘을 가족치료자는 밀착(enmeshment)이라고 한다. 밀착된 가족관계에서는 가족을 떠나거나 심지어 가족의견에 반대하는 것조차 배신일 수 있다.

또 다른 가족은 스트레스를 겪으면서 뿔뿔이 흩어진다. 이탈(disengage-ment)은 '가족원 모두가 독자적으로 행동'하는 것이다. 이탈된 가족은 문제를 체계적으로 해결할 힘이 없기 때문에, 경찰이나 병원과 같은 외부기관의 도움을 요청하고 가족의 일에 과도하게 개입시킨다.

가끔 가족의 스트레스 대처방식은 여러 세대를 반복하면서 다른 방식으로 나타나곤 한다. 만약 할아버지가 알코올중독자였고 술로 스트레스를 해소한 반면에 할머니는 할아버지가 술을 마시고 집에 돌아오면 바가지를 긁었다면, 아버지는 절대로 술을 마시지 않겠다고 결심했을 것이다. 아버지는 술 이외 다른 문제에서도 정서적 침묵과 회피로 일관하면서 다른 사람을 책망하는 경직된 대처방식을 보이게 된다. 융통성 없는 아버지를 보면서 나는 또다시 스트레스를 해소하기 위해 술을 마시게 된다. 만약 우리가 이런 가족관계 유형을 좀 더 자세히 살펴본다면, 우리는 가족갈등을 회피하려는 대처방식을 이해하게 되고, 비록 겉으로 보기에 다르게 보일지라도 동일하게 후대로 이어지는 수치, 죄의식, 회한과 같은 정서문제의 악순환을 발견하게 된다.

가족생애주기에 따라 가족은 내 · 외적으로 많은 스트레스를 겪는다. 가족치료자 베티 카터(Betty Carter)는 가족스트레스에는 수평적 가족스트레스와 수직적 가족스트레스가 있다고 주장했다. 수직적 가족스트레스는 여러 세대에 걸쳐 가계로 전수되는 관계유형과 기능양식이다.

세대 간의 태도, 신화, 금기, 기대, 호칭 그리고 가계에 전수되는 외상적 가족유산(수직적 가족스트레스원)은 모든 가족관계와 가족스트레스 대처방식에 영향을 준다. 가족유산에 대처하는 방식은 우리 자신에게 달려 있다.[1)] 세대가 변해도 가족

발달에 필요한 스트레스와 변화, 경제적 어려움 및 자연 재난 등과 같은 예상치 못한 스트레스에 대처해야 하는 수평적 가족스트레스 또한 가족에게 압력을 가한다.

어떤 가족은 수평적 가족스트레스나 심각한 가족생애주기의 변화로 붕괴된다. 수직적 가족스트레스원은 부가적인 문제를 초래할 수 있기 때문에, 경미한 수평적 가족스트레스에도 가족체계에 심각한 영향을 미친다. 예를 들어, 만약 젊은 여성이 부모와 미해결된 문제(수직적 불안)를 갖고 있다면, 그 문제만으로도 그녀는 정상적인 부모됨의 변화(수평적 불안)에 특히 대처하기 어려울 것이다.

스트레스에 대처하는 나와 가족의 전형적인 반응을 이해할 때, 나는 가족의 대처방식에서 벗어날 수 있다. 가족스트레스에 대한 이해는 현재 가족이 반응하는 방식에 영향을 줄 수 있는 과거의 스트레스 사건과 현재의 스트레스 사건을 모두 도식화해야 한다는 것을 의미한다.

예를 들어, 미국의 26대 대통령 시어도어 루스벨트(Theodore Roosevelt)는 그의 딸 앨리스가 출생한 이후 많은 어려움을 겪었다(가계도 4-1). 일반적으로 자녀의 출산은 어느 가족에게나 스트레스를 주지만, 루스벨트에게는 수많은 동일한 과거의 스트레스원이 이 특정 과도기를 힘겹게 하는 듯이 보인다. 첫째, 루스벨트는 대통령으로서 어려운 시기를 겪었다. 둘째, 수년 동안 심각한 신체적 · 정서적 문제를 보였던 사랑하는 아들 테디(Teddy)가 하버드 대학교에서 낙제를 했다. 마지막으로, 가장 큰 고통은 아내와 어머니의 죽음이었다. 루스벨트의 아내(딸과 이름이 동일한 앨리스)가 딸 앨리스를 낳고, 22세 나이로 1884년 2월 14일에 죽었다. 또한 바로 그 밸런타인 날 밤에 같은 집에서 루스벨트의 어머니가 사망했다. 게다가 이날은 루스벨트와 앨리스의 약혼 기념일이기도 했다.

재혼을 반대하는 누나 바미(Bamie)에게 편지를 보내긴 했지만, 그는 채 1년이 지나지도 않아서 어린 시절부터 알고 지내던 에디스 커류(Edith Carew)와 비밀리

1) Elizabeth A. Carter, "The Transgenerational scripts and Nuclear Family Stress: Theory and Clinical Implications", *Georgetown family Symposium*, ed. R. R. Sager, vol. 3 (1975-76). (Washington, D. C.: Georgetown University, 1978).

에 약혼을 했다. "나는 우리의 재혼을 완전히 신뢰할 수 없다. 나는 사람들이 늘 인간은 나약한 존재라고 얘기했던 것을 생각하게 된다. 내가 내 자신을 비난했던 것처럼, 누나가 나의 변덕과 부정을 호되게 나무랄 수는 없다. 만약 천국이 있다면, 나의 유일한 기도는 내가 사랑했던 아내를 만나지 않게, 그곳에 가지 않게 해 달라는 것뿐이다."[2] 가족은 이 편지를 거의 1세기 동안 숨겨 왔다. 어린 리(Baby Lee)라고 불리던 딸을 태어난 순간부터 키웠고 딸이 3세가 되던 해에 엄청난 반감으로 그에게 돌려보냈던 누나 바미에게, 딸이 어떤 평온함을 주었던 것 같다고 루스벨트는 말했다.

루스벨트는 1886년에 재혼해 5명의 자녀를 둔 아버지가 됐다. 그는 첫째 부인의 이름을 단 한 번도 언급한 적이 없었고, 자서전에서도 그녀의 존재를 거론조차 하지 않았다. 앨리스(Alice)는 성장하면서 스스로도 알지 못했지만, 어머니 앨리스 리(Alice Lee)를 꼭 빼닮아 갔다. 가족 안에서 딸 앨리스의 존재는 희미했고, 루스벨트는 앨리스를 가족으로 생각하지 않았다.

애정에 굶주린 앨리스는 사춘기 후반에 접어들면서 과거 조용한 소녀의 모습은 찾아보기 어려운 매우 대담한 일탈행동을 일삼기 시작했다. 앨리스는 성인이 되어 음주, 흡연, 자동차 경주, 경마와 같은 난폭한 장난으로 계속해서 신문지면을 도배했다. 혹자는 거의 날마다 신문지상을 떠들썩하게 하는 앨리스의 별난 행동은 아버지의 관심을 끌기 위한 것이라고 말한다. 후에 앨리스의 이복 여동생은 이렇게 회고했다. "언니는 골칫덩어리였다. …… 우리 모두는 언니가 또 다음에 무슨 일을 저지를지 궁금해했다."[3] 어머니의 사망연령과 동일한 22세 1906년 2월 17일 앨리스는 결혼하여 독립하기로 결심했다.

루스벨트 가족의 현재의 스트레스와 과거의 스트레스 모두 명백히 루스벨트와 딸의 힘겨운 분리를 보여 준다.

2) Nathan Miller, *Theodore Roosevelt* (New York : William Morrow & Co., 1992).

3) Howard Teichman, *Alice: The Life and Times of Alice Roosevelt* (Englewood Cliffs, N. J.: Prentice-Hall, 1979).

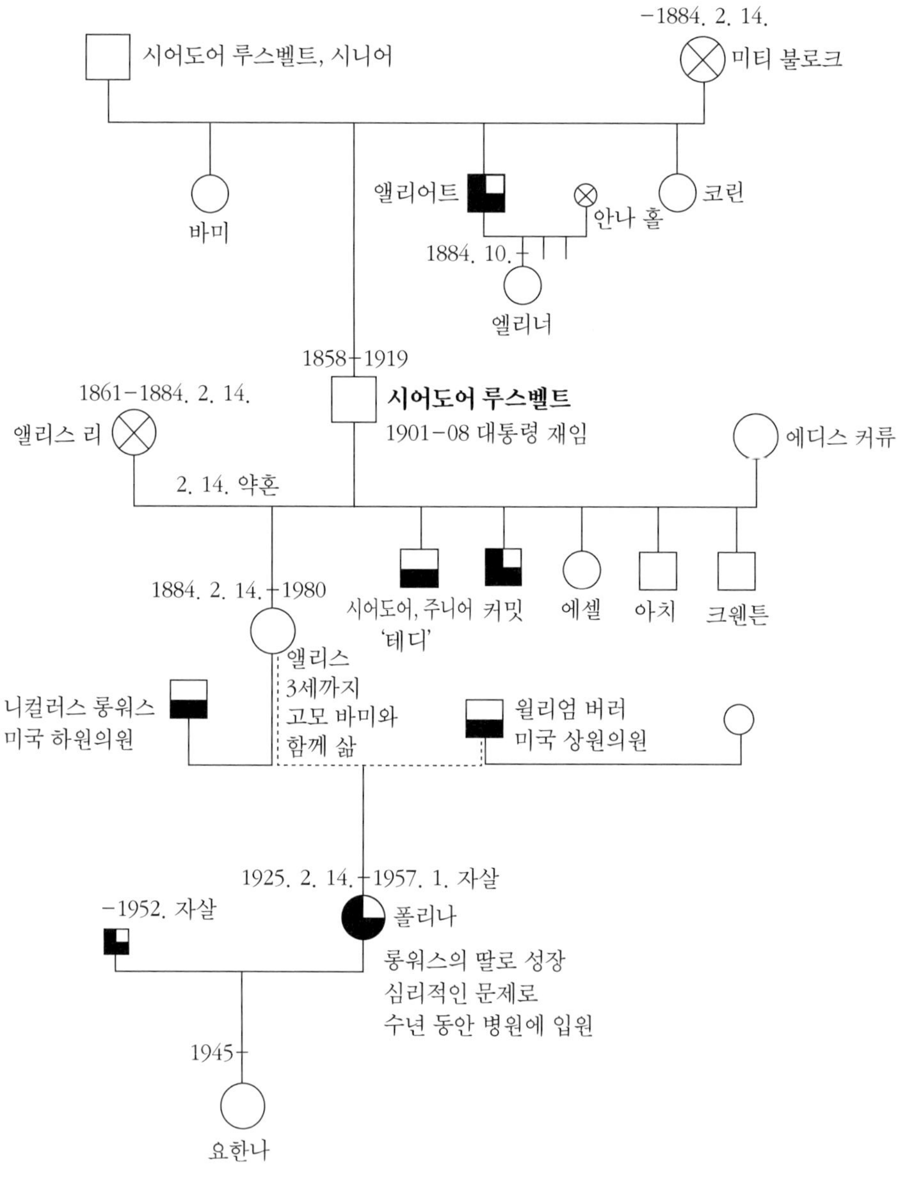

〈가계도 4-1〉 시어도어 루스벨트 가족

앨리스가 집을 떠날 때, 에디스는 딸에게 이렇게 말했다. "나는 네가 떠난다니 속이 다 시원하구나. 넌 여지껏 그저 골칫덩이에 지나지 않았어."[4] 앨리스의 독립은 순탄하지 않았다. 1년도 채 되지 않아 앨리스는 남편보다 아버지와 함께 더 많은 시간을 보냈다. 오랫동안 그녀는 이처럼 아버지를 갈망했을 것이다.

12년 후 2월 14일에 태어난 앨리스의 외동딸은 분명히 앨리스와 불륜에 빠졌던 나이 많은 유부남 상원의원 윌리엄 버러(William Borah)의 아이였다. 앨리스는 딸의 이름을 데버러(Deborah)라고 짓길 원했지만, 남편의 반대로 딸에게 성인 폴(St. Paul)의 이름을 따 폴리나(Paulina)라는 이름을 지어 주었다. 폴리나는 불행하고 철저히 방치된 삶을 살았고, 대학 재학 중 자살을 시도했다. 그 뒤 폴리나는 어머니가 심하게 반대한 남자와 결혼했으나 그는 딸 요한나(Johanna)가 6세 되던 해에 만취하여 자살했다. 심한 우울증, 자살시도 그리고 입원치료를 받은 후 그녀는 요한나가 10세 되던 해에 결국 사망했다. 앨리스는 딸의 죽음에 심한 죄책감을 느꼈고, 요한나와의 융합으로 죄책감에서 벗어나려고 했다. 둘은 1980년 앨리스가 96세 나이로 사망할 때까지 행복하게 지냈다.

폴리나는 운명적으로 상실과 방치로 일그러진 2대 앨리스의 대역이었고 폴리나의 삶은 3대에 걸친 출생과 죽음 그리고 출생일과 사망일의 절묘한 조화였다. 폴리나의 출생은 단지 불행한 가족사의 우연의 일치가 아닌 결혼의 파경과 불륜의 실체였다. 폴리나의 호적상 아버지인 니컬러스 롱워스(Nicholas Longworth)는 분명히 딸을 사랑했지만, 딸이 6세 되던 해에 죽었다. 앨리스는 그녀의 생부가 누군지 폴리나에게 가르쳐 주지 않았고, 생부는 철저히 그녀를 외면했다. 이 가족일화에서 가장 흥미 있는 부분은 폴리나가 방치한 딸 요한나와 폴리나에게 무관심했던 어머니 앨리스와의 관계이다.

4) Carol Felsenthal, *Alice Roosevelt Longworth* (New York: G. P. Putnam's Sons, 1988).

시어도어 루스벨트와 딸 앨리스를 낳고 죽은 첫째 부인 앨리스 리(좌측). 루스벨트의 어머니도 같은 집, 같은 날 밤에 사망했다. 그 후 그는 앨리스 리의 이름을 단 한 번도 언급한 적이 없었고, 곧 그는 5명의 자녀를 낳은 어린 시절의 연인 에디스 커류와 재혼했다. 딸 앨리스는 흰 모자를 쓰고 있다(하단).

(출처: Houghton Library, Harvard Universitiy)

(출처: Theodore Roosevelt Collection, Harvard College Library)

1880년 2월 14일	루스벨트, 앨리스 리에게 청혼.
1884년 2월 12일	앨리스, 자신의 이름을 딴 딸 앨리스 출산.
1884년 2월 14일	앨리스 리 루스벨트 22세에 사망.
1884년 2월 14일	같은 집에서 루스벨트의 어머니 미티 불로크 루스벨트 사망.
1884년 2월 16일	앨리스 리 루스벨트와 미티 불로크 루스벨트의 합동 장례식.
1884년 여름	루스벨트, 서부 투자와 대통령 정치에 관심을 보이며 슬픔을 잊음.
1906년	루스벨트, 대통령으로서 어려움을 겪음.
1906년 1월	사랑하는 아들 테디, 하버드 대학교에서 낙제.
1906년 2월 17일	앨리스, 22세에 34세 하원의원 니컬러스 롱워스와 결혼.
1907년	불행한 결혼으로 앨리스와 닉(심한 알코올중독에 바람둥이) 별거.
1923년	앨리스, 상원의원 윌리엄 버러와 불륜에 빠짐.
1925년 2월 14일	앨리스, 딸 출산. 딸에게 데버러라는 이름을 짓길 원했으나 닉의 반대로 성인 폴(앨리스와 윌리엄이 가장 좋아하는 성경 인물)의 이름을 따 폴리나로 지음.
1946년	폴리나, 딸 요한나 출산.
1952년 11월	폴리나 남편 알렉산더 스텀 자살.
1957년 1월 27일	폴리나, 32세에 자살.

그림 4-1 루스벨트 가족의 일부 연대기

2. 마르크스 가족

세기의 전환기에 뉴욕으로 이주해 온 독일계 유대인 가족의 아들, 즉 불멸의 마르크스 형제(가계도 4-2)가 초기 코미디 영화에서 보여 준 우스꽝스러운 몸짓은 3대가 지난 지금까지도 칭송받는다. 형제들은 그들만의 고유한 호칭과 성격을 지니고 있었다. 안경을 끼고 눈썹을 치켜올린 콧수염에 담배를 피며 우스꽝스러운 걸음을 걷는 교수 역을 맡은 그루초(Groucho)는 그를 닮은 형제 치코(Chico)와 하포(Harpo)의 연기를 받쳐 주면서, 구모(Gummo)와 제포(Zeppo)를 순진한 놈이라고 비아냥거리는 그 역을 잘 소화해 냈다. 치코는 이탈리아어 사투리를 쓰는 무식한 이탈리아 이민자로 마술사처럼 피아노를 잘 치는 역을 해냈다. 붉은 광대 가발에 울부짖으며 광분한 하포는 거대한 레인코트를 벗어던지고 하프 연주를 하는 바보가 아닌 바보연기를 했다. 고무신(Gum shoes)에서 이름을 딴 넷째 구모(Gummo)는 순진한 인물을 맡았지만, 그 역을 잘 소화해 내지 못했다. 그는 의류 소매업을 하면서 후에 형제들의 매니저를 맡았다. 막내 제포(Zeppo, 아무도 어디에서 이름을 따왔는지 모른다.)는 노래를 부르며 대중의 찬사를 받으려고 형제와 각축하지 않게 되었을 때, 비로소 구모에게 순진한 인물 역을 넘겨받았다. 후에 그는 비록 구모처럼 단역으로 형제와 호흡을 맞췄지만, "놀림감이 되는 것은 정말 역겹다."[5] 라고 말했다.

마르크스 형제가 무대에서 맡은 역할은 그들의 어린 시절에서 비롯된 것이었다. 늘 '병아리(chicks)'를 가지고 다녀서 붙여진 이름인 치코(Chico)는 형 만프레트(Manfred)가 어릴 때 죽었기 때문에, 가족의 장남 역할을 하게 된 사람이었다. 죽은 첫째 아들 대신 장남이 된 치코는 어머니의 사랑을 독차지했다. 치코는 거부할 수 없는 매력덩어리, 무책임한 허풍쟁이, 끊임없이 여자의 뒤꽁무니만 쫓아다니는 영원한 낙천주의자였다. 비록 2년도 채 교육을 받지 못했지만, 그는 산수를 잘했고 충동적으로 하는 도박에서 그 능력을 십분 발휘했다. 하프(harp)를 훌륭히 잘 연주하는 데서 유래된 이름인 하포(Harpo)는 가족의 가장 건실한 아들이었다. 행복한 결혼생활을 했고, 너그럽고 다정하며 이해심이 많았다. 차분한 성품의 하포는 인생을 조용히 관망하면서 조심스럽게 한 귀퉁이에서 하프를 연주했고 다른 형제보다 더 뛰어나 보이려고도 하지 않았고, 형제에게 모든 것을 양보한 채 자신만의 삶을 꿈꿨다. 하포는 단지 1학년만을 마치고 거리를 방황했는데, 그는 형이 이중 계약을 할 때마다 늘 그 수많은 직장에 자기 대신 동생 하포를 꼬드겨 보낸 사기꾼 형 때문에 첫 번째 직장을 얻게 됐다. 하포는 회고했다. "일반 사람은 의식과 무의식을 갖고 생활하지만, 난 그렇지 않다. 나는 항상 무의식과 무의식 저 깊

5) Kay Stables, *The Marx Bros* (Greenwich, Conn.: Brompton Books, 1992).

은 곳에서 살고 있다."[6] 하포의 대부분의 삶에서 애정과 충만함이 넘쳤다.

반면에 그루초(Groucho)는 이름처럼 염세주의자, 비관주의자, 지독한 구두쇠에 불평꾼(grouch)이었다. 그렇기 때문에 그의 이름도 이런 특징에서 비롯된 것이었다. 후에 그루초는, 하포는 어머니의 좋은 점만을 모두 이어받았지만 자신은 나쁜 점만을 받았다고 기록했다. 하지만 그 역시 단지 중학교 1학년밖에 학교를 다니지 않았어도 영민하여 수많은 기사와 다섯 권의 책을 출간했다. 그루초는 치코가 어머니의 모든 사랑을 독차지하는 데 화가 나서 참을 수 없었다. 형제서열에서 중간이었던 하포는 어쩌면 그 갈등에 휘말리지 않으려고 조용한 미소와 기이한 행동을 일삼았을지도 모른다.

치코가 누구에게 어떤 것을 말해도 그루초는 비웃고 괴롭혔다. 치코는 방탕자이고 도박꾼이었지만, 그루초는 구두쇠였다. 그루초는 변덕이 심하고 화를 잘 내서 다른 형제와는 달리 사교성이 매우 부족했다. 그루초의 빗나간 행동은 치코에 대한 어머니의 기질적인 편애로 더 심했을 것이다. 그리고 그루초의 지나친 진지함이 치코를 더 무책임하게 만들었다. 다시 말해서, 이 둘은 서로의 상반된 성격을 더 부각시켰고 과장되게 포장했다. 어머니 미니와 치코가 동맹을 맺으면 맺을수록, 그루초는 더욱더 불평했고 신랄해졌다. 그루초의 인색함과 진지함은 또한 다른 형제를 성격적으로 무책임하고 방탕하게 만들었다. 그루초는 자주 화를 냈지만 형제에게 경제적 지원을 해 주었다. 어쩌면 그루초가 이런 보완적인 관계에서 얻은 것은 도덕적 우월감이었을 것이다. 반면, 치코가 얻은 것은 책임감에서 벗어날 수 있는 자유였다.

이름이 암시하는 것처럼, 집에서 넷째 구모는 평범한 사람이었다. 구모와 제포는 분명 사교성 넘치고 위트가 있는 훌륭한 배우였다. 하지만 훌륭한 코미디언 셋이 한 무대에 오를 때, 그들은 심하게 갈등했다. 사실 형제 중에서 제포는 무대 밖에서 가장 재미있는 사람이었다. 그루초를 제외한 다른 형제처럼, 그 또한 도박꾼

6) Joe Adamson, *Groucho, Harpo, Chico, and Sometimes Zeppo* (New York: Simon & Shuster, 1973).

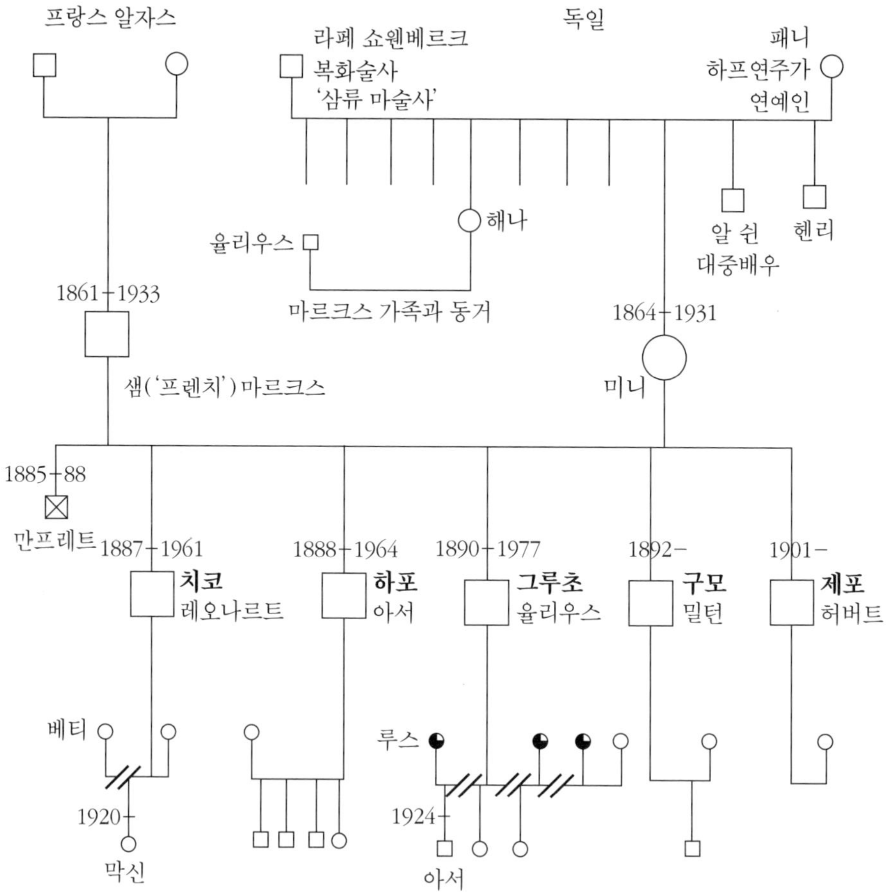

〈가계도 4-2〉 마르크스 가족

이었다. 그리고 그는 차갑고 대단한 바람둥이였다. 그는 대중의 찬사를 그 누구와도 함께 나누려고 하지 않았기 때문에, 그루초와 심하게 갈등했다.

독일계 유대인인 마르크스 가족은 1880년 미국으로 건너왔다. 외조부 라페(Lafe)는 자신의 여성 편력을 손자에게 뽐내길 좋아하는 마술사이자 복화술사이며 서커스단의 차력사였다. 작고 신앙심이 깊은 조용한 외조모 패니(Fanny)는 자신의 마음을 하프 연주로 대신했다. 독일에서 가족은 상류예능인이었다. 미국으로 건너온 라페는 우산 수리공이었지만, 아들 알 쉰(Al Shean)은 사상 최고의 대중배우였다.

미니(Minnie)는 징병을 피해 미국으로 이주해 온 샘 마르크스(Sam Marx, 프랑스 알자스주에서 이주해 왔기 때문에 그의 호칭은 '프렌치'였다.)와 결혼했다. 재단사인 사촌의 조언에 따라 그는 이름을 마르크스로 바꿨고, 그도 재단사가 됐다. 마르크스는 타고난 춤꾼이었다. 그의 호색함에 주의를 주었지만, 미니는 결국 그에게 빠지고 말았다.

미니는 가정을 꾸려 나갔다. 마르크스 가족의 이야기를 상영한 브로드웨이의 연극 '미니의 남자들(Minnie's Boys)'에서 그녀는 가족의 중추였던 어머니의 역을 맡았다. 미니의 집은 늘 친척들로 북적댔고, 그녀는 남자 형제와 아들 그리고 많은 다른 친척을 연예계에 진출시키는 데 탁월한 재능을 보였다. 물론 보는 사람에 따라 미니는 탁월한 수완가이거나 재능과 끼가 넘치는 사람일 수 있다.

프렌치 마르크스는 자신도 이해하지 못하는 농담을 주고받으면서 웃는 사람이었다. 그는 아들과 카드게임을 하면서 놀아 주곤 했지만, 아들은 아버지를 가족의 요리사 그 이상으로 대접하지 않았다. 부모에 대한 그루초의 이야기에서 그들 형제가 전형적으로 부모에게 느꼈던 것을 엿볼 수 있다.

> 집에 온 손님은 누구건 간에 항상 아버지가 아닌 어머니를 찾았다. …… 어머니는 돈이 필요한 사람에게 돈을 꿔 주었다. 어머니가 어떻게 돈을 빌려 주는지 알 수 없었지만, 어머니는 언제나 돈을 빌려 주었다. 어머니는 불행한 결혼으로 힘들어하는 사람의 훌륭한 카운셀러였고 집주인, 식료품점이나 정육점 주인 등 우리가 빚진 그 누구와도 말싸움을 해서 지지 않았다. 어머니의 수완은 사교술, 속임수 그리고 풍부한 기지의 승리였다. 아버지는 재단사였지만, 그는 요크빌의 유행과 가장 동떨어진 옷을 만드는 어설픈 재단사였다. …… 아버지가 재단사라는 생각은 그저 아버지 혼자만의 주장일 뿐이었다. 손님에게 아버지는 '옷을 못 짓는 바느질쟁이 샘'으로 알려져 있었다. 아버지는 내가 아는 한 눈대중으로 대강 옷을 만드는 유일한 재단사였다.[7]

7) Groucho Marx, *Groucho and Me* (New York: Simon & Schuster, 1959).

악보를 읽을 줄도 모르고 하프 연습을 한 적도 없지만, 하프 연주에서는 아버지와 탁월한 기량을 겨루었던 하포의 한 아들은 후에 할아버지의 재단 실력을 아버지의 하프 연주와 견주었다. "아버지는 할아버지가 옷감과 색깔의 절묘함(하모니)과 재단과 가봉(멜로디와 템포)을 하지 않은 채 양복을 짓는 솜씨 그대로 음악을 연주했다."[8)]

프렌치의 분명한 한계에도 불구하고, 그루초와 다른 형제는 아버지에게 비범한 힘이 있다고 여겼다.

> 어떤 한 분야에서 매우 탁월한 사람이 다른 분야에서 무능하다는 것은 매우 놀라운 일이다. 아버지는 요리사가 됐어야만 했다. 아버지는 종종 우리 모두에게 요리를 해 주곤 했다. …… 아버지는 달걀 2개, 딱딱한 빵 몇 조각, 약간의 채소와 고기 한 덩이를 가지고도 훌륭한 요리를 만들어 내곤 했다. 대부분의 다른 여자처럼 어머니도 요리를 싫어했고, 주방을 피해 가기 위해 멀리 돌아서 가곤 했다. 하지만 수년 후 아버지의 요리기술은 어머니의 꽤 까다로운 협상을 좌지우지할 수 있게 됐다. 아버지의 음식을 맛본 사람은 누구라도 어머니와 기꺼이 사업을 하려고 했기 때문이다.[9)]

하포는 아버지가 음식에 관해서는 진정한 마술사였지만, 재단사로서의 실패는 수지타산을 맞추기 위해 그가 행상을 나가야 했고, 어머니는 불평하지 않고 외삼촌에게 돈을 빌려야 했다는 아버지에 대한 그루초의 생각과 비슷한 생각을 갖고 있었다. 하포는 비록 아버지가 어머니의 기대에 못 미쳤지만, 가족부양자로서 자신의 의무를 회피하지 않았다고 말했다. "아버지는 넉넉한 인품으로 한결같이 좋은 일이나 궂은 일을 모두 가리지 않는 다정하고 자상한 분이었다. 아버지는 하루하루를 근근이 살았고 삶에 대한 야망도 없었다. 단지 아버지에겐 두 가지 단점만 있을 뿐이었다. 아버지를 아는 모든 사람에게 성실했다는 것(심지어 돈을 빼앗아 간

8) Maxine Marx, *Growing Up with Chico* (New York: Limelight Editions, 1986).
9) Groucho Marx, *op. cit.* The following quotes are from the same source.

사기꾼도 적이라고 생각하지 않았다.)과 피노클 카드게임을 좋아했다는 것이다. 나는 아버지의 그 성실함을 비난할 수 없다. 그것이 우리 가족을 하나로 뭉치게 한 힘이기 때문이다."[10)]

처음에 미니와 아들들은 아버지를 소외시키려고 했다. 이런 가족연합과 그녀의 에너지 분출구가 없었다면, 미니와 남편 간의 갈등은 파경을 맞이했을지도 모른다. 또한 다양한 가족연합 없이 마르크스 형제는 수년간 뭉쳐서 훌륭한 슬랩스틱 코미디를 선보일 수도 없었을 것이다. 공공의 적은 집단을 더 강하게 결속시킨다. 하지만 형제가 갈등할 때, 그 갈등의 원인이 그루초가 가족 안에서 과도한 책임을 도맡고 있는 자신의 역할에 회의를 품은 데서 촉발됐다는 것은 그리 놀랄 만한 일이 아니다. 비록 그루초가 그 역할을 스스로 떠맡은 것이라고 할지라도, 관계체계에서 과대기능하는 자는 종종 심한 압박을 받아 결국 폭발하고 분노한다. 그의 유머(예, 하포의 유머와는 달리)는 항상 '삼각관계'를 나타냈다. 그루초의 농담은 다른 사람을 조롱하면서 관객과 한편이 됐다. 비록 그루초가 자신의 일을 그럭저럭 꾸려 나간 유일한 사람이었지만, 그것 또한 흥미로운 일이다.

마르크스가에서 배정된 역할은 다음 세대로까지 이어졌다. 예를 들어, 치코의 무남독녀 막신 마르크스(Maxine Marx)는 베티(Betty)가 남편과 순회공연을 함께 다니려고 딸을 조부모에게 보낸 이후, 치코와 동맹하여 어머니를 가족에서 소외시켰다. 종종 자녀에게 나타나는 것처럼, 막신은 결국 눈에 띄게 어머니를 비난했고, 낭만적이고 아내와 소원한 아버지를 동정했다. 수년간에 걸쳐 부부간의 갈등이 고조될수록, 막신은 부모 사이에 직접 끼어들었다. "어머니와 아버지 그리고 내가 함께 외식을 하러 갈 때마다 난 부부 사이를 방해하곤 했다. '정말 못 봐주겠군요.'라고 어머니가 말하면, 아버지는 그저 '놔둬, 어린애잖아.'라고 말했다."[11)]

후에 막신은 그 사실이 가족의 정서과정을 어떻게 파괴시켰는지 설명했고, 아버지에게 끌렸던 것이 무엇이었는지 알게 됐다. "나는 아버지 때문에 절망하는 어

10) Harpo Marx, with Rowland Barber, *Harpo Speaks* (New York: Limelight Editions, 1985).
11) Maxine Marx, op. cit. The following quotes are from the same source.

머니에게 분개했다. 나는 아버지가 어머니에게 충실하지 못했다는 사실을 몰랐다. 난 단순히 어머니가 아버지의 전부이길 바란다고 생각했다. 아버지는 거짓말쟁이, 바람둥이에 재산을 탕진했고 …… 항상 자신의 매력이 모든 죄를 사해 준다고 믿었다. 나는 아버지가 무책임하다는 것을 알고 있다. …… 그리고 정말로 나에게 상처를 주었지만, 어쨌든 문제가 되진 않았다." 그녀 또한 어머니와 의도적으로 소원해지는 법을 알았다. "나는 성장하면서 어머니와 내가 함께 길을 걸어가면 모든 남자가 어머니를 쳐다보는 데 참을 수 없었다. 그건 올바른 일이 아니라고 생각했다. 그래서 교육 등의 다른 것으로 어머니에게 뽐내기 시작했다. …… 나는 어머니가 문을 열고 '막신, 나의 어린 천치, 여기 있었구나.'라고 부르면, 나는 경멸 어린 시선으로 눈썹을 치켜올리며 잘라 말했다. '엄마, 천사예요.' 물론 지금은 아무도 그런 말을 쓰진 않는다." 막신은 또한 함께 살았던 할머니 미니와도 동맹을 맺었다. (손녀와 함께 살았던) 미니는 베티를 소외시켰다. 놀랄 일도 아닌 것이 미니는 베티와 친하지 않았다. 그녀는 아마도 베티가 가장 사랑하는 아들의 좋은 아내가 아니라고 생각했을 것이다. 또한 미니와 베티는 성격 면에서도 너무 달랐다. 치코가 베티와 결혼할 때부터 고부간의 갈등은 계속됐다. 사실 처음부터 마르크스 가족은 치코의 부인 베티와 사이가 나빴다. 베티는 거침없는 말투와 솔직한 태도로 마르크스 가족이 살아왔던 삶의 방식에 도전했다. 베티는 겉으로는 쉽게 동요하지 않을 것 같은 가족을 당황시켰다. 비록 마르크스 형제의 유머의 핵심이 어떤 상황을 거칠게 깨부수는 분노에 찬 거칠음에 있다고 해도, 마르크스 가족이 수용할 수 있는 한계를 넘어섰다. 베티는 그녀를 타인 취급하는 시어머니와 딸 그리고 다른 가족 사이에서 악역을 도맡았다. 막신은 "처음부터 어머니는 가족을 당혹스럽게 했고, 내가 버릇없이 굴어도 사소하게 트집을 잡거나 엄하게 나무라지도 않았다. 할머니는 결코 권위주의자가 아니었고, 아버지와 많이 닮았다."라고 말했다.

미니에게는 딸이 없었기 때문에, 첫째 손녀 막신과의 연합은 자연스러운 일일지도 모른다. 미니는 그녀가 전에 많은 친척에게 했던 것처럼, 막신이 말을 떼기도 전에 독일 시를 암송하도록 가르치며 연예인이 되길 바랐다. 할머니와 손녀가 더 깊게 융합하면 할수록, 어머니 베티는 가족에서 소외됐다.

사무엘 마르크스와 4명의 아들 하포, 그루초, 치코, 제포.
(출처: Museum of Modern Art)

미니 마르크스는 아들들의 성공 배후에서 힘이 되어 주었다. 4형제는 무대에서 가족관계를 그대로 재연했다.
(출처: Brown Brothers)

하지만 막신은 아버지가 마르크스 가족에게서 느끼지 못했던 신선하고 색다른 어머니의 매력에 빠졌다고 했다. "아버지는 작은아버지 하포와 그루초가 유대인 여자에게 갖고 있는 반감을 갖고 있지 않았다. 어머니는 수줍어하는 유대인 여자와 달랐다. 허세 부리길 좋아하고 거침없는 어머니는 자신이 원하는 것을 정확히 알았고, 그것을 거리낌 없이 말했다. 작은아버지가 유대인이 아닌 유순한 여자를 좋아했다면, 아버지는 어머니의 배짱을 사랑했다. 할머니는 수완이 좋았지만, 겉으로 허세를 부리는 분은 아니었다. 그리고 작은아버지 또한 할머니가 유대인이라는 사실을 잊고 지냈다. 할머니는 심술궂지 않았다. …… 작은아버지가 할머니의 부드러운 말투와 교양 있는 태도에 익숙했기 때문에, 어머니는 그저 독선적인 사람에 지나지 않았다."

치코가 베티를 가속에게 소개시켰을 때, 어머니와 결혼하지 않은 4명의 형제는 모두 그녀를 경멸했다. 갈등은 지속됐다. 예를 들어, "할머니는 항상 커다란 금발 가발과 쉬폰 드레스를 입고 젊어 보이려고 애썼다. 가족이 식사하려고 식탁에 앉으면, 할머니는 문 쪽에서 드레스로 계단을 쓸며 내려오곤 했다. 어느 날 저녁 어머니는 식탁 상석에 앉아 있는 상류층의 귀부인에게 시바의 여왕 같다며 키득대며 큰소리로 지껄였다. 할머니는 이 위험한 농담을 잘 받아넘겼지만, 작은아버지들은 심한 거부감을 느꼈다."

부부갈등이 심한 두 형제 모두가 문제의 원인을 배우자라고 생각하는 것은 놀라운 일이 아니다. 시댁과의 갈등에서 흔히 볼 수 있듯이, 무관심하고 무책임한 매력덩어리 치코의 아내와 지나치게 책임감이 강하고 엄청난 구두쇠 그루초의 아내, 즉 동서의 갈등은 두 여성 간의 차이점이기보다는 각자의 결혼생활과 형제간의 문제에서 비롯된 것이었다. 그루초의 아내 루스(Ruth)는 치코의 아내 베티의 보석과 모피를 부러워했다. 왜냐하면 그루초는 아내가 새 옷을 사는 것조차도 아까워했기 때문이다. 치코가 종종 도박과 다른 여자와의 외도를 용서 빌기 위해 선심을 쓰듯이 아내에게 비싼 선물을 했다는 사실을 루스는 몰랐다. 게다가 베티의 사치품은, 그루초라면 수백 년이 지나도 결코 지지 않을 치코의 도박 빚으로 곧 저당 잡힐 수 있는 것이었다.

3. 가족의 의사소통

정서관계는 훨씬 더 불안정해 보이지만, 일반적으로 가족은 친밀과 분리의 균형을 유지한다. 이런 심리적 거리의 규정은 가족관계유형에 따라 달라진다. 가족은 친한 사이가 아니어도 많은 이야기를 주고받는다. 일부 가족은 심리적 거리를 유지하기 위해 유머를 활용하기도 하고, 또 다른 가족은 다투기도 한다. 몇몇 가족원은 다른 가족원에게 매우 따뜻하고 우호적인 행동을 보이지만, 모두가 그런 행동이 '형식적'이란 사실을 안다. 만약 가족의 '적절한' 행동규칙을 어기면, 나 또한 가족에서 배제될 수 있다.

심한 갈등을 겪고 있는 가족도 강한 친밀감을 보일 수 있다. 일부 가족은 모호한 기준과 실없는 농담뿐인 대화를 서로 주고받는다. 또 다른 가족은 다세대 간의 가족의식과 가족관계를 통해 세대 간의 연결을 유지한다. 예를 들어, 제임스 볼드윈(James Baldwin)은 가족의식을 통해, 여러 세대에 걸쳐 전수된 가족의 미묘한 그 무엇을 얘기하려고 했다.

> 평온한 일요일 오후에 맛있는 저녁식사를 한 후, 노인들이 이야기를 할 때 한 사람이 아이를 무릎에 눕히며 아무 생각 없이 아이의 머리를 쓰다듬고 있다. …… 아이는 그 노인들이 누구이고, 무슨 이야기를 해 줄지 궁금해하면서 친척들과 도란도란 거실에 둘러앉아 이야기 나누길 바란다. 하지만 아이의 깊고 예리한 무언가가 곧 대화가 끝날 것이라는 것을 안다. 순간 누군가 일어나 불을 켠다. 그리고 노인들은 오늘 가족과 아무 이야기도 하지 않았다는 것을 깨닫게 된다. …… 아이는 그들이 더 이상 어떤 이야기도 하지 않을 것을 안다. 아이는 노인들이 어떤 행동을 할지 너무나 잘 알고 있고, 곧 그들에게 무슨 일이 생길 것이라는 것도 너무나 잘 알고 있기 때문이다.[12]

12) James Baldwin, "Sonny's Blues," in Minnesota Humanities Commission, ed., *Braided Lives: An Anthology of Multicultural American Writing* (St. Paul: Viking Press, 1957).

일반적으로 만약 누군가가 가족관계의 심리적 거리를 바꾸려고 한다면, 가족은 기존의 친숙한 수준으로 되돌아가려고 애쓸 것이다. 때때로 가족관계의 심리적 거리는 가족원이 아무리 멀리 떨어져 있을지라도 하나의 유기체처럼 작용하고, 보이지 않는 긴밀한 끈으로 연결되어 있는 것처럼 보이게 한다. 따라서 만약 한 가족원이 아프면, 다른 가족원이 그 틈을 메우려고 하거나 불안을 해소하려고 가까워지거나, 지나치게 강한 융합을 피하고 익숙한 심리적 거리를 유지하기 위해 긴장할지도 모른다. 긴장이 고조되고 변화를 강요받을 때, 가족은 가족관계의 심리적 거리를 조절하며 안정하려고 애쓸 것이다.

라이트 형제가 최초 비행기 프로펠러를 설계할 당시, 라이트가의 위버(Wilbur Wright)와 오빌(Orville Wright) 형제 사이에서 일어난 놀라운 예를 살펴보자(가계도 4-3). 아버지는 외모도 다른 이들 라이트 형제를 실제로 '분리될 수 없는 쌍둥이'라고 했다. 언젠가 위버는 "어릴 적부터 남동생 오빌과 나는 함께 살았고, 함께 놀았고, 함께 일했고, 실제로 함께 생각했다. 우리는 보통 같은 장난감을 가지고 놀았고, 우리의 생각과 영감을 함께 교류했기 때문에, 우리가 성장하면서 이룬 거의 모든 것은 우리 사이의 대화, 제안, 토론의 결과였다."[13]라고 기록했다.

라이트 형제는 심리적 교감을 나눌 정도로 가까워서 다른 사람이 무슨 얘기를 할지 먼저 알곤 했다. 비행기 발명과 관련된 작업이 진척될수록, 그들의 가족 친밀관계에서 형성된 역할 분담은 활기를 띠었다. 6~7주 동안 그들은 밤낮으로 함께 일했고, 모든 과정을 함께 논의했다(많은 논쟁을 통해 공동작업의 강도와 균형 속에서 그들은 정서적 거리를 조절했다.). 형제가 한 방에 있을 때는 늘 고함소리가 집 안팎에서 울려 퍼졌다. "이제까지 들어 본 적이 없었던 격렬한 논쟁을 벌이고 난 후 어느 날 아침에 오빌이 들어와서 자신이 틀렸고 위버가 하자는 대로 해야 할 것 같다고 말했다. 몇 분 후 위버가 들어와서 그는 오빌이 맞을지도 모른다고 말했다. 내가 아는 것은 그것에 대해 그들이 다시 논쟁을 했고, 오직 토론을 통해서만

13) Tom D. Crouch, *The Bishop's Boys: A Life of Wilber and Orville Wright* (New York: W. W. Norton, 1989).

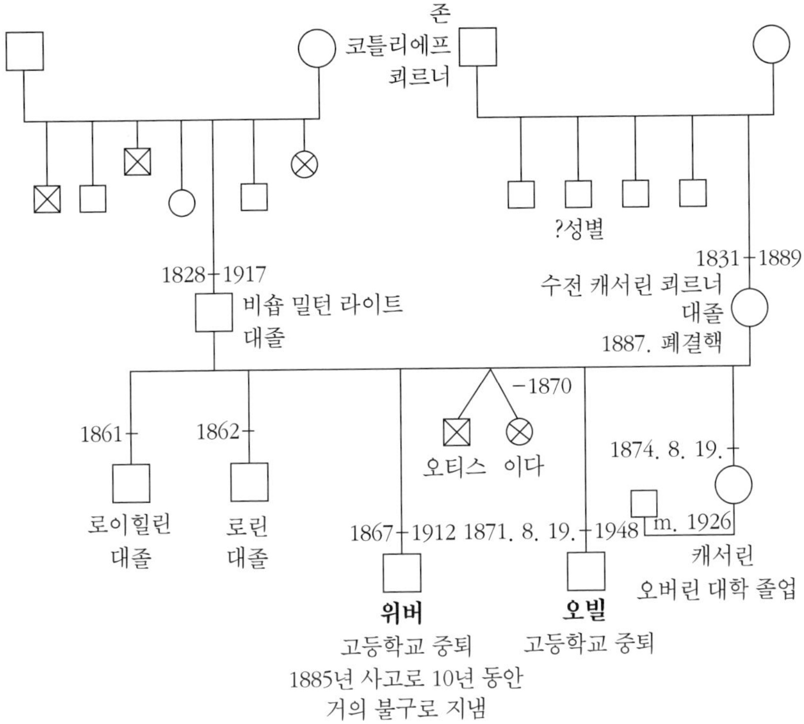

〈가계도 4-3〉 위버와 오빌 라이트 가족

그들은 생각을 바꿨다."라고 라이트 형제의 조수는 회고했다.[14] 그들이 생각을 바꾼 것은 싸움이 커지는 것을 막으려는 시도였을 것이다. 그 이후에도 그들은 훨씬 더 많은 논쟁을 했다. 지금까지 해 온 논쟁이 그들을 매우 가깝게 해 주었고, 그래서 그들은 재빨리 상반된 입장을 바꿀 수 있었다.

비행기를 개발하려고 행한 형제의 공동 작업은 역사상 가장 훌륭한 형제애의 소산이다. 그들은 서로 상의하지 않고 공동 은행계좌를 이용할 정도로 어떤 결혼 관계보다 더 강한 결속력을 보였다. 그들은 둘 사이의 강한 영적 결합을 보여 주

14) John Evangelist Walsh, *One Day at Kitty Hawk: The Untold Story of the Wright Brothers and the Airplane* (New York: Crowell, 1975).

기라도 하는 양, 그들이 일하던 자전거 가게에서 종종 같은 톤으로 휘파람을 불기도 했다. 그리고 형제의 목소리는 너무나 비슷해서 얼굴을 보지 않고 목소리만 듣고는 좀처럼 구분하기 어려웠다. 그들은 이런 현상을 오랜 시간을 함께해 왔기 때문에 서로의 생각과 외모가 닮는 것이라고 생각했다.[15] 비록 둘이 다 기계에 관심이 많고 총명했지만, 우리가 인간이 만든 비행기로 비행할 수 있게 된 것은 형제가 동시에 뿜어 낸 능력과 노력 때문이었다. 형제는 함께할 때에 천재적인 재능을 발휘했다.

이렇게 비범한 형제의 연구가 우리 시대 기적을 이루었다. 겉으로 보기에 이 특별한 '형제애'는 다소 불가사의해 보인다. 가족의 형제관계에서 그 의문을 풀어 보자. 그들의 두 형은 어릴 때 단지 1년을 떨어져 있었지만, 위버와 오빌 형제는 어릴 때 4년간을 떨어져 지냈나는 사실에 유념해야 한다. 또한 어머니를 포함한 모든 가족이 대학에 진학했지만, 그 둘은 고등학교를 중퇴했다는 사실에 주목하라. 오빌과 여동생 캐서린은 3년 터울로 같은 날 태어났다. 따라서 생일이 같은 남매관계가 두 형제와 어떤 연관이 있을지 살펴보아야 한다. 앞서 언급했던 것처럼, 나는 그들의 형제애를 오빌과 위버의 출생 사이에 오티스(Otis)와 이다(Ida), 어린 쌍둥이 형제의 출생과 죽음이 관계되어 있다고 믿는다. 가족에게 있어 쌍둥이 형제의 중요성은 아버지가 25년 넘게 쌍둥이 형제의 생일을 기념했다는 사실에서 엿볼 수 있다. 비록 우리가 라이트 가족의 어린 쌍둥이 형제에 대해 아는 것이 없지만, 나는 쌍둥이 형제를 대신할 라이트 가족의 필요성에 의한 긴장감이 가족의 또 다른 쌍둥이 형제를 만들어 낸 것은 아닌지 궁금하다.

우리가 보아 왔듯이, 어린아이를 잃은 가족은 살아 있는 아이에게 특히 집착한다. 가족은 생존한 아이를 정서적 대체물로 만들고 집을 떠나지 못하게 한다. 아버지 비숍 밀턴 라이트(Bishop Milton Wright)는 실례로 오빌이나 위버 어느 누구도 결혼하거나 부모를 떠나지 않을 것이라고 자만했다. 부모와 모든 형제가 대

15) Fred Howard, *Wilber and Orville: A Biography of the Wright Brothers* (New York: Alfred A. Lnopf, 1987).

위버와 오빌 형제 그리고 여동생 캐서린. 어린 쌍둥이 형의 죽음으로 대체된 '쌍둥이처럼 분리될 수 없는' 형제. 위버가 사망하자 오빌과 생일이 같은 캐서린이 50대에 결혼하여 관계를 단절할 때까지 오빌과 한 집에서 함께 지냈다.
(출처: Photoworld / FPH International)

학을 졸업했는데도 불구하고, 그들이 고등학교를 마치지 못하고 집을 떠나지 않은 이유가 불분명하며, 그들에게 떠나지 말라는 암묵적 메시지는 없었는지 여전히 의문으로 남는다. 위버는 16세에 사고로 심한 부상을 입었고, 결핵을 앓는 어머니를 간호하려고 학교를 그만두었다. 하지만 어머니의 죽음 이후 그가 오랫동안 주의산만을 보이자 가족은 꾀병이거나 아니면 우울증에 걸린 것이 아닌지 의심했다. 라이트가의 '떠나지 말라'는 부모의 메시지는 죽은 쌍둥이 형제와 오빌 그리고 항상 슈베스터(Schwester, 독일어로 여동생이라는 뜻)라고 불리던 여동생 캐서린(Katharine)의 생일이 같다는 사실에서 더 강해졌을지도 모른다. 이 둘은 또한 위버가 죽은 후 수년간 부부처럼 함께 살며 밀접한 관계를 맺었다. 이는 라이트 가족이 쌍둥이를 '필요로 했다'는 것을 가정한다. 가족이 어린 쌍둥이 형제를 잃었을 때,

위버와 오빌은 그 둘을 대신했다. 또한 위버가 오빌과 더 이상 함께할 수 없게 되자, 오빌과 캐서린이 그 자리를 채웠다. 약혼 소식을 오빌에게 알리는 데 1년 이상 망설였던 캐서린이 마침내 52세에 결혼을 결심했을 때, 오빌은 그녀에게 다시는 말을 건네지 않았다. 라이트 형제의 전기작가는 "캐서린은 신성한 약속을 어겼다. 그녀는 다른 남자를 그녀의 삶에 받아들이면서 오빠를 거부했다. 캐서린은 그의 정서적 안정을 제공하는 가족관계의 신성함 속에서 오빌의 믿음을 저버렸다."[16] 라고 기록했다. 가족체계적 관점에서, 이런 예는 보편적인 가족유형이다. 융합(fusion)은 단절을 초래하고, 단절(cutoff)은 융합을 가져온다. 다시 말해서, 만약 우리가 어떤 사람과 정서적 단절을 하게 된다면(라이트 가족의 쌍둥이), 우리는 또 다른 누군가에게 정서적으로 밀착된다(위버와 오빌). 전이된 다른 융합(오빌과 캐서린)은 캐서린의 또 다른 친밀한 관계를 허용하지 못했고, 융합하려는 오빌의 요구는 결국 또 다른 단절을 초래했다.

4. 가족갈등의 해결

가족갈등을 해결하는 데는 상당한 용기와 힘이 필요하다. 그리고 많은 가족은 이 문제를 어려워한다. 일체감을 우선시하는 가족은 가족 간의 차이점을 인정하지 않으려고 한다. 가족은 문제를 덮어 버리거나 주제를 바꾸거나 감정을 억누르고 동의하는 척한다.

다른 가족은 반복해서 불안에 반응하고 폭발한다. 거리감, 소원함 그리고 미해결된 가족분노가 불일치를 유발한다. 혼란이 가족의 기본 관계유형이 되고, 가족은 계속해서 갈등을 해결하지 않은 채 다투기만 한다.

의견차이가 극에 달하면 가족은 싸울 화제를 바꾼다. 예를 들어, 일에만 몰두하

16) Crouch, op. cit.

는 남편 때문에 부부갈등이 생길 수 있다. 아내는 남편이 가족 일을 전혀 도와주지 않고 이해심이 부족하다고 불평하지만, 남편은 아내가 직장의 스트레스를 가볍게 여긴다고 느낄 것이다. 어느 순간 부부는 갈등을 해결하는 대신 아들의 행동에 서로의 의견을 달리한다. 이런 갈등이 더 심해지면, 부부는 다른 문젯거리를 찾게 된다. 남편은 아내가 항상 '참견한다'고 불평하고, 아내는 남편이 '전혀' 이야기를 들으려고 하지 않는다고 불평한다. 그러면 아들은 여동생에게 시비를 걸어 부모의 관심을 끈다. 이 시점에서 부부는 자녀의 싸움을 말리려고 함께 힘을 합친다. 이렇게 지속적으로 싸울 거리를 바꾸는 것은 특정 주제 속에 불안을 감출 수는 있지만, 관계의 갈등은 해결되지 않은 채 예전과 동일하게 남아 있다. 물론 그것이 가족에게 상당한 불만을 줄 수 있지만, 가족체계를 안정적으로 유지시켜 준다.

가끔 가족원, 특히 부부는 싸우고 화해하기를 반복한다. 심지어 헤어질 정도로 격렬하게 싸운 후에도 사랑스럽게 화해를 하고 달콤하게 사랑을 나눈다. 완전히 모든 갈등이 해결되지는 않지만, 갈등 정도에 따라 화해 수준은 달라진다. 때론 어떤 사람은 그저 친밀감을 확인하기 위해 시비를 걸기도 한다.

또 다른 가족은 '냉전' 속에서 지낸다. 싸움도 없고 그저 만성적인 긴장만이 존재할 뿐이다. 경멸 어린 시선은 거친 언어폭력의 정서적 대치물일 수 있다. 이런 종류의 거리유지가 문제를 해결할 수는 없지만, 불안에서 벗어날 수 있게 해 준다.

전형적으로 가족 내 두 사람 간의 갈등은 나머지 가족에게 영향을 준다. 불안이 고조되면 갈등은 가족 안으로 확산되고, 가족원은 대립한다. 어쩔 수 없이 편이 갈린다. 중립적인 태도를 취하려는 사람들조차 그들의 침묵이 어느 한편을 지지하는 것처럼 보일 수 있다. 예를 들어, 조지프 케네디(Joseph Kennedy)와 로즈 케네디(Rose Kennedy)의 딸 캐슬린 케네디(Kathleen Kennedy)가 부모의 희망과 종교에 맞서 영국의 신교도인과 결혼하려고 했을 때, 로즈 케네디는 방에서 꼼짝도 하지 않았다. 조 케네디(Joe Kennedy)는 아내와 딸을 떼어 놓고, 언론을 피해 아내가 언론에 노출되지 않도록 아내를 병원에 입원시켰다. 후에 캐슬린은 결혼에 대한 가족의 반응을 신문에서 읽고 결심을 해야만 했다. 결국 장남인 조 주니어가 그녀를 대신하여 부모에게 전보를 쳤다. "침묵의 힘은 위대하다."[17)]

이런 반응은 일시적으로 가족에게 안정을 줄 수 있다. 하지만 그것은 가족이 장차 불안에 잘 대처할 수 없는 또 다른 상황을 만든다.

5. 의사소통의 왜곡

일반적으로 사람은 안전하다고 느낄 때, 가장 분명하게 자신의 의견을 말한다. 만약 가족문제가 있다면, 가족원은 대개 자신과 다른 사람을 보호하려고 왜곡된 의사소통을 한다. 가족은 전혀 말을 하지 않거나, 자신을 탓하거나, 특정 개인을 비난하거나 혹은 대화의 주제를 바꾼다.

의사소통의 왜곡은 가족관계의 전반적인 불안과 경직성을 평가하는 좋은 측정치다. 만약 가족원 중 2명이 어떤 일이건 항상 의기투합한다면, 아마도 이것은 그들이 마음이 잘 맞아서라기보다는 불안에 대처하는 그들 고유의 방식일 것이다. 반대로 만약 가족원 중 2명이 항상 다툰다면, 그들이 갈등하는 주제가 가족의 문제가 아닐 가능성이 높다. 결국 그들은 어떤 대화건 간에 늘 반대할 것이다.

역기능적인 가족관계와 의사소통유형은 대부분 스트레스 시기에 가장 잘 나타난다. 가족원이 죽거나 경제적 위기에 처할 때, 가족이 얼마나 오랫동안 말을 하지 않는지 생각해 보라. 만약 죽음, 이사, 출생, 이혼 그리고 재혼과 같은 많은 스트레스가 모두 동시에 발생한다면, 분명히 가족은 고통 속에서 적어도 한동안 생산적인 의사소통을 하지 못할 것이다. 가족의 의사소통이 오랫동안 왜곡될 때, 혼란스러운 가족관계와 의사소통의 가족유산은 훨씬 더 심각해진다. 고질적으로 관계에 부적응을 야기하는 방식은 가족체계에 영향을 미칠 뿐만 아니라 후대로 전수된다.

17) Doris Kearns Goodwin, *The Fitzgeralds and the Kennedys* (New York: Simon & Schuster, 1987).

6. 융합과 단절

가족원은 스트레스가 주는 압박감 때문에 가족에 대한 충성심을 지키려고 그들 고유의 정체성을 희생한다. 개인은 집단을 위해 자신을 포기하도록 강요받는다. 어떤 독자적인 행동도 삼가야 한다. 이런 관계에서 가족원은 우리는 하나라는 환상을 갖는다. 필연코 가족은 가족원 간의 차이를 무시하거나 줄이려고 한다. 우리는 이런 종류의 가족유대를 융합이라고 한다. 각 개인의 경계가 상실된 채 다른 사람의 요구에 순응해야 한다.

융합과 개인의 차이를 존중하고 인정하는 진정한 친밀감과는 상당한 차이가 있다. 융합된 가족은 종종 스트레스 대처상황에서 '세상아 덤벼라.'라는 태도를 취한다. 만약 개인이 항상 '가족의견'에 순종해야 한다면, 가족은 변화에 적응하기 어렵다. 외부의 변화와 생각을 차단하고, 가족은 외부인을 잠재자원이 아닌 적으로 간주한다. 일체감에 대한 환상이 깨질 때, 지나친 일체감은 결국 밀착이 아닌 단절을 야기한다.

7. 오닐 가족

유진 오닐(Eugene O'Neill)의 자서전적 희곡, 『밤으로의 긴 여로(Long Day's Journey into Night)』는 심각한 가족융합을 보여 주는 좋은 예다(가계도 4-4). 오닐의 가계도와 희곡에 등장하는 티론 가족의 가계도는 4세에 죽은 형 에드먼드(Edmund, 극에서 유진)와 유진 오닐(극에서 에드먼드)이 서로의 이름을 바꾼 것과 오닐의 첫째 부인과 아들이 희곡에 등장하지 않는 것 말고는 모든 부분에서 동일하다. 가족의 핵심 불안은 어머니의 약물중독이다. 어머니는 모르핀을 끊고 요양소에서 막 돌아왔고, 가족은 어머니가 다시 재발할까 봐 두려워한다. 가족은 그들의 걱정을 어머니나 다른 사람에게 솔직하게 말하지 않고 자신을 비난하며 문제를 종종 다른 사람의 탓으로 돌린다. 간헐적으로 가족은 다른 갈등을 빚어내거나 술을 통해 가족문제에서 벗어나려고 한다. 여기서 모순은 바로 가족이 서로 간의 유대를 확인하려고 현실을 왜곡하는 절박한 그들의 요구가 가족의 친밀감을 방해한다는 것이다. 가족은 서로에게 솔직하지 못하고 뿔뿔히 흩어지면서도, 모든 것이 괜찮은 척 외면한다. 어느 날 유진 오닐이 가족에 대해 이야기했던 것처럼 "우리는 지나치게 친밀한 가족이었다. 너무나 지나칠 정도로."

실제로 오닐은 원가족과의 융합을 전혀 해결하려고 하지 않았다. 그는 가족과의 친밀감을 갈구했고, 동시에 그것에서 벗어나려고 했다. 결혼한 지 몇 주 만에 아내 캐슬린(Kathleen)과 그녀가 낳은 아들(아들 유진 주니어는 11세에 아버지와 처음으로 상봉했다.)에 대한 책임을 완전히 포기한 채, 그는 첫 번째 결혼에서 도망쳤다. 고통스럽게도 아내가 오닐의 가장 친한 친구와 애정행각을 벌이자 오닐은 재혼했다. 오닐은 (항상 그녀가 아내이길 간절히 원했던 것처럼) 아내가 아이, 가족, 친구에게서 자유롭기를 바라면서 둘째 아내 아그네스(Agnes)에게 과도하게 집착했다. 아그네스가 오닐과 결혼할 당시, 그녀도 오닐처럼 전 결혼에서 낳은 아이를 두고 왔다. 오닐은 아그네스가 다른 사람과 함께 있는 것을 볼 때마다 심하게 질투를 했다. "나는 어느 누구도, 아니 우리 아이들조차도 우리를 떼어 놓지 않길 간절히 바라오."[18]

아그네스와의 결혼에서 오닐은 섀인(Shane)과 우나(Oona) 두 아이를 낳았다. 유진은 아이를 방치했고 두 번째 결혼의 파경 직전에 아그네스를 몹쓸 사람으로 내몰았다. 전형적으로 융합이 깨어질 때 환멸과 단절을 초래한다. 이혼한 후 오닐은 아내와 자녀들의 이름조차도 말하기 꺼려 하면서, 아그네스와 그의 자식과 단절했다.

카를로타 몬터레이(Carlotta Monterey)와의 세 번째 결혼에서 오닐의 융합과 단절 양상은 극심했다. 1922년 어머니가 돌아가신 지 몇 주 후 카를로타와의 첫 만

18) Louis Sheaffer, *O'Neill : Son and Playwright* (Boston: Little, Brown, 1968).

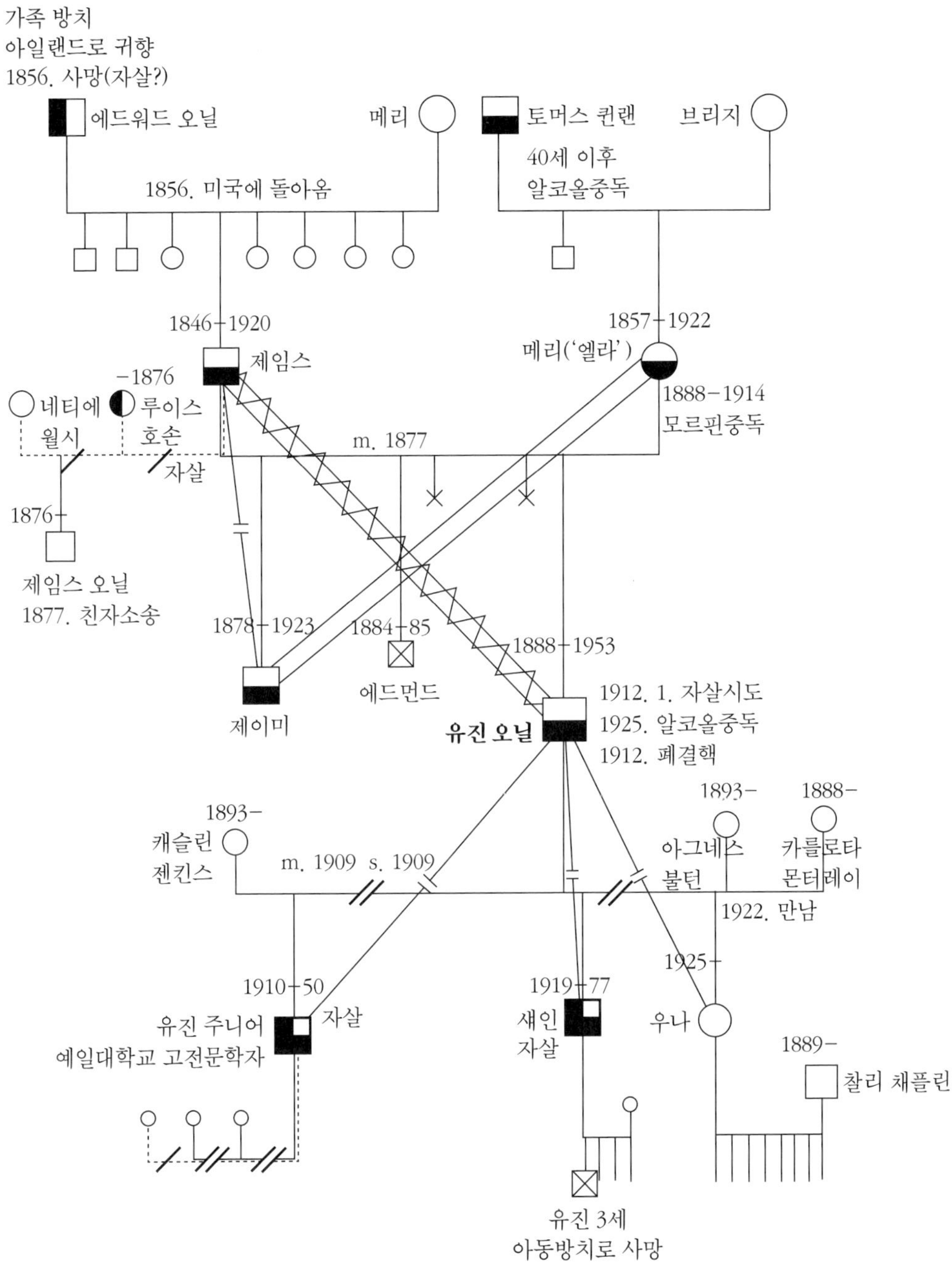
가족 방치
아일랜드로 귀향
1856. 사망(자살?)
에드워드 오닐
메리
토머스 퀸랜
브리지
40세 이후
알코올중독
1856. 미국에 돌아옴
1846-1920
제임스
1857-1922
메리('엘라')
1888-1914
모르핀중독
-1876
네티에
월시
루이스
호손
자살
m. 1877
1876-
제임스 오닐
1877. 친자소송
1878-1923
제이미
1884-85
에드먼드
1888-1953
유진 오닐
1912. 1. 자살시도
1925. 알코올중독
1912. 폐결핵
1893-
캐슬린
젠킨스
m. 1909 s. 1909
1893-
아그네스
불턴
1888-
카를로타
몬터레이
1922. 만남
1925-
1910-50
유진 주니어
예일대학교 고전문학자
자살
1919-77
섀인
자살
우나
1889-
찰리 채플린
유진 3세
아동방치로 사망

〈가계도 4-4〉 **오닐 가족**

남은 애정에 목말라 하던 오닐의 욕구를 불타오르게 했다. 아그네스와 이혼하기 전부터 오닐은 그녀와 사랑을 나누기 시작했다. 카를로타는 첫 만남을 이렇게 회고했다. "그이가 자신의 어린 시절을 얘기하기 시작했다. 그이는 마치 예전부터 나를 알고 지냈던 것처럼 이야기하고 또 이야기를 했다. 아마 그이는 내가 의자였다고 해도 개의치 않았을 것이다. 그이는 실제로 가족과 어머니와 아버지가 왜 없어야만 했는지 그리고 어째서 어린 시절 방치됐었는지 이야기했다. 어쩌면 그것은 오닐과 나의 문제였을 것이다. 나는 모성 본능이 발동했고, 그것이 바로 그 남자가 갈구하는 것이라고 생각했다. 너무 가슴이 메었다. 내가 입양한 아이가 이런 식으로 고통받는 것을 참을 수가 없었다."[19]

카를로타가 그토록 빨리 서로 간의 상호 투사를 깨달았다는 것은 흥미롭다. 그녀는 그의 허전한 마음을 채워 줄 '대상'이었고, 그는 그녀가 돌봐 줘야 하는 '아이'였다. 오닐처럼 카를로타도 누군가에게 구속되길 간절한 원했다. 그녀는 전남편의 계속적인 간통으로 결혼에 실패했다.

그에게 완전히 헌신하는 누군가를 위해 오닐은 가족을 포기한 것을 정당화하려고, 자신의 두 번째 결혼이 대실패였고, 이혼에 대한 아그네스의 분노는 정당하지 못하다고, 스스로를 타일렀다. 하지만 오닐과 카를로타가 그녀에게 이혼을 요구했을 때 아그네스는 딸을 남겨 둔 채 떠났고, 유진은 가족을 떠난 죄책감에 고통스러워했다. 카를로타는 아그네스에게 동정심을 보내는 친구마저도 의절하면서 과거의 모든 관계를 청산했다.

시간이 지날수록 오닐과 카를로타는 세상과 단절했다. 게다가 그들은 해외로 도피하여 세상과 등을 졌다. 그들이 미국으로 돌아온 후에도, 카를로타는 오닐이 자녀를 만나지 못하게 했다. 그 후 26년 동안 그들은 세간에 로맨틱한 전설을 남겼다. 잘생기고, 이지적이고, 프랑스의 성에 사는 오닐은 세상과 등진 채 헌신적인 아내 카를로타와 사랑을 나누며 작품에 몰두했다. 후에 오닐이 파킨슨병으로

19) Arthur Gelb and Barbara Gelb, *O'Neill* (New York: Harper & Row, 1987).

유진 오닐과 두 번째 부인 아그네스 볼턴, 그리고 그들의 자녀 섀인과 우나. 우나는 18세의 어린 나이에 자신보다 훨씬 나이가 많은 찰리 채플린과 결혼했다.
(출처: Archive Photos)

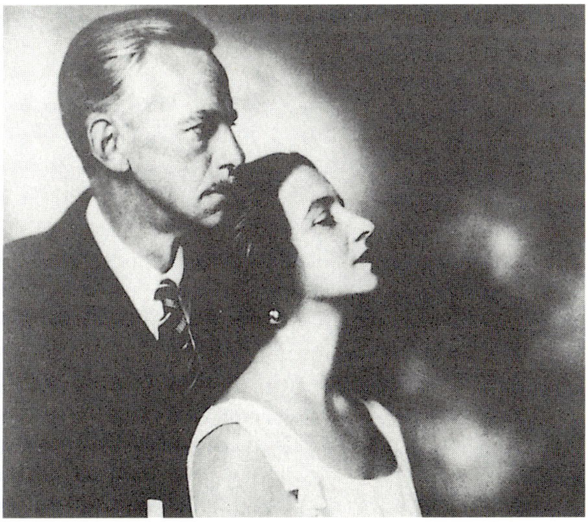

심지어 자녀와도 단절한 채 세상을 등지고 로맨틱한 전설 속에서 살았던 유진 오닐과 세 번째 부인 카를로타 몬터레이.
(출처: The Bettmann Archive)

글을 쓸 수 없게 됐을 때, 카를로타는 더 극진하게 간호했다. 3명의 자녀와 단절한 오닐은 손자조차도 만나지 않았다. 결국 아들 유진 주니어와 섀인은 자살했다. 오닐은 딸 우나가 18세에 그의 동료였던 코미디언이자 감독인 찰리 채플린(Charlie Chaplin)과 결혼한 후 그녀를 보지 않았다. 노후에 오닐과 카를로타는 심한 우울증에 빠졌다. 오닐이 죽은 뒤, 카를로타는 살아 있는 동안 그 전설을 지키며 혼자 지냈다.

8. 증상운반자

스트레스 시기에 특징 가족원은 환사나 증상운반자가 된다. 치료자는 종종 가족이 문제로 지목한 사람(identified patient, IP)이 실제로 가족의 문제를 인식하고 있는 사람이란 것을 안다. IP는 가족의 정서역동의 초점이 되고, 가족의 문제를 가족원에게 알린다. 오히려 도움이 필요한 누군가를 위해 가족원이 특정 개인의 증상을 무의식적으로 조정한 것일 수 있다. 한 사람이 다른 사람을 돌보고 지원하면서 가족원은 자신이 증상운반자가 될 차례를 기다리고 있는지도 모른다. 하지만 경직된 가족체계의 지위는 오닐과 카를로타의 경우처럼 고착될 수 있다. 카를로타가 입원하여 역할이 뒤바뀌어야 하는 상황에서도, 오닐은 환자로서 자신의 역할을 고집하면서 카를로타가 입원한 같은 병원에 입원했다.

두통, 우울, 불안 발작, 자녀의 등교거부나 문제행동은 증상운반자의 핵심문제에 비해 부수적인 것처럼 보이는 가족문제의 실마리를 제공해 준다. 그것은 종종 증상운반자의 핵심문제에 큰 영향을 미친 가족원의 문제이다. 부부관계에서의 갈등을 부부가 스스로 해결하지 못할 때, 자녀는 증상운반자가 될 수 있다. 일반적으로 다른 사람의 도움을 구하거나 자신의 부족함을 인정하지 못하게 사회화되어 있는 남성보다 여성은 체계를 바꿀 수 있는 영향력이 적고, 가족 안에서 종종 증상을 나타낸다.

이것이 시사하는 바는 가족체계 전체를 이해하지 않고서 오직 겉으로 드러난 증상만으로는 가족 안에서 무슨 일이 일어나고 있는지를 알 수 없다는 것이다. 아이가 복통을 일으킬 때 약을 먹이거나 등교를 거부할 때 야단을 치고 전문가의 도움을 받으려고 한다면, 이는 가족 안에서 아이에게 고통이 되고 있는 진짜 문제를 놓치는 것이다.

가족원의 질병은 종종 아픈 사람보다 전체 가족의 불안을 더 많이 함축한다. 한 연구에서 자녀가 위독할 때 자녀의 질병은 자녀의 건강 이상보다는 부모의 갈등으로 야기된 긴장과 훨씬 더 관련이 있다는 것을 시사한다.

우리는 1912년에 결핵으로 진단을 받은 오닐의 가족에게서 그 예를 찾아볼 수 있다. 그는 그해 초 돈도 직업도 없이 술로 하루하루를 생활하다 첫 번째 이혼의 수치감으로 자살을 시도했다. 이때 오닐의 전체 가족체계는 심각한 역기능을 보였다. 어머니의 심각한 모르핀중독과 형 제이미(Jamie)의 알코올중독에, 아버지는 직장에서 자신의 한계를 절감하며 상당히 좌절해 있었다. 게다가 오닐 가족은 상당히 고립되어 있었다. 결핵은 분명히 병원론적 원인이 있지만, 우리는 이미 우리 몸의 면역체계가 스트레스를 받을 때 질병에 더 취약하다는 사실을 알고 있다.

결핵 진단 후, 결국 유진이 결핵에 걸렸다는 사실이 외부에 알려졌다. 그는 강제로 요양소에 격리 수용됐고, 그곳에서 인생을 바꿀 새로운 후원자를 찾았다. 몇 달 후 집에 돌아왔을 때 그는 작가가 되기로 결심했고, 곧 그 길을 걸어갔다. 1년 후 어머니 또한 수녀원에 들어가 마침내 28년간의 모르핀중독 생활을 극복하고 새로운 인생을 시작했다. 후에 그런 변화가 전체 가족체계로 확산되지 않았지만, 우리는 오닐의 가족사에서 폐쇄체계가 변화에 대한 외부의 상당한 압력을 받을 때 뛰어난 창조력을 발휘할 수 있다는 것을 깨달았다.

9. 삼각관계

두 사람이 제3자에 대항하여 함께 융합할 때, 긴장을 완화하려고 삼각관계를 초래한다. 어떤 관계의 소원이나 단절은 다른 관계의 융합을 촉진한다. 그리고 이자 간의 친밀은 제3자의 침입으로 갈등을 빚는다. 그런 삼각관계가 많은 문제를 초래할지라도, 인간의 상호작용 안에서는 거의 필연적이고 보편적인 일이다. 뉴욕의 저널리스트 몰리 하스켈(Molly Haskell)은 자신과 그녀와의 융합을 간절히 원했던 장모 그리고 장모와 심한 갈등을 겪었던 남편 사이에서 야기된 일반적인 장서갈등을 삼각관계로 설명했다. 이성적으로 하스켈은 장모와의 삼각관계가 너무나 일반적이고, 만화나 농담의 소재로 사용되고 있다는 것을 알고 있었지만, 어쩔 수 없이 자신도 삼각관계의 '함정' 속에 빠졌다. "내가 가장 사랑하는 두 사람이 잘 지내지 못한다는 것은 정말 끔찍한 일이다. 하지만 그것은 내 자신의 분열 속에서 내가 만들어 낸 상황이다. 필연코 아이는 어른의 양보하에 사랑을 요구한다. 그리고 우리는 이미 태어나면서부터 삼각관계를 사랑하고 삼각관계를 만들려고 한다. 어떻게 또 다른 삼각관계가 발생하지 않게 관계를 중재하고 삼각관계의 갈등이 빚어지지 않게 할 수 있겠는가?"[20] 하스켈은 두 사람이 소원할 때 제3자로 남는 것이 얼마나 어렵고, 삼각관계에 빠지지 않는 것이 얼마나 힘든지 극명하게 보여 주었다.

> 근본적인 그들의 고통과 혼란이 비수처럼 내 가슴에 꽂혀 다른 사람에게로 전해지면서 나를 후려친다. 저녁식사 전은 엄숙하게 짓눌려 있던 악마와 외부인이 표면 위로 드러나는 결전의 시간이다. 첫째 잔의 긴장은 지나갔지만, 귀머거리처럼 음성만으로 자신의 감정을 나타내는 앤드류가 자기도 모르게 장모를 방해한다. 장모는 당혹해한다. 나는 장모가 겁에 질려 있다는 것을 안다. 마치 테네시 윌리엄스의 풍자처럼, 나는 장모의 까다로움과 앤드류의 무지에 화가 난다. 앤드류는 본능에 날뛰는 짐승 같고, 장모는 그 어디에서도 찾아보기 어려운 우아한 안주인이다. 나는 경직되어 둘을 갈라놓아야 한다는 막연한 책임을 느낀다.

20) Molly Haskell, *Love and Other Infectious Diseases* (New York: W. W. Norton, 1990).

이런 양상이 형성되면, 그들은 대개 모든 일에 '동의'하는 '친밀한' 둘과 '나쁜 사람'이나 '도움이 안 되는 희생양'으로서 외부인을 거부하는 제3자로 나뉘기 때문에, 우리는 그것을 삼각관계라고 한다. 삼각관계의 규칙은 거의 수학공식과도 같다.

① 내 친구의 친구는 내 친구이다.
② 내 적의 친구는 내 적이다.
③ 내 적의 적은 내 친구이다.

하스켈이 잘 지적하고 있는 것처럼, 서로 갈등하는 두 사람과 친구가 되는 것은 매우 힘든 일이다. 삼각관계는 삼각관계를 형성하고 있는 사람의 특징보다도 체계의 정서적 욕구와 밀접한 관계가 있다. 문제는 진짜 앤드류가 '버릇이 없는 것'이 아니라, 앤드류가 딸과의 융합을 꿈꾸는 장모의 욕구를 대신 위협했다는 것이다. 하스켈이 묘사했듯이, 앤드류는 장모가 '그녀를 상류사회의 남자와 결혼시켜 가족 근처에서 가정을 꾸려 나갈 남부지방의 기품 있는 딸로 키우려고 했던 것'에 반기를 들었다. 앤드류는 나와 융합하려는 장모의 꿈에 정면으로 대항한 나의 거부였다.

두 사람에게 휘말려 든 한 사람은 두 '적'이 가족이나 증상을 지닌 가족을 보살필 것을 강요하기 때문에, 삼각관계에 빠지면서 실제로 증상을 보인다. 삼각관계는 스트레스에 대처하는 가족의 보편적인 반응이다. 2명의 가족원이 제3자를 험담하기 시작한다. 제3자가 얼마나 '밉살스럽고 무능한지' 맞장구치면서 두 사람은 서로의 생각을 확인하고 도덕적인 사명감에 불타 제3자에게 느꼈던 불안감을 토로해 낸다.

특히 가족관계가 불안정할 때, 삼각관계는 증상을 드러낸다. 일반적으로 두 사람 사이에 관계가 선천적으로 불안하고 스트레스가 심할 때 삼각관계가 형성된다. 개인은 자신에게 동의하지 않는 사람에게 위협을 느끼며 자신의 생각이 옳다는 것을 증명해 줄 누군가를 찾는다. 그들은 제3자나 다른 사람을 나쁘고 병약하고 쓸모없는 사람처럼 동일하게 치부해 버리기 때문에 그들에게 동의하는 사람만이 '좋은 사람'이라고 생각한다.

가족의 삼각관계는 상당히 예견 가능하다. 부모와 자녀 간의 삼각관계는 '아프거나' 혹은 '나쁜' 아이에게 관심이 집중되면서 부부갈등을 해소한다. 다른 경우 아이는 한쪽의 부모와 밀착되어 다른 쪽 부모를 소외시킨다. 부부는 전형적으로 관심의 대상이 되는 자녀, 친척, 친구, 연인 혹은 일과 삼각관계를 맺는다. 3세대 간의 삼각관계는 예측 가능하게도 조부모와 손자가 한편이 되고, '무능하고 아프고 무례하고 잘못했거나 혹은 나쁜' 부모가 제3자가 된다. 그리고 형제간의 삼각관계는 거의 대부분 '좋은 놈과 나쁜 놈' '성공한 자와 실패한 자' 혹은 '부모 말에 복종하는 자와 복종하지 않는 자'와 관련이 있다.

이런 과정에서 한 사람이 또 다른 사람에게 지지를 구하면, 그 관계는 나머지 다른 사람에게 저항하거나 의존한나. 개인은 '적'과 동맹을 맺을 수도 있다는 두려움으로 동맹자에게 더 이상 이의를 제기하지 않는다. 이런 식으로 삼각관계는 견고해지지만, 가족의 실질적인 문제는 해결되지 않는다. 삼각관계는 직장, 친구, 지역사회는 물론 국제정치 등 모든 인간관계 안에서 발생한다. 특히, 가족 안에서의 삼각관계는 격해지고 고통스러울 수 있다. 다른 체계와 달리, 가족은 출생, 결혼 혹은 입양과 혈연, 법적 관계로 맺어지고 죽을 때 비로소 와해되기 때문에, 구성원은 살아가면서 다른 사람에게 지지와 자기정당화를 요구한다.

10. 베토벤 가족

작곡가 루트비히 판 베토벤(Ludwig van Beethoven)의 가족 내 삼각관계는 지배적이었다(가계도 4-5). 베토벤의 조부와 조부의 유일한 아들이자 베토벤의 아버지인 요한은 알코올중독으로 수도원에 보내진 조모를 소외시키고 친밀한 관계를 맺었다. 베토벤의 어머니 마리아 막달레나 케베리히(Maria Magdalena Keverich)는 어린 시절 외조부의 죽음 후 외조모와 동맹을 맺었다. 따라서 베토벤의 부모는 모두 상실에 대한 두려움을 갖고 있었고, 배우자가 보잘것없다는 이유로 결혼을 심

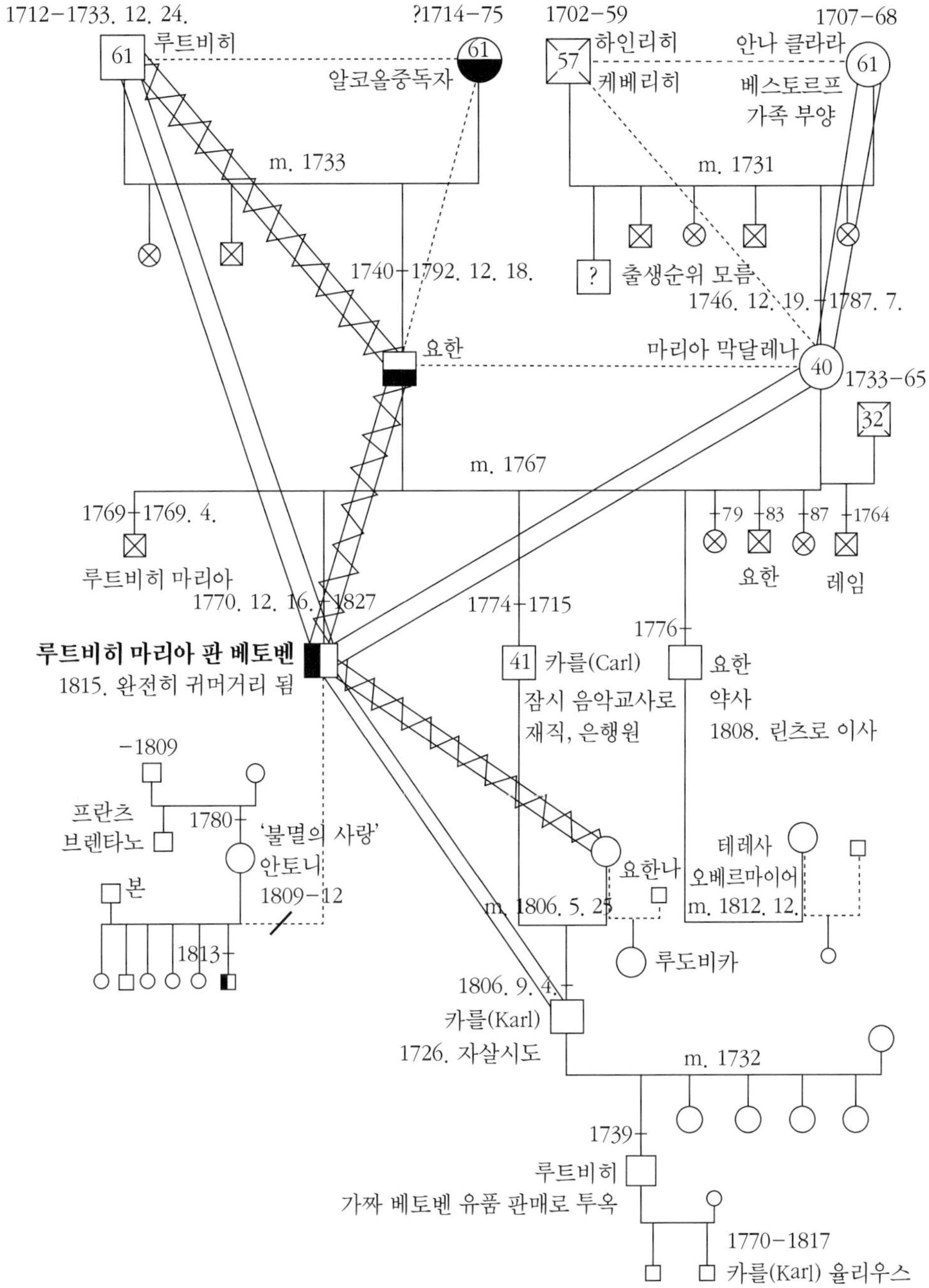
1712–1733. 12. 24.
61 루트비히
?1714–75
61
알코올중독자
1702–59
57 하인리히
케베리히
1707–68
안나 클라라
61
베스토르프
가족 부양
m. 1733
m. 1731
1740–1792. 12. 18.
요한
?
출생순위 모름
1746. 12. 19.–1787. 7.
마리아 막달레나
40
1733–65
32
m. 1767
1769–1769. 4.
루트비히 마리아
–79 –83 –87 –1764
요한
레임
1770. 12. 16.–1827
1774–1715
1776–
루트비히 마리아 판 베토벤
1815. 완전히 귀머거리 됨
41 카를(Carl)
잠시 음악교사로
재직, 은행원
요한
약사
1808. 린츠로 이사
–1809
프란츠
브렌타노
1780–
'불멸의 사랑'
안토니
1809–12
본
1813–
요한나
테레사
오베르마이어
m. 1812. 12.
m. 1806. 5. 25
루도비카
1806. 9. 4.–
카를(Karl)
1726. 자살시도
m. 1732
1739–
루트비히
가짜 베토벤 유품 판매로 투옥
1770–1817
카를(Karl) 율리우스

〈가계도 4–5〉 **베토벤 가족**

하게 반대했던 동성 부모와 강한 유대를 맺고 있었다(마리아는 16세에 첫 혼례를 올렸지만, 남편과 어린 아들은 곧 죽었다.). 베토벤 부모의 결혼은 모두 양가 부모와의 중요한 삼각관계의 산물이다.

마리아와 요한 판 베토벤(Johann van Beethoven)은 7명의 아이를 낳았지만, 오직 3명만이 생존했다. 첫째 루트비히 마리아(Ludwig Maria)는 1769년 태어난 지 6일 만에 죽었고, 둘째 루트비히 마리아 판 베토벤(Ludwig Maria van Beethoven)은 1770년 12월 16일에 태어났지만, 항상 자신의 생일과 죽은 형의 생일뿐만 아니라 형제간의 이름을 혼동하면서 성장했다. 따라서 베토벤은 태어나면서부터 부모와 동일한 이름을 지닌, 얼굴을 단 한 번도 본 적이 없는 어릴 때 죽은 형과의 사이에서 형제간의 삼각관계를 형성한다([그림 4-2] 참조).

또한 베토벤은 아버지와 역시 루트비히라고 불린 할아버지 사이에서 3세대 간의 삼각관계에 놓인다([그림 4-3] 참조). 할아버지는 재능 있는 가수이자 독일의 수도 본의 성가대 지휘자였으며 성공한 주류상인이었다. 비록 할아버지는 베토벤이 3세 때 죽었지만, 그는 우상처럼 할아버지를 숭배했다. 할아버지는 꽤 재능 있고 성공한 사람이었다. 하지만 어릴 때 유순하고 상냥하기는 했지만, 재능이나 창의력이 부족했던 그의 유일한 아들 요한에게는 지나칠 정도로 독설적이었고 간섭이

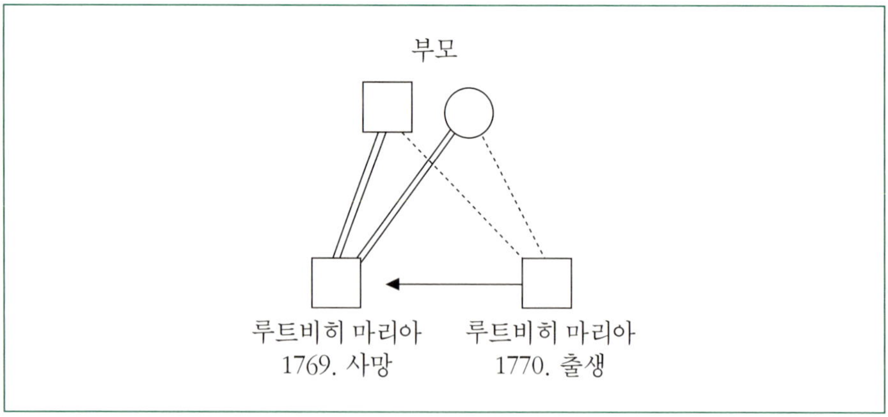

그림 4-2 베토벤, 부모 그리고 죽은 형과의 삼각관계

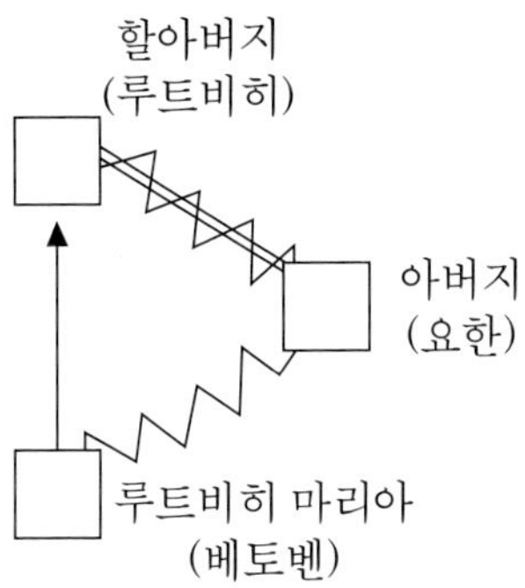

그림 4-3 베토벤, 아버지 그리고 할아버지와의 삼각관계

심했다. 사태는 더욱더 악화되어 할아버지는 계속 아버지를 게으름뱅이라고 부르며 아들이 아무짝에도 쓸모없는 놈이라고 여기저기 떠들고 다녔다. 할아버지의 예언대로 아버지 요한은 알코올중독의 주정뱅이가 됐고, 어린 아들 베토벤을 연습시키는 데 잔혹할 정도로 독재적이어서 가족 전체를 곤욕스럽게 했다.

핵가족의 장남 베토벤은 결국 부모와 고통스러운 삼각관계를 맺는다. 베토벤은 아버지를 외부인의 비난에서 따뜻하게 감쌌고, 만취한 아버지를 경찰이 잡으러 왔을 때에도 그는 필사적으로 경찰을 막았다. 하지만 그는 슬픔에 잠겨 있는 온화하고 오랫동안 고통받아 온 어머니의 편에 서서 아버지에게서 자신을 분리시켰고, 자녀로서 피하려고 애썼지만 어쩔 수 없이 부모와의 삼각관계 속으로 끌려들어 갔다. 17세에 어머니가 결핵으로 사망하자 그는 가족을 부양했다. 아버지는 현실을 체념한 채 주로 술독에 파묻혀 자포자기했고 베토벤은 아버지의 보호자가 됐다. 심지어 그는 아버지의 연금까지도 지불해 주어야만 했다. 그것은 베토벤을 당혹스럽게 했고, 아버지에게 엄청난 굴욕을 주었다. 베토벤의 수많은 편지 어디에서도 아버지의 이름은 언급된 적이 없었고, 요한이 죽어 갈 때 그는 집을 떠났다.

베토벤의 성인시절도 삼각관계의 연속이다. 성인 초기 그는 제3자로는 관계를 맺기 힘든 여성(유부녀이거나 그렇지 않으면 약혼녀)과 사랑에 빠졌다. 때론 삼각관계에서 제3자가 되는 것은 실제 관계에 구속받지 않고 낭만적인 영웅 역할을 할 수 있기 때문에 차라리 나을 수도 있다. 그리고 베토벤은 그렇게 했다.

이런 양상은 네 자녀를 둔 유부녀 안토니 브렌타노(Antonie Brentano)와 사랑에 빠졌던 1812년까지 지속됐다([그림 4-4] 참조). 결국 그녀가 그와의 사랑을 위해 가족을 포기하겠다고 했을 때, 베토벤은 그녀에게서 도망쳤다.[21] 아버지를 잃은 상실감에 베토벤에게 지나치게 의존했던 안토니는 떠들썩했던 그들의 불륜관계를 청산하고 9개월 만에 심한 장애아를 조산했다. 그녀는 여생을 장애 아들을 돌보면서 지냈다. 베토벤은 브렌타노와 헤어진 후 더 이상 다른 여성과 진지한 만남

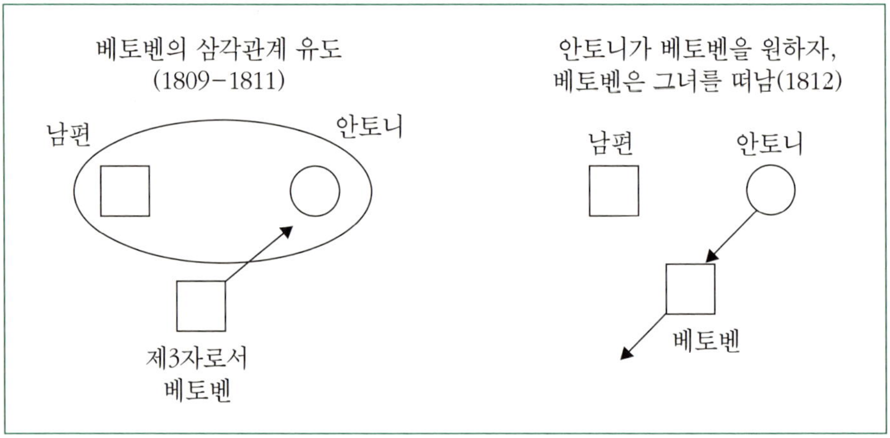

그림 4-4 베토벤의 '불멸의 사랑'과의 삼각관계 변화

21) 또한 브렌타노에게 베토벤과의 관계는 좀처럼 이해할 수 없었던 아버지에 대한 깊은 애착을 느꼈던 아동기부터 시작되었던 삼각관계의 복잡한 망의 일부였다. 그녀가 아버지를 사랑했을 때, 아버지는 대신 그녀를 부유하고 나이 많은 독일 사업가와 결혼시켜 오스트리아에서 독일로 가게 했다. 그녀는 추방당했다. 그녀는 사랑하는 아버지가 사망했을 때 비로소 11년 만에 빈으로 돌아올 수 있었다. 그녀가 베토벤을 만났을 때, 그녀는 고향에 대한 향수와 귀환으로 고통스러워했다. 분명히 베토벤은 그녀를 위로해 줄 수 있는 유일한 단 한 사람이었다. 그녀가 독일에서 고향으로 돌아갈 수 있는 시간이 오랫동안 지연되자, 그녀는 결국 베토벤에게 가족을 기꺼이 포기하겠다는 극단적인 청혼을 했다. 베토벤은 안토니의 아버지나 그녀의 어린 시절 사랑의 대치물이었다. 그렇다면 베토벤은 안토니의 맞물리는 가족삼각관계의 일부분이었는가? 추측하건대 실제로 베토벤은 가족삼각관계의 일부분이었을 것이다.

을 갖지 않았다. 대신 그는 원가족으로 돌아와서 형제들의 가족 사이에서 파괴적이고 강압적인 다양한 삼각관계에 휩쓸린다.

그는 막냇동생에게 요한(Johann)이라고 거의 부른 적도 없고, 호칭을 생략하거나 '가짜동생' '멍청이' 혹은 '형제살인자'라고 욕설을 퍼붓곤 했다. 브렌타노와 헤어진 직후, 베토벤은 막냇동생이 테레사 오베르마이어(Theresa Obermeyer)라는 여자와 동거하는 린츠로 갔다. 베토벤은 요한에게 부적절한 관계를 끝내라고 채근했다([그림 4-5] 참조). 요한은 거절했고, 베토벤은 당국에서 막냇동생이 테레사와 관계를 더 지속할 경우 그녀를 린츠에서 강제로 추방시켜도 좋다는 소환장을 가져왔다. 그러나 요한이 테레사와 결혼해 버림으로써 베토벤의 훼방은 좌절됐다.

베토벤과 남동생 카를(Carl) 가족과의 삼각관계는 더욱 심각했다. 카를과 요한나(Johanna) 부부는 여러 해 동안 갈등을 겪었다. 베토벤은 때론 카를의 폭력에서 요한나를 보호했지만, 분명히 동생 부부의 결혼을 방해하려고 애썼다. 아버지처럼, 동생 카를은 자신의 아들 카를(Karl)을 복종적인 아들로 키우려고 매질을 했고, 요한나에게도 폭력을 휘둘렀다. 1811년에 카를은 아내가 돈을 훔쳤다고 욕설을 퍼부으며 그녀를 고소했다. 비록 그 '훔친' 돈이 결혼할 때 아내가 가져온 엄청난 지참금과 유산이라는 사실이 밝혀졌을지라도, 그녀는 유죄를 선고받았고 1개월 동안 자택감금당했다.

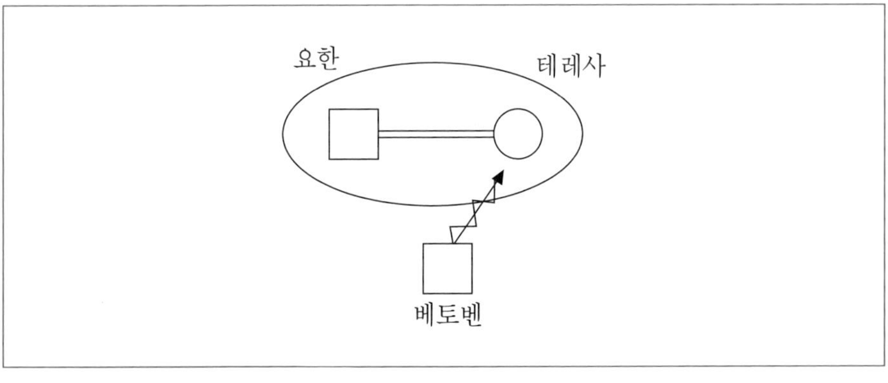

그림 4-5 베토벤, 막냇동생 요한 그리고 요한의 부인 테레사와의 삼각관계

몇몇 친구가 카를(Carl)이 베토벤을 이용하고 있다고 비난했지만, 베토벤은 친구들이 동생을 욕하는 것을 들으려고도 하지 않았다. 친구가 베토벤에게 카를(karl)이 학대받고 있다고 말했을 때 그는 믿지 않았고, 결국 그 친구와 10년 동안 연을 끊었다.

1815년 카를이 죽기 전날 밤, 그는 유서에 요한나와 베토벤을 아들 카를의 공동 후견인으로 올렸다. 그 사실을 안 베토벤은 자신이 조카의 단독 후견인이 되어야 한다고 우겼다. 공동 후견인에서 요한나를 뺄 것을 원하는 베토벤의 집요한 채근에 카를은 유서에 다음과 같은 조항을 추가했다. "내가 죽은 후에 형이 내 아들 카를(Karl)을 전적으로 책임지고 맡길 바란다. 형과 아내가 사이가 좋지 않기 때문에, 나는 아내에게 내 아들을 맡길 의향이 전혀 없다는 것을 유서에 추가한다. 하지만 형이 아내와 함께 항상 아들의 후견인이 되어 주길 바란다. 둘이 함께 아들을 맡아 주길 간절히 원한다."[22)]

동생의 유서에도 불구하고 베토벤은 카를이 죽자 바로 조카의 단독 양육권을 얻어 냈고, 요한나가 아들과 만날 자격이 없는 사람이라고 단언했다([그림 4-6] 참조). 베토벤과 요한나와의 양육권 싸움은 조카를 어머니에 대한 충성심과 사랑, 괴팍하지만 유명하고 겉으로는 호의를 베풀었던 큰아버지에 대한 부담스러운 존경심 사이에서 오랫동안 함정에 빠지게 했다. 그 당시 베토벤은 교양 없는 45세 괴짜 총각이었고, 귀머거리가 될 때까지 그는 조카의 양육을 소홀히 하며 작곡에만 몰두했다. 그가 완전히 귀가 멀게 됐을 때 극심한 고통을 자주 호소했고, 건강이 몹시 나빠져 9세 아이를 맡아 키우기에 부적절한 상태가 됐다. 여러 해의 법정공방 끝에 요한나는 아들에 대한 권리를 주장하며 아들을 데리고 가려고 했지만, 베토벤은 조카의 양육권을 다시 빼앗아 왔다. 베토벤은 간섭이 심했고, 독단적이었고, 일관성이 없었고, 조카를 지나치게 과보호했다. 그는 동생이 과거에 밝히지 못한 요한나의 횡령 사실을 고소하여 양육권을 얻는 명분으로 이용했다. 그는 부도덕

22) Maynard Solomon, *Beethoven* (New York: Schirmer, 1977).

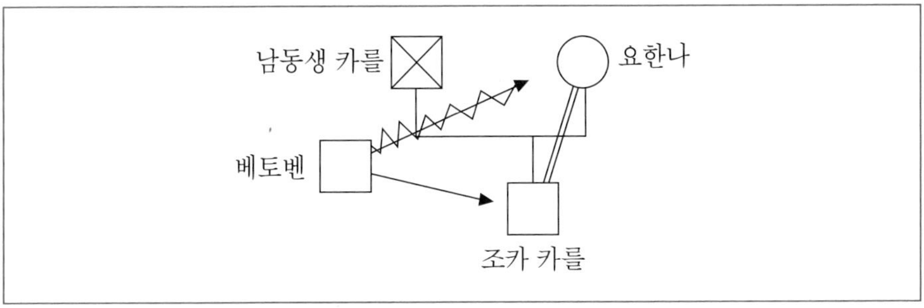

그림 4-6 베토벤의 조카와의 삼각관계

한 요한나가 조카를 잘 키울 수 없기 때문에, 자신만이 불쌍하고 불행한 조카의 영웅적인 구원자라고 확신했다. 그리고 조카가 어머니와 의절할 때마다 그를 칭찬하곤 했다.

베토벤이 요한나와 여러 번 화해를 시도했을 때, 오히려 조카 카를(Karl)이 반대했다는 것은 흥미로우면서도 어느 정도 예측가능한 일이다([그림 4-7] 참조). 그것이 삼각관계의 특징이다. 자신이 맺은 관계로 인해 서로 상처받고 파멸할지라도 삼각관계에서 개인은 변화를 두려워한다. 어머니와 큰아버지 간의 밀고 당기기가 카를에게 고통스러웠을지라도, 그들이 가까워지는 것 또한 그에게는 위협이었다. 1822년 요한나는 아파도 약을 살 형편이 아니었다. 베도벤은 그녀의 부채 일부를 떠맡고, 그다음 해 그녀를 경제적으로 지원했다.

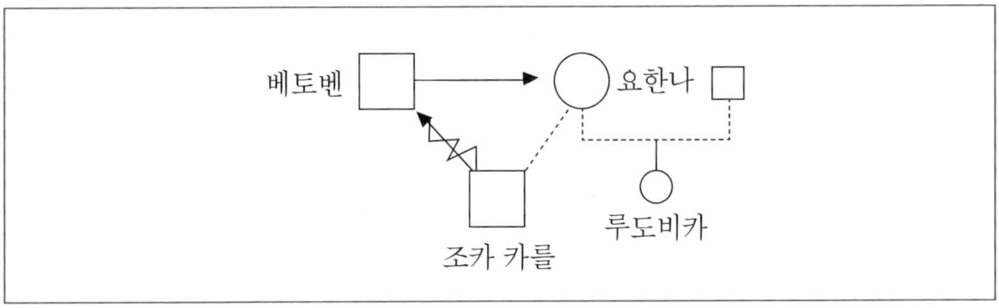

그림 4-7 베토벤이 요한나와 화해했을 때 조카와의 삼각관계

16세까지 조카 카를은 어머니와 큰아버지 간의 화해를 막으려고 애썼다. 그는 큰아버지가 어머니를 돕지 못하게 심하게 방해했고 어머니를 헐뜯었다. 그들 사이가 가까워지는 것에 대한 카를의 공포는 이해할 수 있다. 카를을 사이에 둔 그들의 싸움이 길어질수록, 그는 그 관계의 핵심이 된다. 만약 그들이 힘을 합친다면, 카를은 제3자로 전락하게 된다.

카를과 어머니와의 관계는 1820년 어머니가 돈 많은 남자와의 사이에서 딸을 출산한 뒤 멀어졌다. 딸의 이름은 루도비카(Ludovica)[23]였는데, 그 이름 또한 매우 흥미롭다. 그 이름에는 바로 베토벤과 요한나의 극도의 적개심이 강하게 작용했을 것이다. 베토벤이 요한나와 가까워지면서 카를의 위협감도 줄어드는 것 같았다. 얼마간 그들은 화해의 암시를 보였다. 화해가 이루어진 시기는 바로 정확히 베토벤이 교향곡 제9번 '환희의 송가'를 작곡했넌 때였다. 이 시기는 카를과 베토벤이 가장 평온했던 시기였다. 카를은 큰아버지의 비서로 일했고, 주말과 여름을 그와 함께 보냈다.

하지만 1825년부터 베토벤은 카를을 의심했고, 그가 어머니를 다시 만난다는 사실에 두려워했다. 수많은 요소가 이 특정 시기의 삼각관계를 강화시켰다. 모자 간의 친밀함이 그의 부러움을 살 정도로 강해지면서 그를 위협했다. 베토벤은 카를이 성인이 된다는 사실이 두렵고, 그의 청각장애가 고립감과 무기력감을 더함으로써 술을 더 마시게 됐을 것이다. 또한 우리가 모르는 요한나의 인생에 어떤 변화가 있었을 수도 있다.

베토벤이 어디를 가든 따라다녔던 19세 카를에게 더 이상의 경제적 지원을 보류하자, 큰아버지와 조카 간의 갈등은 극에 달했다. 그 후 카를은 몰래 어머니를 방문했고, 베토벤이 가장 두려워했던 것이 현실로 드러났다. 베토벤은 카를을 혼자 남겨 두지 않았다. 그해 여름이 끝날 무렵, 카를은 자포자기하는 심정으로 총을 자신의 머리에 겨누었다. 운 좋게도 그는 죽지 않았지만 병원에 입원해야 했

23) 역주: 요한나가 9세에 아버지를 여의고 어머니에게 훌륭히 자란 성녀 루도비카(Beata Ludovica di Savoia Principessa)의 이름을 딸에게 붙여 줌으로써 베토벤에 대한 적개심을 극명히 드러냈다.

다. 베토벤이 조카를 학대했다는 사실이 만천하에 알려졌다. 이 위기가 그들의 삼각관계를 가중시키는 압박에서 벗어나게 하는 것처럼 보였다. 베토벤이 아버지가 되는, 즉 카를과의 융합을 꿈꿨던 베토벤의 바람은 산산이 부서졌다. 의사는 조카가 자살을 시도할 수밖에 없었던 상황을 그에게 말했다. 비록 베토벤이 조카의 자살시도의 또 다른 원인을 찾으려고 애썼지만, 카를이 자살을 시도한 이유는 '지나친 구속에 대한 염증'이었다. 카를은 완쾌된 후, 어머니와 만날 권리를 주장했다. "나는 어머니를 헐뜯는 그 어떤 얘기도 듣고 싶지 않다. 그것은 내가 어머니를 이해하는 데 방해만 될 뿐이다. …… [어머니를 만난다고 해서] 큰아버지가 생각하는 것처럼, 어머니와의 만남이 큰아버지와 나 사이를 갈라놓지 않을 것은 지극히 자명한 일이다."[24] 카를은 군대에 입대하기로 결심했다. 베토벤의 도움으로 몇 달 후 그는 군에 입대했다.

베토벤은 죽음을 예견하기라도 한 것처럼, 죽기 전 몇 달 동안 모두에게 많은 배려를 하였다. 그는 단독 상속인인 카를과 잘 지냈고, 또한 카를이 죽게 되면 유일한 상속인이 되는 요한나와도 화해했다. 베토벤이 죽기 3일 전에 만일의 경우를 대비하여 베토벤은 유언에, 만약 카를이 자녀 없이 죽게 된다면 요한나가 그의 전 재산을 상속받을 수 있다는 세부 조항을 첨가했다. 당시 카를은 군복무 중이었다.

베토벤의 삶은 삼각관계의 전형적인 두 가지 양상을 보여 준다. 안토니와의 결별을 선언한 1812년 전까지 그는, 어린 시절 삼각관계의 의무와 위험스러운 힘에서 벗어나려고 몸부림치며, 이방인으로서 여성과의 로맨틱한 관계에서 '숨겨진' 애인, 즉 부수적이고 안전한 역할을 연기했다. 그는 결혼을 포기한 채 사랑하는 가족을 꾸리려고 했을지라도 융합을 시도했고, 가족 안에서 갈등과 단절하는 형제와의 가족관계에서 적극적으로 삼각관계에 휘말렸다. 마침내 그는 요한나와 카를을 통해 처음으로 융합이나 삼각관계 없는 진정한 친밀감을 경험했다.

베토벤 가족의 삼각관계의 역사를 알지 않고서 카를의 자살시도나 조카에 대한

24) Elliot Forbes, ed., *Thayer's Life of Beethoven* (Princeton: Princeton University Press, 1969).

음악과 그의 삶 속에서 격정적으로 살아 숨 쉰 루트비히 판 베토벤의 열정은 심각한 세대 간의 융합과 가족 갈등을 초래했다.
(출처: Brown Brothers)

하이맨이 조각한 후, 캐스퍼 베네딕트 백켄캠프가 도색한 베토벤의 어머니 조각상.
(출처: Culver Pictures, Inc.)

베토벤의 심한 융합을 이해한다는 것은 매우 어려운 일이다. 가족 안에서의 의사소통유형, 융합, 단절 그리고 증상 발전과정을 살펴보는 것은 가족에 대해 새로운 조망을 갖게 할 뿐만 아니라 가족삼각관계에서 나의 역할을 알려 준다.

지금까지의 질문처럼 꼬치꼬치 캐묻기보다는 오히려 암묵적으로 이루어지는 가족의 의사소통과 관계유형을 이해할 수 있는 몇 가지 질문을 해 보자.

- 가족은 어떤 의사소통 규칙을 갖고 있는가? 주로 누가 누구에게 이야기를 하는가?
- 어떤 주제가 금기시되는가? 의사소통의 전달 규칙은 어떻게 되는가? 누가 전달하는가? 명시적인가? 암묵적인가?
- 어떤 가족원이 과도하게 융합을 시도하는가?
- 가족의 갈등 요소는 항상 무엇인가? 누가 누구에게 말을 하지 않는가? 두 사람이 갈등하거나 침묵할 때, 다른 사람은 어떻게 하는가?
- 가장 자주 빈번하게 증상운반자가 되는 사람은 누구인가? 주로 그들이 보이는 증상은 어떤 것인가? 가족 내 증상이 발병하면 가족은 어떻게 반응하는가?
- 가족 내 성에 대한 규칙이 있는가? 가족이 생각하는 이상적인 남성상과 이상적인 여성상은 무엇인가? 가족원 중 전통적인 성 고정관념을 깬 사람이 있는가? 전통적인 성역할을 수용하는 데 어려움이 예상되는 여성이나 남성이 있는가(예, 알코올중독자가 된 시적이고 점잖은 남성이나 자녀양육과 집안일을 뒷전으로 하고 탈출구를 찾지 못해 침울해하는 혈기왕성하고 똑똑한 여성)?
- 가족의 분열과 동맹이 있는가? 보살피고 보살핌을 받는 관계는? 밀착되고 소원한 관계는? 극도의 애증관계는?
- 변화에 가족원은 어떻게 대처하는가? 침묵? 경직? 차단? 과거로 도피? 미래의 허무한 공상에 빠지기? 다른 사람 비난? 자기 비난하기?
- 가족원이 갖고 있는 별명은 무엇인가? '잔소리쟁이' '꾸어다 놓은 보릿자루' '구두쇠' '괴짜'?
- 가족은 상당한 스트레스와 변화의 시기를 겪었는가? 그 시기의 가족일화를

알 수 있는가? 그 시기의 정보를 줄 사람은 누구인가?

- 가족은 스트레스에 어떻게 대처하는가? 구성원은 융합하려고 하는가? 이탈되려고 하는가? 어떤 가족원이 침묵하거나, 계속 말을 하거나, 화제를 바꾸거나, 권위를 내세우는 반응을 보이는가?
- 가족의 핵심 삼각관계는 무엇인가? 세대에 걸쳐 계속 반복되는 가족의 특정 삼각관계 유형이 있는가? 남편/부인/시어머니, 남편/부인/애인, 아버지/어머니/증상을 보이는 자녀, 매우 친한 두 형제와 제3자의 형제?

제5장

상실

미국인을 알기 위한 가장 중요한 핵심은 …… 그들은 '죽음'을 선택사항으로 생각한다는 것이다.

영국인과 미국인의 사고 – 제인 왐슬리

만일 내가 나 자신을 나의 과거와 연결시키지 않는다면 ……
나는 과거에 머물러 떠돌아다니며 남아 있게 될 것이다.
과거에 내가 사랑했던 사람들은 나를 잡을 수 없다.
그들은 더 이상 이 세상 사람들이 아니기 때문이다.
그들을 잡을 수 있는 사람은 바로 '나'이다.

자매 이방인 – 앙드레 로드

인간이 살아가는 동안 겪는 수많은 경험 중에서 상실은 우리가 살아오면서 문제가 되었던 것과 마주하게 한다.

상실은 우리가 직면하는 여러 가지 삶의 경험 중에서 가장 어려운 경험이다. 많은 경우 자신의 죽음보다 다른 사람의 죽음을 맞이하는 것이 더 힘든 것 같다. 왜냐하면 상대방 없는 자신의 삶은 아무런 의미가 없다고 느끼기 때문이다. 우리에게 중요한 의미를 가지는 그(그녀)의 죽음은 다른 사람과 비교해 볼 때, 우리가 지금까지 추구해 오던 일이 얼마나 허망한 것인가를 깨닫게 해 준다. 죽음을 직면하는 것은 심각한 삶의 변화를 일으키는 경험이다. 이런 경험은 우리에게 자신의 삶을 좀 더 잘 돌보고, 삶의 우선순위를 분명하게 하라고 채근한다.

우리가 희망하는 것은, 우리가 죽게 되거나 다른 가족원이 죽게 될 때, 가족원과의 관계가 좋은 상황에서 그리고 평화로운 가운데 죽음을 맞이하는 것이다. 그러나 종종 죽음은 이렇게 우리를 찾아오지 않는다는 것을 알고 있다. 예상치 못한 죽음을 받아들이고 통제하기는 매우 어렵다. 죽은 사람과의 관계가 좋지 않은 가운데 맞이하는 죽음은 우리에게 많은 후회를 남기고, 우리가 살아가는 동안 그 후회에 사로잡혀 살게 될 수도 있다. 이와 같이 정서갈등이 해결되지 않았을 때 맞이하는 죽음의 경험은 우리에게 커다란 공허를 준다. 로버트 앤더슨(Robert Anderson)의 연극, '나는 결코 아버지를 위해서 노래하지 않았다(I Never Sang for My Father)'의 주인공은 다음과 같이 말한다.

> 죽음은 삶의 마침표를 찍게 하지만, 그렇다고 관계가 아주 끝나는 것은 아니다. 이렇게 끝나지 않은 관계는 살아남은 사람의 마음속에서 계속 갈등을 일으킨다. 결코 찾지 못할 해결책을 찾으려고 헤매게 된다.[1)]

우리는 어느 한 세대에 일어난 상실이 여러 세대에 걸쳐 어떤 영향을 미치는가를 검토해 봄으로써 현재의 가족 상호작용 방법과 가족문제 해결 방법을 통해 가족원의 상호작용 유형을 변화시킬 방법을 배우게 된다. 상실은 가족원 간의 관계를 강화하기도 하고, 각자의 창조성을 끌어내어 그들에게 무엇인가를 이루어 내게 하기도 한다. 혹은 상실은 그들에게 파괴적인 전설을 남겨 놓을 수도 있고, 제대로 다루지 않는다면 가족에게 더욱 파괴적인 영향을 미칠 수도 있다. 전(前) 세대에 형성된 상실 유형은 우리 자신도 모르는 사이에 다음 세대로 계속 이어진다.

우리 마음에 남아 있는 장례식이나 죽은 자에 대한 이미지는 우리의 유산과 정체감의 일부분이다. 가족이 죽음을 어떻게 다루었는가는 가족의 기본 가치, 장점 그리고 취약점을 아는 데 가장 중요한 단서가 될 수 있다. 우리는 정점이 되는 중

1) Robert Anderson, *I Nerver Sang for My Father* (New York: Random House, 1968).

요한 사람의 죽음이 벤저민 프랭클린(Benjamin Franklin)과 라이트(Wright) 형제에게 가족 내에서 어떤 역할을 하게 했는지를 이미 알고 있다. 앞에서 살펴본 바와 같이, 우리는 부모의 단명이 빅토리아 여왕에게 얼마나 큰 충격을 주었는지, 그리고 프랭클린의 가족을 통해 가족원에게 일어난 동시적 죽음이 가족관계에 어떤 영향을 미쳤는지를 알고 있다. 또한 가족원의 죽음의 여파가 베토벤 가족 내에 삼각관계를 어떻게 형성시켰는지를 알고 있다. 이 장에서는 상실의 유산이 세대 간에 전수되면서 어떤 영향을 끼쳤는지 알아보기 위해, 우리에게 잘 알려진 프로이트(Freud), 케네디(Kennedys), 헵번(Hepburns) 그리고 엘리자베스 배릿 브라우닝(Elizabeth Barrett Browning) 가족을 살펴볼 것이다.

어떤 점에서 볼 때, 모든 가족은 상실의 경험을 맛본다. 상실이 일어났을 때 그리고 매우 상처받기 쉬울 때, 가족원은 서로에게 익숙한 방법으로 그 상실을 경험한다. 그러나 가족원이 서로 가까운 관계가 아닐 때, 이런 경험을 이겨 내는 것은 특히 어렵다. 수년간 형제자매 사이가 소원했다면, 이들은 고통스러운 경험을 억지로 감당해야 한다. 상실의 사건은 가족원을 함께 묶는 기능을 제공하지만, 가족원 저변에 깔려 있던 오래된 갈등을 다시 상기시키기도 한다. 가족 내에서 일어나는 죽음이 가족원에게 필수적인 유대감을 재확인할 수 있는 기회를 주기도 하지만, 이미 닫혀 있던 관계를 다시 열어야 하고, 예전에 갖고 있던 관계를 재작업해야 하고, 지금까지 말하지 못하고 있었던 것을 말해야 하는 위험을 감수해야 한다. 이런 작업은 옛 상처를 더 들추어낼 뿐이다. 가족이 흔히 겪는 다른 주요 경험처럼, 만일 사태가 개선되지 않는다면 그들의 관계는 더 나빠질 수도 있다.

물론 죽음만이 상실이라고 볼 수는 없다. 부부의 별거 혹은 이혼, 만성 질병, 직업을 잃는다거나 살 집을 잃은 것 또는 장애인이 되는 것도 상실이다. 자신의 꿈을 잃어버리거나 기대를 포기하는 것도 상실에 해당된다. 삶에서 일어나는 모든 변화도 상실이다. 우리는 다른 것을 얻기 위해 우리가 갖고 있던 관계나 계획, 가능성을 포기해야 한다. 그리고 모든 상실은 우리에게 애통함을 가져다준다. 왜냐하면 우리는 포기했다는 사실을 인정해야 하기 때문이다. 이런 경험은 우리를 변형시켜 필요한 것만 우리 자신의 일부가 되게 한다. 그리고 마침내 우리로 하여금 계속 앞으로 나아가게 한다.

애도하는 것은 건강하다는 것이다. 가족이 자신들의 상실을 적절히 다루지 않는다면, 그들은 남은 생을 잘 살아갈 수 없다. 대신 그런 감정은 마음의 심연 깊숙한 곳으로 숨어 버린다. 가족원은 한 가족원의 죽음에 대해 자신을 비난하거나 서로를 비난한다. 그들은 죽은 자를 대신하기 위해 다른 사람을 죽은 자의 틀에 맞춰 키우려고 한다. 혹은 다시는 아픔을 맛보지 않기 위해 더 이상 가까운 관계를 맺지 않으려고 한다. 죽음 자체가 중요한 것이 아니라 가족이 죽음에 대한 애도를 회피할 때 발생하는 일이 문제가 된다는 것이다. 가족은 가장 참기 힘든 상실의 아픔에도 적응할 수 있다. 그러나 문제가 되는 것은 그들이 상실을 인정할 수 없을 때와 곤경에 빠져 가족을 재구성할 수 없을 때이다.

1. 애도

우리의 문화가 죽음을 부정한다는 것은 우리가 어떻게 죽기를 원하고, 죽은 후에 우리가 어떻게 기억되기를 원하는가에 대한 이야기를 하고 싶지 않음을 의미한다. 많은 사람이 이런 극한의 죽음의 난관 속에서도 자신의 죽음에 대해 이야기하는 것을 회피하는 것이 살아 있는 가족에게 어떤 영향을 미치는지 알지 못한 채, 자신의 죽음을 전혀 이야기하려 하지 않는다. 죽음의 중요성을 무시한 채 어떻게 해서라도 가능한 한 모든 최첨단 의료기술과 장비를 동원하여 죽음을 지연시키려고만 한다. 그 사람은 차갑고 메마른 의료기구 속에서 삶의 마지막을 맞이하며 죽어 간다. 따라서 남은 가족은 개인이 겪을 지극히 고통스러운 경험을 서로 나눌 기회를 잃게 된다. 죽음의 상실 직후에 가족은 서로 떨어져 있게 되고, 그들은 붕괴와 고립으로 더 쉽게 상처를 받는 상황에 놓인다.

죽음을 잘 맞이하기 위한 중요한 첫 단계는 죽음에 관한 사실을 잘 알고 있는 것이다. 죽음에 대한 사실을 수용하지 않는다면 가족원은 각자 자기 나름대로 죽음에 관한 신화를 만든다.

상실의 경험을 서로 나누며 그 죽음을 자신의 삶의 맥락 속으로 받아들일 수 있는 방법을 찾는 것 역시 중요하다. 죽은 자가 영위해 왔던 삶과 죽음에 대해 서로 이야기하는 것은 경험을 공유하는 한 부분이다. 이와 같이 서로 이야기를 나눔으로써 각자의 삶은 재통합된다. 즉, 서로의 경험을 나누면서 자신이 가족의 일원이라는 일체감을 갖게 되고, 문화적으로나 인간적인 연대감을 증진시키고, 그들이 과거의 시간으로부터 현재를 직시하고 미래로 나아갈 수 있게 한다.

가족원은 상실을 직면할 때 그것을 뛰어넘을 수 있는 힘 그리고 삶을 추스르며 자신의 삶을 조율하기 위해서 서로의 마음의 문을 열고 가족관계에 대해 이야기하고, 더 많은 가족 정보, 즉 가족사, 가족문화, 자신의 가족에 대한 각 가족원의 다른 관점과 이야기 등을 알아야 한다. 많은 아프리카 문화에서는 각 가족원이 갖고 있던 죽은 자와의 관계와 죽은 자와의 갈등 등을 차례로 이야기하는 예식이 있다. 이런 예식 역시 죽은 자에게 안녕을 고하는 과정의 일부분일 수 있다. 나는 이런 의식을 제도화하는 것이 좋다고 생각한다. 이를 통해 우리의 친밀한 관계 속에 숨어 있는 복잡성—친밀감과 갈등이 함께 혼합되어 있는—을 정상화시킬 수 있기 때문이다. 이와 같이 죽은 자에 대한 이야기와 기억을 나누는 것은 살아 있는 가족의 삶을 죽음으로 인한 상실로 극단적이지 않고 상처의 충격을 완화시켜 주는 작용을 한다. 가족원이 진심으로 마음의 문을 열고 자유롭게 죽은 자에 대한 기억을 이야기하는 것은 죽은 자에 대한 기억을 떨쳐 보내는 것만큼 중요하다. 애도를 부정하고 풀어 내지 않는다면, 가족은 자신들의 애도에서 나오는 여러 가지 경험을 이해할 수 있는 방법을 잃게 된다. 만약 사건에 대한 언급이 전혀 없거나, 이런 사건에 연루되어 있는 가족의 주요 관계망이 확대되어 포함되지 않는다면, 다음 세대에서 상실이 일어났을 때 그 상실을 어떻게 통합하고 다룰 것인가에 대한 모델도, 지침도 얻지 못하게 된다. 가족이 함께 이야기를 나누는 것은 상실을 통합하고 앞으로 나아가는 데 매우 중요한 촉진제 역할을 한다.[2)]

2) Joan Lakrd, "Women and Stories: Restorying Women's Self-construction," Women *in Families*, ed., Monica McGdildrick, Carol Anderson, and Froma Walsh (New York: W. W. Norton, 1989).

이런 과정은 복잡하고 고통스러운 재시도이지만, 이런 과정을 통해 가족은 죽은 자 없이 그들의 가족체계를 재구조화하는 방법을 찾아야 한다. 독자(녀)가 죽었을 때 보호자의 역할 변화, 지도자 기능, 사회적 연락망 변화, 가족의 관심 변화가 일어나고, 조부모를 상실했을 때 세대 간 위계구조의 정서적 재구조화가 일어난다.

마지막으로, 상실을 극복하는 것은 다른 사람과의 관계를 재정립하고 자신의 삶의 목표를 추구해 나가는 데 스스로의 에너지를 투자하는 것이다.

대부분의 장례식은 과거세대와 연결된 전통을 통합시킴으로써 상실의 고통을 경험하게 하는 동시에 가족원에게 소속감을 준다. 장례식은 의식 이외에 특별한 시간을 제공한다. 즉, 장례를 치르는 시간은 죽음이 가져온 감당할 수 없는 여러 감정을 경험하는 기간이기도 하지만 자신의 감정을 표현할 수 있는 기간이기도 하다. 가족생애주기에서 발생하는 전이와 마찬가지로 장례식에 참여함으로써 우리는 우리 가족에 대해 많은 것을 알게 된다. 죽은 자에 대하여 이런저런 이야기가 오고 가는 것을 보고 들음으로써 가족사가 어떻게 전개되어 왔는지를 알 수 있다. 먼 곳이나 가까운 곳에서 온 가족원들과 함께하는 동안, 당신 가족일화를 잘 알고 있는 자가 누구인지 알게 되고, 이런 장례 과정이 없었더라면 수면으로 떠오르지 못했을 가족 관계에 대해서도 알 수 있다. 서양인 고용주 아래서 일하던 중국 직원이 고용주에게 사촌의 장례식에 참석하게 해 달라고 요청했다. 고용주는 이를 허락해 주면서 교만하게 "요즈음도 중국인은 옛 중국의 전통적인 장례식에 따라 죽은 자의 무덤에 밥 한 공기를 떠놓고 있느냐."라고 물었다. 그 하인은 "물론이죠."라고 대답했다. 고용주는 웃으면서 죽은 사촌이 그 밥을 먹느냐고 물었다. 직원은 대답했다. "오! 저런, 지난 주 사장님의 사촌 아주머니가 돌아가셨을 때 그녀의 무덤에 두고 온 꽃 향기를 그 아주머니가 맡으셨을까요?"[3)]

애도하는 방식, 장례식 그리고 애도과정을 '끝내는 게' 적당하다고 생각되는 시

3) H. S. Schiff, *The Bereaved Parent* (New York: Penguin, 1970).

간 등은 문화마다 크게 다르다. 이탈리아나 그리스와 같이 지중해에 위치해 있는 몇몇 나라에서는 전통적으로 남편과 사별한 미망인이 여생을 검은 상복을 입고 살기도 한다. 이탈리아의 경우 관을 묘지 안으로 하관했을 때, 가족원이 묘지 안으로 뛰어드는 것을 종종 볼 수 있다. 인도에서는 21세기인 지금도 내생을 위한 제물(sacrifices)로 남편이 죽은 후 자신의 몸을 남편이 화장되는 장작더미에 던지기도 한다.

그러나 정반대로, 몇몇 영국계 미국인은 애도기간 중 '엄숙해야 한다.'고 여긴다. 이런 문화의 집단은 장례식을 좀 더 실용적으로 치르기도 한다. 이런 사람은 임종을 병원에서 맞으려는 경향이 있는데, 그 이유는 가족이 병원에서 장례식을 치르는 것이 편리하고 병원 안에서는 자신들의 감정을 절제할 수 있기 때문이다. 그러나 또 다른 소수민족은 가족이 정서적으로나 물리적으로 통제하기 힘든 죽음에 지나치게 슬퍼한다.

미국 문화는 장례식과 애도의 표현을 최소화하려는 쪽으로 빠르게 변하고 있다. 법과 관습 그리고 공중보건과 노동규례에 따라 장례 과정은 상당한 사회적 규제를 받는다. 장례식은 장례 산업에 의해 주도되고 상품화되고 있다. 직장에서는 죽은 자에 대한 애도기간으로 보통 1~3일 정도 직장을 쉴 수 있게 제도화해 놓음으로써 가족이 자신의 전통에 따라 장례식을 치르고 애도하는 방법을 심하게 제재한다. 이와 같이 죽음과 관련된 예식을 이행할 수 없게 됨으로써 가족은 미해결된 상실감을 겪게 되고, 그 결과 개인의 건강이나 가족 관계에 위험을 초래한다.

정상적인 갑작스러운 슬픔을 경험할 때 가족원은 매우 다양한 반응을 보인다. 무감각, 피로함, 나약함, 소화기 장애, 식욕부진, 현실감각 상실, 대인기피, 죽은 자에 대한 과도한 집착, 짜증, 분노, 죄책감, 안절부절못함, 목표좌절, 이미 죽은 자를 계속하여 찾음, 일상생활의 부적응 등이다. 이런 모든 증상은 정상적인 것이다. 우리가 주시해야 할 것은 이런 증상이 일어나지 않을 때나 혹은 이런 증상이 계속될 때이다. 그러나 제4장에서 살펴보았듯이, 이런 증상은 아무런 이유 없는 진공상태에서 일어나는 것이 아니다. 가족 관계가 증상에 영향을 주고, 또한 이런 증상이 가족 관계에 영향을 미친다. 우리는 다른 가족원의 증상에 민감하게 반응하기 쉽고 상실로 인한 스트레스 때문에 더욱 예민하게 반응하기 쉽다.

어떤 사람은 죽은 자를 떠오르게 만드는 사람과의 접촉을 피하기도 한다. 특히 남자는 슬픔으로 인해 '와해'되지 않으려고 더 많이 긴장하고 경직된다. 만약 기억과 감정이 마지막까지도 표출되지 않는다면 고통의 강도는 더 가중된다. 예를 들어, 케네디 가족이 장손 조(Joe)를 잃었을 때, 조지프 케네디는 장례식의 모든 행사를 집행했고, 아내 로즈를 보호하기 위해 가족을 철저히 단속했다. 아내 로즈는 몇 년이 흐른 후 그는 전쟁터에서 보낸 아들의 마지막 편지를 받고서 무너져 버렸다. 그 편지를 받기 전까지 남편은 마음속에서 아들의 죽음을 인정하지 않고 있었다고 말했다. 이후 부부의 역할이 바뀌었다. 로즈가 슬픔에서 회복되자, 조는 심한 우울증을 경험했다. 그녀의 종교적 믿음이 그녀가 일상생활을 할 수 있도록 힘이 되어 주었지만, 남편의 신앙은 그를 위로하기에는 충분하지 않았다. 몇 달 동안 그는 신문과 라디오를 접하지 않고, 가족이나 친구와도 얘기하지 않으며 자신을 외부세계와 단절시켰다.

죽음 후에 나타나는 정서적이고 신체적인 역경은 지금까지도 '여자의 몫'으로 간주되고 있다. 전형적으로 여자는 상실 후 사회적 침체경험을 겪어 왔다. 그것이 슬픔을 표현하는 것이고, 남아 있는 가족원의 지지와 보호를 받으면서 죽은 자를 끝까지 보살피는 일이다. 남자는 장례를 준비하고 관을 고르며 비용을 내는 등 음식을 제공하는 일을 빼놓고는 거의 모든 '행정적인 일'을 주관한다. 여자는 드러내 놓고 울 수 있지만, 남자는 한걸음 뒤로 물러나서 슬픔을 부정하거나 억압하고 자제력을 잃을까 봐 두려워한다. 남자의 이런 반응은 다른 사람을 불편하게 한다. 일반적으로 남자는 아내가 드러내 놓고 애도하는 것에 일정 거리를 두고 소극적으로 자신의 슬픔을 표현하기 때문에, 아내는 죽은 자에 대한 슬픔과 남편의 거리감으로 인하여 이중 상실감을 경험한다. 이와 같이 남녀의 상이한 애도 표현은 하나의 사회규범이 되었고, 자신의 상실감을 함께 나눌 가족이 없기 때문에 고립감은 더 커지고, 치료자원 중 가장 중요한 요소인 '경험의 공유'를 하지 못하게 방해해 왔다. 세 자녀 중에서 한 자녀를 잃은 고통을 체험한 여자는 "내 가족 전체가 흘려야 하는 눈물이 내 눈을 통해서 흘러나왔다."라고 자신의 경험을 말했다. 함께 슬픔을 나누어야 할 가족원이 그렇게 하지 못하고 홀로 애도의 과정을 겪는다면 그 고통은 더욱 심해진다.

영화 '철목련(Steel Magnolias)'은 우리 사회의 남녀가 죽음에 대처하는 방식이 어떻게 다른지를 전형적으로 보여 준다. 딸을 잃은 어머니가 장례식장에서 남자 애도객이 모두 떠난 후 자신의 친구에게 읊조린다. "그들은 기계가 돌아가는 것을 꺼 버렸어. 드럼(Drum, 아버지)은 떠났고, 그는 손녀의 죽음을 받아들일 수 없었지. 잭슨(Jakson, 남편)도 떠났어. 우습지……. 남자는 꼭 기계 같아. 나는 그냥 그 자리에 앉아 그저 쉘비(Shelby, 딸)의 손을 붙잡았어. 아무런 말도, 숨소리도 느껴지지 않았어. 그냥 평온했어. 그 순간 내가 여자라는 게 얼마나 다행스러운지. 나는 딸아이가 태어날 때 거기에 있었고, 딸아이가 내 곁을 떠나가려고 할 때도 난 거기에 있었어. 그건 내 생애 가장 소중한 순간이었어." 이처럼 죽음과 관련해 일어나는 일을 강조해서 말하는 것은 생활주기의 맥락에서 보는 당사자인 어머니와 다른 사람이 죽음을 어떻게 이해하는지 알 수 있다.

딸의 죽음이 자신의 존재의 일부분이 될 특권을 가진 어머니의 깨달음은 자신이 괴로워한 만큼 삶에 소중한 의미를 부여해 준다. 우리 문화에서 남자는 살아가면서 겪게 되는 많은 이별을 다른 사람과 나누는 것을 박탈당하고 있다. 남자의 나약함과 의존 욕구를 부정하고 남자의 감정표현을 제재하는 사회적 관습은 가족원이 죽은 후 부부의 고통에 한몫하게 하고, 자신의 배우자가 죽은 후 남자가 심한 질병에 걸리거나 자살하는 비율을 높인다.

상실에 대처하는 남녀의 대처전략 차이는 부부의 긴장도를 증가시키는데, 이는 사이가 좋았던 부부까지도 위협한다.[4] 만일 우리 문화가 가족 안에서 일어나는 슬픔뿐만 아니라 가족의 삶 속에서 발생하는 모든 인간의 경험을 최대한 공유하게 한다면, 우리 모두의 삶은 분명 달라질 것이다.

4) L. Videcka-Sherman, "Coping with the Death of a Child: A Study over Time," *American Journal of Orthopsychiatry*, Vol. 52 (1982).

2. 상실에 대한 가족의 반응

만약 여러분 가족을 이해하고 싶다면, 가족원이 상실을 어떻게 다루고, 상실이 가족 관계에 어떤 영향을 미쳤는지를 검토해 보는 과정이 필요하다.

상황별로 죽음의 충격은 다르다. 죽기에는 너무 어린 경우, 특히 어린아이의 죽음은 가족원에게 가장 처참하고 이해할 수 없는 경험이 된다. 그것은 부모의 건강과 결혼생활에 심각한 영향을 주고 형제자매에게 평생 지울 수 없는 상처를 준다. 왜냐하면 죽은 어린아이에게는 지나치게 집착하게 되고, 또 살아 있는 아이에게는 죄책감을 갖게 하기 때문이다. 죽은 아이는 완벽하고 부모의 꿈과 희망을 모두 이루어 줄 수 있었던 아이로 각인되며 매우 이상적인 이미지로 만들어지기 때문에, 남아 있는 다른 형제자매는 그 기준에 맞추어 살기 힘들다. 부모의 죽음은 가장 견뎌 내기 힘든 큰 상실이다. 사람들은 부모가 사망했을 때 우리는 과거를 잃어버린 것이고, 자녀가 죽었을 때 우리는 미래를 잃은 것이라고 말한다. 조 케네디(Joe Kennedy)는 장남 조 주니어(Joe, Jr.)의 죽음을 다음과 같이 말했다. "이젠, 모든 것이 끝났다. 내 자신의 미래에 대한 계획은 내 어린 아들 조를 위한 것이었다. 모두 산산조각이 나 버렸다……. 젊은 사람이 늙은 사람을 땅에 묻을 때는 시간이 그 고통과 슬픔을 치유해 준다. 그러나 그 반대일 때는 슬픔이 영원히 지속된다."[5)]

나이에 상관없이 자녀의 죽음은 잔혹해 보인다. 그러나 '생애 중 가장 중요한' 시기에 발생한 죽음은 매우 다른 역경을 가져오고, 보호자이며 경제적 지원을 하던 자의 죽음으로 인한 기능의 상실은 회복되기 어렵다. 배우자에게는 협조자이자 동료의 상실이 일어날 수 있고, 자녀에게는 생계를 유지해 주던 부모의 상실이 일어날 수도 있다. 또 형제자매와 친구에게는 같이 살아갈 것으로 기대되던 동년배의 상실이 일어날 수 있고, 나이가 연로한 부모에게는 고인의 '사망시기'가 갑

5) Kearns Goodwin, op. cit.

자기 비틀리는 상실이 일어날 수 있다.

모든 죽음이 동일하게 깊은 상처가 되는 것은 아니다. '어떤 방법으로 죽음을 맞이했는가.'도 가족의 반응에 영향을 준다. 우리가 최대한 준비된 상태에서 좋은 삶의 결실을 맺고 오랫동안 산 사람의 죽음과, 최소한의 고통과 비난할 문젯거리나 얽힌 문제가 없이 유명을 달리한 사람의 죽음은 가족이 받아들이기 '쉽다.'

갑작스러운 죽음은 가족에게 안녕을 고하거나 준비할 기회를 거의 주지 않는다. 그것은 마치 죽은 사람이 체계에서 갑자기 떨어져 나간 것처럼 여겨진다. 살인이나 자살 혹은 사고 등으로 다른 사람이 책임을 느끼는 경우에는 가족에게 깊은 상처가 남는다. 그것이 더 갑작스럽고 충격적이거나 불명예스러운 상실일 경우, 그 충격은 더 깊은 상처를 준다. 그런 죽음은 대대로 살아 있는 사람에게 치욕을 물려주고 죄책감, 비난 그리고 고통을 남겨 준다. 특히 자살은 더 파국적이다. 자살과 관련된 죽음에 관한 사실은 종종 비밀에 부쳐진다. 삶을 의도적으로 끝맺었을 때 남은 가족은 혼란스럽고 더 고립된다.[6]

또 다른 극단적인 경우에 이와 같은 자살은 가족 스스로를 돌보는 자원을 모두 소진시키고 가족에게 막연한 불확실감만을 야기시킨다. 이런 경우에 가족은 그 사람이 죽었다는 사실을 확실히 하길 바라면서 자살에 대한 짐에서 자유로워지고 싶어 할 뿐만 아니라, 고통과 번민에서 벗어나길 원한다. 돌보는 자에게 떠맡겨진 긴장은 그들이 다른 모든 사람과의 관계에 쏟아야 할 에너지를 빼앗아 갈 뿐만 아니라 죄책감과 모호함의 감정에 사로잡혀 지내게 한다.

큰 상실 중에서도 가장 힘겨운 것은 가족원이 아무도 모르게 사라져 버리는 것이다. 그 사람이 어디엔가 살아 있다는 희망이 있을 때, 가족 내에서 그에 대한 심

6) Edward J. Dunne, John L. McIntosh and Karen Dunne-Maxim, eds, "Suicide and Its Aftermath" (New York: W. W. Norton, 19487); Iris Bolton, "My Son... My Son...: A Guide to Healing after Death, Loss, or Suicide" (Atlanta: Bolton Press, 1983); Steve Gutstein, "Adolescent Suicide: The Loss of Reconciliation," *Living beyond Loss*, ed. Froma Walsh and Monica McGoldrick (New York: W. W. Norton, 1991).

리적 기제는 수년간 지속된다. 사라져 버린 사람의 생존과 돌아올 것이라는 기대가 교차한다. 유사한 상황, 즉 치매나 다른 파국적이고 생존하기 어려운 병에 걸리거나 뇌손상을 당한 경우에는 삶을 끝낼 때까지 그들의 육체는 가족과 함께 있지만, 심리적으로는 함께하지 못하는 상황이 벌어진다.[7] 이와 같은 모호한 상실은 애도하며 삶을 통합하기 어렵다. 죽음이 일어난 상황은 죽음을 맞았을 때 가족관계 상황 그리고 또 가족이 가지고 있는 다른 스트레스 상황과 겹쳐져서 죽음에 대한 가족의 반응에 또 다른 영향을 미친다. 가족이 죽었을 때, 가족원 간에 갈등이 있었거나 소원했었다면, 가족은 더 이상 나아질 수 없는 상황에 봉착하게 된다. 역사적 상황도 중요하다. 예를 들면, 1968년에 발생한 로버트 케네디(Robert Kennedy)의 죽음은 나라 전체(특히 젊은 세대에서)를 대공황과 해체 위기의 상황에 처하게 했다. 이때 젊은 사람들은 마약과 무분별한 행동을 일삼았었다. 로버트 케네디의 자녀는 그 당시 사춘기였기 때문에, 아버지 로버트 케네디의 죽음보다 이런 마약과 돌발행동에 노출되기가 더 쉬웠다.

둘 이상의 중요한 사건이 동시에 일어날 때, 외상은 더욱더 심각해진다. 예를 들어, 제4장에서 보았듯이 딸 앨리스 루스벨트 롱워스(Alice Roosevelt Longworth)의 탄생과 같은 날 죽음을 맞이한 루스벨트의 아내와 어머니 그리고 41년 후에 태어난 앨리스의 딸, 폴리나가 바로 앨리스 루스벨트와 같은 날에 태어났다는 것은 그 탄생과 죽음의 의미를 극화시키고 혼란에 빠뜨릴 수 있다.

이와 같이 출생과 사망이 같은 날 동시에 우연적으로 일어난 것에는 어떤 신비한 연관성이 있는 것처럼 보인다. 토머스 제퍼슨(Thomas Jefferson)과 존 애덤스(John Adams)가 미국 제50주년 독립기념일인 1826년 7월 4일에 죽었다는 사실도 그렇고, 존 케네디가 죽은 날이 바로 그의 증조부가 죽은 날과 일치한다는 사실도 그렇다. 또한 인류학자 그레고리 베이트슨(Gregory Bateson)의 둘째 형이 자살한 날이 바로 제1차 세계대전에서 영웅으로 전사한 큰형의 사망일과 일치한다는 것

7) Pauline Boss, "Amviguous Loss," *Living beyond Loss*, loc. cit.

도 신비롭다. 이와 같은 신비한 우연의 일치는 죽음의 의미를 극화시킬 수 있고, 이런 결과로 가족은 삶과 죽음이 일치하는 기념일을 두려워하게 된다. 우연의 일치라고 하기에는 조금 신비스러운 이런 사건이 혹시나 자신도 형제나 부모가 사망한 그날에 죽지 않을까 하는 두려움에 떨게 만든다. 만약 크리스마스 기간이나 가족 기념일에 누군가 죽게 되면, 그들은 매년 다가오는 그날을 왜곡하고 꺼릴 것이다.

죽은 자가 수행하던 역할과 기능 그리고 죽은 자를 대신해서 수행해야 할 가족 내의 자원을 가족 내의 다른 가족원이 채워 주지 못할 때, 죽은 자에 대한 상실감을 이겨 내고 통합시킬 가족의 능력은 위태로워진다. 가족 내에서 희생양 역할을 해 왔던 자에 대해서는 애도하기가 힘들다. 음주운전 충돌사고로 죽은 알코올중독자 아버지를 애도하기는 어렵다. 그 이유는 알코올중독자인 아버지와 살면서 겪었던 힘들었던 부분과 아버지의 죽음에 대한 슬픔과 죄책감이 교차하기 때문이며, 이 사건이 가족유산으로 전해지기 때문이다. 이와는 반대로 가족 내에서 중심적인 역할을 해 왔던 고인이 된 영웅—최고의 어머니나 성공한 아들—도 애도하기가 힘들다. 그들의 죽음은 신격화되어 있어 떠나보내기가 힘들기 때문이다.

부모나 가족의 중요한 보호자 역할을 해 왔던 사람의 죽음은 살아남은 가족이 극복하기에는 가장 힘겨운 과제이다. 비중 있는 보호자 역할을 해 왔던 사람의 역할을 누군가가 대신 이어받아야만 한다. 한부모가 된 사람에게는 경제적 책임을 떠맡기 위해 직장에 나갔을 때, 대신 자녀를 돌봐 줄 누군가가 필요하다. 죽은 사람이 담당해 왔던 정서적 돌봄을 누군가가 대신해 주어야 하는 것도 어려운 문제이다. 종종 삼촌이나 아주머니 혹은 조부모가 그 역할을 담당할 수도 있다. 이런 실질적이고도 정서적인 자원 없이 상실을 극복하는 것은 훨씬 더 복잡하다.

예를 들어, 로버트 케네디의 죽음은 그의 형 존의 죽음보다도 케네디 가족에게 더 심각한 보호자 부재를 가져왔다. 존이 죽은 후에 로버트가 그의 부모와 형제 그리고 형수와 형의 자녀들을 돌보는 역할을 해 왔다. 그는 형이 죽음으로써 자신이 자립적으로 성공할 수 있었다는 자부심을 털어놓기까지 했었다. "마침내 나는 형의 그늘에서 벗어났다. 적어도 이제는 나 자신이 홀로 설 수 있게 되었고, 내가 무엇인가를 할 수 있다는 것을 느꼈다. 이제까지 모든 것을 이끌어 간 사람은 바로 형 잭(Jack)이었다."[8)]

그러나 로버트가 5년 뒤 죽음을 맞았을 때 에텔(Ethel)은 그들의 열한 번째 아이를 임신하고 있었고, 그 이후로는 그의 자녀들과 그의 누이 팻의 자녀들[존이 총격으로 죽었을 때, 누이 팻은 남편 피터 로퍼드(Peter Lawford)와 별거 상태에 있었다.] 그리고 보호가 필요한 그의 나머지 가족을 보살핀 사람이 없었다. 테드 케네디(Ted Kennedy)는 항상 '응석받이 막냇동생'으로만 남아 있었다. 점차 테드가 전 가족의 보호자 역할을 수행하게 되었지만, 그는 아직 전 가족을 이끌 보호자로서는 준비되어 있지 않았다. 테드는 자신이 보호자로서의 역할이 얼마나 형편없는지를 잘 알고 있었다. 그는 그의 보좌관에게 다음과 같이 말했다. "나는 그만둘 수가 없어. 그렇게 되면 에텔도 포기할 것이고, 어머니도 포기할 것이고, 나의 누이도 그렇게 할 거야." 그의 역할은 위태로워졌고 마침내 그는 더 이상 가족의 보호자가 될 수 없게 되었다. 나중에 그의 조카는 말했다. "우리는 그에게 너무나도 큰 비참함을 느꼈다. 아니, 그것은 부당했다. 작은아버지가 가족을 부양할 자격이 안 된다는 것을 빼고는 다른 실질적인 이유는 없다. 사실 그는 가족을 부양하려고도 하지 않았다." 그 이후로 케네디가의 다음 세대는 수년간 혼란과 문제 속에 휘말렸다.

만약 가족원이 다른 가족원의 죽음에 대해 가족이나 외부인과 얘기하지 않는다면, 그리고 가족신화, 비밀, 금기가 죽음을 둘러싸게 된다면, 그들은 앞으로 있을 상실에 너무도 쉽게 상처받고 동요될 것이다. 가족이 죽음에 관해 (그 상황이 어떻든지 간에) 공개적으로 서로 의사소통할 때, 그리고 그들에게 의미가 되는 여러 예식(장례식 그리고 묘지 참배 등)에 참여한다면, 죽음의 상실은 잘 다뤄질 것이다. 어리다거나 혹은 '상처받기 쉬운 사람'이라고 해서 같은 가족원의 죽음을 경험하지 못하도록 막는 것은 애도를 더욱 어렵게 만든다.

8) Peter Collier and David Horowitz, *The Kennedys* (New York: Summit Books, 1984). The following quotes are from the same source.

3. 헵번 가족

헵번 가족(가계도 5-1)은 가장 치욕적인 많은 죽음, 자살 그리고 그들의 가족기능마저 저해할 수 있는 비극적인 사건을 그들 고유의 방법으로 반응한 사례다. 헵번 가족은 미국의 뉴잉글랜드주와 버지니아주에 뿌리를 둔 전통적인 미국 가문이다. 그녀의 가족은 코닝 유리공장과 휴턴 미핀 출판사를 설립했다. 그 가족은 뉴잉글랜드주에서 가장 성공하고, 또한 독립적인 사고를 하는 가족 중 하나였다.

캐서린 헵번(Katharine Hepburn)이 14세가 되어 갈 무렵 그의 오빠인 톰(Tom)은 부활절 방학이 되자 가족의 친구 집에 여동생 케이트(Kate: 캐서린의 애칭)와 함께 놀러 가서 그곳에서 목매어 자살했다. 그의 주검을 발견한 사람은 바로 톰의 여동생인 케이트였다. 그녀는 오빠가 목매단 줄을 느슨하게 하기 위해서 오빠의 몸을 붙잡고 위로 들어 올리려 했으나, 그녀의 오빠는 이미 죽어 있었다. 그날 아침 저명한 비뇨기과 의사인 그의 아버지, 톰 헵번 박사는 기자들과 다음과 같은 인터뷰를 했다. "내 아들은 신체적으로나 정신적으로 건강한 편이다. 아들이 자신의 목숨을 끊은 것을 의학적 관점에서 설명해 본다면, 아마도 내 아들은 갑작스럽게 찾아온 사춘기 방황으로 몹시 괴로워했던 것 같다."[9]

케이트는 강박적으로 오빠의 자살을 파헤치려고 매달렸고, 얼마 후에 그녀의 아버지에게 사건이 일어나기 전 오빠가 자신에게 들려준 한 흑인의 이야기를 말했다. 괴한의 폭력에서 생명을 지키기 위해 한 흑인이 자신의 목 근육을 죄어 놓았다는 이야기였다. 그녀는 오빠가 그 이야기에 자극을 받아 자신의 목 근육을 며칠간 죄어 놓는 연습을 했다고 생각했다. 케이트가 이런 이야기를 부모와 나눈 후 헵번 박사는 기자들에게 새로운 사실을 발표했다. 그것은 아들의 죽음은 철없는 소년의 호기심 때문이었다는 것이다. "내가 까마득히 잊고 있었던 일이지만, 아들

9) Christopher anderson, *Young Kate* (New York: Henry Holt, 1988).

은 흑인의 이야기를 듣고 사촌 형제자매를 놀려 주기 위해 목매는 장난을 치다가 사고로 죽고 말았다." 비록 톰이 새벽 4시에 자살했기 때문에 가족의 믿기 어려운 죽음을 목격하지 않았을지라도, 헵번 박사는 그의 아들이 그날 밤 그런 연기를 보여 주기 위해 '연습을 하다가' 사고로 죽었다는 말을 계속했다. 캐서린이 70년 후에 쓴 자서전에서, 그녀는 오빠가 "의혹스러운 상황에서 죽었고, 자신은 아직도 오빠의 자살을 이해하기 힘들다."라고 서술한다. 그녀는 그녀의 부모가 고통에 시달린 것은 틀림없었으나, 아버지나 어머니 모두 그날 이후 가족 내에서 그녀와 함께 톰의 죽음에 대해서는 전혀 언급을 하지 않았다고 말한다. 헵번은 분명 그 죽음이 자신을 세상과 격리시켜 놓은 것 같다고 말한다.[10)]

톰의 죽음은 그의 가족을 움츠러들게 만들었다. 죽기에는 어린 15세의 어린 나이에 자살했나는 것은 가족 모두에게 아주 큰 고통이었음에 틀림없다. 가족 내에서 톰이 맡은 역할은 특별했고 상처받기 쉬운 역할을 감당해야 했다. 그는 가족의 위대한 희망이었다. 아버지는 자기가 걸어온 길을 따라서 아들에게 그해 가을 예일 대학교 의과대학에 들어가도록 강요했다. 그러나 톰은 의대에 들어가는 것을 주저했다. 어렸을 때부터 그는 약간의 혼돈과 우울증과 같은 여러 가지 신체적, 정서적 문제를 앓아 왔다.

그의 부모는 그를 보호하기 위하여 캐서린과 함께 학교를 자퇴시키고 캐서린이 오빠 톰의 친구역할을 하게 했다. 캐서린은 오빠보다 나이가 어렸지만 오빠를 보살피는 보호자 역할을 한 것이다.

헵번이 언급하지는 않았지만, 톰의 자살이 그녀의 가족에게는 네 번째 자살이었다. 캐서린의 큰아버지가 6년 전에 자살했다. 그녀의 증조부가 자살한 지 5년 후에 캐서린의 외할아버지는 캐서린의 어머니가 14세였을 때 자살했다. 다섯 번째는 캐서린의 둘째 큰아버지 슈얼(Sewell)이었다. 그는 톰의 장례를 치르기도 전인 톰이 죽은 지 3일 뒤 1921년 4월 5일에 자살했다. 이런 계속된 죽음을 우연이

10) Katharine Hepburn, *Me* (New York: Alfred A. Knopf, 1991).

라고 보기는 어렵다. 한밤중에 차고에서 가스 중독으로 자살한 슈얼은 "운전도중 심장마비로 사망했다."라고 알려져 있다. 톰의 '어리석은 행동'처럼 슈얼의 자살도 한밤중에 이루어졌다.

또 다른 기괴한 사실은 마침내 몇 년 전 자서전에서 그녀가 고백했을 때 알게 된 것이지만, 톰이 죽은 후 캐서린은 톰의 사망일을 여러 해 동안 그녀의 생일로 기념했다. 분명히 부모가 그렇게 했을 것이다. 톰의 자살 이후 캐서린과 그녀의 형제자매는 그녀가 브린 모어(Bryn Mawr)로 떠날 때까지 집에서 개인교습을 받았다. 가족은 그들의 고통을 그들 안에서 삭히려고 했다. 실제로 가족과 캐서린의 이모 에디스(Edith) 간에는 단절이 있었다. 두 자매 키트(Kit)와 에디스(Edith)는 어린 시절 굉장히 절친했다. 이런 유대는 어머니가 돌아가신 후 키트가 에디스의 '엄마' 역할을 하게 되면서 극에 달했다.

키트와 에디스 둘은 모두 의과대학에 다녔던 남자와 결혼했고, 가족은 몇 년 동안 함께 여름휴가를 보냈다. 그러나 에디스는 그녀의 형부가 자녀들에게 체벌하는 것을 심하게 반대했고, 여기 네 번째 자살한 바로 그 언니의 아들을 지나치게 보호하려고 했다.

키트와 에디스의 아버지 프레드(Fred)는 키트가 14세였을 때 총으로 머리를 쏴 자살했다. 따라서 키트와 그녀의 딸 케이트는 거의 같은 나이에 가족원의 자살을 경험했다. 외할아버지는 큰형 애모리(Amory)가 사업을 물려받은 것을 참을 수 없었다. 키트의 어머니 캐리(Carrie)와 프레드의 넷째 딸은 세 딸을 남겨 두고 2년 후에 넷째 딸을 출생하다 사망한 첫 부인과 자신의 어린 딸을 잃은 이모에게서 자랐다. 캐리가 죽기 전에 그녀는 자신의 딸들이 무기력하지도 의존적이지도 않을 것이라고 확신하면서 브린 모어에 입학하도록 해 놓았다.

부모를 모두 잃어 고아가 된 키트와 그녀의 여동생들은 큰아버지 애모리의 보호 아래서 자라났으나, 그는 특히 키트를 싫어했고 여동생들의 교육을 감당하는 것도 거절했다. 키트는 투사가 되어, 자신이 유산을 관리할 권리가 있음을 인정받기 위해 큰아버지를 고소했다. 그녀는 변호사를 선임했고 재판에 승리했다. 16세에 그녀는 여동생들과 브린 모어로 이사한 후 대학에 진학했다. 그 뒤 그녀는 여

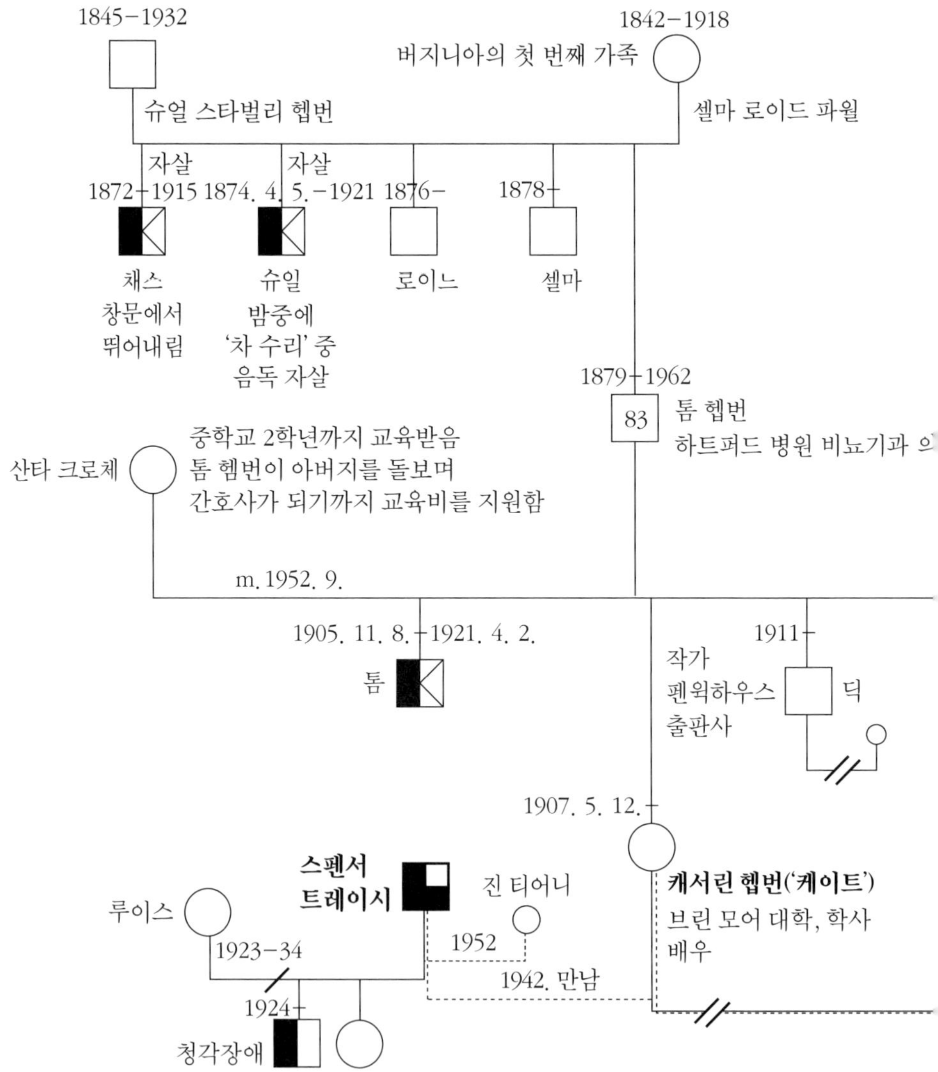
1845−1932
슈얼 스타벌리 헵번
1842−1918
버지니아의 첫 번째 가족
셀마 로이드 파월
자살
1872−1915
채스
창문에서
뛰어내림
자살
1874. 4. 5.−1921
슈일
밤중에
'차 수리' 중
음독 자살
1876−
로이느
1878−
셀마
1879−1962
83
톰 헵번
하트퍼드 병원 비뇨기과 의
산타 크로체
중학교 2학년까지 교육받음
톰 헵번이 아버지를 돌보며
간호사가 되기까지 교육비를 지원함
m. 1952. 9.
1905. 11. 8.−1921. 4. 2.
톰
1911−
작가
펜윅하우스
출판사
딕
1907. 5. 12.−
캐서린 헵번('케이트')
브린 모어 대학, 학사
배우
스펜서
트레이시
진 티어니
1952
1942. 만남
루이스
1923−34
1924−
청각장애

〈가계도 5−1〉 헵번 가족

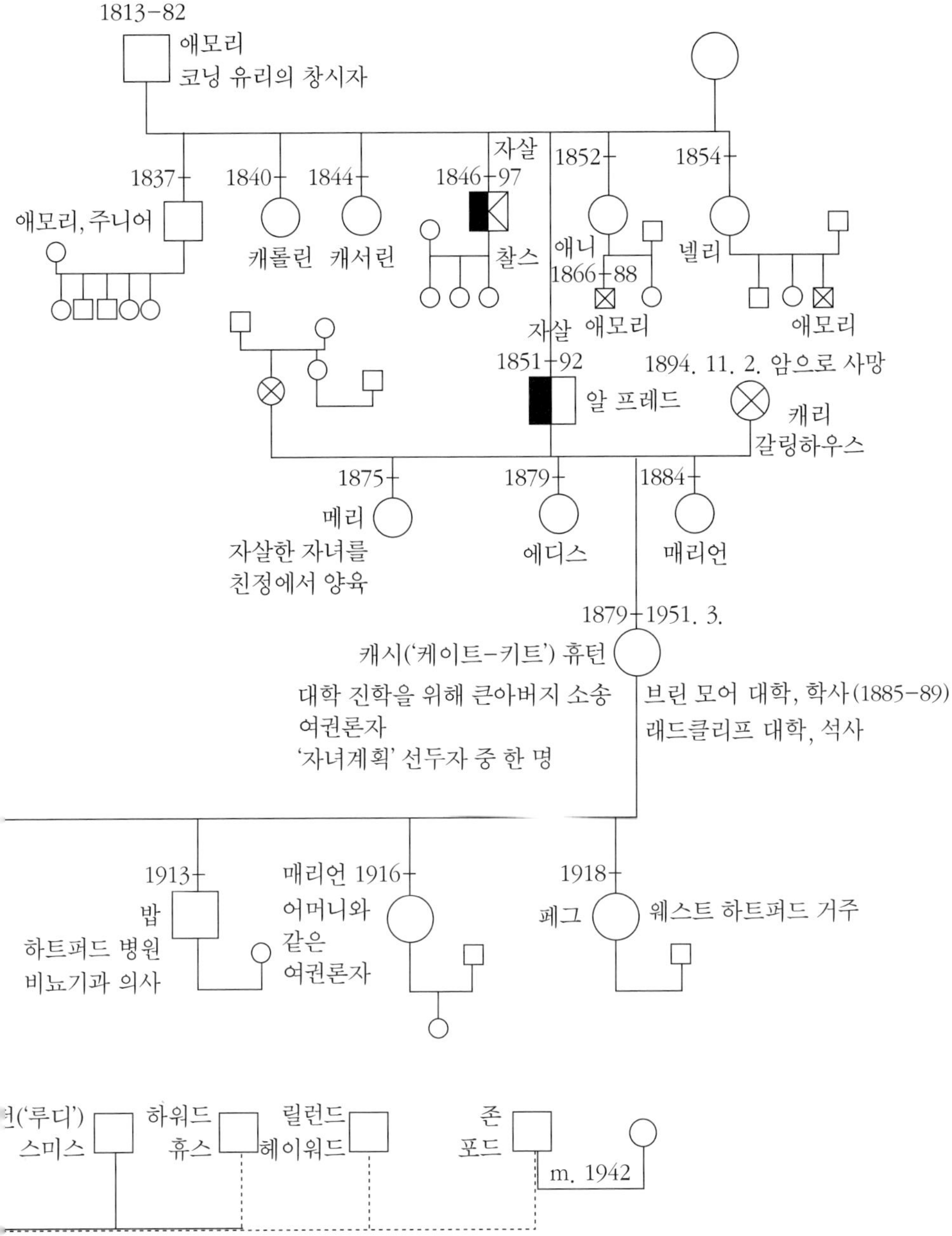
1813–82
애모리
코닝 유리의 창시자
1837
애모리, 주니어
1840
캐롤린
1844
캐서린
자살
1846–97
찰스
1852
애니
1866–88
애모리
1854
넬리
애모리
자살
1851–92
알 프레드
1894. 11. 2. 암으로 사망
캐리
갈링하우스
1875
메리
자살한 자녀를
친정에서 양육
1879
에디스
1884
매리언
1879–1951. 3.
캐시('케이트–키트') 휴턴
대학 진학을 위해 큰아버지 소송
여권론자
'자녀계획' 선두자 중 한 명
브린 모어 대학, 학사(1885–89)
래드클리프 대학, 석사
1913
밥
하트퍼드 병원
비뇨기과 의사
매리언 1916
어머니와
같은
여권론자
1918
페그
웨스트 하트퍼드 거주
('루디')
스미스
하워드
휴스
릴런드
헤이워드
존
포드
m. 1942

성참정권운동의 지도자이자 자녀계획의 선두자 중 한 명이 되었다. 키트가 톰 헵번(Tom Hepburn)과 결혼했을 때, 그녀에게 보낸 편지에서 키트에 대한 큰아버지의 적대감이 그대로 드러나고 있다. "캐서린에게 …… 나는 네가 무모하고, 남을 속이고, 부도덕하고 쓸모없는 아이라고 늘 생각한다. 너는 많은 유산을 낭비하고 부채를 갚지도 못할 것이다. 네가 톰에게 전해 주렴. 나는 그가 더 나빠질 것이 없다고 생각한다고……. 역겹지만 너의 사랑하는 큰아버지 애모리 휴턴 주니어가."

캐서린은 아버지가 좋아하던 격언을 자주 인용하곤 한다. "진리가 너희를 자유롭게 할지리다." 예컨대, 캐서린이 그녀의 어린 동생의 출산을 지켜보도록 할 정도로 부모는 성에 대해서 너무나 개방적이었기 때문에, 가족은 그들의 밀착에 분개했다. 그러나 한 가지 주제, 즉 자살이나 혹은 자살로 죽은 사람에 대해서는 결코 언급하지 않았다.

헵번가에 내려오는 가훈 중 하나는 물론 "독립하라, 성공하라. 그리고 네가 원하는 것을 갖기 위해 투쟁하라."이다. 여기에 하나 더 첨가된 것이 "절대로 집을 떠나지 말라."이다. 가족이 회유적으로 주고 있는 또 다른 한 가지는 "아닌 척하라."이다. 나중에서야 헵번은 오빠의 죽음에 관하여 고백한다. "그것은 처참한 충격이었다. …… 당연히 오빠의 죽음이 나를 압도했다. 그것은 크나큰 비극이었다. 그것이 나를 더 가상의 세계로 밀어 넣었는지 누가 알겠는가? 나는 가상의 세계 속에서 살았음이 틀림없다."[11]

흔히 볼 수 있는 일이지만 어떤 가족은 비극으로 인하여 더 향상된(거짓된) 모습을 보일 수 있다. 캐서린과 그의 형제자매는 다음의 두 가지를 철저히 지켰다. 성공하고 독립적인 사람이 되어라. 그러나 절대로 떠나지는 말아라! 캐서린은 미국 영화계에서 가장 성공한 배우 중의 한 사람이 되었으나, 어떤 면에서 볼 때 그녀는 절대로 집을 떠나지 않았다. 톰이 죽은 후 캐서린과 다른 동생들은 각자 독립적인 체계를 이루고 살아갔으나 이제 장녀가 된 캐서린은 자신의 동생들을 돌보아야

11) Christopher Anderson, op. cit. Ther following quote is from the same source.

하는 더욱 큰 책임을 맡게 됐다. 그녀는 말하기를 "오빠의 죽음은 어머니와 아버지 그리고 나를 더욱더 똘똘 뭉치게 만들었다." 자살 사건이 일어난 바로 뒤, 그녀는 한동안 심한 행동장애(여러 가지 비행과 자택침입)를 보였다. 이런 증상을 보이는 것은 당연하다. 오빠의 죽음은 그녀에게 가족과 더불어 아주 호된 시련을 겪게 하였고, 또한 살아남은 가족의 장녀로서 그녀가 감당해야 할 보이지 않는 가족의 압력이 너무 컸기 때문이다. 그러나 그녀의 외할머니가 남겨 준 보이지 않는 유산, 즉 자신의 딸들은 꼭 대학에 가야만 한다는 유언은 케서린으로 하여금 단번에 어머니의 출신 대학교인 브린 모어에 다니게 했다. 여기서 캐서린의 삶은 완전히 바뀌었다. 그녀는 가족이 요구한 것보다도 더욱 큰 성취를 이루었고 그런 삶을 살면서도 그녀는 또 다른 유산인 가족이 함께 있어야 한다는 요구에 맞춰 자신의 동생들과 아주 가깝게 지냈다.

형제 중 한 명은 가족의 여름 별장에 살고 있다. 다른 동생들은 아버지의 뒤를 이어 비뇨기과를 전공하고 생가에서 아주 가까운 하트퍼드 병원에서 근무했다. 한 여동생은 어머니의 뒤를 이어 영국의 비국교도가 됐고, 처음에는 정치에 관심을 갖다가 나중에는 코네티컷주의 역사를 연구하여 여러 권의 저서를 낸 사학자가 됐다. 도서관 직원인 다른 한 동생은 생가에서 10분도 채 떨어지지 않은 웨스트 하트퍼드에서 살고 있다.

캐서린은 결혼하고(20대에 몇 달간의 결혼생활을 했다.) 그녀의 가족에게서 4,800km 정도 떨어진 곳에서 그녀의 대부분 성인기를 보냈지만, 그녀는 항상 자신이 번 돈을 아버지에게 보냈다. 그리고 그녀의 아버지는 그가 살아 있는 동안 캐서린에게 용돈을 보내 주었다. 그녀의 가까운 친구였던 한 자서전 작가는 그녀와 이야기하는 동안 캐서린이 그녀의 부모에 대한 이야기를 단 한 번도 언급하지 않은 적이 없으며, 부모가 자신에게 미친 영향에 관하여 항상 이야기했다고 말했다. 그녀는 자서전에 다음과 같이 회고했다. "우리는 행복한 가족이었고, 지금도 행복한 가족이다. 어머니와 아버지는 완벽한 부모였다." 그들이 자신에게 미친 영향에 대해서 그녀는 다음과 같이 말했다. "나에 대해서 알고자 하는 사람들이 알아야 할 가장 중요한 것은 나는 거의 완전히 너무나도 매력적인 두 사람의 산물이라는 것이다."

동시에 부모에 대한 그녀의 충성이 그녀 개인의 삶의 대가를 지불했음에 틀림이 없다. 그녀가 말한 것처럼 "나는 절대로 집을 떠나지 않았다. 이것은 사실이다." 그녀는 성인이 되었어도 침대 위에 인형과 동물인형이 놓여 있었다. 그녀가 80세 나이에도 자신의 생가(지금은 그녀의 남동생이 살고 있다.)를 자기 집이라고 말했고, 자신은 여전히 책임을 다하는 딸이라고 생각했다.

캐서린 헵번이 스펜서 트레이시(Spencer Tracy)와 25년간 관계를 맺고 있을 수 있었던 것은 그녀의 어린 시절 삶에서 영향을 받은 것이라고 추측할 수 있다. 그들이 만났을 때 트레이시는 알코올중독자에다 그녀보다 17세 연상이었으며, 이미 간과 신장에 이상이 있었다. 어떤 사람이 말하기를 그는 불운하고 굉장히 우울한 사람이었는데, 이런 그의 특징은 그녀의 오빠를 연상시키기에 충분했을 것이다. 게다가 트레이시는 수년 동안 자신의 아내와 별거한 상태였지만, 이혼만은 하지

캐서린 헵번(좌측)과 캐서린이 13세였던 당시 목을 매달아 자살한, 그녀가 사랑했던 오빠 톰. 그녀는 오빠의 자살에 영원히 침묵했다.

않았다. 그가 이혼을 꺼린 것은 한편으로 아내와 청각장애를 갖고 있는 자신의 아들을 버리면 안 된다는 죄책감 때문이었고, 일부는 이혼을 인정하지 않는 그의 아일랜드 가톨릭 정신 때문이었다. 트레이시의 아내 루이스(Louise)는 자신의 아들에 대한 돌봄과 헌신 그리고 청각장애인을 위한 많은 운동을 한 것을 인정받아 저명한 상을 여러 번 받았다. 아마도 트레이시와의 관계는 캐서린에게는 이상적이었을 것이다. 그와의 은밀한 관계는 그녀로 하여금 보통 영화 스타가 가질 수 있는 것보다 더욱 내밀한 사생활이었고, 이런 관계를 통해서 그녀는 독신으로 살아가면서 자신의 생가에 계속적인 충성을 할 수 있었다.

트레이시가 가지고 있는 남성적인 강인함과 동시에 그의 여린 내면의 조화는 캐서린으로서는 거부할 수 없는 것이었다. 캐서린에게는 영화인으로서의 직업보다 그와의 관계가 더 우선순위였다. 1942년부터 1950년까지 그녀는 4편은 단독으로 그리고 나머지 6편은 트레이시와 함께 10편의 영화에 출연했다. 홀로 출현한 4편의 영화도 사실 그와 가까이 있을 수 있기에 출연한 절충안이었다. 이것은 바로 그녀가 가족 안에서 해 왔던 돌보는 언니로서의 역할의 반복이었다. 캐서린에게 트레이시는 오빠 대신이었고, 분명히 그 이상이었다. 그 어떤 것도 캐서린이 트레이시와 나눈 사랑을 희석시킬 수 없었다. 물론 영화에서 그들이 서로 파트너로 나오는 케미는 우리에게 강인한 남자와 강인한 여자의 관계를 보여 준다. 그러나 가족의 딜레마는 겉으로는 그녀의 강인함, 성공 그리고 업적을 보여 주고 있지만, 이것은 가족과 집에 대한 그녀 내부의 망설임을 가장하고 있는 것이다. 분명히 말하자면 헵번 가족의 모든 자녀의 주요 딜레마는 어느 정도 과거에 머물면서 미래로 어떻게 나아갈 수 있는지였다.

4. 가족상실의 역기능적 적응

일반적으로 애도의 과정은 새해나 휴일 그리고 기념일에 잊고 있었던 상실을 떠올리면서 수년 동안 계속된다. 이런 과정을 겪으면서 가족은 죽은 가족원의 빈

자리에 적응해 간다. 역할과 과제가 재분담되고 새로운 애착이 형성되며, 오래된 관계는 재정립된다. 물론 애도는 완전히 끝나지 않았지만, 결국 많은 가족원은 그들의 상실감을 수용할 수 있게 된다. 물론 죽은 사람에 대한 기억을 떠오르게 하는 많은 사건이 일어난다. 그러나 시간이 지나고 그런 어려움을 이겨 내면, 고통은 경감되고 자신의 에너지를 다른 사람과의 관계에 사용할 수 있게 된다.

가족이 애도할 수 없을 때 그들은 시간 속, 즉 과거의 꿈, 현재의 감정 혹은 미래의 두려움에 정체된다. 그들은 미래에 일어날 수 있는 상실에 대해 지나치게 염려하게 되고 지금 그들이 맺고 있는 관계에 몰입할 수 없게 되며, 미래에 사랑하는 사람을 잃을지도 모른다는 생각에 사랑에 빠지는 것을 두려워하게 된다. 혹 다른 사람은 고통을 회피하기 위해 그리고 상실로 생긴 빈 자리를 채우기 위해 그들의 환상이 만들어 낸 새로운 관계에 전적으로 매달린다. 통상적으로 애도의 과정을 잘 거치지 않고 미래의 관계로 뛰어드는 사람은, 미래의 관계가 더 좋을 것이라는 막연한 기대가 충족되지 않을 때 심한 고통을 겪는다.

가족은 결혼, 자녀임신, 자녀의 대학진학 등 과도기적 가족생애주기에서도 종종 시간의 정체감과 같은 문제를 보인다. 예를 들어, 정상적인 애도의 과정을 거쳐 상실을 통합시키지 못한 가족의 부모는 자녀의 결혼을 받아들이지 못한다. 가족원을 잃은 시기에 또 다른 가족원의 결혼은 상실로 인한 여러 가지 복잡한 감정을 해결하지 못했기 때문에, 부정적인 감정에 영향을 준다. 배우자를 잃은 사람은 혼자라는 감정이나 고통 혹은 사랑했던 사람의 자리나 공허함을 채우기 위해 다른 사람을 찾아 빨리 결혼하려고 한다. 보통 부모는 자녀를 잃은 시기에 새로 태어난 아이에게 다른 자녀에게 준 사랑과 애정보다 더 많은 사랑을 쏟고 과도하게 집착한다. 해결하지 못한 상실은 새로운 관계에 어두운 그림자를 드리운다.

부정과 회피는 미해결된 상실과 깊은 관계가 있다. 어떤 가족에게는 죽음이라는 주요한 상실이 일어났을 때 형성된 신화, 비밀 그리고 비합리적인 기대감이 가족 내에 남아 부모에게서 자녀에게로 전수된다. 어떤 가족은, 예를 들어, 우리가 살펴본 테디 루스벨트(Teddy Roosevelt)와 우리가 앞으로 살펴볼 배릿(Barrets) 가족은 고인에 대한 언급을 일체 못하게 함으로써, 마치 고통에서 벗어나려고 하는 것처럼 보인다. 또 다른 가족은 고인이 된 사람의 방을 기념적인 방이나 성대한 무덤으로 남겨 두기도 한다. 이와 같이 죽은 사람을 신격화시키려는 작업은 죽은 사람에 대한 망상적 반응인데, 이런 시도는 다른 가족원을 서로 병리적으로 만들기 쉽고 가족 사이에 아주 큰 심리적 불화를 일으킨다. 이런 신화는 자연적으로 자녀에게 영향을 주게 되고 자녀는 죽은 사람의 대리자로서 생활하게 된다. 종종 그들은 이런 연결이 있다는 것을 전혀 깨닫지 못한다. 이런 연결고리에서 벗어나기 위해 대리 역할을 하는 사람은 자신의 정체감 이면에 숨어 있는 비밀을 알아야 하며, 그들은 죽은 사람의 영혼을 '쫓아내는' 방법을 발견해야 한다. 우리는 자주 틀에 박힌 가족상호작용 유형—자신의 행동에 깊게 몰입하기, 외도, 계속되는 풀리지 않는 갈등, 소외, 고립, 외부인에 대한 두려움, 잦은 이혼, 우울, 일 중독증, TV 스포츠나 일일 드라마시청—을 관찰할 수 있는데, 이런 양상은 상실을 해결할 수 없음에서 기인한 보상인 것이다. 이런 양상이 지속되면 미래에 자기와 관계를 맺을 사람이 죽을 수도 있다는 두려움 때문에, 결국 새로운 사람과 관계를 맺지 못한다.

5. 배릿 브라우닝 가족

병약한 시인 엘리자베스 배릿 브라우닝(Elizabeth Barrett Browning)과 아주 잘생긴 로버트 브라우닝(Robert Browning)과의 정사는 그들이 만나기 이전에 그녀의 시에서 꽃을 피웠고, 그녀가 그와 사랑에 빠져 병상에서 나와 이탈리아로 함께 도피한 이 로맨틱한 이야기는 그녀의 가족에게 일어난 상실에 가족이 전혀 대처할 수 없게 했다(가계도 5-2). 광범위하게 그 가족을 연구한 브라우닝의 먼 친척 중 한 사람은 그들의 사랑은 각자의 개인사가 신비롭게 연결되어 운명 지어진 것이라고 묘사했다. "과거에 절대로 꽃피우고 열매를 맺을 수 없었던 사랑이, 현생에서는 이미 두 사람이 태어날 때부터 그들에게 심어져 있던 사랑의 씨앗 때문에 결국 사랑을 이루어 낼 수밖에 없었다고 나는 확신한다. 나는 로버트와 엘리자베스의 선대 사람들이 각자 사랑에 빠지는 것은 이별이라는 결과를 초래할 수밖에 없다고 생각한다. 이것은 로버트와 엘리자베스에게만 일어날 수 있는 자석과도 같은 두 사람의 영혼의 매력 때문이라고 생각한다."[12] 이 친척이 전하고 있는 두 사람의 신비한 사랑 이야기가 말하고 있는 것은, 그들의 관계는 그들의 명확한 이야기를 뛰어넘는 어떤 힘에 의해 영향을 받았다는 것을 확증한다.

그녀는 자신의 모든 작품에서 오직 한 문단으로 그녀의 어머니 메리를 묘사했다. 그녀는 엘리자베스가 21세 때에 죽었는데 그때까지 12명의 아이를 낳았다. "어머니는 고상하고 매우 부드러운 성품을 지닌 분으로 어머니가 돌아가셨던 당시의 모습과 나를 비교한다면, 나는 거의 여자라고 할 수 없다. 그러나 어머니의 그런 성격은 주변 환경의 압력으로 억압받으면서 고통 속에서 침울하게 소멸할 수밖에 없었다. 우리는 그녀를 잃었다고 하기보다는 그녀의 존경스러운 내적 성품을 잃은 것이다. 그녀는 사랑스럽고도 부드러운 성격을 가지고 있었지만 고통 때문에 그 달콤한 성격이 조금씩 변색됐다. 그러나 그런 성품 때문에 그녀는 누구에게도 반항할 수 없었다. 이런 헌신적이고 부드러운 마음은 고통을 당할 수밖에 없었다. 다만 고상하고 사랑스럽고 교양이 넘치는 성격의 소유자라는 것이 그녀의 잘못이었다."[13]

어머니에 대한 이렇게 강력하고 극단적이며 고통스러운 평가는 그 가족이 삶과 죽음이라는 문제에 대하여 얼마나 갈등하고 있었는가를 말해 주고 있다. 이런 어머니의 순종적인 삶의 영향이 어머니의 명석한 딸 엘리자베스에게 영향을 주었고, 결과적으로 엘리자베스가 자신이 느끼는 고통을 피하기 위해 마약을 할 수밖에 없었다는 것을 알 수 있다. 하지만 그녀의 어머니에 대한 자료는 거의 없다. 이는 배릿 가족이 어머니에 대한 추억을 함께 간직하지 않고 거의 이야기하지 않았다는 것을 추측하게 한다. 배릿 가족은 가족원의 죽음에 직면하여 죽음을 수용하

12) Vivienne Browning, *My browning Family Album* (London: Springwood, 1979).
13) Jeanette Marks, *The Family of the Barrett* (New York: Macmillan, 1938).

는 작업이 가족을 와해시킬 것이라는 두려움을 갖고 있었던 것으로 보인다. 어머니가 사망했을 때, 아버지는 아내의 죽음에 대해 이야기하는 것을 꺼렸다. 그는 아내가 죽은 후에도 이사를 갈 때까지 아내의 방을 있는 그대로 내버려둔 채 문을 닫아 놓고서는 아무도 그 방에 들어가지 못하게 했다. 또 그녀의 죽음에 대해 혼란이 일어나지 않도록 방어를 했다. 어머니가 살아 있는 동안 고통스러운 현실을 피하려고 했던 것과 같이, 그녀의 가족도 어머니의 죽음을 받아들이지 않고 회피했다. 삶 속에서 '괴롭힘을 당한 것'처럼, 그녀의 순종적인 삶이 가족에게 전한 메시지는 '우리는 삶의 고통을 극복할 수 있는 희망이 없다.'는 것이었다.

그녀의 남편도 아내의 생각에 동의한 것처럼 보인다. 가족이 가장 행복했을 때도 아버지는 은연 중에 자기 가족의 독재자였다. 그는 자신의 가족을 '희망의 끝'이라고 불렀으며 그것이 상징하는 대로 그에게서 모든 희망은 떠나 버렸다. 집안에 상실이 일어날 때마다 그는 더욱 자신 안으로 움츠러들었다. 가족을 지키기 위하여 그는 자신의 집에서 폭군이 된 것이다. 그는 자신의 자녀들이 절대로 집을 떠나서는 안 된다고 결정했고, 결혼한 세 자녀와는 그 즉시 의절하다시피 행동하며 죽은 자처럼 대했다.

심하게 고통스러운 것이라면 어떤 것이든 회피하려는 이 가족의 패턴은 시인인 아버지 에드워드 배릿(Edward Barrett)의 어린 시절의 경험에서 시작된 것이다. 그는 명문가에서 태어났지만 매우 어려운 유년시절을 보냈다. 그의 두 형제가 어린 시절에 죽었고, 그 죽음의 사건은 그들의 어머니를 매우 우울한 사람으로 만들어 버렸다. 에드워드의 아버지는 그가 어린아이였을 때 가족을 버리고 어디론가 떠나 버렸고, 또한 어머니가 아닌 여러 다른 여인과의 관계에서 6명의 자녀를 가졌으며,[14] 이런 사실은 그 가족을 더욱 혼란스럽게 했다. 에드워드는 자신이 살아 있

14) 에드워드의 아버지는 한 흑인 여인 그리고 다른 유대인 여인과도 관계를 가졌다. 에드워드가 자신의 딸이 로버트 브라우닝과 결혼하는 것을 반대한 이유는 브라우닝의 피에는 아프리카와 유대인의 피가 섞여 있었기 때문이다. 자신이 그런 여인과 관계를 가졌음에도 불구하고 이런 태도를 보이는 것은 대단히 흥미로운 일이다.

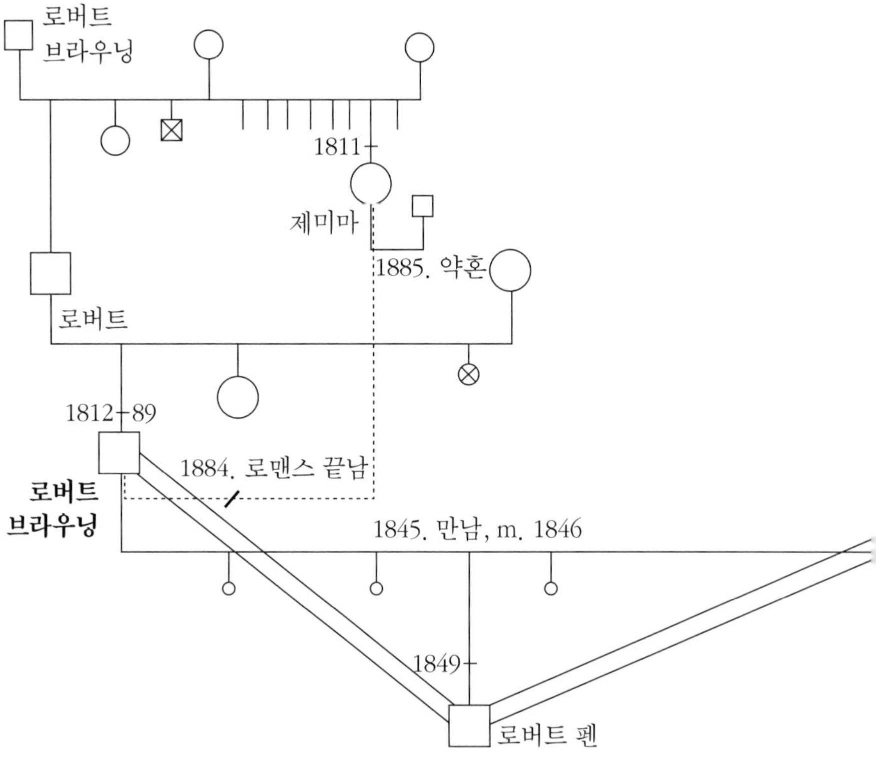

〈가계도 5-2〉 **엘리자베스 배릿과 로버트 브라우닝 가족**

는 동안 자신을 버리고 떠난 아버지에 대해 단 한 번도 언급한 적이 없었다. 모계의 가족관계를 살펴보면, 그는 가장 나이가 많은 장자이자 살아남아 있는 단 한 명의 아들이었고 법적으로도 하나밖에 없는 장손이었다. 3명의 외삼촌이 본처가 아닌 후처에게서 태어난 자녀를 남기고 젊은 나이에 모두 죽자, 그의 가족 안에서의

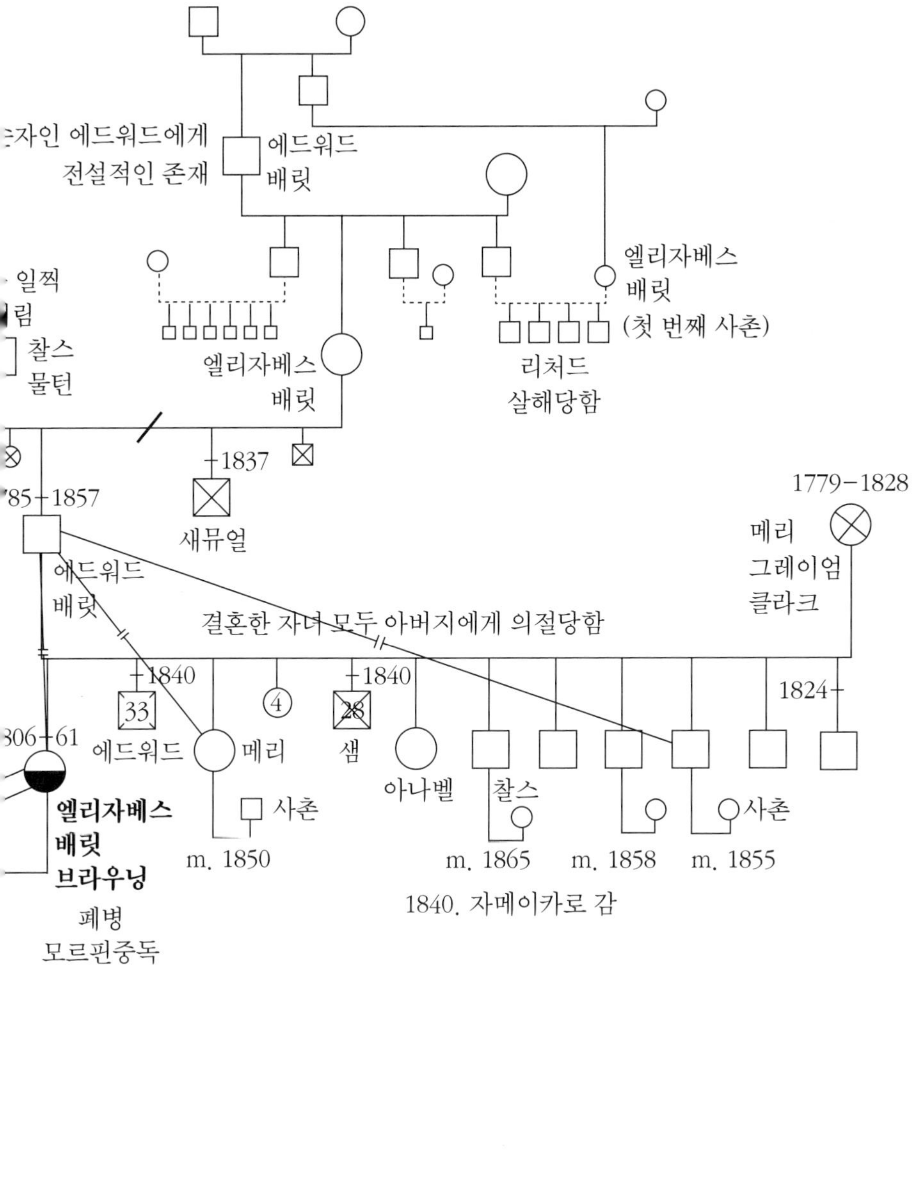

위치는 더욱 중요해졌다. 따라서 그는 외할아버지의 재산을 모두 물려받았다. 물론 후에 몇몇 사촌이 재산 다툼에 끼어들어 그들의 몫을 가져갔지만, 자연스럽게 에드워드는 가계의 유산을 이어 가는 사람으로서 세상에서 성공해야 한다는 압박감에 점점 짓눌렸다. 그는 가족에 대한 책임감과 자신에 대한 소중함으로 성장한 결과, 사람을 대하는 데에도 완고하고 엄격했다. 가족의 유산을 짊어지고 가는 힘든 여정 가운데, 그는 아마 가족의 보호자로서 자신이 중심을 잃으면 절대로 안 된다는 생각 속에서 살았을 것이다. 상실이 일어났을 때마다 그는 자신의 슬픔을 표현하는 사치도 부리지 않았다. 애도하는 것을 일종의 호사라고 생각했던 것이다.

20세에 그는 자신보다 여섯 살 연상의 메리 그레이엄 클라크(Mary Graham Clarke)와 결혼했다. 그는 그녀와의 사이에서 12명의 아이를 낳았다. 가족은 그의 전부였다. 그가 어렸을 때 겪었던 주위 사람의 죽음의 상실을 보상해 주는 기회가 된 셈이다. 그의 넷째 자녀 메리(Mary)가 죽었을 때, 가족은 슬픔을 겪으면서도 슬픔을 표현하지 못했고 그녀의 이름조차 거론하지 않았다. 그러고는 막내가 3세가 되었을 때 아내 메리가 사망했다. 그 당시의 에드워드의 반응은 독특했다. 14년 전에 아이가 죽었을 때처럼 아내의 죽음 역시 금지된 주제가 되어 버렸다.

1814.	엘리자베스의 여동생 메리 배릿이 4세에 사망. 그 이후로 그녀의 죽음에 대하여 전혀 언급하지 않음.
1828.	엘리자베스의 어머니 메리 그레이엄 클라크 사망. 사망 후 전혀 언급하지 않음.
1832.	사업실패로 에드워드 배릿, 자신이 좋아하던 집을 팖. 절망으로 후에 이에 대해 전혀 언급하지 않음.
1837.	엘리자베스 병에 걸림. 폐병과 다른 여러 가지 병으로 고통받음.
1839.	에드워드의 사촌 리처드 배릿, 자메이카에서 살해당함.
1840.	차남 새뮤얼 배릿, 사업을 위해 자메이카로 떠난 후 28세에 살해당함.
1840.	아버지 에드워드 배릿, 셋째 아들 찰스를 사업차 자메이카로 보냄.
1840.	7월: 에드워드 주니어, 엘리자베스를 방문했다가 33세의 나이에 익사함.
1840.	엘리자베스, 신경쇠약으로 고통받음.
1844.	12월: 로버트 브라우닝이 사랑하던 첫 번째 사촌인 제미마. 약혼함.
1845.	1월: 브라우닝은 한 번도 만난 적이 없는 엘리자베스에게 사랑한다는 편지를 보냄.
1845.	5월: 로버트 부라우닝, 33세에 39세인 엘리자베스 처음으로 만남.
1846.	두 사람은 사랑에 빠져 가출함. 엘리자베스의 아버지는 이 사건에 대해 그녀에게 한마디도 하지 않음.

그림 5-1 배릿 가족의 주요 연대기

회피와 비밀이 이후에 배릿 가족이 살아가는 방편이 된다([그림 5-1] 참조). 가족의 주요 수입원이었던 자메이카의 농장을 잃음으로써 경제적 어려움에 봉착했을 때도 배릿 에드워드는 아내와 가족 모두에게 그 사실을 비밀로 했다. 마침내 그들의 집마저 잃고 희망이 끝났을 때에도 그는 마지막 순간까지 이 사실을 가족에게 알리지 않았다. 그 집을 떠난 후에 그 누구도 그 집에 대하여 다시 이야기하지 않았다.

이 일이 일어나기 전 그리고 가족 내에 일어난 상실이 산적해 어려움에 처해 있을 때, 가족의 사업을 위하여 자메이카로 갔던 몇몇 가족원이 비극적인 죽음을 맞이했다. 에드워드의 유일한 형제였던 새뮤얼(Samuel)이 그곳에서 죽었다. 그리고 자메이카에 있던 가족의 재산을 잘 운영해 오던 화려한 경력의 소유자인 아버지의 사촌 리처드 배릿이 원인불명의 살해를 당했다. 하지만 그의 시신을 없애 버리고 그를 위해 묘비도 세우지 않았다. 그럼에도 불구하고 에드워드는 그들의 주요 수입원이었던 자메이카의 사업을 계속 고수하기 위해 자신의 두 아들을 그 위험한 장소로 보냈다. 처음에는 자신의 둘째 아들 새뮤얼을 보냈는데, 그는 1840년에 그곳에서 죽었다. 그다음에 그는 셋째 아들 찰스(Charles)를 보냈다. 그러나 아버지는 가장 나이가 많고 가족의 사업을 잘 운영할 수 있는, 자신이 애지중지하던 장남 에드워드 주니어(Edward, Jr.)를 자메이카에 보내는 모험을 하지는 않았다.

그러나 그를 위험한 곳으로 보내지 않는다고 해서 그가 오래 생존한 것은 아니다. 그는 같은 해인 1840년에 집에서 멀지 않은 강가에서 보트놀이를 하다가 33세의 나이로 익사했다. 아들의 죽음에 대한 가족의 반응은 회피였고 가족관계는 더욱 융합됐다. 익사사고에 대한 이야기나 에드워드 주니어에 대한 이름은 가족 내에서 절대로 언급되지 않았고 또다시 남은 가족은 침묵이라는 가족규칙을 지켰다.

엘리자베스와 가장 가까운 사이였던 한 살 어린 남동생인 에드워드 주니어의 익사사고는 엘리자베스에게 매우 큰 충격이었다. 수년이 지난 후 엘리자베스는 동생의 죽음에 대한 애통함이 절대로 사라지지 않는다고 기록했다. "마치 물결이 밀려갔다가 다시 들어오고 또 밀려갔다가 다시 들어오는 것처럼" 그 사건은 그녀에게 계속 영향을 주었다.[15)]

동생의 상실을 더욱 고통스럽게 만든 것은 그녀가 떠맡아야 했던 책임감과 마음속에 도사리고 있는 죄책감이었다. 그녀의 폐병을 치유하기 위해 가 있던 휴양지로 동생을 부른 사람이 바로 자신이었기 때문이다. 아버지는 아들이 런던으로 돌아오기를 원했지만, 엘리자베스는 아버지에게 동생을 자기와 함께 있게 해 달라고 애원했던 것이다. 그때까지 그 누구도 공개적으로 아버지의 의견에 반대한 사람이 없었기 때문에, 에드워드의 익사사고는 엘리자베스에게 아버지의 뜻을 거스른 결과라고 생각하게 만들었고, 엘리자베스는 그에 따른 죄책감을 갖게 된 것이다. 좀 더 깊숙이 들어가 본다면, 엘리자베스가 가지고 있던 죄책감은 아버지가 자신이 제일 아끼던 아들을 자메이카로 보내지 않은 것에 대한 죄책감을 엘리자베스가 대신 진 것이라고 볼 수 있다. 이 사건 이후로 아버지는 자신의 의견에 공개적으로 반대하는 사람은 완전히 소외시켜 버렸다.

모든 것을 비밀로 하려는 복잡한 양상을 지닌 가족 내에서 자란 어린아이는 자신들이 아버지를 화나게 만드는 사건에 대해 아버지가 알지 못하도록 철저히 숨긴다. 바로 여기에 침묵이 공범하게 된다. 자녀들은 아버지가 알지 말아야 할 정보는 철저히 침묵했고, 아버지는 이에 대하여 알고 있으면서도 아무것도 모르는 것처럼 의도적으로 행동했다. 엘리자베스가 그녀의 미래의 남편이 될 사람인 로버트 브라우닝을 그녀의 방에서 거의 매일 만나고 있었을 때, 아버지는 이 사실을 모르는 것처럼 행동했다. 이런 태도는 그로 하여금 자신이 의로운 사람이라고 느끼게 했지만, 엘리자베스와 브라우닝이 함께 가출하여 자신을 배반했을 때도 자신이 이 사실을 전혀 모르는 것처럼 행동할 수밖에 없게 만들었다.

수년 동안 엘리자베스는 가족이라는 환영의 덫에 사로잡혀 있었다. 집안의 장녀로서 엘리자베스는 그녀의 아버지의 통치하에서, 자신의 동생들을 보호하고 이끌어 주는 역할을 하게끔 기대를 받았다. 그녀가 자신만의 개인적인 표현을 할 수 있었던 방법은 그녀의 창조성, 즉 그녀의 시를 통해서였다. 그러나 여기에서도 아

15) Marks, op. cit.

버지는 중요한 역할을 맡았다. 그녀의 시가 출판되게 그 비용을 대 주었으며, 그녀는 이에 대한 보답으로 아버지에게 자신의 시집을 헌정했다. 그녀는 헌신적인 딸로서 그 자리를 지키고 있었다. 그녀는 병에 걸리게 됐다. 의문스러운 병 때문에 그녀는 침대에서 일어날 수 없었고 걷지도 못할 형편에 이르게 됐다. 그녀는 그 시대의 유명한 작가와 은밀히 계속 밀회를 즐겼지만, 자신의 방을 떠날 용기가 없을 정도로 가족에게 지나치게 집착했다. 여러 해 동안 병든 엘리자베스는 그녀의 방에서 홀로 지내면서 세계적으로 유명한 여러 시를 창작했고, 반면에 그녀는 점차 모르핀에 중독됐다.

상실을 회피하면 정신질병에 오래 시달릴 수 있다. 그리고 엘리자베스는 아버지가 자신을 놓아 주지 않고 붙잡고 있는 것에 대단히 분노했지만, 그녀 자신도 가족이 집을 떠나는 것에 대해 아버지와 유사한 태도를 갖고 있었다. 남동생들이 집을 떠나 있을 때 그녀는 그들에게 집으로 돌아오라고 간청했다. 떠난 사람들은 즐거운 나날을 보낼지 모르지만 "집에 남아 있는 가족이 그들을 걱정하는 것은 불공평하다."[16]라고 불평했다.

엘리자베스가 마침내 자신보다 여섯 살 어린, 세계적으로 촉망받고 있는 매력적이고 명성 있는 로버트 브라우닝과 결혼하기 위해 집을 떠나려고 했을 때, 두 사람은 아주 비밀스럽게 가출을 계획했다. 그것은 외관상으로 볼 때 완벽한 사랑 이야기였다. 그들의 사랑은 서신을 주고받음으로써 시작되었고, 이는 그들이 직접 만나기 몇 달 전에 이루어졌다.

그들의 로맨스의 시작은 브라우닝이 경험한 사랑의 상실과 연결된다. 그는 사촌 제미마(Jemima) 브라우닝과 4년간 은밀한 사랑을 나누었다. 그는 제미마와의 관계를 확인시켜 주는 모든 물건을 없애 버렸지만,[17] 그의 신비한 사랑의 시인『폴린: 한 조각의 고백(Pauline: A Fragment of a Confession)』(1833)은 익명으로 비밀리

16) David Karlin, *The Courtship of Robert Browning and Elizabeth Barrett* (New York: Oxford University Press, 1987).

17) "Browning Society Notes," vol. 3 (December 1973), in Browning, op. cit.

에 자비로 출판하였는데, 이 시는 분명히 그녀와의 관계에 대한 것이었다. 브라우닝은 제미마를 잊을 수 없었던 것이다. 마침내 1884년 여름, 그는 제미마와의 유혹적인 관계를 청산하려고 이탈리아로 갔다. 그가 1885년 12월에 영국으로 돌아왔을 때, 사촌인 그녀가 다른 남자와 약혼했다는 사실을 알게 됐다. 1885년 1월 그는 처음으로 엘리자베스에게 편지를 썼다. 그녀를 한 번도 만난 적이 없었음에도 불구하고 그는 그녀에게 사랑을 고백했다. "저는 당신의 시구절을 진심으로 사랑합니다. 제가 존경하는 미스 배릿 …… 다시 말하건대, 저는 당신과 당신의 모든 책을 제 온 마음을 바쳐 사랑합니다."[18] 마침내 브라우닝과 배릿은 엘리자베스의 방에서 처음으로 만났고, 그는 그녀가 건강을 되찾도록 간호해 주었다. 결국 그녀가 다시 걸을 수 있게 되고 더 이상 약에 의존하지 않게 되었을 때, 엘리자베스는 그와 함께 이탈리아로 떠났다. 39세의 나이임에도 불구하고 그녀는 아버지가 사업에서 손을 뗄 때까지 나이를 더 먹어 가면서까지 '가출'을 미뤄 왔었다. 아버지가 사업을 그만두게 되자 그녀는 가출했고 아버지는 그녀의 가출에 대해 그녀에게 한마디도 하지 않았다. 그는 그의 자녀가 감히 자신을 떠난다는 것을 받아들일 수 없었다. 엘리자베스는 수많은 애원하는 글과 아버지를 사랑하고 있다는 편지를 보내고, 아버지의 사진을 그녀의 침대의 정면에 놓고 지내면서 아버지와의 화해를 시도했지만, 그는 모든 귀를 닫아 버렸다. 아버지의 사망 소식을 듣고 집으로 돌아왔을 때, 그녀는 자신이 아버지에게 보낸 모든 편지가 개봉도 되지 않은 채 조그마한 가방 속에 들어 있는 것을 발견했다.

아버지의 다른 두 자녀가 집을 완전히 떠나지 않았지만, 사촌과의 결혼을 강행했을 때 아버지는 그들과도 단절했다. 다른 세 자녀는 중년이 되었을지라도, 아버지가 돌아가실 때까지 결혼하지 않았다.

이탈리아에서 지내면서도 엘리자베스는 자신의 가족을 완전히 떠나지는 못했다. 가족에 대해서 계속 생각하면서 자신이 아버지를 버렸다는 사실과 동생의 죽

18) Karlin, op. cit. The following quote is from the same source.

음에 대한 죄책감에 사로잡혀 있었다. 남편과의 결혼생활은 결코 편안할 수 없었고, 계속하여 남편에게 자신의 존재가 가치 있는지를 물어보곤 했다. "제가 당신과 결혼한 것이 당신에게 행복함을 주었나요. 그렇지 않을 수도 있다는 생각에 저는 너무 괴로워요. 저를 만나지 않았으면 더 좋았을텐데라는 생각을 하지 않나요. …… 하나님이 제 안에 악함을 없애 주시기를 기도하지요. …… 만약 제가 더 확신을 가질 수 있다면 …… 우리가 서로에 대해 알고 있는 것이 더 확실해진다면 …… 제가 당신에게 도움이 되는지를 …… 괜히 결혼을 해서 당신을 불행하게 만들지는 않았는지 하는 생각이 들어요. 왜냐하면 제가 만지는 것마다 모든 것이 악으로 변해 버리기 때문이죠."

엘리자베스 배릿과 로버트 브라우닝 사이에 생존한 아들이 한 명 있었는데, 아들 펜(Pen)은 엘리자베스가 42세 되던 해에 낳은 아이였다. 그녀는 네 차례나 유산을 하는 어려움을 겪었다. 그녀는 아들 펜이 12세 되던 해에 폐병과 모르핀중독으로 죽음을 맞이했다. 그녀는 외로움을 달래기 위해 아들 펜을 자기 편으로 끌어들여 융합을 시도했다. 당대에 가장 거창한 로맨스의 산물인 아들 펜은 부모와 세상의 기대에 부합하는 삶을 살지 못했다. 그는 성인이 된 후에도 아이처럼 살았고 세상을 사는 방법, 직업이나 부인과의 관계에 서툴렀다. 엘리자베스는 남편의 반대에도 불구하고, 아들을 자신의 일부분으로 여기며, 기괴하게도 그에게 여자 옷을 입혀 키웠다.

아내처럼, 로버트도 상실에 대하여 경직된 방식으로 대처했다. 아들 펜이 태어날 무렵 어머니가 돌아가셨는데, 그 이후로 그는 집을 단 한 번도 방문하지 않았다. 그리고 로버트는 자신이 아끼던 처제 아라벨(Arabel)이 자신의 품에서 죽은 후로는 그녀의 집 근처에 얼씬도 하지 않았다. 무엇보다도 이탈리아의 플로렌스에서 부인 엘리자베스와 즐겁게 지냈던 모든 기억을 다시 생각한다는 것이 그에게는 참을 수 없는 일이었다. 그 후 그가 살아 있는 동안 단 한 번도 플로렌스를 방문하지 않았다. 엘리자베스가 죽자, 로버트는 자신의 아들을 마치 사랑했던 아내의 환생인 것처럼 아들에게 모든 헌신을 다했다.

배릿 브라우닝 가족은 계속 가족의 비밀을 지켜 왔다. 펜이 죽고 난 수년 뒤에 그의 사촌들은 엘리자베스 브라우닝이 아버지에게 보냈던 미개봉된 모든 편지를 불태워 버렸다. 그녀의 편지를 불태워 버렸다는 사실은 엘리자베스의 믿음을 저버린 처사였다. 엘리자베스는 다음과 같이 기록했다. "만약 지금부터라도 매일의 일상생활과 내적 영혼의 비밀을 하나님뿐만 아니라 지금 살아 있는 영혼에게 숨기지 않고 고해한다면, 그것은 좋은 교훈이 될 것이다."[19] 지금까지 살펴본 것처럼, 상실의 고통을 표출하지 않고 회피하는 양상은, 배릿 가족에게 한 세대에서 다음 세대로 계속 이어졌다는 것을 알 수 있다.

6. 케네디 가족

상실을 적절한 때에 표출하지 않고 제대로 다루지 못해 이것이 여러 세대에 걸쳐 가족에게 큰 영향을 준 또 다른 가족의 예를 들면, 바로 케네디 가족을 들 수 있다(가계도 5-3). 1963년에 살아 있었던 사람이라면 존 에프 케네디 주니어(John F. Kennedy, Jr.)가 11월의 그 춥고도 청명한 날, 아버지의 관을 붙들고 마지막으로 애도를 표하던 모습을 잊을 수 없을 것이다. 아버지가 대통령에 당선된 지 2주 후 추수감사절에 태어난 그 아이가 3세 때 아버지를 잃은 사건은 우리에게 삶의 덧없음을 남겨 주었다. 우리는 케네디 가족의 또 다른 죽음도 떠올린다. 로버트 케네디를 추모하기 위해 패트릭스 성당에서 모차르트의 레퀴엠이 연주될 때 10명의 그의 자녀가 모두 애도하고, 에델(Ethel)은 그 당시 막내를 임신 중이었고, 테드(Ted)는 형제들 속에서 참담한 마음으로 중얼거리고 있었다. 존 케네디는 2차 세계대전 중에 사망한 그의 형, 조지프 주니어(Joseph, Jr.)를 대신해서 장남이 된 사람이다. 1년 후 그 장남의 자리는 동생 테드에게로 넘어갔다. 우리는 그가 메리 조 코펜(Mary Jo Kopechne)의 차파퀴드 딕(Chappaquid-dick)에서의 죽음으로 세상을 떠

19) Marks, op. cit.

20) 역주: 존 에프 케네디는 대통령 시절 암살당하고 그다음 대권주자였던 로버트 케네디도 43세의

들썩하게 했던 사건을 잘 기억하고 있다.[20] 이들의 다음 세대는 로버트 케네디의 아들 데이비드(David)의 처참하고도 불명예스러운 죽음을 경험하게 되는데, 데이비드는 마약 과잉 복용으로 사망했다. 이는 자신의 아버지의 총살로 인한 죽음과 아버지세대의 여러 형제자매의 죽음으로 인한 결과물이라고 말할 수 있다.

우리가 살아가는 동안 가족원의 상실에 익숙해져 가고 있다고 느끼는 것과 마찬가지로, 우리는 케네디 가족원의 상실에 잘 길들어 있다. 일반적으로 우리가 우리보다 먼저 죽음을 맞이한 위 세대의 사망 원인을 잘 알지 못한다면, 그 상실은 자연스럽게 여러 세대를 걸쳐 가족신화와 상실에 대한 대처 방법을 만들어 낸다. 자세히 살펴보면, 케네디 가족의 비극적인 상실의 역사는 상실을 경험한 케네디 형제자매 그리고 그들의 자녀로부터 시작된 것이 아니라, 그들의 할아버지, 할머니인 조(Joe)와 로즈(Rose)보다 더 위 세대부터 시작된 것이라는 것을 알 수 있다.

존 에프 케네디의 아버지는 조 케네디(Joe Kennedy)인데, 조 케네디의 아버지인 패트릭 조지프('P. J.')는 가족 내에서 오직 혼자 생존한 남자였다. 패트릭 조지프의 형 존(John)은 1세에 죽었고, 패트릭 조지프의 아버지 패트릭(Patrick)은 패트릭 조지프가 태어난 지 6개월밖에 안 되었을 때 사망했다. 이런 상실은 패트릭 조지프의 어머니가 홀로 살아남았던 패트릭 조지프에게 특별한 감정을 갖게 했고 분명히 생명의 연약함—특히 남성의 삶—에 대한 삼정을 패트릭 조지프에게 쏟아부었을 것이다. 아버지와 큰형의 죽음으로 말미암아 그들의 자리를 대신 살아야 했던 힘든 삶의 여정에 직면한 패트릭 조지프는, 몸을 아끼지 않을 정도로 열심

나이에 암살당한다. 테드 케네디도 카터가 대권주자로 나왔을 때 대권주자로 나설 것을 권유받았으나 거절한다. 왜냐하면 존 에프 케네디와 로버트 케네디 그리고 테드 케네디, 이 세 형제는 여색을 밝히는 사람이기 때문이었다. 테드 케네디는 대선이 치러지기 수년 전에 메리 조 코펜이라는 여인과 드라이브를 즐기던 도중, 운전 실수로 차파퀴드 딕이라는 다리에서 차가 물속으로 뛰어들어 잠기게 된다. 테드는 물속의 차 속에서 빠져나왔지만, 연인이었던 메리는 익사하고 말았다. 이 사건이 그 당시 매스컴에서 크게 다루어졌으나 테드는 아무런 설명도 하지 않은 채 언론의 질문에 대답을 회피했다. 대권주자의 길을 거부한 것도, 만약 자신이 대선에 참가하면 차파퀴드 딕의 다리에서의 사고가 매스컴에 또다시 떠오를 것이 분명하다고 생각했기 때문이다.

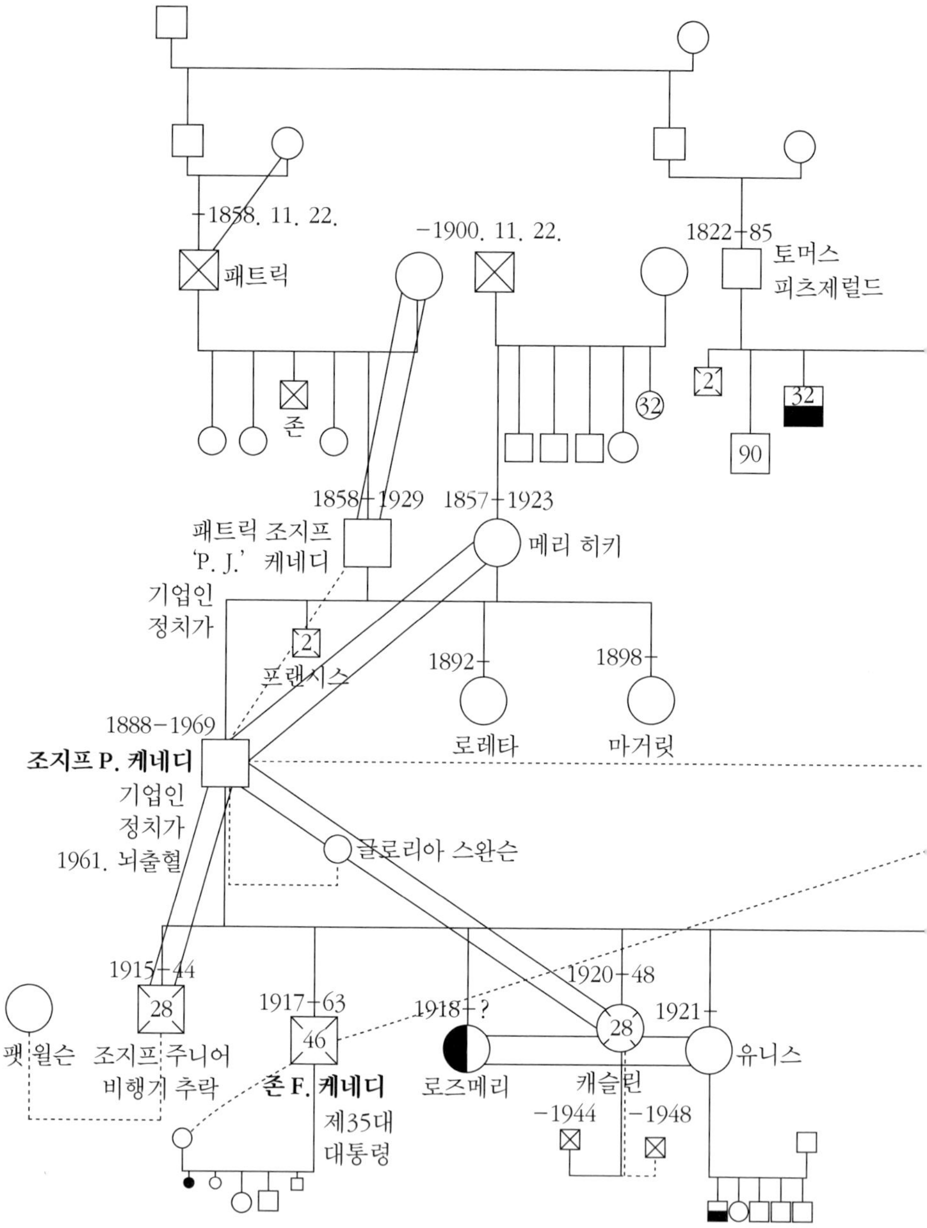

〈가계도 5-3〉 케네디와 피츠제럴드 가족

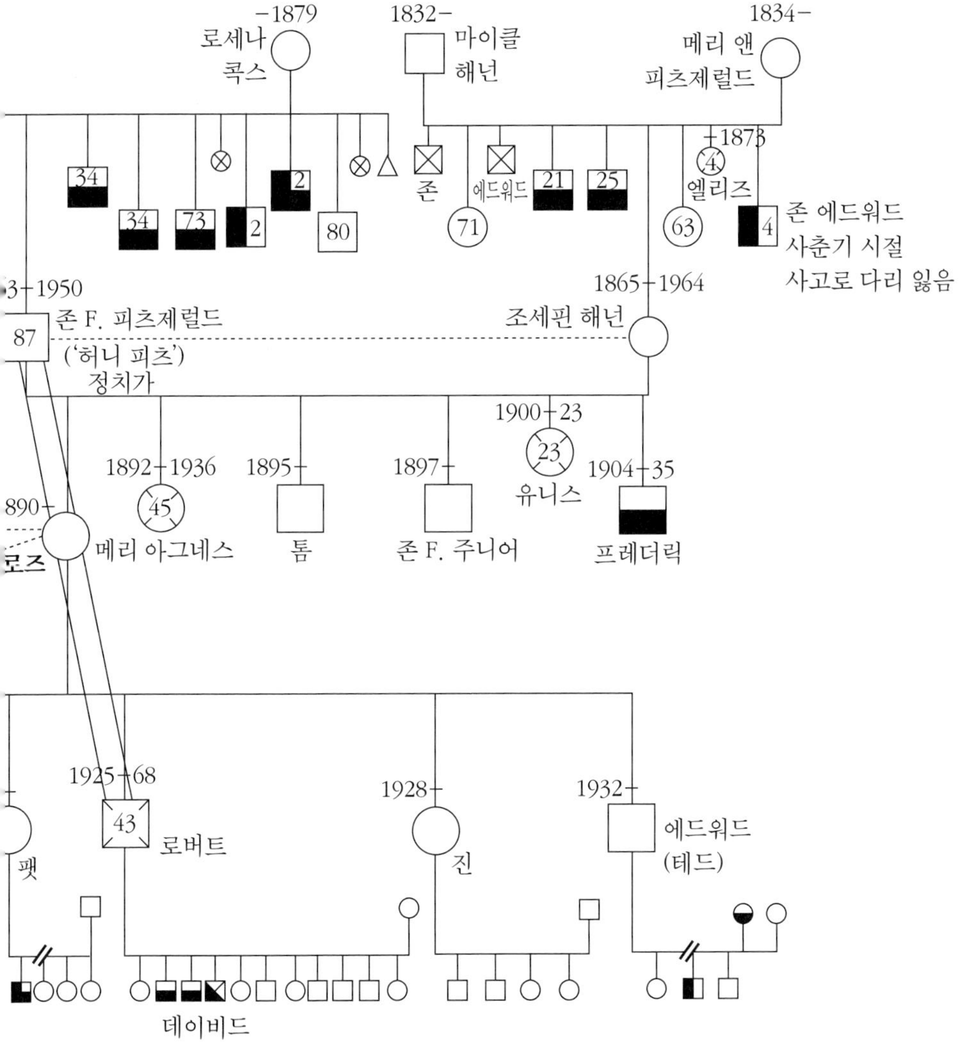

-1879
로세나 콕스
1832-
마이클 해넌
1834-
메리 앤 피츠제럴드
34
34
73
2
2
80
존
71
에드워드
21
25
+1873
4
엘리즈
63
4
존 에드워드 사춘기 시절 사고로 다리 잃음
3+1950
87
존 F. 피츠제럴드 ('허니 피츠') 정치가
1865+1964
조세핀 해넌
1900+23
23
유니스
1892+1936
45
메리 아그네스
1895+
톰
1897+
존 F. 주니어
1904+35
프레더릭
890+
로즈
1925+68
43
로버트
1928+
진
1932+
에드워드 (테드)
팻
데이비드

히 일했지만 매우 신중한 사람이었다. 그는 자기보다 성공한 상류계층의 가족에서 자란, 현명한 아내 메리 히키(Mary Hickey)와 결혼했다. 그 역시 현명했으나 그의 불안정한 정서 때문에, 그는 어떤 사람에게도 '안 됩니다'라는 거절을 잘 못했다. 그는 주류 사업을 시작했고, 그 당시 많은 아일랜드 사람이 그러했듯이 정치에도 뛰어들었다. 그는 안으로는 가족을 잘 돌보는 보호자였고, 밖으로는 입법부 8선 의원이었다. 메리는 남편이 지역구의원으로서 지역구민을 도와주는 데 모든 헌신을 쏟는 것에 분노했다. 왜냐하면 그가 구민을 도울 때마다 가족에 소홀했기 때문이다. 그러나 그는 항상 다른 사람을 도와주어야 한다는 사명감을 갖고 있었다. 아버지가 절대적으로 필요할 때 아버지 없는 아이로 자라는 것이 힘들다는 것을 경험했기에, 그는 자신의 구민을 자신과 동일시했다.

패트릭 조지프와 메리의 첫 아들이었던 조지프 피 케네디(Joseph P. Kennedy)도 또다시 홀로 생존한 아들이 됐다. 조지프의 동생이었던 프랜시스(Francis)는 그가 2세가 되던 해에 디프테리아에 걸려 죽자, 조지프는 장자로서의 권위와 입지가 더욱 확고해졌다. 그의 손녀는 나중에 다음과 같이 말했다. "둘째 아들의 죽음은 그들이 전혀 예상치 않았던 일이었고, 그렇기에 어쩔 줄 몰라 했다. 그 결과 조의 어머니는 조에게 그녀의 모든 사랑과 애정을 쏟아부었고, 이것은 그녀가 둘째 아들의 죽음에 대처하는 방법이었다." 그에게는 두 명의 딸이 있었지만, 조는 모든 케네디 가족의 중심이었다. 아마도 이것이 생존한 남자 아이에 대해 각별한 관심을 쏟아 붓는 가족유산이 됐고 아들에 대한 끔찍한 애정은 문화보편적인 편견, 즉 성차별을 더욱 강화시켰다. 이런 것을 경험한 조 역시 자신의 아들에게 모든 관심을 보였고 그들에게 많은 기대를 했다.

조는 가족을 가장 우선시해야 한다는 어머니의 믿음을 보고 배우며 자랐고 또한 아버지가 약한 사람을 도와주는 것을 보며 자랐다. 마침내 페트릭 조지프는 보스턴의 조직화된 파벌주의에 참패당했다[장차 자신의 아들의 장인이 될 사람인 허니 피츠(Honey Fitz)에게 배반당한 것과 똑같이]. 그는 자신의 참패를 점잖고 품위 있게 받아들였지만, 속으로는 억울하게 처벌받은 어린아이처럼 슬퍼했다. 이런 아버지의 몰락을 본 조는 정치적인 충성과 관대함은 일장춘몽에 지나지 않는다는 교훈을 얻었다. 그가 결심한 것은 앞으로는 어느 누구도 믿지 않고, 자기 자신만을 믿겠다는 것이었다. 그는 강철과 같은 의지를 갖으려고 노력했고, 다른 사람을 다룰 때는 계산적이고도 교묘하게 행동했다. 조는 연약한 아버지의 뒤를 이을 수 있는 아버지와의 부끄러운 동일시에서 빠져나오려고 필사적으로 행동했던 것처럼 보인다. 상실을 경험한 가난하고 나약한 다른 사람과 자신을 동일시하여 그들을 도와주었지만, 돌아온 것은 배반과 거부뿐이었다는 것을 조는 뼈저리게 체험했다. 조와 아버지와의 사이가 어떠했는가는 아버지인 패트릭 조지프가 1929년에 죽음을 맞았을 때, 조가 아버지의 장례식에 참석하지 않고 캘리포니아주에 남아서 정부(情婦)이자 애인이었던 글로리아 스완슨(Gloria Swanson)과 시간을 보냈다는 사실에서 그들 관계의 실마리를 찾을 수 있다. 패트릭 조지프는 아들과 가까워지기를 갈망했지만, 아버지는 그것을 이루지 못했다. 마치 패트릭 조지프에게는 아버지가 없어서 어머니와의 관계에 끌려들어 갔던 것처럼 조 또한 어머니와 특별한 관계를 맺었다.

조의 아내였던 로즈 피츠제럴드 케네디(Rose Fitzgerald Kennedy)의 가족 역시 가족사의 중요한 시기를 이겨 내기 어려운 큰 상처를 경험했다. 그녀의 아버지, 흔히 '허니 피츠'라고 불린 존 프랜시스(John Francis)는 12명의 형제자매 중 넷째 아이였다. 장남인 그의 큰형이 그랬던 것처럼, 2명의 여자 자매는 유아기에 사망했다. 다른 세 형제는 알코올중독에 걸려 그들의 삶을 허비했다. 다른 두 형제, 마이클(Michael)과 에드워드(Edward)도 심각한 알코올 문제를 갖고 있었다. 아홉 번째 조지프(Joseph)는 말라리아로 인한 뇌손상으로 거의 기능을 할 수 없었다. 이와 같이 이 가족에서 태어난 12명의 아이 중 허니 피츠를 포함하여 단 3명만이 건강하게 생존했다. 허니 피츠는 자녀 중에 가장 사랑받는 아이였다. 그가 16세가 되던 해에 어머니마저 돌아가시자, 아버지는 피츠를 의사로 만들고 싶어 했다. 왜냐하면 많은 가족을 병마로 잃은 상실감이 너무나도 컸기 때문이다. 그러나 피츠가 하버드 대학 의과대학원을 1년 마쳤을 때, 아버지는 세상을 떠났다. 그러자 허니 피츠는 정치학과로 전과하였는데, 그것은 그가 정치가가 되는 것이 큰돈을 벌 수 있는 빠른 길이고, 또한 자신의 형제에게 일자리를 제공할 수 있는 것이라고 생각했기 때문이다. 그가 보스턴 시장이 되었을 때, 사람들은 "피츠제럴드의 모든 형제가 곧 정부를 움직일 것"이라고 말했다. 그는 형제들에게 일자리를 제공해 주는 것이 자신의 책임이라고 생각했고 또 그대로 행동했다. 물론 후에 그의 손자들 또한 그렇게 했다.

허니 피츠는 어머니가 죽기 수개월 전에 자신의 아내가 될 조세핀 해넌(Josephine Hannon)을 만났다. 그녀는 상처가 많고 수줍은 여인(피츠의 육촌)이었다. 사람들은 그들이 결혼할 수 있었던 것은 두 사람 모두가 가족을 잃는 아픔을 가지고 있었기 때문이라고 말했다. 조세핀은 9명의 자녀 중 여섯째였는데, 그녀의 형제자매 중 생존한 사람은 단지 4명뿐이었다. 형제 중 한 명은 6세에 열병으로 죽었는데 이때 어머니는 조세핀을 임신하고 있었다. 다른 한 형제는 열병으로 죽은 형제보다 4년 전에 폐렴으로 죽었다. 나머지 두 아들은 알코올중독으로 일찍 세상을 떠났다. 하나 남은 막내 남자 형제는 그가 13세 되던 해에 달리던 기차에 치여 다리가 절단되었다. 그러나 그 가족의 가장 비극적인 상실은 가장 나이 어린 자매의 상실로, 그녀는 조세핀의 눈앞에서 가장 친한 친구와 함께 익사당했다. 어떤 가족이라도 그들 자녀의 죽음을 경험하면 남은 가족은 혼돈스러운 죄책감에 시달린다. 특히 조세핀과 그녀의 부모도 자녀를 잘 돌보지 못했고, 죽음을 막지 못했다는 죄책감과 자책에 시달렸다. 그 가족은 전혀 회복되지 않았다. 살아남은 세 자매를 알고 있는 사람은, 그 가족이 여러 가지 사건으로 형제자매를 잃은 슬픔에 고통스러워했을 뿐 아니라, 외부와의 접촉도 평생토록 거의 갖지 않았다고 말한다.

조세핀으로 하여금 허니 피츠의 매력에 빠지게 만든 이유를 이해하는 것은 그리 어렵지 않다. 피츠는 자신감에 차 힘이 넘쳐 나는 듯하고, 강하고, 모험을 두려워하지 않으며 열정적이었다. 그의 이름이 말해 주듯이, 사람들을 기쁘게 만드는 유창한 말재주를 지녔다. 조세핀이 허니 피츠와 오랫동안 연애를 할 수 있었던 것은 피츠의 유머와 매력 그리고 뛰어난 사교성 때문이었다. 그녀는 그를 만남으로써 자기 안으로 움츠러들지 않고, 자기 자신에게서 자유로워지기 위해서 애썼다. 그의 다음 세대는 위에서 설명한 그의 마음자세와 행동을 따랐고, 그는 그가 경험한 여러 상실감을 열정적인 행동과 과거를 돌아보지 않으려는 노력으로 변화시키려고 했다. 조세핀을 그의 아내로 맞이하게 되자, 그들의 성격차이는 극명히 나타났다. 허니 피츠가 그녀에게 매력을 느낀 것은 그녀 안에 있는 슬픔 때문이었는데, 나중에는 그것이 독이 되어 버렸고, 피츠는 아내에게서 멀어졌다. 몇 년 후 허니 피츠는 집 밖에서 활동적으로 일했고, 반대로 조세핀은 자기 안으로 더 움츠러들었다. 그의 아내와 형제자매를 대신한 사람은 바로 피츠가 가장 사랑하는 맏딸 로즈(Rose)였다. 로즈는 아버지 피츠의 다양한 삶의 영역 중 하나인 흥미진진한 정치계 활동에서 그의 동반자 역할을 했다. 그녀가 어디를 가든지 그녀는 아버지와 항상 함께했다. 그녀는 사춘기까지 아주 잘 길들여진 삶을 살아왔지만, 이후 갑작스럽게 모든 것이 변했다. 아버지의 심한 성격 결함, 즉 아버지가 어렸을 때 받은 상실감을 보상받으려는 듯이 자기중심적이고 남을 지배하려는 야망이 로즈가 아버지를 배신하게 만들었다. 그가 16세에 아버지의 뜻을 어기고 의과대학원을 포기한 것처럼, 그녀도 이런 충동적인 행동을 반복했다. 그는 자신의 정치적 목적을 이루기 위해서 딸이 꿈꾸어 오던 것을 희생시켰다. 그녀는 열정적이고 절대로 포기하지 않는 정신력을 갖춘 총명한 학생이었다. 그녀의 꿈은 웨슬리 대학에 입학하는 것이었고, 16세에 합격했다. 그때 허니 피츠는 어려움에 처해 있었다. 그의 정치적 줄다리기와 사람을 정략적으로 조종하려는 성격이 마침내 그에게 사기죄와 보스턴 시장직 사임이라는 불명예를 가져왔다. 그는 가톨릭교회의 지도자에게 은밀히 부탁하여 그녀를 웨슬리 대학 대신에 가톨릭 대학에 진학하게 압박했다.

로즈는 갑자기 해외에 있는 수도원에서 운영하는 대학에 보내졌다. 자신의 뜻과는 달리 딱딱한 학교 분위기에 홀로 남겨진 결과, 그녀는 가족과 완전히 단절했고, 그 침묵 속에서 가족과의 모든 자연스러운 애착관계를 거부했다. 그 당시 종교대학교의 전형적인 억압은 심했다. 대학에는 여학생이 자신만의 '특별한 우정'을 맺는 것조차 금지하는 규칙까지 있었다. 이에 대한 그녀의 반응은 평생 동안 자신을 드러내지 않는 것이었다. 그녀는 자신의 반항심을 억눌렀고, 아버지의 뜻에 따라 행동했으며, 그 결과 자신의 에너지를 표출하는 유일한 통로는 오로지 기도하는 것뿐이었다. 과도기에 그녀는 인간관계에서 철수하는 방법을 선택했고,

평생 동안 이런 방법을 사용했다. 그녀가 잃은 것은 아버지와의 특별한 관계에 대한 믿음과 자기 자신의 삶을 결정하는 결단력이었다. 그녀는 항상 자신보다 강한 남성의 결정에 의지하면서 살아갔다.

우리는 로즈와 조 케네디 부부가 자녀의 죽음으로 많은 상실을 경험했다는 것을 잘 알고 있다. 그러나 그들의 첫 번째 상실은 자녀의 죽음이 아니었다. 장녀 로즈메리(Rosemary)는 가족과 멀리 떨어진 수도원의 공공시설로 보내져서 과거 50년 동안(유니스를 제외한) 가족과 단절한 채 지냈다. 그 아이는 잃어버린 꿈이고, 수치이고, 사라지지 않는 고통이었다. 그녀가 가족 내에서 보호받기 바라면서 케네디 가족은 이 비밀을 수년 동안 감추어 왔고, 그녀가 정상적으로 회복되도록 많은 노력을 기울였다.

로즈메리가 20대 초반이었을 때, 그녀의 행동은 가족을 더 혼란에 빠지게 했다. 그녀는 정기적으로 분노를 폭발했고, 갇혀 있던 수도원을 빠져나오려고 하다가 여러 번 다시 붙잡혔으며, 밤에 길을 배회하며 다녔다. 어느 시기에 이르자 조는 아내 로즈가 없는 사이에 로즈메리에게 뇌절제수술을 받게 하기로 결정했다. 뇌절제수술은 가장 심한 만성적이고 회복가망이 없는 정신질병 환자에게만 행해지던 수술이었다.[21] 철저한 비밀 속에서 행해진 수술은 오히려 그녀의 병을 더욱 악화시켰다. 그러자 조는 그녀를 미국 중서부에 있는 수용소로 보냈다. 그는 아내에게—수술을 받았던 그때나 그 이후로도—로즈메리가 뇌절제수술을 받았다는 사실을 절대로 말하지 않았다. 아내는 딸이 당분간 집을 방문하지 않는 것이 그녀를 위해서 더 좋다는 말을 남편에게 들었을 뿐이었다. 그녀의 친구와 친척에 따르면, 20년 후 1961년에 조가 뇌출혈로 쓰러진 이후 로즈는 홀로 로즈메리에 대한 이야기를 끼워 맞추기 시작했다.[22] 왜 로즈는 자신이 수년 동안 헌신을 다했던 딸을 만나 보겠다고 주장하지 않았을까? 어떻게 로즈는 딸에 대한 소식을 알기 위해 남편에게 물어보지도 않았을까? 어떻게 다른 가족은 그들의 가족인 로즈메리가 갑자

21) Lawrence Leamer, *The Kennedy Women* (New York: Villard Books, 1994).
22) Goodwin, op. cit.

기 사라졌음에도 불구하고 그녀에 대해 아버지에게 물어보지 않았을까? 이런 사건에 대하여 조는 자기 자신을 질책했을까? 다른 가족은 로즈메리를 무시한 채 살아온 것에 대해 아버지나 자신을 비난하지 않았을까? 우리가 알 수 있는 것은, 수술 이후 30년이 지난 다음 로즈가 쓴 자서전에서, 그녀는 자신이 로즈메리의 뇌절제수술에 대한 결정에 동의했고, 그 이후 20년 동안 로즈메리에 대하여 아무것도 묻지 않았으며, 그녀를 방문하지도 않겠다고 말했다는 것이다.

케네디 가족은 로즈메리의 정신지체에 관해 가족 내에서 절대로 이야기하지 않았다. 1960년도까지 로즈메리에 관해서는 공개적으로 언급되지 않았다. 우리가 앞에서 언급했던 것처럼, 이런 가족비밀의 '환영'을 공개적으로 알리지 않고 비밀스럽게 숨기면서 여러 세대를 통해 내려온 결과는 또 다른 충격으로 다음 세대에 전수된다는 것이다. 우리가 이미 다루었던 조의 손자 데이비드 케네디의 마약중독으로 인한 죽음이 바로 그것이다. 어느 날 그가 마약에 빠져 있었을 때, 그의 고모인 로즈메리의 사진이 표지로 다루어진 뇌절제수술에 관한 기사를 다룬 잡지를 발견했다. 그는 다음과 같이 말했다. "그녀는 하얀 새 신발을 신고는 미소를 짓고 있었다. 만약 할아버지가 살아 계셨다면, 자신의 딸에게 행한 짓을 내게도 했을 것이라는 생각이 머리를 스쳐 지나갔다. 고모는 골칫거리였고 나도 골칫거리다. 고모는 장애물이었고 나도 장애물이다. 그 사진을 바라보면서, 나는 할아버지뿐만 아니라 고모에게 그런 일이 일어나게 내버려둔 다른 모든 사람을 증오했다. 그들은 내게도 고모에게 한 것처럼 할 것이다."[23)]

수치와 죄책감은 비밀과 의혹으로 이어졌고, 로즈메리는 이런 비밀과 의혹 속에서 불구, 뇌절제수술 그리고 실종을 당하게 되었다. 이런 상실은 상당히 오랫동안 지속된다. 이런 상황에서 다른 가족은 이런 감정을 갖게 된다. '만약 그녀가 실종당했다면, 나도 실종당할 수 있다.' 그리고 그들이 가지고 있는 공상에 자신이 알고 있던 이야기를 새롭게 변형시켜 새로운 의미를 갖게 하고, 이런 변형된 의미

23) Collier and Horowits, op. cit.

가 공상과 혼합되어 또 다른 환영을 만들어 냈다.

알 수 없는 로즈메리의 실종은 특히 그들에게는 고통스러운 짐이었을 것이다. 왜냐하면 실종은 죽음과는 달리 애도하기가 어렵다. 그녀는 살아 있는 것처럼 여겨지지만, 육체적으로나 정신적으로 그들과 함께할 수 없기 때문이다. 로즈는 그녀의 자서전에서 "로즈메리는 가족을 알아보고 또 그들을 보면서 즐거워했을 것"이라고 말했다. 그러나 로즈메리는 가족 안에서는 만족스럽게 행복해했으나 다른 곳에서는 심하게 혼란스러워했을 것이다.[24] 그러나 데이비드와 같은 다른 가족은 그녀의 말이 사실인지에 의구심을 품었을 것이고, 그녀를 추방한 일에 대해 틀림없이 의문을 가졌을 것이다.

불행하게도 로즈메리는 케네디 가족이 경험한 여러 자녀의 죽음 중에서 가장 처음으로 죽음을 맞은 사람이었다. 각 사건마다 그 사건에 사실을 밝히지 않고 비밀로 부치는 유사한 경향이 있었는데, 이런 그들의 행동은 겉으로 드러나는 그들의 긍정적 이미지와는 부합하지 않는다. 조와 로즈 부부가 '애지중지하던 장남' 조 주니어(Joe, Jr.)는 부모에게 대통령이 되어야 한다는 세뇌를 당했는데, 1944년 6월 필요하지도 않았던 무모한 비행임무를 띠고 비행기를 몰다가 총에 맞아 비행기가 추락하면서 사망했다. 이 사고는 단지 그의 영웅적인 면만을 언급하였지만, 그의 과장된 모험이나 비행이 시작되기 직전 전자공학 장교에게서 그가 타려고 하는 기체에 고장이 생겨 비행이 무리라는 경고를 받았었다는 사실은 언급되지 않았다.[25] 또한 케네디 가족은 그가 죽었을 때, 그가 유부녀 팻 윌슨(Pat Wilson)과 동거하고 있었다는 사실도 전혀 언급하지 않았다. 윌슨이 로즈에게 위로의 편지를 보냈으나, 로즈는 아무런 응답도 하지 않았다. 케네디 가족은 앞으로 계속하여 비극과 사고 그리고 마력적인 운명이 뒤엉켜 일어날 것이라는 예감을 피하기 어려웠다. 조 케네디 주니어는 위험하고도 무리한 폭탄투하 임무를 수행하고 있었다. 이런 비행에서 살아남을 확률은 50% 미만이라는 경고를 무시하면서 말이다.

24) Rose Kennedy, *Times to Remember* (New York: Bantam Books, 1975).
25) John H. davis, *The Kennedys: Disaster* (New York: McGrawHill, 1984).

케네디 가족. 왼쪽부터(팻, 잭, 로즈메리, 진, 조지프 경, 테드, 로즈, 조 주니어, 캐슬린, 로버트 그리고 유니스). 상실을 다루는 양상이 케네디 가족의 가족사와 행동을 형성했고 이런 양상은 그 세대뿐만 아니라 다음 세대로 계속 전수됐다.
(출처: Dorothy Wilding, John F. Kennedy Library)

그는 자신의 의무 복무기간이 다 끝났음에도 불구하고 계속해서 출격했는데, 그 이유는 자신의 동생인 존(John)이 태평양 전투에서 큰 공을 세워 훈장을 받았기 때문에 자신도 영웅으로 집으로 돌아가기 위해 무리한 비행을 한 것이다. (이 경우에도 조는 해군이었던 존이 작전 임무를 수행하는 도중에 실종되었고, 그가 이미 다른 동료들에 의해 장례식이 치러졌다는 소식을 들었으면서도 일주일 동안 이 사실을 아내나 자녀 모두에게 말하지 않았다. 그러나 그는 죽지 않았고 살아서 돌아왔다.)

맏아들인 조의 사망사고에 뒤이어 또 다른 사고가 일어나고, 이런 상실을 다루는 데 케네디 가족은 회피하는 방법을 사용했다. 여러 가지 실례를 통하여 그들이 상실을 어떻게 다루었는가를 보면 알 수 있다. 조 주니어가 죽었을 때, 그의 아버지는 자녀들에게 그 사실을 알렸고 "이제부터는 너희 모두가 어머니를 잘 모셔라."라는 훈계를 했다. 이때 로즈는 그녀의 방에서 나오지 않고 틀어박혀 있었고, 남편도 자신의 말이 끝나자 자기 방으로 들어가 버렸다. 로즈는 자신과 남편이 "마음속으로 조용하게 울었다."라고 말했다. 그때 조는 "우리는 계속 앞만 보고 가야 한다. 우리는 살아가야만 한다. 또한 앞으로 해야 할 일이 많다."[26]라고 말했다. 로즈는 종교에 빠졌고, 묵주를 계속 돌리면서 기도만 했다. 이후 모든 삶과 생활의 조율 그리고 가족 외부와의 관계를 모두 남편에게 일임했다. 그녀는 슬픔으로 인해 소진해 있었으나 남편은 즉각 활동을 재기했다. 이것이 상실에 대한 케네디가 남성의 대응 방법이었다. 우리 문화의 성에 따른 역할과 일치한다.

둘째 딸 캐슬린(Kathleen)은 1994년 5월 어머니의 반대에도 불구하고 영국인 개신교 동료와 결혼하여 어머니와 단절했는데, 그해 9월 전쟁 중에 남편이 사망하였다. 이때 캐슬린은 남편보다 몇 개월 앞서 죽은 오빠 조 때문에 미국 집에서 가족과 함께 있었다. 그의 사망 소식이 전해졌을 때, 그녀는 쇼핑을 하기 위해 집을 비운 상태였다. 유니스(Eunice)는 언니를 만나러 나갔다. 유니스는 전형적인 케네디 가족이 취하는 태도로 언니를 대했다. 언니가 산 물건을 보면서 잘 샀다고 칭찬하며, 언니의 쇼핑이 끝날 때까지 남편의 죽음에 대한 소식을 전하지 않았다. 쇼핑이 끝나자 유니스는 언니에게 점심을 먹으러 집으로 가기 전에 아버지에게 전화하는 것이 좋지 않겠느냐고 하면서 언니에게 전화를 걸게 했다. 그때 조는 딸에게 남편의 사망소식을 전했다. 그날 밤 가족은 캐슬린을 걱정하고 위로했지만, 그녀 남편의 죽음에 대해서는 말하지 않았다. 그때 캐슬린과 같이 있던 친구는 케네디 가족이 아무런 일도 없었던 것처럼 보이기 위해 광란적일 만큼 자신들의 일에 몰두하는 것을 보고 소스라치게 놀랐다고 말했다.[27]

한번은 캐슬린이 다른 친구에게 자신은 어렸을 때부터 "케네디 가족은 절대 울지 않는다."라는 교육을 받아 왔다고 말한 적이 있다. 위로의 말과 함께 조의 동료가 전화로 오빠 조가 죽었다는 소식을 그녀에게 전했을 때, 그녀는 비탄에 잠겨 흐느끼며 울었다. 나중에 그녀는 그에게 사과의 편지를 했다. "제가 오늘 밤에 또 울고야 말았습니다. 죄송합니다. 저는 문제를 좀 더 슬기롭게 넘기지 못하는 것 같습니다."[28] 남편이 죽은 후, 그녀는 가족을 떠나 영국으로 돌아갔다. 그녀는 시댁

26) Kennendy, op. cit.

27) Lynne McTaggart, *Kathleen Kennedy: Her Life and Times* (New York: Dial Press, 1983).

28) Goodwin, op. cit.

에 머물면서 그들의 위로와 지원을 받으며 수개월 동안 남편의 사망에 대한 애도의 기간을 가졌다.

4년 후 캐슬린은 다른 개신교 남자를 만나 사랑에 빠지게 되는데, 이 남자가 바로 피터 피츠윌리엄(Peter Fitzwilliam)이라는 유부남 영국 귀족이었다. 그는 화려한 생활, 도박 그리고 잦은 애정행각으로 유명한 사람이었다. 이번에는 어머니 로즈 케네디가 단호히 말했다. 만약 그녀가 결혼한다면 자신은 캐슬린과의 인연을 끊을 것이며, 아버지가 주는 생활비를 더 이상 줄 수 없다고 선포했다. 남편이 만약 자신의 의견에 반대한다면, 자신은 남편과 헤어질 것이라고 맹세했다. 캐슬린은 어머니의 위협에도 불구하고, 그와의 관계를 깨뜨릴 수 없다고 결심했다. 일말의 희망을 갖고 아버지에게 애원하면서 그녀는 아버지와 만날 날만 손꼽았다. 이때 이들은 리베라(Rivera)에서 주말여행을 하고 있었다. 그러나 다시 한번 케네디가와 친숙한 기괴한 사건이 터졌다. 아버지와 가족을 만나기 위해 캐슬린이 경비행기를 타고 가려고 했던 그들은, 날씨가 매우 나빠 모든 항공기가 결항되었다는 기상 예보와 비행사가 일정을 늦추어야 한다는 강력한 요청에도 불구하고, 비행에 올랐다. 결국 그들의 비행기는 비행 도중에 폭풍을 만나 추락하였고 이 사고로 캐슬린과 피츠윌리엄은 목숨을 잃었다.

딸의 시신을 보러 간 아버지 조는 캐슬린을 보며 그녀가 잠자는 것처럼 아름다웠다고 말했다. 사실 그녀의 시신은 추락으로 인해 알아볼 수 없을 정도로 참담했다. 피츠윌리엄과 함께 죽은 그녀의 상황은 또다시 비밀에 부쳐졌고, 그녀는 첫 번째 남편의 묘지 옆에 묻혔다. 그녀의 장례식에는 아버지 조만 참석했다. 그는 장례식 예약도 하지 않았다. 장례식에 대한 예약과 절차는 그녀의 전 시어머니가 전담하여 준비했고, 심지어 묘비명까지 그녀가 썼다. "며느리는 우리에게 기쁨을 주었고, 이제 그녀는 기쁨을 찾았다." 케네디 가족과 시어머니는 그녀의 죽음에 대해 다른 사람에게 절대로 알리지 않고 함께 침묵했다.

그녀의 친구는, 아직 죽지 않고 살아남은 모든 가족을 위한 기도문을 담은 다량의 카드를 로즈가 보낸 사실을 알고 소름이 끼쳤었다고 말했다. 존(John)과 바비(Bobby) 케네디는 캐슬린의 관리인을 찾아가 그녀의 유품을 가져오면서 다음과 같이 말했다. "다시는 그녀에 대해 말하지 않을 것이다." 그들은 자신의 약속을 지킨 것 같았으나, 바비는 새로 태어난 아이의 이름을 누나의 이름을 따서 캐슬린이라고 지었다. 24년 후 로즈는 자신의 자서전에 다음과 같이 적었다. "1948년도에 [캐슬린]은 봄 휴가를 리베라에서 지내고 있었고 몇몇 친구와 함께 전용기를 타고 파리로 비행했다. 그곳에서 아버지는 그녀를 만나기 위해 기다리고 있었다. 프랑스 쪽에서는 알프스 산맥의 끝자락으로 가는 길에 기상이 점차 악화되었다. 게다가 항법장치마저 제대로 작동하지 않으면서 결국 비행기가 산과 충돌하여 탑승자 모두가 사망했다. 조는 소식을 전해 듣고는 그 장소로 급히 갔다. 그는 산에서 실려 내려온 그녀를 보았다. 우리는 사랑하던 딸 캐슬린을 1948년 5월 13일에 잃었다." 마치 그가 존재하지 않고 있었다는 것처럼, 그녀의 약혼자와 관련될 만한 것은 모두 없애 버렸다. 그리고 로즈가 자신의 딸과의 관계를 끊어 버린 사실과 관련된 증거도 함께 없애 버렸다.

그때 이후로 케네디 가족은 수많은 상실과 가까이 다가오고 있는 상실을 계속 경험했다. 존 케네디는 세 차례나 죽음에 노출되었고 마침내 장례식을 치르게 됐다. 테드는 두 차례나 거의 죽을 고비를 넘겼다. 그는 존이 죽은 지 1년 후에 비행기 충돌로 허리를 다쳤고, 로버트가 암살당한 지 1년 후에는 익사를 당할 뻔했다(그의 연인 메리 조 코펜은 차파퀴드 딕에서 익사한다.). 그의 형들의 비극적인 죽음이 있을 때마다 오래 지나지 않아 치명적으로 죽을 뻔한 사건이 생겼다는 것은 우연의 일치로 보아야 하는가, 아니면 스트레스 연구에서 죽음과 스트레스 사이의 연관성을 실례로 들어 가면서까지 증거를 밝히려고 했던 것처럼, 많은 상실과 여러 스트레스가 가중되면서 우리가 정서적 쇼크, 신체적 혹은 정신적 질병 그리고 사고에 노출되기 쉽다는 것인가? 가장 최근에 일어난 가족 스캔들은 윌리 스미스(Willie Smith)가 강간범으로 고소를 당했던 사건이다. 이는 그의 아버지가 죽은 지 7개월 후에 일어난 사건이다.

무엇이 가족에게 무모하고도 자기 파괴적인 행동을 하게 만든 것일까? 많은 사람이 '유혹적인 파멸' 속에서도 자신들이 여전히 건재하다는 것을 증명이라도 하듯이 아슬아슬한 삶의 벼랑 끝에서 산, 무모하게 위험을 무릅쓴 캐슬린과 조 주니어의 행동, 조지프와 존 케네디의 극도로 문란한 성생활 그리고 그들이 죽음에 대한 두려움으로 정치적으로도 위험한 어떤 단체[29]와의 접촉을 계속한 것을 알고 있다.

존 케네디가 총격으로 살해당했다는 소식을 들었을 때, 로즈는 그녀와 남편이 이미 수년 전에 결정해 놓은 원리에 따라 행동했다. 나쁜 소식은 아침에 알려 주어야 하며 저녁 이후에는 알려서는 안 된다는 것이다. 왜냐하면 그 소식 때문에 깊은 잠을 이루지 못하기 때문이다. 그러므로 로즈는 뇌출혈로 고통당하고 있는 남편 조를 보호한다는 차원에서 아들의 사망 소식을 다음 날 아침에 전달하는 '친절한 음모'를 계획했다. 집 안에 있는 모든 TV의 전원을 꺼 버리고 소식을 듣고 온 친척이나 친구에게 입단속을 시켜 다른 이야기를 하도록 강요했다. 모든 사람이 남편과 그날 오후부터 저녁까지 존의 죽음과는 동떨어진 주제를 가지고 돌아가며 의미 없는 대화를 계속 나눴다. 그는 다음 날 아침에 이 소식을 듣게 됐다.

로즈는 존 케네디 사망 당시 아내 재키(Jackie)가 보여 준 의연한 태도가 세상이 죽음을 맞이할 때 어떤 태도를 취해야 하는지에 대한 본보기가 되었다고 믿었다.

그다음 주에 로즈는 다음과 같이 말했다. "가족이 자신들을 고통스럽게 하는 슬픔을 감춘 채, 아직도 우리에게 남아 있는 축복에 평온하게 희망적으로 감사하면서 추수감사절을 축하했다. 슬픔을 감추며 추수감사절 축하파티를 평화스럽고 희망적이며 감사한 날로 만들려고 최선을 다했으며, 그 추억은 내 기억 속에 아직도 남아 있다." 로즈는 케네디 가족이 비극을 어떻게 다루었는지에 대한 재키의 칭송을 인용했다.

> 여러분은 그들과 저녁 식사를 함께할 수 있다. 너무나 많은 슬픈 일이 그들 각자에게 일어났다. 그리고 불가항력적으로 슬픈 일이 그날 일어날지도 모른다. 여러분은 가족원 서로서로가 다른 가족원의 고통을 잘 알고 있다는 것을 알게 될 것이다.

29) 역주: 일설에 따르면 아버지 조 시니어의 지시대로 존 에프 케네디와 로버트 케네디는 미국의 폭력 조직인 마피아와 깊은 관계를 맺고 있었고, 여자를 소개시켜 주는 것도 이들의 소행이었다 고한다.

그래서 여러분도 슬픔 속에서 저녁 식탁에 앉게 될 수 있다. 그리고 서로가 다른 가족의 참담한 마음을 기분 좋게 하려고 의식적으로 애쓸 것이고, 여러분은 그런 행동이 전염성이 강해 모든 가족이 즐거워지려고 애쓰고 있다는 것을 알게 될 것이다. [그들은] 서로를 격려한다. 그들은 모두 유머감각을 갖고 있다……. 이렇게 하는 것이 다소 불손하고, 자기 자신을 우롱하는 것 같기도 하고, 우스꽝스럽기까지 하지만, 마침내 슬픔 속에서 그들은 점점 더 불손하고 사악한 유머를 하기 시작한다……. 그들은 최선을 다한다. 어느 누구도 자기 동정에 빠지거나 머물러 있지 않다.

잭(Jack)이 죽고 5년이 지난 후 셋째 아들 로버트가 죽자 로즈는 그의 죽음에 대해 이야기했다. 두 번째 일어난 암살의 냉혹한 현실은 도저히 믿기 힘든 일이었고, 상상할 수도 없는 거짓이라고 생각했다. 그녀는 주위에서 그녀가 장례를 치르고 있는 동안 보여 주었던 태도, 용기 그리고 장례를 주도한 그녀의 행동이나 문상객에게 지나치게 기뻐하며 손을 흔들어 주는 등의 행동이 적절하지 않다며 그녀에 대한 말을 많이 한다는 것을 알았다. 그녀는 다음과 같이 응수했다. "내가 그런 태도를 취한 이유는 나는 그렇게 해야만 했기 때문이다. 만약 내가 슬픔에 잠겨 무너졌다면, 다른 사람의 불행에 더 심한 충격을 가하는 것밖에 되지 않기 때문이다. 슬픔을 억지로 참는 그런 행동을 내가 했다면, 억눌렸던 감정이 솟구치면서 걷잡을 수 없게 되기 때문이다. 그러나 사실 슬픔 앞에서도 강인함을 보인 것은 실제의 내가 아니었다. 그런 방법은 우리 가족 모두의 뇌리에 깊게 자리 잡고 있었다."[30]

슬픔은 개인이 다루어야 할 사적인 문제다. 각 가족원은 슬픔을 다루는 자기만의 방법을 찾아야만 한다. 케네디 가족은 믿을 수 없을 정도의 계속되는 비극적인 사건을 다루는 데 강한 용기를 보여 주었다. 그러나 그들은 눈에 띄게 나약함을 드러냈는데, 특히 수치스럽고 영웅적이지 못한 상실에 직면하지 못했다는 것이다.

30) Kennedy, op. cit.

이 가족에 대해 놀랄 만한 것은 가장 파괴적인 상실을 겪었음에도 불구하고 계속해서 가족을 지탱해 나갔다는 것이다. 케네디 가족처럼 너무나도 많은 상처와 단명을 경험한 가족의 경우, '저주받았다'는 감정에 사로잡혀 상실의 경험을 딛고 다시 일어설 용기마저 포기하고 만다. 그러나 또 다른 가족은 자신들이 아직 살아남은 자라고 생각하며, 두들겨 맞아 쓰러지기는 해도 주저앉아 있지만은 않는다. 어려움을 경험하면서 느끼는 감정을 조절하는 데에서 케네디 가족은 비극을 극복하는 과정에서 놀라울 정도의 생명력과 용기를 보여 주었다. 그것은 마치 가족에게 주어진 임무가 그들에게 난관을 통과하게끔 만든 것 같다.

7. 프로이트 가족

프로이트 가족 역시 상실의 유산이 여러 세대에 걸쳐서 반복되는 양상을 보여주는 또 다른 흥미 있는 사례이다(가계도 5-4). 8명의 자녀 중 장남인 지그문트(Sigmund)는 모라비아의 프라이베르크에서 1856년에 태어났다. 그는 장남이었을 뿐만 아니라 수년 동안 독자였다. 그는 어머니와 강한 유대감을 가졌고, 그의 어머니는 그를 항상 "나의 보배 지키"라고 불렀다. 보든 점에서 그는 가족의 중심이었다. 그에게는 몇년 후에 죽음을 맞이한 남동생, 5명의 여동생 그리고 열 살 어린 막내 남동생이 있었다. 지그문트가 아버지에게 귀중히 여겨졌던 것은 그가 태어나기 3개월 전에 할아버지가 사망하면서 부자관계가 더욱 돈독해졌기 때문이다. 할아버지 슐로모(Schlomo)는 랍비(rabbi)였다. 지그문트는 그의 새로운 믿음체계인 정신분석학에 열정적이었고, 이것은 종교적 지도자였던 할아버지와 비교되어 왔다. 그러나 지그문트 프로이트는 할아버지의 발자취를 자기만의 방법으로 따라갔다. 지그문트의 아버지 야코프(Jacob)는 첫 번째 결혼에서 2명의 자녀를 잃었다. 죽은 자녀들의 사인은 자세히 알려져 있지 않다.

이런 상실은 다음에 태어난 아이의 소중함을 더욱 강화시켰다. 이때 태어난 아이가 바로 지그문트였다. 지그문트 프로이트의 남동생 율리우스(Julius)는 프로이트가 태어난 지 17개월 후에 태어났지만, 단 7개월밖에 살지 못했다. 지그문트의 경우 어머니와의 친밀한 관계는 남동생의 죽음으로 말미암아 더 강해졌다. 남동생의 죽음은 가족의 감정을 더욱 격화시켰는데, 그 이유는 남동생이 죽기 바로 한 달 전에 율리우스라는 같은 이름을 가진 어머니의 막냇동생이 20세의 나이로 폐병으로 사망했기 때문이다. 어머니 아말리아(Amalia)는 자기 동생이 죽어 가고 있다는 것을 알면서도, 동생의 이름을 따서 그가 죽기 6개월 전에 둘째 아들의 이름으로 지어 주었는데, 그 당시 유대인에게 살아 있는 사람의 이름을 따서 자식의 이름을 짓는 것은 일반적인 관습이 아니었다. 나이가 든 후에 지그문트는 말했다. "나는 내 동생의 탄생을 '악의와 유아적인 질투심을 갖고' 환영했다. 그의 죽음은 내게 죄책감을 남겼다."[31] 게다가 이 시점에서 지그문트를 돌보던 보모가 가족에게 해고당했고 프로이트의 가족은 두 차례나 이사를 해야 했었는데, 이는 분명히 경제적인 어려움 때문이었다. 그 이후 바로 조카 존(John)과 의붓형제 엠마누엘(Emmanuel), 필리프(Philip)가 영국으로 이민을 갔다. 더군다나 그는 새로 태어난 여동생 안나(Anna)와 부모의 사랑을 함께 나눠 가질 수밖에 없었다. 그는 여동생과 같이 놀아 준 적이 단 한 번도 없었다. 프로이트 가족 내에서 생성된 가족관계뿐만 아니라 가족이 프로이트에게 각별했던 것과 믿음에 대한 종교적인 열정은 프로이트가 태어날 무렵 가족 내 누적된 상실에 영향을 받았음에 의심할 여지가 없다.

프로이트가 40세가 되던 해에 아버지가 죽자 가족은 또 다른 결정적인 위기를 맞는다. 아버지의 이 죽음은 프로이트의 막내딸 안나(Anna)가 태어난 직후였다. 안나라는 이름은 그녀의 고모 이름을 따서 지은 것이 아니라, 막내딸을 위해 프로이트의 히브리어 교사이자 정신적 지도자였던 사무엘 해머슐라크(Samuel Hammerschlag)의 이름을 따서 지은 것이었다.[32] 아버지가 죽기 바로 전 해에 태어

31) Marianne Krull, *Freud and His Father* (New York: W. W. Norton, 1986).

32) Peter Gay, "Six Names in Search of an Interpretation," *Reading Freud* (New Haven: Yale University Press, 1990).

난 딸 안나가 프로이트의 특별한 사랑을 받으며 그를 가장 따랐던 자녀였고, 그의 자녀 중에서 그와 가장 친밀한 정서적 교감을 맺은 것은 그렇게 크게 놀랄 만한 일은 아니다. 프로이트는 이 시기에 자신의 집에서 함께 살게 된 처제 민나(Minna)와 가까워진다. 그녀는 수년 동안 그의 지적이면서 감성적인 동료였다. 그와 가장 친한 친구 빌헬름 플리스(Wilhelm Fliss)에게 쓴 편지에서 프로이트는 수년 동안 동료로 지내 온 민나에 대해 "나의 막역한 친구"[33]라고 묘사했다. 아내가 자녀들을 돌보고 있을 때 그는 자주 처제와 여행을 다녔다. 우리는 그가 처제와 성관계를 맺었을 것이라고 추측할 수 있고,[34] 이런 행태는 상실을 경험한 가족에게서 자주 일어난다. 하지만 당사자들은 죽음과 외도와의 관계를 잘 의식하지 못한 채 이런 관계를 맺는다.[35] 더욱 흥미를 끄는 사실은 처제와 성관계를 맺는 양상이 다음 세대에서도 반복됐다는 것인데, 프로이트의 장남 마르틴(Martin)과 그의 처제와의 관계가 바로 그것이다.[36]

야코프 프로이트는 아들 지그문트처럼, 야코프의 아버지가 죽었을 당시 40세였다. 단지 우연의 일치로 일어난 사건이라고 말하겠지만, 가족사를 잘 살펴보면 이런 우연의 일치가 자주 발생한다는 것을 알 수 있다. 어쨌든 프로이트는 그의 아버지를 특별하게 동일시한 것처럼 보인다. 그는 그의 아버지의 죽음에 대해 "내 생애 가장 중대한 사건이었고, 가장 통렬한 상실이었다."[37]라고 말했다. 그는 1896년 아버지의 사망에 대해 다음과 같이 기록했다. "아버지의 죽음에 대한 겉으로 보이는 의식 이면에, 알 수 없는 무언가가 내게 너무나도 깊은 영향을 미쳤다.

33) Jeffrey Masson, ed., *The Complete Letters of Sigmund Freud to Wilhelm Fliess: 18871904* (Cambridge, Mass. : Belknap Press, 1985).

34) Peter Swales, "Freud, Minna Bernays, and the Conquestof Rome: New Light on the Originsof Psychoanalysis," *New American Review*, vol. 1, no. 2/3 (1982); "Freud, His Origins and Family History," Presentation at *UMDNJ*-Robert Wood Johnson Medical School, November 15, 1987.

35) Norman Paul and Betty Paul, *A Marital Puzzle* (New York: W. W. Norton, 1975).

36) Sophie Freud, *My Three Mothers and Other Passions* (New York: New York University Press, 1988).

37) Ernest Jones, *The Life and Work of Sigmund Freud*, vol. 1 (New York: Basic Books, 1953).

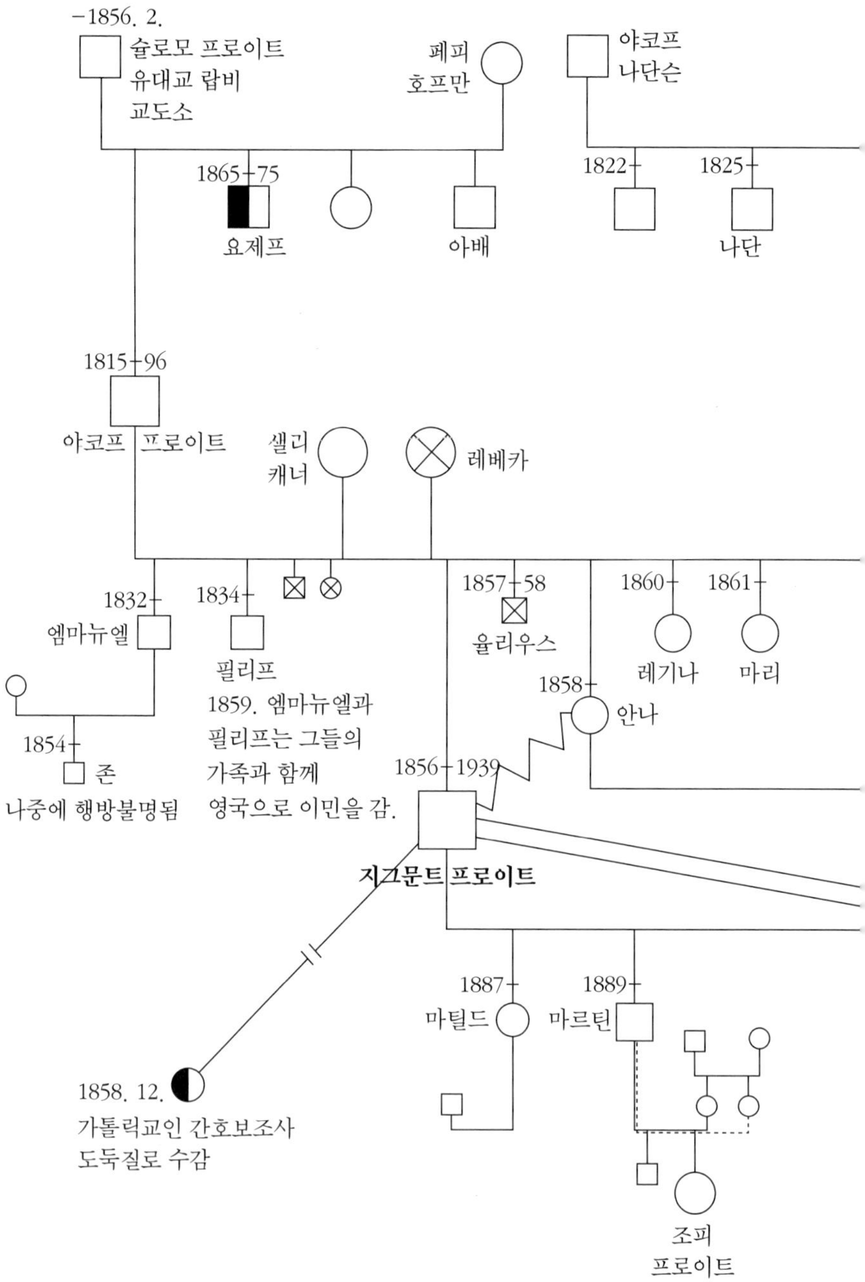

〈가계도 5-4〉 **프로이트 가족**

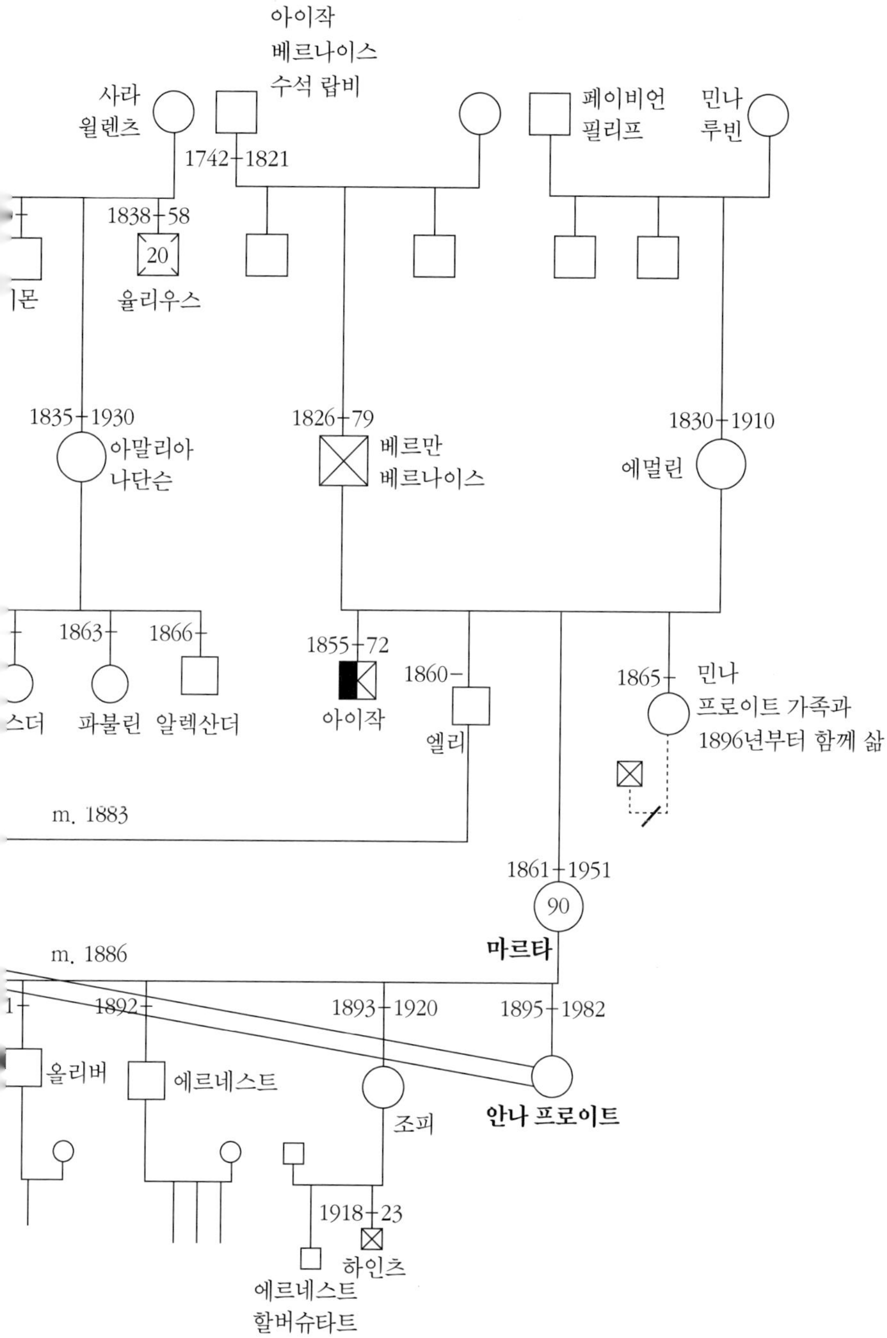
아이작
베르나이스
수석 랍비
사라
월렌츠
1742-1821
페이비언
필리프
민나
루빈
1838-58
20
율리우스
ㅣ몬
1835-1930
아말리아
나단슨
1826-79
베르만
베르나이스
1830-1910
에멀린
1863-
1866-
1855-72
아이작
1860-
엘리
1865-
민나
프로이트 가족과
1896년부터 함께 삶
스더
파불린
알렉산더
m. 1883
1861-1951
90
마르타
m. 1886
1892-
1893-1920
1895-1982
올리버
에르네스트
조피
안나 프로이트
1918-23
하인츠
에르네스트
할버슈타트

지그문트 프로이트가 어렸을 때 아버지 야코프와 찍은 사진(왼쪽 상단). 프로이트와 아내 마르타 베르나이스(왼쪽 하단). 프로이트 가족과 함께 산 프로이트의 처제 민나 베르나이스(오른쪽 상단). 1922년 손자 에르네스트와 하이넬과 함께 찍은 사진(오른쪽 하단).
(출처: Mary Evans/Sigmund Freud Copyrights)

나는 그를 매우 존경하며 충분히 이해하고 있었고, 깊은 지혜와 로맨틱한 낙천성이 조화를 이루어 그만의 독특한 개성을 지닌 아버지는 내게 커다란 의미를 지닌 분이었다. 그가 죽기 전 삶의 긴 여정을 다 말할 수는 없지만, 그의 죽음이 어린 시절의 기억을 흔들어 깨워 놓았다. 나는 지금 뿌리가 뽑힌 것처럼 허탈하다."[38]

아버지의 죽음에 대한 반응은 어머니의 죽음에 대한 반응과 대조를 이룬다. 어머니는 1930년 95세의 나이로 세상을 떠났다. "고통도 회한도 없다. 그 이유는 그 당시 어머니의 상황으로 설명될 수 있다. 어머니는 굉장히 오래 사셨다. 거동이 불편했지만, 애처롭거나 병약하게 보이지 않았다. 어머니는 자유로운 세상으로 가셨고 우리는 그녀를 보내드리려고 한다. …… 어머니가 살아 있는 동안, 나는 죽어서도 안 되고 나는 지금 이렇게 살아 있다."[39]

그가 말한 것처럼, 어머니의 죽음이 고통 없는 죽음이었기에 그에게 안도감을 주었다. 사실 프로이트는 지난 7년 동안 암으로 고통받고 있었다. 그는 자신이 어머니보다 먼저 죽음을 맞이하는 것에서는 면제되었으나, 자신이 먼저 죽을까 봐 몹시 염려하고 있었다. 그는 어머니의 죽음이 그의 의식 '깊은 심연'에서 또 다른 영향을 준 것을 암시했다. 그는 어머니의 장례식에 참석하지 않았고, 대신에 딸 안나를 '가족 대표'로 장례식에 참석시켰다. 이것은 자신의 감정을 회피하려는 하나의 방어기제였음을 잘 알 수 있다. 그의 어머니가 죽었을 당시 70세였던 그는 실제로 죽어 가고 있는 중이었다. 반면에 40세에 아버지가 사망했을 때, 이 시기에 그는 우울증 증상, '유사' 심장병, 무기력, 편두통 그리고 여러 가지 신체화 장애와 정서장애를 겪으면서 그의 삶에서 최대의 위기를 경험했다. 그는 자신의 유명한 자기분석을 통해 새로운 심리학 이론체계를 구축했고, 이런 작업은 『꿈의 해석(The Interpretation of Dreams)』이라는 저서로 출판됐다. 그 무렵 그는 유혹이론(seduction theory)을 구축했다가 다시 철회했다. 많은 사람은 그가 자신의 이론을 철회한 이유로 그 이론이 그의 아버지에게 적용될 수도 있다는 죄책감 때문이라

38) Masson, op. cit. *letter of November 2*, 1896.
39) Jones, op. cit., vol. 3.

고 생각했다.

지그문트 프로이트에게서 상실에 대한 반응은 개인의 생애주기의 어느 시기에 일어났는가, 그 사람의 역할 그리고 죽음의 종류에 따라 차이를 보일 수 있다는 재미있는 사례를 내놓는다. 어떤 죽음은 다른 죽음보다 가족에게 더 큰 충격을 주는데, 특히 시기상조의 죽음은 아주 큰 상처를 준다. 그 예는 지그문트의 남동생 율리우스의 단명이다. 유사한 사례는 두 세대 이후 발생한 프로이트의 4세짜리 손자 하인츠(Heinz)이다. 그는 프로이트의 딸 조피(Sophie), 즉 하인츠의 어머니가 일찍 죽었기 때문에 고아가 되었다. 그는 분명히 비범한 지능을 가진 아이였다. 프로이트는 그 손자에 대해 다음과 같이 기록했다. "그 아이는 정말 사람의 영혼을 사로잡을 정도로 영리하였다. 나는 내 평생에 그 아이를 사랑했던 것만큼 다른 사람을 그렇게 사랑해 본 적이 없었다. 비록 그가 어린아이이긴 했지만 너무나 사랑했기에 …… 나는 손자를 잃은 것을 견디기가 너무 힘들다. 내가 겪었던 슬픔 중에서 이처럼 나를 아프게 하는 것은 없었다. 아마도 나의 병약함 때문에 충격이 더했을지도 모른다. 나는 꼭 필요한 일만 하고 있다. 근본적으로 나는 어떤 것에서도 의미를 찾을 수가 없다."[40]

그는 3년이 넘도록 우울증에 빠져서 삶을 즐기지 않았다. 그가 삶에 대해 강한 거부를 보인 것은, 암이라는 치명적인 병으로 살 날이 그리 많이 남지 않았다는 사실이 그의 우울증과 다른 정신적, 신체적 질병에 일부 영향을 주었기 때문일 것이다. 그는 3년이 지난 후에 아들에게 편지를 썼다. "나는 손자의 죽음을 슬퍼하며, 내 삶에서 가장 힘든 나날을 보냈다. 이제야 나는 마음을 가다듬고 손자를 생각할 수 있게 되었고, 그에 대해 이야기할 때 눈물을 흘리지 않을 정도로 많이 안정이 됐다. 그러나 어떤 이성적인 위안도 내게 큰 위로가 되지 못한다. 단 하나의 위로는 지금 나이가 더 들어서 손자를 예전처럼 많이 생각하지 않는다는 것이다."[41]

40) Masson, op. cit.
41) Ronald W. Clark, *Freud: The Man and the Cause* (New York: Random House, 1980).

8. 가족상실 탐색

우리 사회의 아노미 현상과 단절을 생각해 본다면, 가족이 상실을 함께 공유함으로써 가족은 과거부터 미래까지 영속성을 경험하고, 서로가 유대감, 문화 그리고 다른 인종을 이해할 수 있게 된다. 죽음과 그들 전체의 삶은 더 나아지고 그들은 미래를 살아가는 데 큰 힘을 얻는다. 가족의식은 치유와 변형을 촉진시키는 훌륭한 방법이다. 결혼식이나 모임 혹은 다른 가족의 죽음을 기리는 찬송예배에 참석한 사람을 위해 만들어지는 토스트 한 조각은 가족 속에서 망자를 계속 기억할 수 있게 해 준다. 가족을 위해 한 젊은이가 추수감사절에 만든 토스트는 처제에 대한 많은 좋은 기억을 함께 떠올리면서 2년간의 침묵을 끝냈다. 그녀는 2년 전에 교통사고로 사망했는데, 가족은 그녀의 죽음에 사로잡혀 그들 가족 모두를 숨 막히게 했다. 다른 예로는 한 여성이 25년 전에 자살한 남동생을 위해 25년이 지난 후에 추모예배를 연 것이다. 이와 같은 동생의 상실로 그녀의 가족은 25년 동안 침묵했었던 화해를 하려고 한다. 상실을 통합하기 위해 죽음에 대한 기억과 감정을 떠올리는 것은 죽음 이후 꽤 오랜 시간이 지나서야 가능하다. 심지어 그 시간은 1세대나 2세대까지 걸릴 수 있다. 그 치유의 과정은 가족의 깊은 상처를 치유해 줄 수 있다.

다시 말해, 질문은 '상실을 새롭게 이해할 수 있는 가장 강력한 도구가 있는가?'이다. 가족은 죽은 사람의 사망일을 기억하는가? 혹은 가까스로 기억해 내는가? 가족이 죽은 사람과 그의 사망원인에 대해 편안하게 이야기하는가? 죽은 사람의 좋은 기억과 나쁜 기억을 함께 이야기하는가? 장례식은 누가 주도하고, 누가 관망하는가? 장례식에서 누가 추모를 했고, 누가 추모를 하지 않았는가? 이런 모든 정보는 가족관계, 믿음, 공포 그리고 그들이 마음속에 품고 있는 것을 알려 준다. 여러분도 다음과 같은 것을 생각해 볼 수 있다.

- 많은 가족원이 죽음에 대해 어떻게 반응하는가? 눈물? 철수? 우울? 광란? 상

실에 대해 서로 이야기를 주고받는가?

- 임종 시 누가 함께 있었는가? '임종을 지켜야만 할 사람' 중에서 그 자리에 있지 않은 사람은 누구였는가?
- 가족원의 사망시기에 가족관계는 어떠했는가? 죽은 사람의 미해결된 문제가 있었는가?
- 장례식은 누가 준비했는가? 누가 참석했는가? 누가 불참했는가? 누가 찬송가를 불렀는가?
- 시신을 화장했는가? 아니면 땅에 묻었는가? 화장했다면 가루는 어떻게 처리됐는가? 묘비명은 있는가?
- 사망 시기에 가족 간의 갈등이나 단절이 있었는가?
- 유언이 있었는가? 누가 그 유산을 받았는가? 유산의 분배로 가족갈등이 있었는가?
- 가족이 묘지에 참배하는가? 얼마나 자주 참배하는가? 누가 죽은 사람에 대하여 얘기하고 얼마나 자주 얘기하는가?
- 죽음의 원인이나 상황에 대한 비밀이 있는가? 그 사실은 가족 내외에서 철저히 비밀인가?
- 죽은 사람에 대해 가족은 어떤 신화를 만들었는가? 그 혹은 그녀는 성인으로 꾸며졌는가?
- 죽은 사람이 좀 더 오래 살았더라면, 가족사는 어떻게 달라졌겠는가?
- 죽은 사람은 가족에게 오명을 주었는가(예, 자살, 후천성면역결핍증AIDS 사망)?
- 죽은 사람의 관계가 살아 있는 사람들에게 어떤 영향을 주었는가? 죽은 사람으로부터 가족이 기억하는 것은 무엇인가?
- 가족은 사후세계에 대해 어떤 믿음을 갖고 있는가? 또한 이런 믿음이 상실의 의미를 이해하는 데 어떤 영향을 주는가?
- 죽음을 맞이할 때 가족을 지탱해 주는 가족의식, 문화적 소명 및 생존력 등과 같은 믿음체계가 있는가?

제6장

부모자녀관계

나의 어머니 같은 분은 또 없을 것이다……. 그녀는 나와 많이 닮았다. 그렇지 않다면, 떨어져 지내는 것이 더 낫다고 느낄 때마다 그렇게 서로를 그리워하지 않았을 것이다. 어머니의 편지는 반갑지 않다. 어머니는 늘 내게 너무나 많은 질문을 한다(나는 매달 편지를 쓰려고 애쓰지만 어머니와 나의 공통 관심사를 찾지 못한다.).

쇼 부인에게 쓴 편지 중에서 – 로렌스

나의 어머니는 72세다. 우리는 자주 그녀를 방문한다. 나는 어머니를 알아야만 하고 어머니 또한 나를 알아야만 한다고 생각한다. 그러나 그것은 서로에 대한 관심 같은 것이다. 왜냐하면 나는 3세 때 어머니를 떠나 할머니의 손에 키워졌고, 7세 때 가슴 아픈 짧은 해후를 한 것 외에는 13세가 될 때까지 어머니를 만나지 못했기 때문이다. 사람들은 내게 어떻게 아무 원망도 없이 잘 지냈는지 종종 물어본다. 나는 어머니를 내가 만난 그 어느 누구보다도 훌륭한 사람이라고 생각한다. 그녀는 유쾌하고 아주 멋진 분이다.

스테파니 스톡스 올리버와의 대화 중에서 – 마야 안젤루

어느 누구도 부모를 대신할 수는 없다. 그들은 여러분이 혼자서는 아무것도 할 수 없는 갓난아기일 때 여러분을 키웠고 일생 동안 여러분은 어떤 방식으로든 부모에게 의지했다. 우리는 부모에게 결코 갚을 수 없는 빚이 있다. 그러나 복잡한 가족관계 속에서 많은 사람이 부모와의 관계에서 거의 즐거움을 느끼지 못한다. 그리고 대부분의 사람처럼 우리 부모에 대해 잘 아는 사람은 극히 드물다. 어쩌면 우리는 부모의 간섭에 끊임없이 '방어'하거나 예전과 다른 새로운 관계를 바랄지도 모른다.

그러나 부모의 환경, 즉 자녀, 형제, 연인, 친구에 대해서 알아 감으로써 그리고 부모자녀 관계에 대한 가족양상을 탐구함으로써 여러분은 지금까지와는 다른 사실을 알게 될 것이다. 부모의 삶 속에 여러분을 깊이 결부시키면 시킬수록, 여러분은 부모가 여러분에게 미친 영향을 더 잘 이해하게 될 것이고 더 많은 부분을 공감하게 될 것이다.

여러분은 부모의 삶에 관해 이야기를 건넴으로써 쉽게 시작할 수 있다. 그들의 꿈은 무엇이었는가? 그 꿈은 이루어졌는가? 그들은 그들의 부모에 관해 어떻게 생각하고 있는가? 그들은 어린 시절에 관해 기억을 갖고 있는가? 여러분은 다른 가족과 부모에 관한 이야기를 나눠 볼 수도 있다. 다른 가족에게 부모는 어떤 모습으로 각인되어 있는가? 어린아이? 형제자매? 동료? 연인? (이는 민감한 부분일 수도 있다!)

몇몇 사람에게 부모와의 관계는 그들이 이해하기에는 가장 어려운 것이다. 그들이 희생자라고 느끼기 때문에 오해받았거나 학대당했거나 위험한 장소에 버려졌거나 혹은 백설공주, 신데렐라, 헨젤과 그레텔에서와 같이 아주 어린 나이에 어른스럽게 행동할 것을 강요받았다고 느낀다. 그들은 자신이 입양되어 잠시 온화하고 다정한 아버지, 어머니와 함께 살았다는 공상을 하기도 한다. 그리고 일부 사람에게는 두렵고 무기력한 어린 시절의 경험에서 벗어나 성숙해지는 것이 불가능하다.

나이가 들면서 부모와 자녀의 역할이 뒤바뀔 수도 있다. 부모가 노인이 되면, 그들은 중년 자녀에게 좀 더 기대고 의지하며, 중년 자녀는 그들을 부양할 책임감이 커진다. 이것은 인간적 유대관계에서는 긍정적인 시기가 될 수도 있지만, 어린 시절의 원망이 쌓여서 지속되었다면, 문제가 심각해질 수도 있는 시기이다. 종종 어린아이, 심지어 어른조차도 일찍이 '어머니' '아버지'의 삶에 대한 기대 이상의 것을 넘어서 명확히 부모의 의미를 깨닫기는 어려운 일이다. 그리고 우리가 어린 철부지였을 때 부모에게 심한 상처를 주었다는 것을 깨닫는 것 또한 매우 중요하다. 마야 안젤루(Maya Angelou)는 자신의 아들이 그녀에게 화가 나서 "어머니, 저도 제가 아들에 지나지 않는다는 걸 잘 알지만, 이건 제 인생이에요. 어머니 인생이 아니라고요."라고 말했을 때의 심정을 다음과 같이 기록했다. "어린아이에게서 쏟아져 나온 가시가 가슴에 사무쳤고, 가슴 깊숙한 곳을 찔러 피멍이 들었다"[1] 우리가 부모에게 한 말이 그들의 마음속 깊은 감성을 자극한다는 것을 우리는 명심해야만 한다.

우리 대부분은 어머니와 아버지에 대해 매우 다른 느낌을 간직한 채 성장한다. 그 이유는 문화적으로 '행해야 할' 다른 역할이 뿌리 깊게 자리 잡고 있기 때문이다. 각기 다른 역할에 대한 전형적인 실례는 로버트 앤더슨(Robert Anderson)의 희곡『나는 아버지를 위해 노래를 불러 본 적이 단 한 번도 없다(I Never Sang for My Father)』에서 등장하는 아들과 딸의 대화에서 엿볼 수 있다.

> 아들: 난 단지 아버지가 낯선 사람인 채 죽는 걸 원치 않았을 뿐이야.
>
> 딸: 진, 넌 존재하지도 않는 무언가를 갈망하고 있어. 너는 아버지에게서 어머니의 사랑을 갈구하잖아. 어머니는 온화하고 헌신적이시지만, 아버지는 거칠고 사악하고 이기적이고 불공평한 세상살이를 우리에게 가르쳐 주시기 위해서 엄하고 퉁명스럽지.
>
> 아들: 내가 아버지를 전혀 사랑하지 않거나 그가 나를 전혀 사랑하지 않는다면 문제될 게 없어. 하지만 내가 '아버지'란 단어를 들을 때는 문제가 달라.[2)]

아마도 우리는 딸, 아들, 어머니, 아버지의 역할과 다양한 문제를 고려해 보아야 한다. 전통적으로 아버지는 좀 더 알려지지 않았거나 알기 어려운 존재로 여겨져 온 반면, 어머니는 그 존재감이 좀 더 명확하고 우리의 화도 잘 받아 주고 사랑도 받아 주는 존재로 여겨져 왔다. 어머니는 종종 우리와 아주 많이 친해지기를 원하고 많은 조언을 해 주는 존재감 있는 인물로 인식되곤 한다. 한 젊은 여성이 이에 대해서 다음과 같이 묘사했다. "일주일에 6일을 하루 12시간씩 일을 하고 집에 돌아온 아버지는 이미 우리에 대한 책임을 행하기에는 너무나 지쳐 있다. 혹은 그는 부재중이거나 여행 중이거나 하며 늘 곁에 없다. 우리는 아버지를 더 잘

1) Maya Angelou, *All God's Children Need Traveling Shoes* (New York: Vintage, 1986).

2) Robert Anderson, op. cit.

알았으면 하는 존재로서 기억하지만, 실제로 우리가 아버지와 함께 있게 될 때 갈등이 생길 만한 힘겨운 이야기는 꺼린다. 그런 이야기는 마치 드넓은 가슴에 성난 분노를 가둬 버린 것처럼 보이는 어머니와 가능하다."[3]

부모를 완전히 이해하기 위해 우리에게 필요한 것은 문화에서 부자지간과 모자지간이 어떻게 인식되고 있는가에 대한 자문이다. 우리는 가족 내에서 행해지는 전통적인 성역할을 고려해 보아야 한다. 이것은 사리사욕 없는 여자와 지배적인 남자와의 관계에 대한 개념을 넘어서서 남자에 대한 우리의 시각을 확장시키는 것을 의미한다. 우리는 의혹을 인정하거나 양육자가 될 수 있었던 가족 내 남자와, 직접 그들의 위력을 과시하면서 위험을 무릅쓰고 관습에 대항한 여자에 대해 올바르게 인식해야만 한다.

우리 모두에게 가장 이상적인 것은 부모 각자와 일대일 관계에서 편안하고 신뢰감 있는 관계를 형성하는 것이다. 그러나 이런 이상은 거의 이루어지지 않는다. 그 이유는 부모와 자녀가 최소한 삼각관계의 측면을 가지고 있기 때문이고, 보편적으로 살면서 부모와 자녀는 핵심적인 삼각관계를 형성한다. 모두가 잘 지낸다면 모든 일이 순조로울 것이다. 하지만 갈등이 야기되면 이 삼각관계는 문제가 될 수 있다. 현실에서 삼각관계는 적당한 상태로 존재하지 않는다. 최근 조사에 따르면 현 세대의 아이 중 3분의 1 이상이 18세 전에 한부모 가족이 될 것이라고 한다. 반면에 그 외 많은 아이가 할머니, 게이 혹은 레즈비언 커플에 의해 양육되거나 양자 혹은 다른 가족 형태로 길러질 것이라고 추정한다.

전형적인 부모와 자녀 간의 삼각관계는 한쪽 부모와 자녀 혹은 자녀들이 한편이 되어 다른 한쪽 부모를 소외시키는 것이다. 자녀는 합리적이고 자신을 보살펴 주는 어머니에게 더 친근함을 느끼는 반면, 아버지를 자신을 억누르는 비합리적인 사람으로 간주한다. 혹은 자녀는 어머니를 간섭이 많고 잔소리가 심한 사람으로, 아버지를 '멋진 남자'로 인식한다. 자녀 중 누군가가 한쪽 부모에게 격분해 있

3) Pam Kleiner, *Good Mother, Good Daughter* (forthcoming).

다면 부모 모두에게 똑같이 다가가기란 매우 어려운 일이다. 결국 자녀는 자신이 어떤 일을 하고 있는지 알지 못한 채 한쪽 부모와 한편이 된다.

이와 같은 전형적인 좋든 나쁘든 삼각관계는 엘리너 루스벨트(Eleanor Roosevelt) 가족 안에서도 찾아볼 수 있다(가계도 6-1). 엘리너의 부모는 그녀가 너무 어릴 때 사망했는데, 그녀에게는 강렬했던 어린 시절의 추억을 상대할 만한 성인기 경험이 없었기 때문에, 이 사실이 어쩌면 그녀의 어린 시절을 삼각관계 속에 묶어 두었을지도 모른다. 엘리너의 아버지가 살아 있었다면 그녀는 아버지와 매우 다른 관계를 맺었을지도 모른다. 예를 들어, 다른 종류의 사랑을 갈구한다거나 일관성 있고 책임감 있는 사람이기를 바랐을 수도 있다. 그녀는 아버지의 모순된 행동에 지쳤을지도 모른다. 기껏해야 엘리너 루스벨트는 아버지와 어머니의 장단점 모두를 수용함으로써 현실적인 부모의 모습을 깨닫게 되었다. 하지만 그녀는 고아였기 때문에, 어려운 환경과 관계를 잘 이겨 냄으로써 놀랄 만큼 꿋꿋함을 보여 주는 인상적인 사람이 됐다. 그녀는 일생 동안 인간관계에서 열정적이라는 소리를 들어 왔지만, 후에 종종 이에 대해 환멸을 느꼈다.

아버지 엘리어트(Elliott)와의 관계는 매우 특별했다. 그녀는 엘리어트의 장녀였는데, 그는 그녀를 앞에서 논의한 바 있는 이중 비극, 즉 엘리너의 큰아버지인 시어도어 루스벨트가 같은 날 밤에 어머니와 아내를 잃은 지 8개월 후에 대어났기 때문에 '하늘이 주신 선물'이라고 여겼다(가계도 4-1).[4] 아마도 엘리너는 아버지에게 슬픔의 위안이었을 것이다. 엘리어트는 엘리너를 넬(Nell)이라 불렀는데, 이 호칭은 그가 어린 시절에 불리던 애칭이었다. 엘리너는 아버지를 점점 더 좋아하게 됐다. 그는 엘리너가 10세였을 때 죽었지만, 그녀는 평생 동안 아버지의 편지를 간직했다. 그녀는 17세에 쓴 자서전에서 다음과 같은 글을 남겼다. "아버지는 살아 있는 동안 내 인생에서 가장 중요한 부분이었고 돌아가신 후에도 오랫동안 내 인생에서 크나큰 사랑이었다. 아버지와 함께일 때 나는 가장 행복했다. …… 그는 내

4) Joseph P. Lash, *Eleanor and Franklin* (New York: W. W. Norton, 1976).

p. 96 〈가계도 4-1〉 시어도어 루스벨트 가족 참고

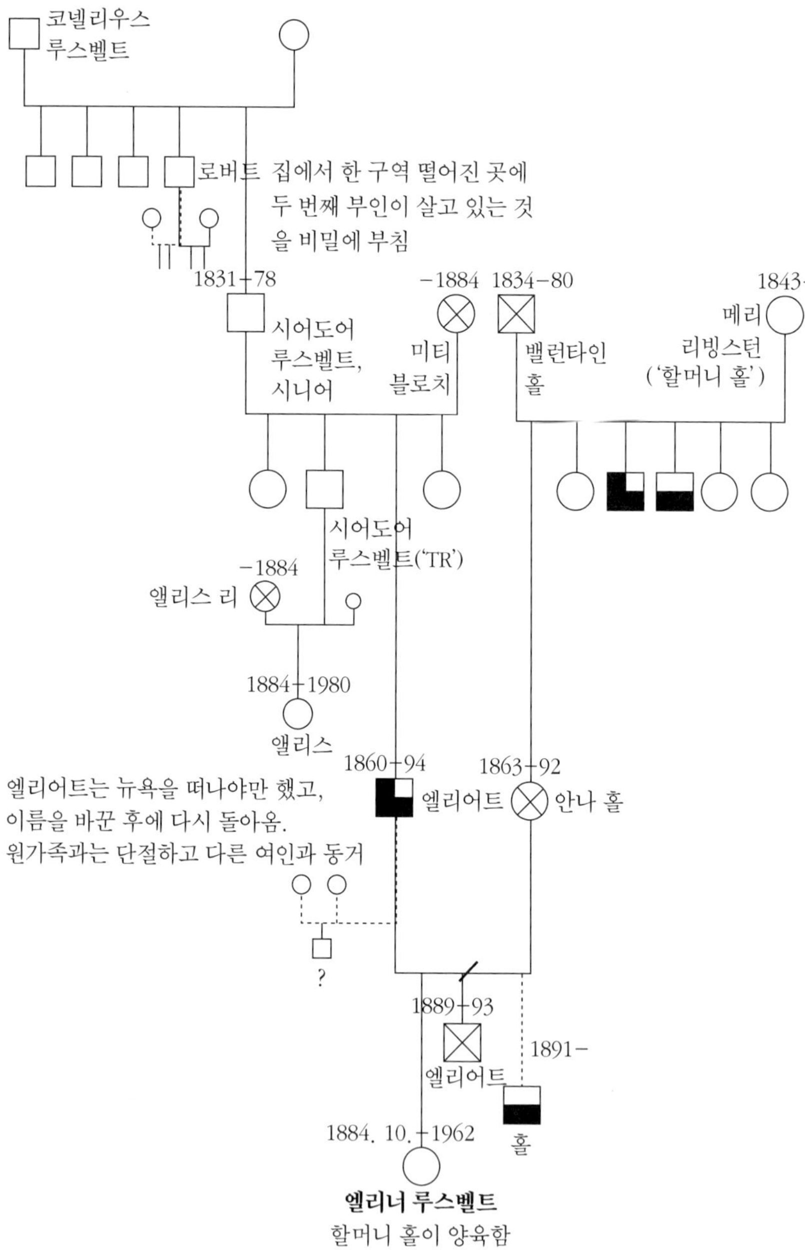

〈가계도 6-1〉 **엘리너 루스벨트 가족**

삶의 원동력이었다. …… 아버지의 죽음으로 그가 미래를 위해 제안했던 길벗으로서의 모든 실재가 사라져 버렸다. 그러나 …… 그는 내 꿈속에서 살고 있고 지금까지도 그러하다."[5)]

그녀는 아버지와의 끈끈한 유대감에 비해 어머니와는 그리 친밀하지 못했다. 그녀는 어머니에게서 거리감과 무정함을 느꼈다. 엘리너는 자신을 가정적이라고 느꼈고 어머니도 그 생각에 동의했다. 그녀는 자신의 자서전에서 다음과 같이 회고했다. "어머니는 내가 만나 봤던 여성 중 가장 아름다운 여성이었다. 나는 나 자신과 어머니 사이에서 묘한 장벽을 느꼈다. 나는 아직도 문 앞에서 손가락을 빨고 있던 나를 기억한다. 어머니가 눈을 마주치며 "그래니, 이리 오렴."이라고 말한다. 손님이 오는 날이면 어머니는 돌변하여 "그래니는 참 촌스럽고 재미있어서 우리는 항상 그녀를 그래니라고 불러요."라고 말한다. 나는 너무나 부끄러워서 쥐구멍에라도 숨고 싶은 심정이었다."

엘리너의 세계는 아버지가 죽기 전에 붕괴되기 시작했다. 그녀가 5세였던 당시 정신이 혼란스럽고 산만한 알코올중독자였던 엘리어트는 돌연 가족을 떠났다. 비록 부와 성공이라는 배경을 가지고는 있었지만, 엘리어트는 결코 자신의 잠재력을 살리지 못했고 10대 때 자퇴를 했다. 모험가로서의 그의 평판 외에도 그의 온화한 성품, 잘생긴 외모 그리고 사회적 지위가 사교계의 떠오르는 얼굴로 높은 인기를 얻고 있던 안나 홀(Anna Hall)과의 결혼을 가능하게 했다. 비록 엘리어트가 가족에게 스스로 많은 돈을 벌어다 주지는 못했지만, 결혼 초기 그의 매력, 지성 그리고 물려받은 유산은 그에게 큰 도움이 됐다. 발목에 큰 부상을 당한 이후, 그는 급속도로 의기소침한 알코올중독자로 변해 갔다. 때로는 적개심을 드러내고, 심지어 자살까지 시도했던 그는 젊은 아내와 어린 자녀들을 남겨 둔 채 사라진 후 행방이 묘연했다. 마침내 다시 모습을 나타냈을 때, 그는 술에 취해 비틀거리며 훙청거렸고 난폭했다. 그럼에도 엘리너는 아버지에게 호의적이었다. 아버지가

5) Eleanor Roosevelt, *The Autobiography of Eleanor Roosevelt* (Boston: G. K. Hall, 1984). The following quotes are from the same source.

엘리너 루스벨트, 그녀가 가장 사랑하는 아버지 엘리어트 그리고 엘리너의 어린 두 동생. 아버지가 젊은 나이에 죽자, 그녀는 아버지의 편지를 평생 동안 간직했다.
(출처: Franklin D. Roosevelt Library)

돌아왔을 당시에 그녀가 느꼈던 죄책감을 묘사했다. "아버지가 집으로 돌아왔다. …… 그리고 유감스럽게도 아버지는 커다란 골칫거리였다. 하지만 그는 나를 나쁘게 생각하지 않은 유일한 사람이었다."

가족은 엘리어트가 요양원에 가도록 설득하면서 고집 센 아들을 여러 가지로 도우려고 애썼다. 결국에는 그의 재산을 지켜 주기 위해 가족은 그에게 정신이상 판결을 받게 했고, 엘리어트는 아내와 아이들과 함께 살 수 없게 됐다. 얼마 동안 그는 사회복귀의 일환으로 작은 남부 공장에서 일을 했고 조금씩 회복되어 갔다. 이 시기에 그는 여러 여자와 함께 지냈고 가족은 그가 어디서 살고 있는지 알지 못했다(여기에서 엘리어트 가족의 이전 세대와의 흥미로운 유사점을 발견할 수 있다. 엘리어트의 큰아버지 로버트는 가족에게는 비밀로 이중생활을 해 왔었다. 아내가 죽자 그는 본처 소생의 아이들과 함께 후처 가족과 합쳤다.). 그 후 엘리너의 어머니는 디프테리아를 앓다가 갑자기 죽었다. 이때 엘리너에게 처음 떠오른 것은 아버지였다. "(어머니의) 죽음은 나에게 어떤 의미도 없다. 그리고 한 가지 사실이 다른 모든 것을 덮어 버렸다. 그것은 아버지가 돌아왔다는 것이고 내가 아버지를 자주 볼 수 있다는 사실이다."

그러나 거기에는 어떤 행복한 결말도 존재하지 않았다. 엘리어트는 계속 술에 취해 살았고 두 어린 자녀를 돌보지 않았다. 결국 두 아이는 친절하지만 엄격하며 그들의 아버지를 비난하는 조모와 함께 살게 됐다. 엘리어트는 엘리너에게 약속과 희망으로 가득 찬 편지를 보냈지만 거의 찾아오지는 않았다. 단 한 번 그녀를 찾아왔을 때, 그는 자신이 다니는 클럽으로 엘리너를 데려가서 현관에 내버려 두었다. 몇 시간이 흐른 후 그녀는 술에 찌들어 있는 아버지를 발견하는 굴욕스러운 경험을 하게 됐다. 이런 치욕적인 경험에도 불구하고, 엘리너는 언젠가 아버지와 함께 아주 행복하게 새 출발을 할 수 있을 것이라는 믿음을 간직해 왔다. 그녀는 그에 대한 확신을 다음과 같이 기억하고 있다. "아버지는 …… 나에게 …… 아버지와 내가 서로 가까이 지내야 한다고 설명하기 시작했다. 언젠가 나는 다시 아버지를 위한 가정을 만들 것이다. 우리는 함께 여행도 하며 많은 것을 함께할 것이다. 어떻게든지 나와 아버지는 늘 함께였다. 나는 내 형제들이 여전히 어린아이였는지 혹은 내 형제들이 학교나 대학에 다니며 후에 독립할 것이라고 아버지가 느꼈는지는 알 수 없다."

그가 쓴 편지는 엘리너에게 그가 집으로 돌아올 것이라는 희망을 키워 주었고, 그가 그렇게 하지 않자 그녀는 실망했다. 짧은 기간 동안 그는 가명을 사용하여 뉴욕으로 돌아왔지만 가족의 손길이 닿지 않는 곳에서 지냈다. 엘리너가 10세가 되던 1894년, 다시 말해 아내가 죽은 지 2년이 지난 후에 그는 알코올중독으로 세상을 떠났다.

후에 엘리너는 어린 시절에 관해 다음과 같은 글을 남겼다. "나는 내 주변에서 발생한 문제에 대해 낯설고 왜곡된 생각을 했다. 아버지에게 무언가 문제가 있었지만 나는 그것이 아무런 문제가 되지 않는다고 생각했다. 사람들이 나와 비슷한 처지에 있는 어린아이의 정신과 마음에서 불화가 비롯된다는 사실을 깨닫는다면, 나는 그들이 생각하고 있는 것 이상을 해명해 주어야 한다고 여겼다. 그러나 어느 누구도 나에게 그렇게 한 사람은 없었다." 엘리너가 10대였을 때 이모는 그녀에게 아버지의 알코올중독과 연애 행각에 관한 진실을 말해 주었다. 하지만 아버지에 대한 그녀의 사랑은 변함이 없었다. 오히려 자신과 아버지는 서로에게 필요한 존재였다는 것과 그녀가 그랬던 것처럼 아버지도 쉽게 상처받았을 것이라는 그녀의 믿음만 더 견고해졌다.

엘리너의 편견은, 그것을 지키고자 하는 욕구가 강하고 부모에 대한 비현실적인 생각이 너무 어릴 때 각인되어 일생 동안 이어진 좋은 본보기다. 엘리너는 아버지의 부재 시에 자신이 했던 아버지에 대한 상상을 그녀가 희망했던 아버지상으로 채워 나간 것과 같다. 물론 그렇게 함으로써 그녀는 결코 진정한 아버지의 모습을 깨닫지 못했다.

어머니에 대해서도 올바른 시각을 갖지 못했다. 아주 거대한 애정의 저장소에 아버지에 대한 애정만을 간직하고 어머니에 대한 애정은 거의 남겨 두지 않았다. 아버지의 문제를 어머니의 도덕적 판단 성향 때문인 것으로 여길 수도 있다. 어린아이는 종종 이런 식으로 사건을 바라본다. 거의 유사하게 엘리너가 아버지에게 자신의 충성심을 표현하면 할수록 엘리너의 편애를 틀림없이 느꼈을 어머니에 대한 거부감은 더욱더 커졌다. 반면에 그녀가 어머니와 거리를 두면 둘수록 아버지와의 특별한 관계는 더 가치가 있었을 것이다. 결국 그녀는 어머니나 아버지 어느 한쪽의 진정한 모습도 제대로 알지 못했다.

오랜 시간 동안 엘리너의 딸 안나(Anna)—어머니의 이름을 딴—는 이와 비슷한 삼각관계에 휘말려 있었다. 안나의 눈에는 아버지 프랭클린(Franklin)은 영웅으로 어머니는 악당으로 비춰졌다. "아버지가 어린 시절의 영웅이었다는 것은 의심의 여지가 없다. 그는 내가 읽었던 책과 우리가 떠나고자 했던 항해와 같은 내가 듣고 싶었던 모든 것에 관해서 이야기해 주었다. …… 어머니는 우리에게 지나치게 많은 책임감을 느꼈다. …… 하지만 그녀는 아이들이 부모와 친해지기 위해 원하는 근본적인 요구를 만족시켜 주거나 이해하지 못했다."[6] 라고 그녀는 기록했다.

엘리너의 아들 제임스(James)는 "어머니가 어린 시절 자신이 불행한 시기에 겪었던 일들에 어떤 도움도 되지 않는다는 것을 알기 때문에, 그녀가 자신의 삼각관계 한쪽 부모라는 사실에 매우 끔찍해했다. 좋은 어머니가 될 수 없다는 두려움이 그녀가 어머니가 되었을 때 그녀에게 상처를 주었다. 아주 오랜 시간 동안—그녀가 진정한 어머니가 되기까지는—그녀는 할머니에게 어머니의 역할을 하도록 내버려두었다."라고 기록했다.

엘리너는 자신이 어머니로서 문제가 있다는 것을 스스로 인정한 것처럼 보였다. 그녀의 상처받은 어린 시절을 생각해 본다면, 그리 놀라운 일은 아니다. "어린 아이를 이해하거나 그들과 어울리는 일이 내게는 어색했다. …… 왜냐하면 놀이가 내 어린 시절 중요한 부분이 아니었기 때문이다."[7)]

후에 안나의 남편은 안나가 그녀의 어머니인 엘리너를 예측하기 힘들고 모순적이라며 종종 자신에게 말하곤 했다고 기록했다. 잠시 달콤하고 행복한 시간을 보내고 난 다음에는 비난적이고 강압적인 시간을 보내곤 했다. 그래도 어머니와 딸 둘 모두에게 행운이었던 것은, 그들은 충분히 오래 살았다는 것과 그들에게 일어난 갈등과 문제를 해결하려고 충분히 노력했다는 것이다. 엘리너는 후에 다음과 같이 기록했다. "오늘날 어느 누구도 내가 안나와 가졌던 혹은 그녀가 나와 가졌던 것 이상의 더 좋은 친구는 될 수 없을 것이다. 우리 사이의 관계가 천천히 회복되었기 때문에 더욱 강하게 결속될 수 있었다. 어느 누구도 다른 사람에 대해 어떤 것도 말하지 않았고, 우리가 언제나 똑같이 생각하거나 행동하지는 않을지라도, 항상 서로의 동기를 존중하고 서로 간에 오해하지 않는 이해의 공감대 같은 것이 있었다."[8)]

대부분의 자녀가 그들의 부모에 대해 이와 같은 성숙한 이해를 가지지 못한다.

6) Bernard Asbell, *Mother and Daughter: The Letters of Eleanor and Anna Roosevelt* (New York: Coward, McCann & Geoghegan, 1982).
7) James Roosevelt, *My Parents: A Differing View* (Chicago: Playboy Press, 1976).
8) Asbell, op. cit. The following quote is from the same source.

그들은 부모를 무조건적인 사랑을 베푸는 보호자로 여기는 것을 포기하려 들지 않는다. 어른이 되어도 그들은 부모의 인정을 구하거나 계속해서 어리광을 부림으로써 그들의 생각을 포기하지 않는다. 부모나 자녀 모두가 서로에게 실망하기 쉽다.

1. 프란츠 카프카 가족

유대계 체코인 작가 프란츠 카프카(Franz Kafka)처럼 일부는 잘못된 부모와의 관계를 그들의 편견으로 지나쳐 버리지 않는다(가계도 6-2). 카프카는 아버지와 관련된 자신의 문제로 한평생을 괴로워했다. 부치지 않은 그의 편지에서, 그는 유명해졌지만 아버지를 변화시키려는 시노와 그와 화해하려는 시도 모두 실패했다고 했다. 그 편지에서 그는 말했다. "저의 모든 글은 아버지를 대상으로 해서 쓰였습니다. 글 속에서 저는 평소에 직접 아버지의 가슴에다 대고 말할 수 없는 것만을 토로해 댔지요."[9] 카프카가 무감각하고 비인간적이며 전권을 휘두르는 박해받는 세상에서 자신들이 희생양으로 존재한다는 끔찍한 상황에 사로잡힌 사람들에 대한 글을 썼다는 것은 놀라운 일이 아니다.

카프카는 아버지를 소란스럽고 독단적이며, 화를 잘 내는 자기중심적이고 위선적이며, 정서적 지지를 못하고 자녀들의 노력을 산산이 조각내는 사람으로 여겼다. 카프카는 아버지가 자신에게 좀 더 대담하고 남자다운 일을 하도록 위협했다고 믿었다. 카프카는 늘 공포의 대상이었던 아버지를 신뢰감이 부족하고 죄의식도 없다며 비난했다.

카프카는 어머니를 부자간의 긴장을 완화시켜 주는 친절하고 사려 깊은 중재자로 모든 면에서 좋게만 보려고 했다. 그러나 결국 그는 어머니가 아버지 편이라는 것을 느꼈다. 급기야 카프카는 어머니에게서 남편을 너무 사랑하기에 아버지

9) Franz Kafka, *Letter to His Father* (New York: Schocken Books, 1953).

를 때 놓고 아들 편이 될 수 없다는 말을 들음으로써 자신이 어머니의 보호를 받지 못했다고 느꼈다. 카프카는 아버지가 악당이고 어머니는 그의 선의의 공범자라고 생각했다. 그렇기 때문에 그는 자신을 화나게 하는 상황에 대해 잽싸게 알아차렸고, 항상 어머니를 중재자로 가운데 놓고 아버지와 직접 부딪치지 않으려고 했다.

카프카가 36세에 아버지에게 쓴 편지에서 본질적으로 어긋난 그들의 관계를 비난할 사람은 어느 누구도 없다고 주장했다. "저는 아버지가 전적으로 결백하다는 것을 믿어 의심치 않습니다. 하지만 저 또한 결백합니다. 아버지가 이 사실을 받아들일 수 있다면, 비록 새로운 삶이 시작되지는 않겠지만 일종의 평화와 아버지

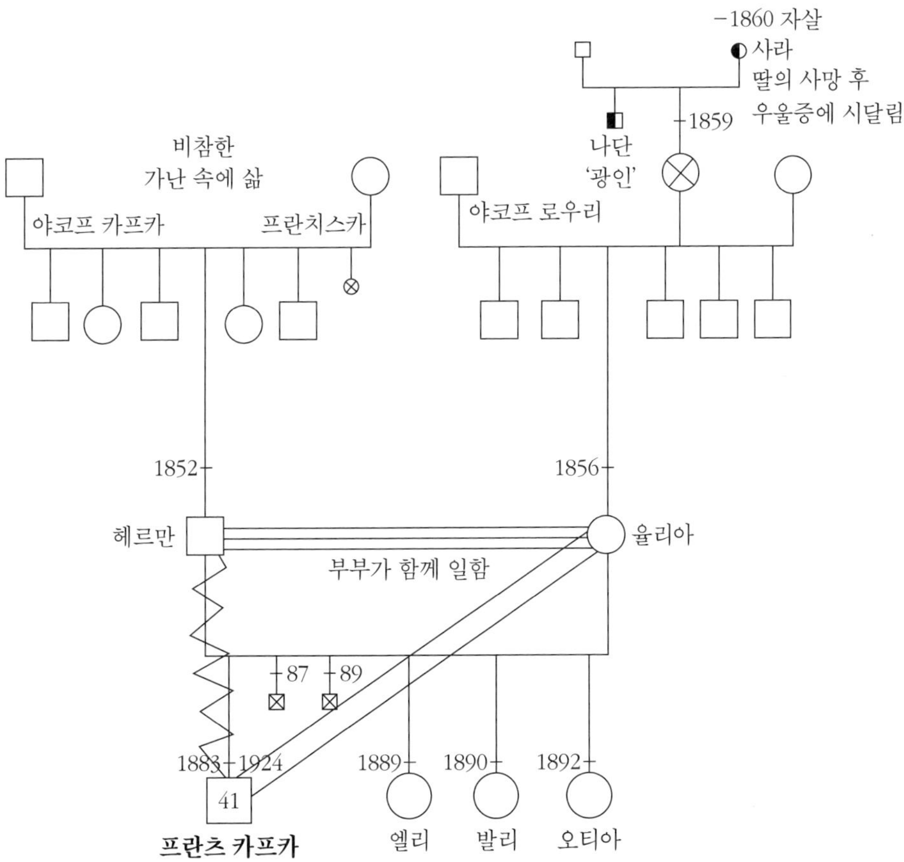

〈가계도 6-2〉 프란츠 카프카 가족

두 여동생과 함께한 프란츠 카프카(상단). 카프카와 바로 밑 여동생 사이에 태어난 두 남동생은 어릴 때 사망했다. 카프카는 평생 동안 아버지(하단)에게 강한 적대감을 품고 있었지만, 어머니(우측)는 온화하고 상냥한 분이라고 생각했다.
(출처: Archiv Klaus Wagenbach, Berlin)

의 끊임없는 비난이 줄어들 수는 있을 것이라고 생각합니다."

카프카는 아버지가 무관심했던 사건 이후에 사건의 목록을 열거했다. 말을 더듬으면서까지 그는 아버지의 모순을 용납하지 않으려고 했다. 카프카는 아버지가 자신이 불행하게 살기를 원했다고 말한 것에 분노가 복받쳐서 말을 더듬은 것이 확실하다. 그는 아버지가 자신에게 강요했던 결혼 상대자들이 결혼할 만큼 마음에 드는 사람은 아니었다고 말했다. 심지어 카프카는 아버지가 '이런 것이 고작 네가 그렇게 이루어 내고자 했던 것이냐?'라며 그의 편지를 무시해 버릴 것이라고 짐작했다.

카프카의 편지는 변화가 없는 부모와의 삼각관계에서 어머니의 '좋은' 부모 역할을 날카롭게 분석하고 있다. "어머니는 무의식중에 아버지가 나를 꾸짖는 동안 나를 때리는 사람처럼 행동했다. 때때로 아버지의 훈육방식이 반항, 증오 혹은 내 자신에 대한 분노로 나를 힘들게 했을지라도, 어머니가 친절히 내가 알아들을 수 있게 이야기하며 변호해 줌으로써 나는 다시 어머니의 품으로 돌아갈 수 있었다. 그리고 나는 아버지의 궤도에서 벗어났다. 그렇지 않았다면 나는 아마도 아버지의 기득권과 나 자신을 위해 뛰쳐나왔을지도 모른다. 그러나 진정한 의미의 화해는 이루어지지 않았다. 어머니는 단지 은밀하게 나를 보호해 준 것뿐이다."

그의 관점에서 보면, 어머니의 화목을 유시하려는 노력은 카프카의 아버지와 그 자신 사이에서 발생한 문제를 미해결된 상태로 남아 있게 한 것이다. 아버지에게 대항하지 못하게 한 어머니의 잘못이 그를 정당하다고 느끼게 했다. 카프카는 오로지 어머니를 통해서만 아버지와의 관계를 생각함으로써 아버지의 입장이 되어 보려는 노력을 거의 하지 않았다. 그는 아버지의 사고방식을 이해하려는 표면적인 노력에 실패했기 때문에, 아버지를 폭군이나 약자를 괴롭히는 사람 이외에 그 어떤 것으로도 바라볼 수 없었다.

아버지 헤르만 카프카(Hermann Kafka)는 방 한 칸짜리 판잣집에서 살 정도로 가난한 가족의 6남매 중 넷째였다. 그는 14세에 독립하여 집을 떠났고, 한결같은 포부와 결단력으로 혼자 생활했다. 그는 그보다 더 나은 환경을 갖춘 율리아 로우리(Julia Lowry)와 결혼했지만, 어머니를 3세 때 여윈 그녀는 어린 자매들을 떠맡아야 했다. 그녀도 남편처럼 활동적이고 포부가 넘쳤다. 자녀들은 그들이 어릴 때 그리워했던 사랑과 보살핌으로 서로를 감쌌다. 기록에 따르면, 그들은 직물 사업을 함께했고, 저녁에는 사회활동을 하면서 헌신적인 결혼생활을 했다.

6남매 중 맏이였던 프란츠 카프카를 형제자매들이 헤르만 카프카의 생각처럼 보살핌을 받지 못하고 있다고 생각했다. 그들은 부모가 사업을 안정시키려고 일을 하는 동안에 다른 보호자가 돌봤다. 아마도 카프카는 죽은 가족을 대신해 부모의 환심을 사기에는 무력함을 느꼈을 것이다(두 형제가 어린 나이에 병으로 죽었다.). 이런 일은 자녀들이 보통 처음으로 부모에 대한 재평가를 하게 되는 시기인 부모가 되기 전까지 계속될 것이다.

헤르만 카프카는 아무리 부유해졌을지라도 평생 동안 근심 속에서 살았다. 그는 자녀들의 불만, 특히 그에게 민감한 사안인 늘 화를 잘 내는 아들을 이해할 수 없었다. 그의 가장 큰 관심사는 자녀들에게 경제적 안정을 주는 것이었는데, 그들은 그의 노력에 고마워하지 않았다.

41세에 죽은 프란츠 카프카는 결코 결혼할 수 없는 사람이었다. 그는 결혼생활을 두려워했고 그가 부모가 되었을 때 자신이 아버지처럼 되는 것이 두려웠다. 최악의 경우 그는 자신이 아버지를 원망했던 것처럼 자신을 원망하는 자녀를 가질 수도 있다고 생각했을지 모른다. 그의 편지에서 프란츠는 자신이 예민하고 고집 센 까다로운 아이였다는 사실과 일부러 아버지의 의견에 반대함으로써 아버지를 화나게 했던 일을 시인했다.

주목할 만한 부분은 편지의 말미에 카프카가 자신의 모든 논쟁에 대해 아버지의 비난이 예상되는 상세한 반증을 제시했다는 것이다. 카프카는 베일에 싸여 있던 아버지의 비난에 대한 비판으로 가득 찬 편지를 아버지가 읽었을 때 그 내용을 믿지 않을 것이라고 확신했고, 그가 비난하면서 계속해서 돈을 받아 내기 위해 자신을 다그칠 것이라고 생각했다.

화해하고 싶은 간절함에도 불구하고, 그 편지가 띤 성향은 씁쓸했다. 비록 편지를 통해 그들이 가져 본 적 없는 가장 정직한 대화를 나누었을지 모르지만, 편지만으로는 부자관계를 발전시키기 어려웠을 것이다. 전형적인 가족의 삼각관계에서처럼, 카프카는 편지를 직접 아버지에게 전하는 대신 어머니에게 전해 달라고 부탁했다. 어머니는 그런 아들에게 편지를 되돌려 주었고 카프카는 그 편지를 간직했다. 가족치료 전문가 톰 포가티(Tom Fogarty)는 이런 유형을 변화를 위한 노력이 이루어질 때 우리가 선 밖으로 물러날 것을 요구받고 거절을 받아들이는 과정에서 생기는 마음의 동요, 즉 '우회(Two Step)'라고 부른다. 혹자는 카프카가 직접 아버지에게 편지를 전해 주었다면 어떻게 되었을까? 하고 궁금해한다.

'악당과 같은 부모'의 반대는 '성자와 같은 부모'다. 부모 중 한쪽의 이상적인 이미지가 현실에서 실망스러운 모습으로 다가왔을 때, 처음에 배제했던 다른 부모는 모든 것이 좋게 보이고 그 이전의 이상적인 이미지의 부모는 모든 것이 나쁘게 보인다. 이는 삼각관계가 얼마나 관계를 왜곡할 수 있는지를 보여 주는 것이다. 어느 한쪽 부모가 비난을 받든 이상적이든 간에, 부모자녀관계의 변화되는 과정은 다른 관점을 포함한 새로운 견해와 함께 부모의 이야기를 이해하는 것이 필수적이다.

2. 디킨스의 결혼생활

결혼한 지 12년 만에 12명의 자녀를 낳은 찰스 디킨스(Charles Dickens)가 18세의 정부 엘렌 터넌(Ellen Ternan)과의 불륜으로 아내 캐서린 호가스 디킨스(Catherine Hogarth Dickens)를 떠나려고 했을 때, 그는 아내를 악녀처럼 몰아세우면서 자신의 행동을 정당화했다(가계도 6-3). 이혼의 실제 이유가 엘렌과의 불륜임에도 디킨스는 자신이 아내를 결코 사랑한 적이 없었다고 선포하고는 결혼생활의 파경에 대해 그녀를 질책했다. 이 맥락에서 그는 아내와의 오랜 결혼생활을 재평가했다. "나는 내 결혼이 여러 해 동안 참혹할 정도로 끔찍했었다고 생각한다. 나와 아내 사이의 관계에서처럼 서로에 대한 따뜻한 애정, 감성, 신뢰, 공감, 관심이 생

10) Phyllis Rose, *Parallel Lives: Five Victorian Marriages* (New York: Vintage, 1984). The following

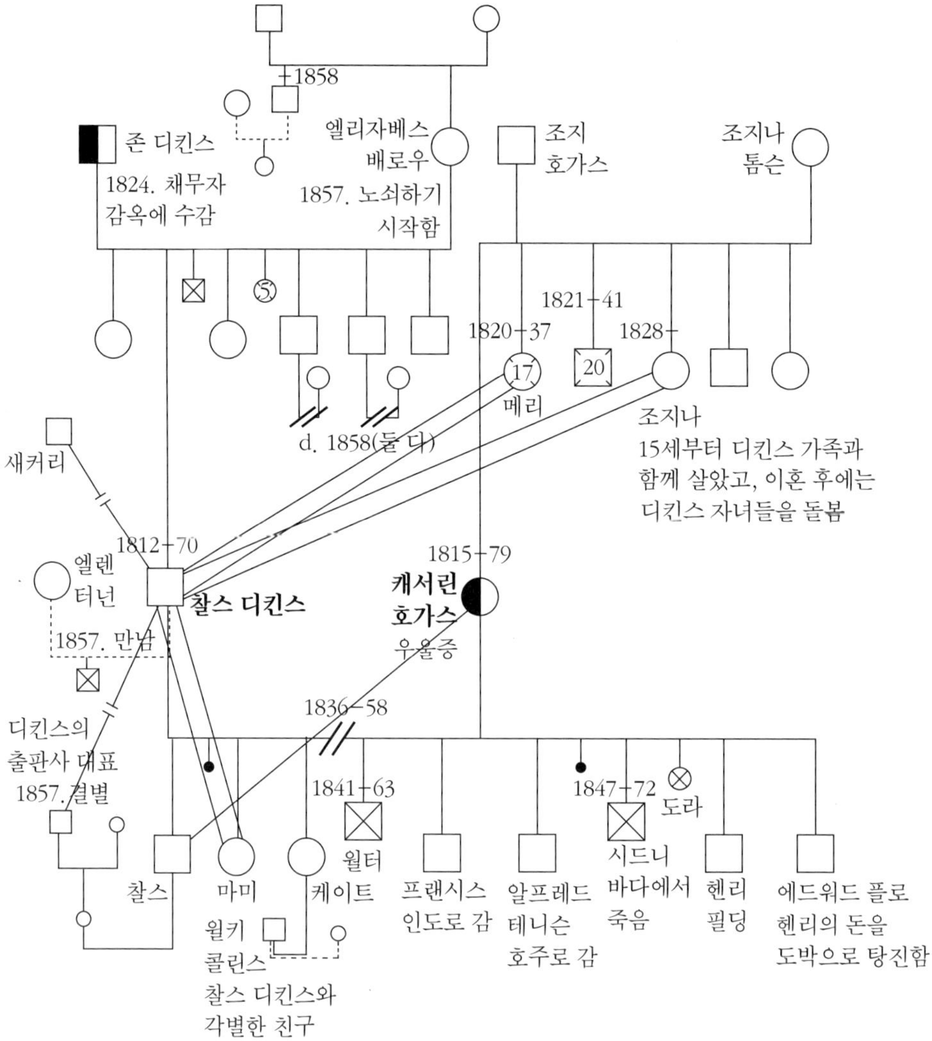

〈가계도 6-3〉 디킨스 가족

겨나지 않는 커플도 없을 것이다."[10] 그녀가 의기소침해지고 자신감을 잃은 것도 놀랄 만한 일이 아니다. 별거에 대해 그가 처음으로 행한 일은 침실과 옷 방을 연

quotes are from the same source.

결하는 통로에 벽을 치고 자신의 침실로 사용한 것이다. 그런 뒤 그는 처제 조지나(Georgina)가 자녀들과 함께 살면서 자녀들에게 열정적이고 지적이며 창의적이고 매력적인 '어머니'가 되어 주지 않는다면 자녀들은 어떤 어머니도 갖지 못할 것이라고 말함으로써 아내를 악당으로 몰아세웠다. 그는 아내와 가까워지거나 공통의 관심사를 찾기 어려운 그저 알고 지내는 사이에 불과하다고 말했다. 실제로 그는 어느 누구도, 심지어 장모조차도 그녀와 친해질 수 없다고 이야기했다.

디킨스의 연애 행각과 갑작스러운 아내와의 이혼은 친척, 친구, 직장 동료와의 단절을 초래했다. 비록 그가 모든 것을 아내 탓으로 돌리고 그의 불륜을 은밀하게 유지하려고 노력했지만, 그의 행동은 자녀들에게 커다란 영향을 미쳤다. 아들 월터(Walter)는 디킨스가 터넌을 만나기 바로 직전에 인도로 떠난 후 다시는 돌아오지 않았다. 한 아들을 제외하고, 아버지를 늘 존경해 왔던 모든 자녀가 처음에는 아버지를 지지했다. 그리 놀라운 일은 아니었다. 디킨스는 유쾌하고 유명하고 매혹적이었으며, 활기 넘치는 많은 가족모임을 주도한 존재였다.

반면에 캐서린 디킨스는 소극적이고 조용했으며(아마도 심각하게 의기소침했을 것이다.), 특히 무덤덤했다. 자녀들은 아버지의 사랑을 잃어버린 그녀를 비난했다. 처음에는 맏아들만이 아버지와의 대화를 단절하고, 어머니의 편에 서서 디킨스와 사이가 나쁜 신문사 사장의 딸과 약혼을 발표하면서 반항했다. 디킨스는 나머지 모든 자녀를 처제 조지나에게 맡겨 놓고 그들을 보살폈다.

그러나 몇 달이 지난 후 디킨스는 8세인 아들 헨리(Henry)를 세 형이 있는 기숙사 학교에 보냈고, 그 해에 디킨스 가족의 최고 명절이던 크리스마스를 학교에서 보내게 했다. 실제로 그의 소설 『크리스마스 캐롤(The Christmas Carol)』에서 가장 가슴 아픈 장면은 크리스마스 때 학교 기숙사에 홀로 남겨진 어린아이에 관한 것이다. 맏딸 마미(Mamie)는 아버지의 보호자였고 절대로 그를 떠나지 않았다. 여동생 케이트(Kate)가 언니를 도왔지만, 상대적으로 일찍 결혼하여 집을 떠났다. 흥미로운 사실은 케이트가 디킨스의 가장 친한 친구의 남동생 윌키 콜린스(Wilkie Collins)와 결혼했다는 것이다. 그는 젊은 정부와 또 다른 가정을 꾸리고 있었다.

몇 년 후에 캐서린 디킨스는 디킨스가 실제로 자신을 사랑했었다는 것을 보여

(출처: Henry Huntington Library and Art Gallery)

(출처: The Board of Trustees of the Victoria and Albert Museum)

(상단 좌측) 1857년 캐서린 호가스 디킨스
(상단 우측) 1857년 찰스 디킨스는 18세 여배우 엘렌 터넌과의 불륜으로 아내를 떠났다.
(하단) 1859년 찰스 디킨스
(출처: Archiv fur Kunst und Geschichte, Berlin)

주고, 그녀가 얼마나 부당하게 취급받았었는지 이해하기 바라는 마음에 케이트에게 디킨스가 쓴 편지를 건네주었다. 케이트는 그 편지에 대해 조지 버나드 쇼(George Bernard Shaw)와 상담을 했고, 그는 부모에 대해, 특히 어머니에 대한 그녀의 생각을 바꿀 수 있게 도와주었다. 쇼는 그녀에게 '천재적인 남자와 평범한 여자의 결혼'이 입센(Ibsen)이라는 작가에 의해 무례하게 뒤바뀐 것이라고 말했다. 그는 역사가 15년 동안 디킨스의 12명의 자녀를 키우면서 자신의 삶을 희생한 캐서린을 동정할 것이고, 그녀의 유일한 죄악은 "그녀가 여자 찰스 디킨스가 아니었다."라는 것이라고 말했다. 케이트는 결국 어머니의 시각에서 부모가 이혼하는 이야기를 출판하려고 애썼고,[11] 어머니를 기리기 위해 그 책을 어머니에게 바쳤다.

디킨스의 결혼생활은 캐서린의 여동생 메리(Mary)가 신혼 초에 이들 부부에게로 이사 오면서 일찍이 삼각관계에 연루됐다. 메리가 죽은 다음 해에 디킨스는 다음과 같이 그녀를 예찬했다. "나는 나의 가장 소중한 친구를 잃었다. …… 그녀가 건넸던 마지막 말은 나에 관한 것이었다. 나는 그렇게 완벽한 창조물은 결코 존재하지 않을 것이라고 확고하게 믿는다. …… 그녀는 한 점의 오점도 없었다."[12] 그는 죽을 때 메리 옆에 묻히기를 원했기 때문에, 둘이 나란히 묻힐 수 있는 공동묘지를 구입했다. 그리고 평생 동안 메리의 죽은 날을 기념했다. 몇 년 후에 메리와 성격이나 겉모습에서 닮은 점이 매우 많은 캐서린의 여동생 조지나가 디킨스의 가정으로 들어왔다. 그녀는 메리가 처음 왔을 때와 같은 15세였다. 죽은 언니와 너무나도 닮아 캐서린의 어머니는 다음과 같이 말했다. "너무나 많은 메리의 모습이 조지나에게서 뿜어져 나와 오랫동안 문득문득 그녀의 기억이 되살아났고 마음속에서 떨쳐내기 어려웠다."

몇 해가 흐른 후 디킨스는 자신이 그의 결혼생활에 다른 여성을 포함시켜도 될 자격이 있다고 느꼈다. 캐서린이 두 차례에 걸쳐 그의 불륜을 의심했을 때, 그는

11) Gladys Storey, *Dickens and Daughter* (London: Frederick Muller Ltd., 1939)
12) Norman and Jeanne Mackenzie, *Dickens: A Life* (New York: Oxford University Press, 1979). The following quote is from the same source.

아내가 의처증이 있다고 비난했고, 그녀를 정부에게 사과하게 했다. 시간이 지나면서 그는 점점 더 아내에게 시들해졌다. 결혼생활 비평가로 잘 알려진 필리스 로즈(Phyllis Rose)는 저서 『평등한 삶(Parallei Lives)』에서 다음과 같이 말했다. "결혼과 직업, 가정과 일에서 종종 여자가 다른 방면에서 내핍생활을 하는 것은 남자를 위한 또 다른 지지를 하는 것처럼 보인다."[13]

디킨스가 아주 좋은 사례다. 채무관계로 감옥에 수용된 적이 있는 아버지를 둔 그로서는 '높은 신분'의 사람과 결혼한 것이다. 캐서린 호가스 디킨스는 성공한 저널리스트의 딸이었다. 신혼 초기 디킨스는 그녀와 함께 굉장히 행복했었다. 그는 신혼 초에 다음과 같은 글을 남겼다. "내가 부와 명성을 얻더라도 결코 …… 나는 다시 그 행복을 느낄 수는 없을 것이다."

3. 가족 내 여성역할에 대한 딜레마

가계를 살펴볼 때 여자가 대대로 행해 온 역할에 주목해 보라. 그러면 그들이 그 당시 만연해 있던 문화적 압박에 저항한 흔적을 엿볼 수 있다. 전통적으로 여자는 그들의 아름다움, 어머니로서의 역할, 가사를 돌보는 능력에 의해 주로 평가되어 왔다. 메리 캐서린 베이트슨(Mary Catherine Bateson)이 여자의 창조적인 일을 "계속해서 날조되어야만 했던 주변 역할의 시공간적 구원의 흔적으로"[14] 본 것처럼, 그것은 늘 달성되어야만 했다.

훌륭한 부모가 되는 것을 포기한 여자는 결코 순탄한 시간을 보내지 못했다. 과거 모험적이고 탐구적으로 자신만의 삶을 살길 원했던 여자는 종종 결혼과 가족의 구속에서 벗어나기 위해 '기괴한 이야기'를 만들어 냈다.[15] 예를 들어, 조지 엘

13) Rose, op. cit. The following quote is from the same source.

14) Mary Catherine Bateson, *Composing a Life* (New York: Atlantic Monthly Press, 1990).

15) Carolyn Heilbrun, *Writing a Woman's Life* (New York: W. W. Norton, 1988).

리어트(George Eliot)는 법적인 아내와 이혼할 수 없는 남자와의 동거를 선택함으로써 스스로 일반적인 기대에서 벗어났다. 터무니없는 것으로 간주되었던 생각을 통해 그녀는 사회적 요구와 그녀의 절망에서 벗어났다.

질병, 심지어 병약한 것이 때때로 여자가 전통적인 역할의 '굴레'에서 벗어날 수 있는 유일한 방법이었다. 우리는 엘리자베스 배릿 브라우닝(Elizabeth Barrett Browning)을 통해 이런 사실을 확인했다. 비록 그녀가 자신의 방에만 갇혀 있어야만 하는 상황이었을지라도, 병약함이 그녀를 전통적인 기대에서 자유롭게 해 주었고 그녀가 시에 몰입할 수 있는 자유를 주었다.

소냐 톨스토이(Sonya Tolstoy)는 '여성스러운' 역할의 또 다른 좋은 본보기이다. 40년 동안 '천재' 남편 레오(Leo)의 수발을 해 온 그녀는 다음과 같은 글을 남겼다. "천재는 평화롭고 즐겁고 편안한 환경 속에서 만들어진다. 어떤 천재는 먹고, 씻고, 치장해야만 하고, 그는 셀 수 없을 만큼 여러 번 자신의 작품을 다시 고쳐야 한다. 누군가가 그를 사랑해야만 하고, 그가 평화로울 수 있도록 그에게 질투를 유발하는 어떤 원인도 제공해서는 안 되며, 누군가는 천재로 태어나는 수많은 아이를 양육하고 교육시켜야만 한다. 하지만 그에게는 시간이 없다." 그녀 또한 남편처럼 현명하고 열정적이며 변덕스럽고 감수성이 예민하며 쉽게 질투하고 자기분석적이었기 때문에, 천재를 위한 환경을 조성하는 것은 소냐 톨스토이에게 끊임없는 전쟁이었다. 아이러니하게도 그녀는 반문했다. "하잘것없는 여자인 내가 도대체 왜 지적이고 예술적인 삶을 갈망했을까?" 그리고 그녀는 답했다. "이 질문에 내가 답할 수 있는 것은 나도 잘 모른다는 것이다. 그러나 천재의 중요한 욕구를 보살피기 위해 나의 욕구를 억누르는 것은 늘 견디기 어려운 일이다."[16] 그녀의 삶과 목적에 의구심을 갖은 소냐는 오늘날의 많은 여자와 흡사해 보인다. 여자는 주로 가족 내 가사역할로 평가되어 왔기 때문에, 우리가 이런 맥락에서 그들을 이해하게 된다면 우리는 가족의 이야기를 다시 써야만 한다.

16) Louise Smoluchowski, *Lev and Sonya: The Story of the Tolstoy Marriage* (New York: G. P. Putnam's, 1987). The following quote is from the same source.

톨스토이 가족 내에서 소냐의 아들 세르게이(Sergei)는 어머니의 중요성을 인정하기까지 아주 오랜 시간이 걸렸다. "나는 우리 가족의 삶에서 어머니의 중요성과 아버지와 우리를 돌봐 주었던 어머니의 위대한 가치를 좀 더 잘 이해하게 됐다. 그 당시 나는 우리 삶의 모든 것이 순리에 따라서 진행되는 줄로만 알았다. 우리는 변화과정의 중심에 어머니의 보살핌이 있었다는 것을 깨달았다. 나는 음식과 옷에서 시작해 우리의 공부와 아버지를 닮아 가는 것까지 모든 것이 어머니에 의해서 이루어진다는 사실을 전혀 눈치채지 못했다."

4. 임종 후 부모 이해

일반적으로 우리는 우리가 살아가는 동안 부모가 죽음을 맞이한다는 것을 알고 있다. 하지만 그 사실을 아는 것과 깨닫는 것은 별개이다. 만약 부모와의 관계가 소원하고 분노로 얼룩져 있거나 말하지 못한 해결해야 할 것이 많다면, 부모의 죽음은 훨씬 더 큰 영향을 미칠 것이다. 그러나 부모의 죽음을 인식함으로써 우리는 세대 간에 이해를 이루어 낼 수도 있다.

대부분의 삶 속에서 시몬 드 보부아르(Simone de Beauvoir)는 어머니를 비판적이고, 교양이 없고, 부르주아이며 원죄를 유발하는 것처럼 비하했다(가계도 6-4). 그녀는 어머니를 외면했다. 그러나 어머니가 세상을 떠나자 시몬은 그녀가 '자신의 삶 속에 살아 있다.'는 것을 깨달으면서 어머니를 재평가하게 되었다. 시몬은 아주 강하고 생기 있는 여자가 어머니 내부에 자리 잡고 있었지만 그녀에게는 그것이 낯설었다는 것을 깨달았다. 어머니는 마치 몸을 레이스로 꽉 동여매도록 배운 것처럼, 자신의 욕망을 억제하고 마음과 정신을 금기와 원칙으로 중무장하는 데 모든 힘을 쏟아부었다.

드 보부아르는 어머니가 내부에서 키워 온 억압 속에서 놀랄 만한 통찰을 깨달았다. 아버지는 신분상승을 위해서 결혼을 이용했고 외모를 가꾸는 데 더 많은 시간을 보냈지만 법학을 전공한 사람이었다. 그러나 결혼 직후 한때 부유한 은행원

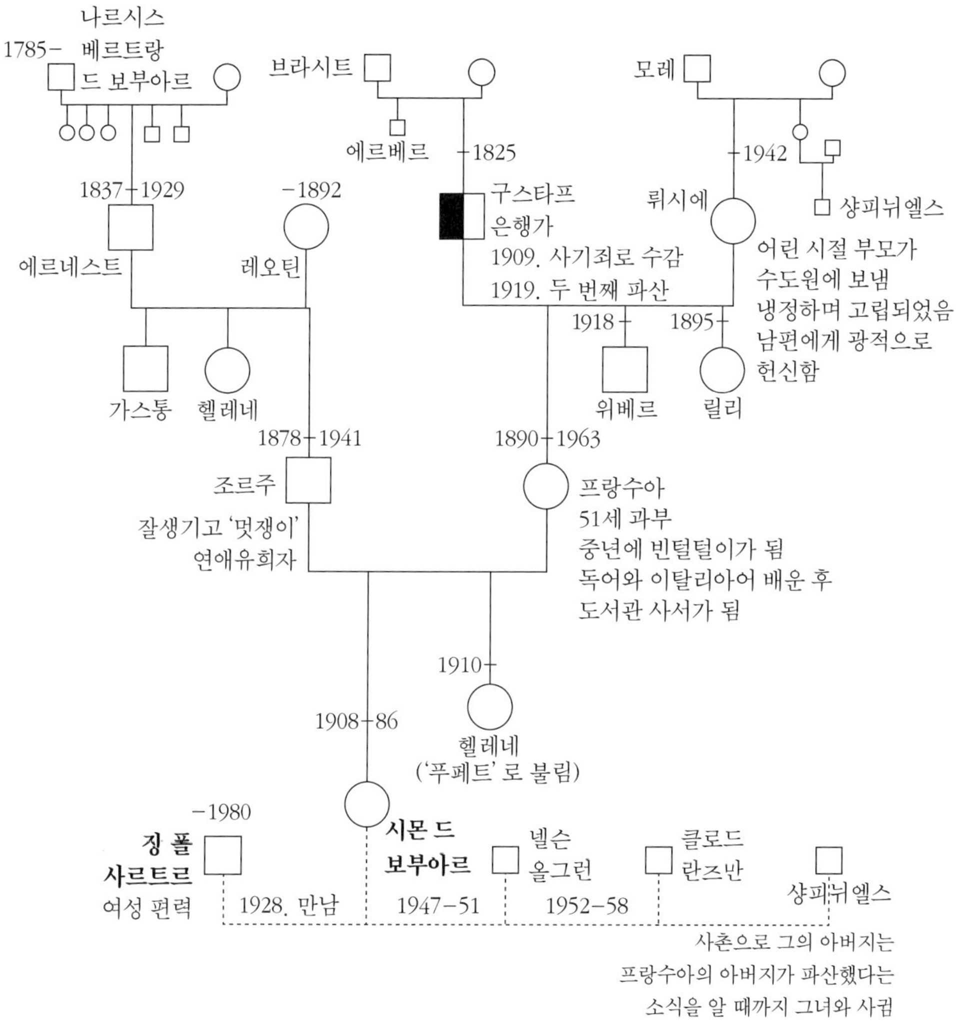

〈가계도 6-4〉 드 보부아르 가족

이었던 시몬의 외할아버지가 사기죄로 감옥에 가게 되자 가족은 대외적이고 매우 굴욕적인 파산을 경험했다.

시몬이 어머니의 삶을 회상할 때, 사회적 통념에 대한 걱정과 그녀가 진정으로 원했던 소망은 어머니가 외할아버지에 대해 느꼈던 수치를 보상받는 것이었다는 것을 깨달았다. 어머니는 남편이 기대하던 결혼 지참금을 자신의 집에서 주지 않았다는 사실에 일생 동안 죄책감을 느꼈다. 비록 남편이 부양자로서의 역할을 제대로 수행하지 못했고 가족은 살기 위해 오랫동안 몸부림쳐 오긴 했지만, 그녀에게 남편은 파산 이후 친정의 가난을 비난하지 않은 고귀한 존재로 인식됐다. 시몬이 아버지의 불륜을 회상하면서 그녀는 어머니가 얼마나 힘겨운 삶을 살았고 얼마나 강인했었는지에 대해 높이 평가했다.

또한 드 보부아르는 어머니가 51세였을 때 무일푼 신세로 전락한 아버지의 죽음을 이겨 내는 어머니의 방식에 경외감이 싹트기 시작했다. 확실히 프랑수아(Francoise)는 과거에 얽매임 없이 자신의 진로를 정하고, 적십자 도서관원으로 근무하기 위한 증명서를 발급받고, 자전거를 배우고, 독일어와 이탈리아어를 공부하고, 남편 때문에 소원해졌던 친척과 친구와의 관계를 재형성하고, 그녀가 어릴 때부터 갈망했던 여행도 즐기면서 말년의 자유를 만끽했다.

드 보부아르가 어머니를 재평가할 때, 그녀는 어머니의 제한된 선택이 가져온 비극을 분명하게 감지했다. "시대에 뒤떨어진 생각 때문에 20년 후에 그녀에게 다가올 문제의 해법을 받아들이지 못했다는 사실이 안타깝다. 예를 들어, 가정에서 벗어나 일을 하는 것 등 말이다. …… 그녀는 체면을 잃기보다는 자존심을 지키고 싶어 했다. 어머니는 본성적으로 전통처럼 당연시되던 여성의 의존적 생활에서 벗어나려고 했다. 그녀가 참아야만 했던 좌절을 좀 더 잘 견딜 준비가 되었을 것이라는 데에는 의심의 여지가 없다."[17)]

비록 어린 시절 시몬 드 보부아르가 어머니와 매우 가깝게 지내긴 했지만, 사춘기에 심리적 독립을 하기 위해 많은 갈등을 해야만 했고, 그 갈등은 어른이 되어서도 계속됐다. 그녀는 어머니가 시한부 암을 진단받았을 때 매우 놀랐다. 드 보부아르는 어느 날 어머니가 죽을 것이라는 사실을 생각해 본 적이 없었다. 이런 '믿기 어려운' 일이 일어날 것이라고 상상하지는 않지만, 우리 모두는 알고 있다. 그녀가 어머니의 죽음이 임박했다는 현실에 직면했을 때, 그녀는 화해를 시도하기

17) Simone de Beauvoir, *A Very Easy Death* (New York: Warner, 1973). The following quotes are from the same source.

로 결심했다. 그러나 병원에서 어머니를 간호하면서 강하게 어머니에 대한 거리감을 느꼈다. "어머니의 초라한 모습이 역겨웠다. 아무도 나처럼 초라하지는 않을 것이다. 나보다 더 초라한 사람은 없었다. 어린 시절 나는 어머니를 진정으로 사랑했다. 사춘기 때 어머니에 대한 증오가 넘쳤을 때, 내게 그녀의 존재는 마치 신성함과 금기의 모순이 동시에 존재하는 것처럼, 이중인격이 합리적인 것처럼 보였고, 이 모든 것은 완벽하게 일상적인 것이었다. 그러나 나는 그 모든 것에 비통해하는 분노에 놀랐다." 드 보부아르는 더 많은 이해를 하게 됐다. 그녀는 어머니의 무기력함을 더 이상 걱정하지 않는 대신에, 그녀의 마음을 상하지 않게 하려고 했다. 더 중요한 사실은 그녀가 어머니를 한 인격체로 보게 되었다는 것이다.

> 어머니는 아버지와 우리를 위해 기꺼이 희생할 수 있었다. 그러나 어떤 사람도 한 치의 부끄러움 없이 "제가 희생했습니다."라고 말하지는 못한다. …… 그녀는 계속해서 그녀를 괴롭히던 구속과 빈곤에 저항했다. …… 그녀는 그녀의 보살핌 속에 있는 어린 자녀를 먹여 살리기 위해서 그녀가 할 수 있는 유일한 다른 삶으로 자신을 내던졌다. "적어도 나는 이기적이지는 않았다. 나는 다른 사람을 위해 살아왔다."라고 훗날 어머니가 내게 말했다. 그렇다. 그러나 또한 그녀는 다른 사람을 통해 (자신의 삶을) 살아왔다. 그녀는 소유욕이 강하고 거만했다. 그녀는 완전히 우리를 그녀의 통제하에 놓고 싶어 했다.

비록 어머니에 대한 자신의 반감을 해결하기는 어려웠지만, 점차적으로 시몬은 어머니와 소원해지기 시작했던 초기의 자신의 모습을 이해하게 됐다. 그녀는 어머니와의 공통점을 찾아내려고 했지만, 어머니의 잔소리 때문에 짜증이 나곤 했다. 그렇다 하더라도 그녀는 병원에서 어머니의 곁을 지켰고, 점차 어머니의 이야기에 귀를 기울이면서 그녀의 용기에 감탄하게 됐다. "(어머니는) …… 매우 확고하게 말했다. '나는 내가 늙었다는 것을 받아들이기 어렵다. 그러나 하나만은 인정해야만 한다. 얼마 지나지 않아 나는 78세가 될 것이고 78세는 적지 않은 나이다. 따라서 나는 내 삶을 정리해야 한다. 난 새로운 장을 열어 나갈 것이다.' 나는 경외의 눈빛으로 어머니를 바라보았다." 시몬은 어머니의 이야기에 귀 기울임으로써 어머니가 자신의 어린 시절을 불행하게 만들고, 그렇게 하여 어머니 스스로도 고통을 겪었던 그녀의 초기 불행을 완전히 없애버릴 수는 없다는 사실을 깨달았다. 시몬은 만약 어머니가 그녀의 어린 시절을 더 불행하게 했었더라면, 어머니에게 더 많은 것을 앙갚음했을 것이라는 것을 알았다.

프랑수아는 스스로 어린 시절을 불행하게 만들었다. 그녀 또한 가족 내 장녀였는데, 어머니는 냉담했고 아버지는 여동생 릴리(Lili)만을 예뻐했다. 프랑수아가 자신이 부모에게서 받아 보지 못했던 사랑을 자녀들에게서 원했다는 것을 깨닫게 되었을 때, 시몬은 이지적인 언니처럼, 어머니의 강렬한 사랑을 이해하기 시작했다.

결국 시몬은 오래전에 단절했었던 어머니와의 관계를 겨우 회복할 수 있었다. "나는 이 죽어 가는 여인을 너무 사랑한다. 우리가 다소 우울한 대화를 나눌 때, 나는 케케묵은 슬픔을 진정시켜야만 했다. 나는 사춘기 시절 밀쳐놓았던 우리의 차이점과 공통점이 우리를 다시 옥죄어 오지 못하도록 오래된 대화를 다시 시작했다. 그러자 영원히 사라졌다고 생각했던 어린 시절의 애정이 다시 내 삶으로 돌아왔다."

불행하게도 많은 사람이 이렇게 이해하게 되기까지는 너무 긴 시간이 걸린다. 물론 여전히 부모가 살아 있다면, 그들과의 화해는 훨씬 더 쉽다. 그러나 그들이 살아 있지 않다고 할지라도, 부모에 관한 가능한 한 많은 것을 알아봄으로써 여러분은 가족과 자신을 더 잘 이해하게 될 것이다.

다시 부모와의 연결 고리를 찾으려는 목적은 부모와 여러분이 서로 공감대를 형성하고자 하는 것이지, 단순히 그들의 삶에 관해 알고자 하는 것은 아니다. 부모는 '심문을 받는' 것처럼 느끼면서 일방적인 질문에 거부할 것이다. 만약 여러분이 가족일화에 관심을 보인다면, 부모는 훨씬 더 잘 대답해 줄 것이다. 몇 개의 완곡한 질문을 하면서 여러분 자신을 개방할 때, 부모는 그들이 할 수 있는 최선의 방법으로 자세하게 답해 줄 것이다.

많은 사람이 '아니, 아버지는 너무 적대적이야.' 혹은 '어머니는 너무나 지배적이고 간섭이 심해서 나는 결코 그녀에게 말을 건넬 수가 없어.'라고 생각한다. 이런 관점에서 부모의 행위가 어떻든 간에 해결해야 할 과제는 그들이 어째서 그런 모습이 되었는가를 이해해야 한다는 것이다. 간섭이 심한 부모는 아무래도 그렇게 행동할 것이다. 그런 행동은 자녀를 해하기 위한 계획적인 시도라기보다는 불안정하고 부족한 자신의 감성을 반영하는 전형적인 모습일 것이다. 그들 자신의 삶과 경험에 관한 정보처럼 일단 그들이 여전히 할 수 있는 무언가가 있다고 믿게 된다.

부모를 인정했다는 것은 그들을 변화시키려고 했던 여러분의 노력을 포기했다는 것을 의미한다. 가족치료전문가 톰 포가티는 말한다. "여러분의 기대치를 0까지 낮춘다면, 부모와의 관계는 개선될 것이다." 이것은 여러분이 부모를 이해하기 위해 노력하지 않아도 된다거나 좀 더 효율적으로 대화를 하려고 시도하지 않아도 된다는 것을 의미하는 것은 아니다. 그러나 여러분은 부모에게 기대했던 '보상'으로 얻게 되는 새로운 관계보다는 여러분이 얼마나 관계를 맺고 싶어 하는가에 중점을 두어야 한다.

- 부모와 조부모와의 관계는 어떠한가? 형제자매? 증조부모? 이모와 삼촌? 그들은 학교를 얼마나 좋아했는가? 학교생활은 좋았는가? 친구는 있었는가? 부모는 대부분 어떻게 시간을 보냈는가? 가족은 휴일이나 휴가를 어떻게 보내는가?
- 죽음, 질병, 이사, 경제적 변화 등 부모를 변화시킨 결정적인 사건이 있었는가? 부모가 그런 경험 속에서 기억하는 것은 무엇인가?
- 어릴 때 부모는 어떠했는가? 사춘기 때는 어떠했는가? 조부모가 부모의 친구를 인정했는가? 부모의 꿈은 무엇이었는가?
- 부모가 서로 만났을 때, 어떤 반응을 보였는가? 결혼 후 갈등이 있었는가? 조부모는 부모의 양육방식을 인정하지 않았는가?
- 부모가 되었을 때 어떻게 했는가? 조부모와는 다르길 원했는가? 부모는 어린 아이였을 때 여러분의 행동을 기억하는가? 여러분은 규율에 엄격했는가? 어떤 좋은 기억이 있었는가? 부모는 조부모의 어떤 점을 가장 힘들어했는가?

부모는 여러분이나 여러분의 형제자매가 문제가 있었던 때를 어떻게 기억하고 있는가?

- 부모가 여러분을 키울 때 특히 힘겨웠던 시기가 있었는가? 여러분의 사춘기 때? 경제적으로 어려울 때?
- 가족 내 어머니나 다른 여자가 전통적인 어머니의 모습에 순응하지 않으려고 했는가? 어머니는 집 밖에서 일을 했는가? 그녀는 일하기를 원했는가? 이모나 할머니들은 어떠했는가? 그들의 꿈은 무엇이었는가? 그들이 살았던 시기에 만연했던 여성의 사회적 역할에 그들은 어떻게 반응했고 어떻게 헤쳐 나갔나? 다른 사람은 그들에게 어떤 반응을 보였는가?
- 가족 내 아버지 혹은 다른 남자가 전형적인 아버지의 모습에 순응하지 않으려고 했는가? 사랑이 넘쳤는가? 보호자? 말이 많은 사람 혹은 이야기꾼? 다른 가족원과 정서적으로 밀접하게 연계되어 있었는가? 그들의 단점을 드러냈는가? 그들은 그들이 살았던 시기의 남성적 역할의 속박에서 어떻게 헤쳐 나갔는가?
- 가족 내 귀감이 될 만한 부모–자녀 관계가 있는가? 왜 그렇게 생각하는가? 각 성에 따른 부모–자녀 관계의 전형적인 모습은 어떤 것인가? 각 생애주기 단계(유아, 아동, 청소년, 독립, 젊은 성인, 성숙 등)에서 부모–자녀 간에 어떤 규칙이 있었는가? 가족 내 부모와 자녀가 이상적이라고 할 만큼 친밀감 정도에 대한 기대치는 명료한가? 부모와 자녀는 여가를 함께 보낼 것을 기대하는가? 휴일은? 마음속에 내재한 생각을 서로 공유할 것으로 기대하는가?
- 여러분은 부모가 베풀어 준 것에 감사하고 부모가 베풀어 주지 못한 것에 관해 그들을 용서한다고 말할 수 있는가? 여러분이 용서해야만 했던 것은 무엇인가?

제**7**장

형제자매관계

나는 출생이 사람들을 형제자매로 만든다고 생각하지 않는다. 사람들이 형제자매가 되어 부모와 함께 사는 것이다. 형제자매란 사람들이 만들어 가야 하는 관계이다. 그것은 매우 중대한 일이다. 여러분은 양보하고, 주고받고, 동요되지 않고, 때로는 인정사정 보지 않는다……. 그것은 투자이기도 하다. 만약 자매 중 한 명이 미얀마에 살고, 다른 한 명이 샌디에이고에 살며, 한 명의 남편은 질투심이 강하고, 다른 한 명의 남편은 소유욕이 강하다 할지라도, 한밤중에 그들 중 한 명이 전화를 한다면 다른 한 명은 가야만 한다. 자매관계란 이런 것이다.

-마야 안젤루

무슨 일이 있어도 네 형을 잡아 주고 쓰러지지 않게 해야 한다……. 무슨 일이 생기는 것을 막을 수는 없지만 네가 곁에 있다는 것을 형이 알 수 있게 해야 한다.

서니 블루스-제임스 볼드윈의 어머니

가장 친애하는 친구이자 가장 치열한 경쟁자, 나의 거울이자 나의 반대, 나의 막역한 친구이자 배신자, 나의 제자이자 스승, 나의 기준이자 비교 대상, 나의 지원자이자 나에게 의지하는 사람, 나의 딸이자 어머니, 나의 부하이자 나의 상사 그리고 아직까지도 제일 두려운 나의 동료.

자매들-엘리자베스 피셀

형제관계는 보통 우리의 삶에서 가장 오래 지속되는 관계이다. 우리에게 신뢰와 독립을 가르쳐 주면서 맨 처음 우리를 양육해 주는 사람은 부모이지만, 협력자이고 동년배로서 맨 처음 관계를 맺는 사람은 바로 우리의 형제자매다. 어떤 점에서 우리는 같은 부모와 같은 가족사를 공유한다는 사실부터 시작해서 다른 어떤 사람보다도 형제자매와 더 많은 공통점을 갖고 있다. 어떤 가족에게 형제자매는 서로에게 가장 중요한 관계이다. 또 다른 가족은 형제간의 경쟁과 갈등이 가족 전체를 파괴시킨다. 캐서린 헵번(Katharine Hepburn)은 자신의 형제자매를 이렇게 말했다. "우리 형제는 나의 일부와도 같아서 그들이 없는 나를 생각할 수조차 없다. 그들은 나의 '울타리', 즉 나의 보호자다."[1] 형제는 훗날 친구, 연인 그리고 다른 동년배와의 관계에서 모델이 된다. 오늘날 현대사회에서 배우자는 만났다가 헤어지고, 부모는 사망하고, 자식은 성장하여 떠나간다. 그러나 형제는 우리가 형제임을 포기하지 않는 한 언제나 우리 곁에 있다.

많은 심리학 책에서 형제의 중요성을 간과했다는 사실은 놀라운 일이다. 프로이트(Freud)는 형제관계를 완전히 무시했다. 초기 동료이며 제자였던 알프레드 아들러(Alfred Adler)는 성격 발달에서 형제관계를 강조했다. 그러나 그 둘이 서로 다른 길을 가게 됐을 때, 프로이트의 이론이 더 우세해 있었다. 덧붙이자면 프로이트는 아들러의 변절을 은혜도 모르는 철부지라고 생각했다.

베일런트(Valliant)가 1938년에서 1944년 사이에 하버드 대학교를 졸업한 성공한 중년남성을 대상으로 40년간 종단연구한 결과에 따르면, 65세의 정신 건강을 가장 잘 나타내 주는 단일 지표 중에서 어린 시절 부모와 친밀한 관계를 맺었던 것보다도 대학시절 형제와의 친밀한 관계가 더 예언력 있었고, 어린 시절의 정서적 문제나 부모의 이혼이 성공적인 결혼과 경력을 가지고 있는 것보다도 더 확실한 지표임이 밝혀졌다.[2]

우리는 앞서 서로를 떼어 놓고는 이야기할 수 없는 유명한 윌버 라이트(Wilbur Wright)와 오빌 라이트(Orville Wright) 두 형제에 대해 살펴보았다. 물론 다른 형제가 전부 그들처럼 가까운 것은 아니다. 어린 시절의 경쟁심과 상처는 어른이 되어서도 계속된다. 가족모임에서 처음에는 최소한 모두가 우호적이고 진심으로 대하려고 노력한다. 그러나 그 이면에는 과거의 갈등이 들끓고 있을 수도 있다. 한때 책임감 넘치는 양육자였던 맏딸은 지금은 키가 190cm나 되고 한 회사의 중역

1) Hepburn, op. cit.
2) George Valliant, *Adaptation to life* (Boston: Little, Brown, 1977).

으로 성공한 '개구쟁이이고 무책임한 남동생'에게 여전히 화가 나 있을지도 모른다. 그리고 그녀는 곧 남동생에게 충고하던 옛날 습관에 빠져 있는 자신을 발견한다. 그러면 남동생은 오래된 가족각본이 다른 사람에게 휘둘리고 무기력했던 그의 기억을 되살리기 때문에 즉각 방어하게 된다. 오빠에게 억눌리고 학대당했던 여동생은 어린 시절 그녀를 무자비하게 놀리던 오빠와 같은 식탁에 앉는 것조차도 편치 않을 수 있다. 좋지 않은 옛 기억이 전부 다시 밀려온다. 어린 시절을 운동을 하거나 학교에서 그리고 부모의 관심을 끌기 위해서 경쟁하면서 보냈던 형제는 휴가 때 저녁 식탁에서 대화를 나누면서도 미묘하게 경쟁할 수 있다. 특별히 분노를 폭발한 사람이 없을지라도 가족원은 지루하고 거의 아무런 만족감을 느낄 수 없는 이런 시간이 1년에 몇 번밖에 없다는 것에 감사하면서 식탁을 떠나는지도 모른다.

안타깝게도 부모는 때때로 상황을 더 나쁘게 만들기도 한다. 특히 형제가 부모 집에서만 서로 만나거나, 가족의 '연락망'인 어머니를 통해서만 이야기를 전해 듣는다면 더욱 악화될 가능성이 높다.

어머니는 누가 누구보다 전화를 자주 하지 않는다고 야단치면서 형제들을 비교한다. 아버지는 딸이 곁에 있다는 사실을 망각한 채, 계속 아들 자랑만을 한다. 부모는 형제 중 한 명을 '추켜세우려고' 애쓰면서 다른 형제의 지지를 유도할 때도 있다. 형제들이 이런 부모의 간섭을 부추길 수도 있다. 왜냐하면 이것이 의례적인 가족양상이기 때문이다.

형제들의 경험은 매우 다양하다. 중요한 것은 형제자매가 함께 보낸 어린 시절의 경험이다. 비슷한 또래의 두 아이, 특히 성별이 같은 두 아이는 보통 많은 시간을 함께 보낸다. 그리고 부모의 관심을 같이 받고, 보통 비슷한 환경에서 자란다. 나이 차이가 많은 형제는 같이 보내는 시간이 훨씬 더 적고 같은 경험을 함께 공유하기 어렵다. 즉, 그들은 가족발달의 서로 다른 시점에서 성장한다. 그리고 여러 가지 측면에서 독자와 비슷한 상황에서 성장한다.

이혼과 재혼이 빈번한 오늘날에는 다른 집에서 살다가 특별한 경우에만 함께 모이는 친형제, 의형제, 이복이나 이부 형제 등 복잡한 형태가 있을 수 있다. 또한 독자도 많기 때문에 그들과 형제처럼 지내는 친구들도 있을 것이다. 그리고 두 자

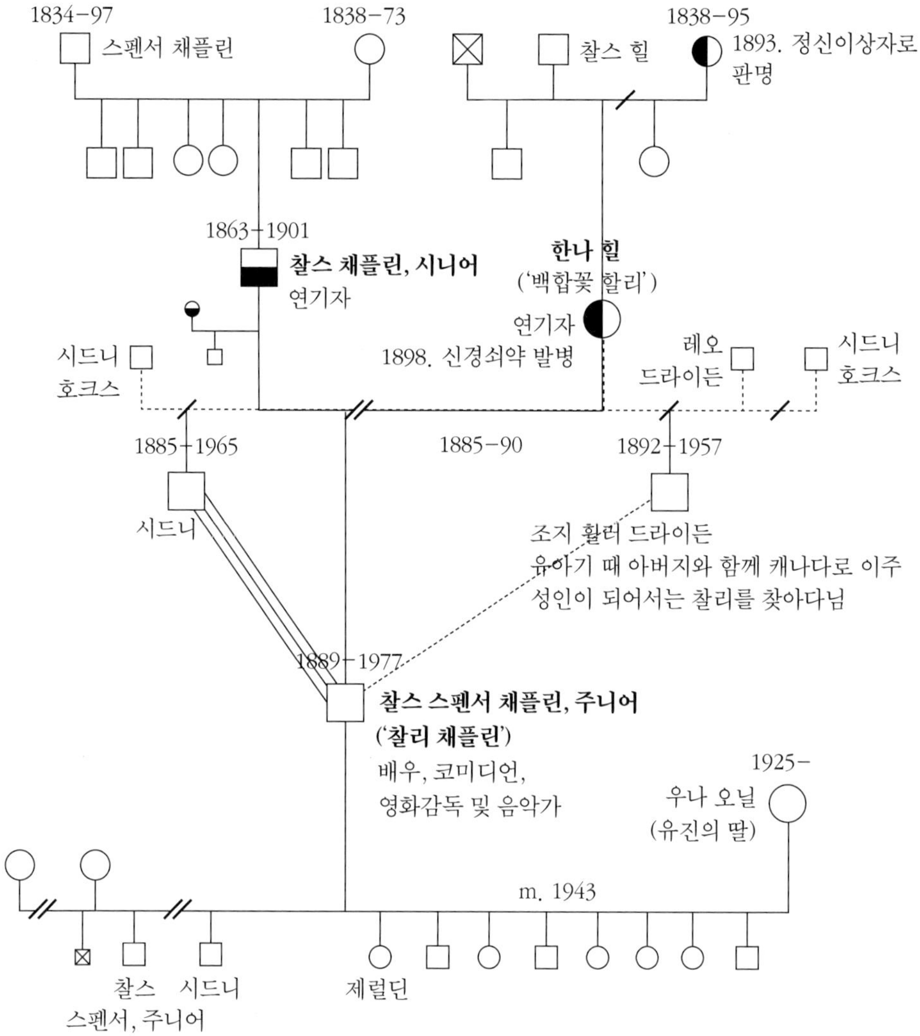

〈가계도 7-1〉 채플린 가족

녀 가족 역시 흔하게 볼 수 있는데, 그들의 형제관계는 다른 형제관계보다 더 긴밀할 수 있다. 물론 함께 많은 시간을 보낸 형제관계가 더 가까울 것이다.

외부사람과 거의 접촉 없이 서로 의존하며 자란 형제는 특히 부모가 없거나, 부모를 만날 수 없거나, 아니면 연락이 어려울 때 서로에게 더욱 의존적이다. 찰리 채플린(Charlie Chaplin)과 4세 연상인 배다른 형제 시드니(Sydney)는 남달리 가깝게 평생을 지낸 형제이다(가계도 7-1). 시드니는 어머니가 찰스 채플린 시니어(Charles Chaplin, Sr.)와 결혼했을 때 3개월이 채 안 된 어린 아기였다. 채플린 시니어가 시드니를 맡게 됐으나 그를 제대로 양육하지 못했다. 그는 알코올중독자가 된 시드니의 어머니와 몇 년을 견디지 못하고 곧 헤어졌는데, 사실은 그들을 버린 것이나 다름없었다. 채플린 부인은 아이들이 어렸을 때 계속적인 정신병 발작을 보이다가 시설에 수용됐다. 한때 이모가 두 형제에 대해 말한 적이 있다. "그의 형 시드니에 대한 언급을 하지 않고 찰리 채플린에 대한 글을 쓴다는 것은 어려운 일이다. 둘은 운명이 그들을 갈라놓기 전까지는 평생 떼어놓을 수 없는 사이이다. 조용한 성품과 명석한 두뇌를 지닌 정신적으로 안정되었던 시드니는 찰리에게 어머니이자 아버지였다. 찰리는 늘 시드니를 존경했고 시드니는 찰리를 위해 어떤 고통도 감수했다."[3] 한번은 어린 시절 그 둘이 떨어져 지내게 됐는데, 시드니는 찰리가 편지에 답장을 하지 못할까 봐 걱정했다. 시드니가 노심초사한 이유는 찰리가 글을 잘 모르기 때문이었다. 시드니는 찰리를 야단치면서 두 형제가 함께 이겨 내야 했던 가슴 아픈 순간을 회고했다. "엄마가 아프기 때문에 지금 이 세상에는 우리 둘밖에 없는 거야. 우리는 형제이기 때문에 넌 내게 정기적으로 편지를 써야만 해."[4] 아주 어린 시절부터 두 형제는 함께 생활하면서 여기저기로—일터, 고아원, 여러 아파트—이사를 다녔다. 그리고 어머니를 보살폈다. 찰리와 같이 공연하다 나중에 찰리의 매니저가 된 시드니는 후에 이렇게 편지에 썼다. "내가 너의 보호자라는 생각을 하면 늘 불행해진다. 아니 그것을 행운이라고 말할 수 있을까? 형으로서 아니 그보다 부모로서의 본능이라고 말할 수 있다."[5]

사실 찰리 채플린에게는 휠러 드라이든(Wheeler Dryden)이라는 의붓아버지의 아들이 한 명 있었지만 그의 자서전 어디에서도 그에 관한 이야기는 없었다. 드라이든의 아버지는 휠러가 갓난아기였을 때 그를 데려갔기 때문에 그는 1918년까지

3) David robinson, chaplin: *His life and Art* (New York: Mcgraw-Hill, 1985).
4) Charles Chaplin, *My Autobiography* (New York: Simon & Schuster, 1954).
5) Robinson, op. cit.

찰리 채플린과 형 시드니. 한번은 이모가 그들에 대해 말했다. "둘은 운명이 그들을 갈라놓기 전까지는 평생 떼어 놓을 수 없는 사이이다. 조용한 성품과 명석한 두뇌를 지닌 정신적으로 안정되었던 시드니는 찰리에게 어머니이자 아버지였다."(상단). 찰리와 시드니의 어머니, 해너 채플린(좌측).

(출처: Museum of Modern Art))

(출처: Aquarius Picture Library)

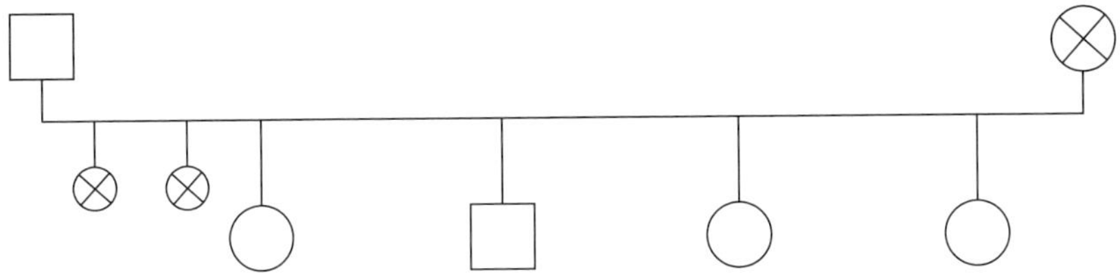

〈가계도 7-2〉 브론테 형제의 역할

채플린을 단 한 번도 만나지 못했다. 그 당시 채플린이 그를 만나서 이야기를 하게 되기 전까지, 드라이든은 채플린과 연락하기 위해 많은 노력을 해야만 했다. 채플린이 형제관계를 알리지 말 것을 그에게 강요한 것이 분명하다. 시드니에게 다른 아버지가 있다는 사실도 말하지 않은 것으로 보아 아마도 그는 어머니의 추억을 보호해 주려고 했을 것이다. 후에 드라이든은 채플린을 위해 일했고, 헌신적인 추종자 이상이었다. 그는 형을 완전히 숭배했던 것 같다. 존경심 속에서 일정한 거리를 두고 그를 쫓아다니며 채플린에 관한 사소한 기삿거리도 모두 스크랩했다.

제3장에서 논의됐던 샬럿(Charlotte), 에밀리(Emily), 앤(Anne)이라는 세계적으로 뛰어난 작가를 셋이나 배출한 범상치 않은 브론테(Brontë) 가족은 다른 가족관계에서 문제가 많았던 것을 보상하려는 듯 형제관계에서의 위력을 보여 주는 감동적인 예이다. 샬럿 브론테는 이렇게 쓴 적이 있다. "자매의 서로에 대한 애착의 가치, 이 세상에 그와 같은 것은 또 없다." 브론테 집안은 여자의 역할에 대한 압박에 부딪혔을 때 놀라운 창의성을 보여 주었다. 그 자매들은 서로에게 우선적인 지지자가 되었다. 만일 세 자매가 서로에게 그런 존재가 아니었다면, 이 세상은 이들이 창조해 낸 뛰어난 문학작품을 가질 수 없었을 것이다.

그들의 모친이 아주 일찍 세상을 떠나서 자매들은 서로에게 의존해야 했다. 샬럿은 두 언니마저 세상을 떠나자, 9세에 장녀의 역할인 가족을 이끌고 돌보는 사람이 되었다(가계도 7-2). 샬럿은 동생들이 글을 쓰고 출판하도록 용기를 주고, 바깥세계와 관련된 일을 도맡아 처리하고, 생기가 넘치는 위험한 게임을 고안하면서 후에 가족의 일차 대변인이 되었다. 그다음은 집안의 '천재이며 불가사의'인 브란웰(Branwell)로 부모의 지원과 기대의 초점이었던 그는 성공할 것으로 점쳐졌으나 가족의 기대에 부응하지 못했다. 그다음 두 여동생, 에밀리와 앤은 연년생이었는데, 성격은 달랐지만 거의 쌍둥이처럼 가깝게 자랐다. 에밀리는 열정적이고 운동을 잘했으며, 종종 신경질적이고 무한한 상상력의 소유자였다. 앤은 언니들처럼 상상의 세계에 이끌리지 않았고, 온화한 외모 뒤에 깊은 비애를 감추고 있었다. 브론테 자매의 역할은 자매 간에 나타나는 일반적인 역할이었다. 샬럿은, 은둔자로 고집불통에다 독립심이 강한 아이였던 에밀리, 사랑스럽고 친근한 아이로 모친이 세상을 떠날 때 어린 아기였고 친척 엘리자베스에게 깊은 애착을 간직한 채 자란 앤과 같은, 다른 형제의 역할을 자신의 상상력으로 지휘한 지도자이자 생기 넘치는 조력자였다. 다른 자매들은 오직 어린 시절의 현실만을 믿었으나, 앤은 그런 낭만적인 환상에 대해 회의적이었다고 한다.

1. 쌍둥이

형제의 체험을 함께 나누는 최고의 경우는 일란성 쌍둥이이다. 그들은 나머지 가족과는 나누지 않는 특별한 관계를 가진다. 쌍둥이는 그들만의 언어를 만들어 내고 신비하게, 거의 텔레파시와 같이 서로를 감지한다. 이란성 쌍둥이의 경우에도 삶의 경험을 함께하기 때문에 놀랄 만한 공통점을 가지는 경우가 종종 있다.

쌍둥이의 가장 큰 도전은 각자의 정체성을 가지는 일이다. 쌍둥이는 각각의 형제순위가 없기 때문에 함께 묶여 취급되는 경향이 있다. 이것은 특히 사춘기처럼 독립적인 존재로 성장하려는 시기에 문제가 된다. 때로는 쌍둥이가 서로 다르게 보이기 위해 극단적인 반대 성향을 띠기도 한다.

에스터 폴린 프리드먼(Esther Pauline Friedman)과 폴린 에스터 프리드먼(Pauline Esther Friedman)은 앤 랜더스(Ann Landers)와 디어 애비(Dear Abby)로 더 잘 알려

진 일란성 쌍둥이로 7분 간격으로 태어났다(가계도 7-3). 매우 비슷한 이름을 가진 이 유명한 쌍둥이는 서로 나눈 친밀함과 강렬하고도 힘겨운 경쟁에서 모두 극적인 면모를 보인다. 때때로 둘 사이의 유대감은 남편조차 소외감을 느낄 정도로 강했다. 그러나 그런 상황에서 경쟁이 심해지면 둘은 말도 하지 않은 채 몇 년을 보내곤 했다. 그래도 둘의 삶은 신비로울 정도로 거의 동일한 궤도를 따라갔다. 둘 다 주부에서 조언자—컬럼니스트—가 된 똑같은 과정을 걸어갔다. 그러다가 둘이 다시 함께하게 되면 결코 떨어져 본 적이 없는 것처럼 지내기도 했다.

둘은 결혼문제가 있기 전에는 떨어져 지낸 적이 없었다. 흥미롭게도 둘은 같은 남자에게 끌렸다. 그 관계에서 애비가 이겨 결혼하게 되자, 앤은 디어와 합동결혼식을 하려고 다른 남자를 찾았다. 앤은 결혼을 계획하는 동안, 첫 번째 약혼자

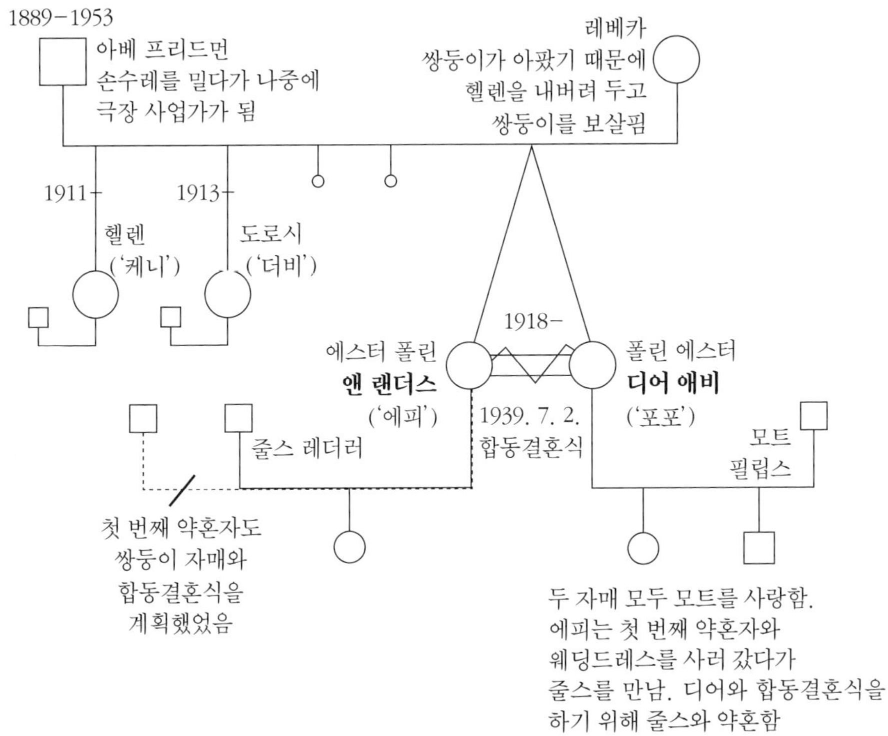

〈가계도 7-3〉 레더러 가족

'앤 랜더스'와 '디어 애비' 가족

본래 레더러라는 이름이었던 일란성 쌍둥이, '앤 랜더스'와 '디어 애비'. 가족의 결혼식에서 다른 자매들과 함께. 각각 자신의 저작권을 가진 유명한 칼럼니스트가 된 쌍둥이 자매의 결혼은 합동결혼식으로 축하를 받았다.
(출처: AP/Wide World Photos)

와 파혼하게 되자 상대를 바꿔 쌍둥이 자매의 결혼식에 맞춰 새 배우자를 대기시켰다. 둘의 남편들조차 오랫동안 같은 사업체에서 일했던 연고가 있었다. 합동결혼식이 끝나자 두 쌍은 합동 신혼여행을 떠났다. 불행히도 여행 중에 앤의 남편이 돈이 떨어지자, 자매는 헤어지게 되었다. 이 시점부터 둘은 친밀함과 경쟁을 반복하며, 관계에 균열이 생기기 시작했다.

몇 년 후 과거 경력이나 대학 학위도 없지만 주부로 사는 데 염증이 난 앤은 '앤 랜더스의 조언'이라는 칼럼을 쓰면서 자신의 앞길을 개척했다. 애비도 앤과 똑같이 이력이 없었다. 처음에 그녀는 자기 언니에게 도움을 청했다. 그러나 애비는 서부 해안으로 이사를 간 지 3개월이 채 안 되어 자신의 조언 칼럼(디어 애비)을 맡게 되었다. 이제 진정한 경쟁이 시작되었다. 그리고 곧 극심한 적대감으로 발전해서 상대가 표절했다는 문제로까지 번지게 되었다. (그렇게 그 둘의 직업이 비슷했던 것이다.) 애비의 칼럼은 신문 신디케이트를 통해 세계로 전파되었지만, 애비와 같은 생각을 갖고 있었던 앤에게는 뼈아픈 일이었다. 완전히 결별했던 햇수를 포함해서 수년이 지난 후 두 자매는 둘 다 상당한 성공을 이루어 냈다. 실생활 문제에서 둘의 의견이 아주 비슷했기 때문에 대중이 둘을 구별하기가 쉽지 않았던 것은 당연한 일이다. 둘은 한 부분에서만 의견이 일치하지 않았다. 애비는 쌍둥이라는 것은 정말 멋진 일이라고 생각했고, 앤은 쉽지 않은 일이라고 말했다.

자매는 일반적으로 가족 안에서 형제와 다르게 취급되어 왔다. 예를 들어, 라이트 형제의 부친인 비숍 라이트는 유일한 딸인 막내가 15세일 때 이렇게 편지를 썼다. "너는 정말 올바르고 마음씨가 좋은 아이야. 그리고 우리의 유일한 딸이지. 너는 내가 늙으면 사랑해 주고 돌봐 줄 나의 희망이지. 그러나 너에게 우리는 가정이 없었다고 느껴야 하겠지."[6] 캐서린 라이트(Katharine Wright)는 별명조차도 그녀의 일차적 역할을 가리키는 쉬베스터(시스터)라고 불려야 했다. 윌버와 오빌을 제외한 다른 아이들과 양친은 모두 대학을 다녔다. 캐서린도 유일하게 오벌린 대학교에 간 아이였는데, 학업에서 매우 뛰어난 두각을 나타냈다. 하지만 대학을 졸업하고 그녀는 집으로 돌아와 그 후 30년 동안 순종적으로 아버지와 남자 형제를 돌보는 역할을 맡아 헌신했다. 라이트 가족처럼 자매들이 가족을 위해서 포기한 자신의 길을 값으로 매긴다면 얼마나 될까?

자매관계의 복합성에는 여러 가지 이유가 있다. 가족유대감, 관계의 기간, 자매가 같이 져야 하는 가족 부양의 책임 그리고 남자 가족의 관심과 승인을 받기 위한 경쟁심까지 포함해서 또한 자매관계에는 복잡 미묘함과 내밀함이 있다. 여자는 대부분 자매에게서 자기 모습을 투영해 본다. 반면에 남자에게는 거리를 두는데, 종종 심하게 거리감을 둔다. 그 거리와 외경심을 일으키는 힘의 구조 때문에, 남자를 낭만적으로 생각하고 이상화하기도 한다. 다른 한편으로, 여자에 대한 여자의 반응, 특히 자매에 대한 반응은 일반적으로 여자의 가치를 가치 절하하는 문화를 얼마나 공감하고 있는지에 따라 친밀함이 달라진다.

6) Crouch, op. cit.

우리 문학작품의 상당수가 자매관계를 다루길 회피해 왔다. 루이즈 베르니코프(Louise Bernikow)가 지적했듯이, 문학에 나오는 유명한 자매들을 생각해 보면, 구약성서의 라헬과 리아,『리어왕』의 코델리아와 자매들, 신데렐라와 '사악한' 의자매, 아니면 체호프(Chekhov)의『세 자매』사이에는 항상 한 남자가 있으며 그 자매들은 서로에게 전혀 도움을 주지 않는다. 어머니는『신데렐라』에서처럼 불화를 일으키는 경우가 아니면 거의 나오는 법이 없다. 문학에 등장하는 나이 든 자매는 악마로 그려지는 반면, 막내는 유아 취급을 받는 아기까지도 아빠의 '사랑받는 대상'이 되려는 열망과 충성심에 대한 대가로 사랑과 재산을 독차지하는 '아빠의 딸'이다. 막내딸이 어머니와 자매와의 갈등과 그들의 사랑을 잃는 것에 치러야 하는 대가는 간과되어 있다. 베르니코프가 말하듯이, "이 이야기대로라면 자매는 서로에게 도움이 되지 않는다." 여자는 없는 것이 서로에게 더 나을 것이다. 이런 남성적 시각으로는 모든 여자에게 다른 여자가 없는 편이 낫다. 그러면 어머니도 없고 자매도 없고 친구도 없이 아버지, 남자 형제, 남자 애인에게만 눈을 고정시키게 되고 그러면 이 세상에는 평화가 올 것이다.[7)]

그러나 진실은 부모가 보통 우리보다 한 세대 앞서 세상을 떠난다는 것이다. 그리고 자식들은 우리보다 한 세대를 더 살 것이다. 배우자는 우리의 20세나 30세까지의 기간 동안의 모습을 잘 알고 있는 일이 드물고, 우정이 어린 시절부터 죽을 때까지 지속되기도 어렵다. 따라서 형제는 유전공학적으로나 전후사정상으로나 누구보다 훨씬 더 많이 우리와 삶을 함께한다. 그리고 자매의 경우는 그보다 더하다. 자매는 정서적으로 더 가깝고, 남자 형제보다 더 오래 살기 때문이다. 사실 우리는 형제보다는 배우자와 결별하는 것이 더 쉬울 수도 있다.

다행히 형제 사이에서는 다른 형제와 완전히 결별하거나 연락이 끊어지는 일이 드물다. 두 자매가 그중에서도 가장 가까운 관계를 가지는 것 같다. 자매는 삶에 기본적인 정서적 안정감을 주는 듯하다. 그들은 멋있게 늙어 가고, 남편을 잃거나

7) Louise Berkinow, *Among Women* (New York: Harper & Row, 1980).

과부가 되고 그리고 은퇴하는 역할 모델을 제공한다. 그들은 서로를 돌보고 가치관을 유지하기 위해서 서로에게 압력을 가한다.

자매는 전형적으로 남자 형제보다 빛을 발하지는 못하지만, 가족을 돌보는 일을 더 많이 할 뿐 아니라 가족의 책임과 더불어 깊은 관계와 내밀함을 서로 나눈다. 어린 시절부터 계속 다른 형제를 돌보는 일은 남자 형제가 놀거나 다른 일을 할 때 손위 여자 형제에게 맡겨진다. 어린 시절 이야기의 고전인『피터 팬』에서 유일한 여자 형제인 웬디는 즉각 자신의 형제뿐 아니라 피터 팬과 다른 모든 '미아 소년'의 어머니 역할에 끌려들어 간다.

여러분 집안의 여자의 삶을 연구 주제로 선택할 때에는 그런 선택을 하게 된 특정 시대와 문화적 압박을 고려하는 일이 중요하다. 자매 가까이에 머물기 위해 자신의 남편의 직업 때문에 살던 곳을 떠나야 하는데도 이사를 하지 않으려는 여자는 이상하게 비춰진다. 그녀는 아마도 '그물 안에 있다.'거나 '아직도 독립하지 못했다.'고 낙인찍힐지도 모른다. 그렇다고 해도 그 자매는 처음부터 남편보다 먼저 있었고, 끝에 가서도 남편이 죽고 난 후에 곁에 있을 것이다. 사실 자매관계가 강할 때, 여자의 자의식이 강해지는 것 같다.

'사악하고 아픈' 역할은 오래전부터 일종의 반항이었다. 예를 들어, 에밀리 브론테와 엘리자베스 배릿 브라우닝은 자신의 병약함을 수단으로 전통적인 사교적 행동을 피했던 것으로 보인다. 두 사람 다 아버지의 큰 기대를 모으는 남자 형제가 있었고, 어릴 때 어머니와 자매들을 잃었다. 아마도 이런 사실은 사회에서 정한 여자의 역할을 기질적으로 받아들일 수 없었던 강인한 여자가 느끼는 갈등을 더 크게 부각시켰을 것이다.

어릴 때 자매는 종종 부모의 관심을 받는 경쟁자인 동시에 서로 남자 형제를 돌보는 사람이다. 부모는 좋은 뜻에서 아들에게 딸과는 아주 다른 의도를 전달할 수 있다. 예를 들어, 여기에 재키 로빈슨(Jackie Robinson)이 두 남자 형제의 가운데 자녀인 딸 샤론(Sharon)의 역할과(가계도 7-4) 그녀와 같은 형제순위를 가진 아내의 역할을 묘사한 글이 있다.

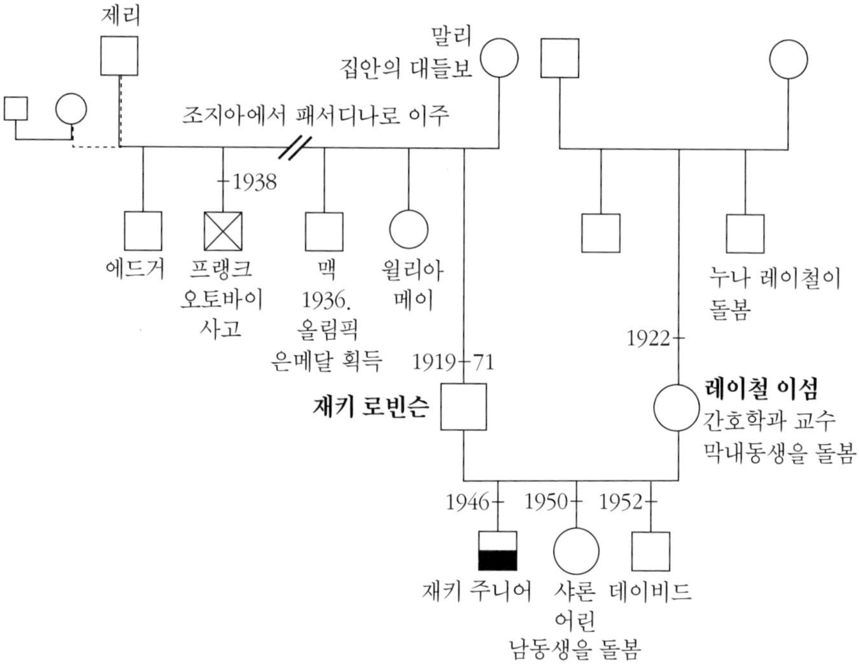

〈가계도 7-4〉 **재키 로빈슨 가족**

"샤론은 그저 우리 눈과, 말 그대로 그녀를 알게 된 모든 사람의 생각에 너무 이상적이고 완벽한 아이여서 때로는 현실로 믿어지지 않을 정도였다. 아버지가 아들에게 마음을 빼앗긴다고 해도 딸에게는 뭔가 다른 특별한 점이 있다. 우리의 관계는 아직도 변함이 없다. 아마 더 깊어졌는지도 모른다. 레이철도 동일한 가족유형에서 자랐다. 남자 형제 둘 가운데 딸이었던 레이철은 바쁘고, 사랑을 주고, 그것에 언제나 행복하진 않았어도 가족의 기둥으로 남동생을 돌보았다. 우리가 샤론이 무엇에 맞닥뜨려도 잘 이겨 낼 수 있을 만큼 강하다고 가정했던 것을 기억한다. 우리는 오랫동안 그녀의 성장을 당연하게 생각했다. 샤론은 고통을 표현하거나 과장해서 자신의 문제에 관심을 끌려고 한 적이 거의 없었다."[8]

8) Jackie Robinson, *I Never Had it Made* (New York: G. P. Putnam's Sons, 1972).

이탈리아와 히스패닉계 같은 문화에서는 딸이 무엇보다 그들 남자 형제를 포함한 다른 사람을 돌보도록 키워진다. 아일랜드계 미국 가정, 미국 흑인 가족과 같은 문화집단에서는 여러 가지 다른 역사적 이유로 아들을 과보호하고 딸은 제대로 보호받지 못하는 경향이 있을 수 있다. 다른 문화집단에서는 딸에 대한 기대가 구체적이지 않다. 예를 들어, 전형적인 미국 가정은 남자 형제나 여자 형제가 동등하게 집안일을 돕는 것으로 되어 있다.[9] 그러나 보통 가족을 이해하는 데 있어서 성역할이 어떻게 형제관계에 영향을 주는지를 깨닫는 일이 중요하다.[10]

자매 중 여아는 남자 형제 중의 여아와 매우 다른 형제관계를 맺는다. 우리 사회의 뿌리박힌 남아선호 성향 때문에 남자 형제는 나이가 들수록 그는 우상화되거나 대접받는다. 어린 남자 형제는 가족의 특별대우로 여자 형제가 그를 질투하고 시기한다.

선도적 여권주의자 글로리아 스타이넘(Gloria Steinem)이 묘사했듯이, 소년과 소녀는 똑같은 가정에서 완전히 다른 문화를 형성해 간다. 이 주제에 대한 연구는 별로 없지만, 남자 형제와 여자 형제 간의 차이점에 대한 흥미로운 발견은 몇 가지 있다. 남자 형제가 있는 여자는 자신의 남자 형제보다도 더 반대 성의 특징을 나타내는 경향이 있는 것으로 나타난다. 아마도 이는 남성의 특징을 우리 사회에서 더 높이 사기 때문일 것이다. 대조적으로 여자 형제가 있는 남자는 여자 형제와 동일시되지 않으려는 바람으로 남성적 특징이 더 강해진다.

여자는 가족 내 정서관계 유지에 집중하는 경향이 있어서, 자매는 남자 형제처럼 우월한 사람으로 취급받고 부양가족을 돌볼 책임이 없기 때문에 남자 형제보다는 자매나 올케에게 더 많은 실망을 한다. 남자 형제에게는 금전적 지원을 하도록 기대할 수도 있다. 그러나 그런 것이 남자 형제에게는 실질적으로 가사에 참여하지 않는 핑계가 되는 반면, 여자 형제는 가족을 돌보는 일이나 직업에 몸담는 것

9) Paulette Hines, Nydia Garcia Preto, Montica Mcgoldrick, Evelyn Lee, and Susan Weltman, "Intergenerational Relationships in Different Cultures", *International Family Therapy* (1992).
10) Monica McGoldrick, "Sisters," *Women in Families*, loc. cit.

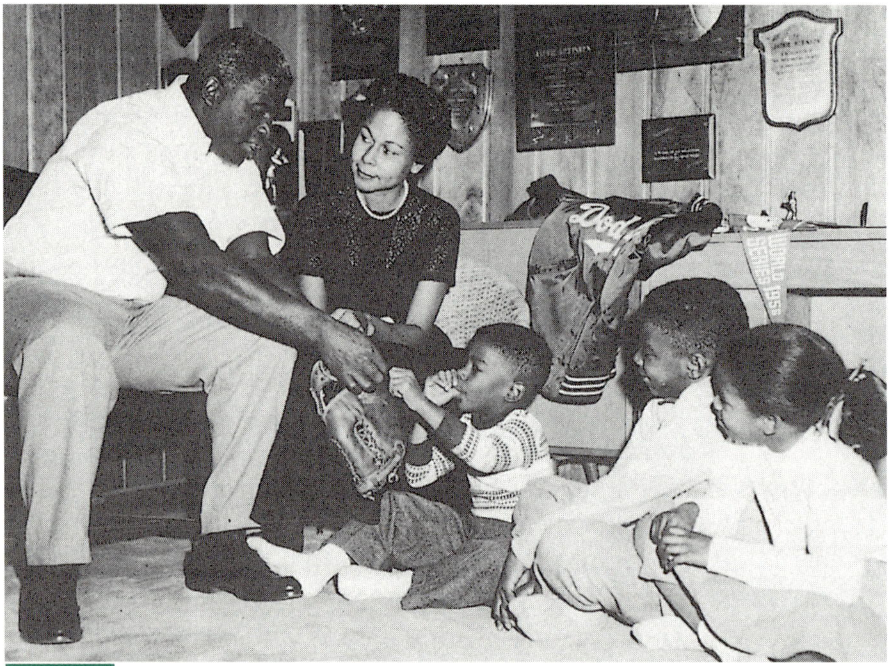

아내 레이철과 세 자녀 데이비드, 재키 주니어 그리고 샤론과 함께 있는 재키 로빈슨. 그는 후에 이렇게 썼다. “아버지가 아들에게 마음을 빼앗긴다고 해도 딸에게는 뭔가 다른 특별한 점이 있다.” 샤론은 어머니처럼 두 남자 형제 사이의 가운데 아이였다.
(출처: AP/Wide World Photos)

도 다른 가족의 필요에 따른 책임에서 면제되지 않는다.

나이 든 여자는 딸과 조카뿐 아니라 자매에게도 의지하려고 한다. 자매는 종종 같이 산다. 자매는 멀리 떨어져 살고 있어도 남편 없이 혼자 늙어 가는 여자는 자녀들보다는 자신의 자매에 의해 돌봄을 받는다. 따라서 여자에게 형제, 특히 자매는 남편을 잃고 난 후에 내밀한 친구, 돌봐 주는 사람이자 벗이라는 부가적인 의미를 지닌다. 자매관계는 나이 들어도 사회적으로 고립되지 않는다. 문화의 가치 구조라는 큰 틀에서 자매관계는 눈에 띄지 않는 경향이 있어도, 자매는 평생 필요할 때마다 서로에게 힘이 되어 준다. 나이가 들어서 그들은 서로 없어서는 안 되는 존재가 된다. 마거릿 미드(Margaret Mead)는 이렇게 묘사했다. “자매는 서로 가까이 끌리고 나이가 들면 종종 서로가 선택한 가장 행복한 벗이 된다. 어린 시절의 함께한 추억과 서로의 자녀와의 관계뿐 아니라 그들은 같은 집과, 같은 살림 방식 그리고 살림살이에 대한 같은 사소한 편견을 함께 나눈다."[11)]

미드의 생각은 세부적인 사항에 초점을 맞춘 것이 흥미롭다. 특히 나이가 들어가면서 우리를 함께 묶는 것은 우리의 추억, 우리의 살림살이, 서로의 관계와 서로의 가족관계에 대한 세부적인 일인 것이다.

큰딸은 어린 형제에 대한 엄마의 대리 역할을 피하기 어렵다. 밑으로 남동생 하나와 여동생 셋이 있던 마거릿 미드는 같이 사는 할머니가 어린 여동생의 행동을 적어 놓는 일을 시켰을 때를 이렇게 묘사했다. "나는 엄마가 시작했던 일을 계속해 나가면서 사랑을 가지고 기록하는 방법을 배웠다. 나는 우리 어머니가 나에 대한 노트는 열세 권, 리처드는 단 네 권을 가지고 있는 걸 알고 있었다. 지금 나는 어린 동생의 행동을 기록하고 있다. 나는 여러 면에서 어린 동생에 대해 내가 들여다보고, 가르치고, 양육하는 나의 아이처럼 대한다.

또한 나에게 없는 것은 무엇이든 동생들에게 주고 싶다. "그러나 전형적으로 부여된 권리를 분명히 느꼈던 장남과는 달리 큰딸은 종종 자신의 책임에 대해서 상반되는 여러 감정과 죄책감을 가진다. 그들은 무엇을 하든지 충분하지 않다고 느끼고, 가족을 보살피고 가족이 제대로 지탱되도록 노력하는 것을 그만둘 수가 없다. 맏이인 아이의 경험은 막내와 매우 다르고 가운데 아이는 자신만의 고유한 경험을 가진다. 태어난 순서가 나중에 배우자와 친구 그리고 동료와의 관계에 많은 영향을 준다고 해도, 어떤 특정한 순위가 특정한 유형의 사람이라고 규정지을 수 없다. 형제의 역할에 영향을 주는 많은 여러 요인이 있다. 기질, 장애, 용모, 지성, 재능, 성별, 죽음, 이사, 질병 그리고 재정상태의 변화와 탄생의 시점 등.

이런저런 이유로 부모는 한 아이에게 그 가족에서의 자녀 출생의 순위와는 상관없이 책임감이 있는 사람이 되기를 바라거나, '아기'가 되기를 기대하는 것 같은 특별한 예정표를 가질 수도 있다. 가족 중 특정한 가족원과 닮은 아이는 그 사

11) Margaret Mead, *BlackBerry Winter, My Earlier Years* (New York: Somon & Schuster, 1972). The following quote is from the same source.

람처럼 되기를 기대하거나 그 사람의 역할을 하도록 기대되기도 한다. 아이의 기질 역시 형제 순위와 어긋날 수도 있다. 이런 사실은 왜 많은 아이가 가족의 기대에 저항하여 그토록 용감하게 투쟁하는지 설명할 수 있다. 보호자나 가족의 모범이 되는 책임을 지는 것을 거부하는 장자나 지도자가 되기를 열망하는 막내처럼 어떤 가정에서는 꼭 장자가 아니더라도 가장 편안하게 책임감을 질 수 있는 아이가 리더가 된다. 부모 자신의 형제자매와의 경험 또한, 자신의 자녀에게 영향을 준다. 그러나 자녀의 출생 순서를 반영하는 전형적인 특정 유형이 종종 나타난다.

2. 장남과 장녀

일반적으로 장남과 장녀는 과중한 책임을 지고 있으며, 성실한 가족원이다. 그들은 어린 동생에 대한 책임감과 권위를 경험했기 때문에 좋은 지도자가 된다. 종종 그들은 진지해서 자신의 삶에는 사명이 있다고 느낀다. 부모와 자신을 동일시하고 부모의 특별한 사랑을 받기 때문에, 다른 사람을 새로운 세계로 이끄는 동안에도 보수적인 경향이 있으며, 스스로를 비판할지는 모르나 그렇다고 다른 사람의 비판을 꼭 잘 받아들이는 것은 아니다.

우리는 이미 제5장에서 지그문트 프로이트(Sigmund Freud)의 가족 내 위치의 특별함에 대해서, 친조부와 손위의 배다른 형제 그리고 바로 뒤에 태어난 남동생과 외삼촌의 죽음 같은 주위의 죽음과 관련해서 살펴보았다. 가족 내에서 프로이트의 특별한 위치에 영향을 준 것은 그가 태어난 직후에 가족에게 재정적 문제가 심각해져서 미라비아의 고향에서 비엔나로 이주를 해야만 했고, 그 이후에 부친이 안정적인 재정적 기반을 다시 갖지 못했다는 것에 있다. 지그문트의 다섯 형제자매에 대한 특권은 놀라운 것이었다. 집안 전체가 그의 요구에 따라 움직였다. 지그문트는 공부를 위한 자신만의 공간을 가진 유일한 아이였다. 그의 여동생 안나(Anna)가 피아노 치기를 원하자 어머니가 피아노를 사 주었는데 지그문트가 피아노 소리가 방해가 된다고 불평하여 곧바로 없애 버렸다.

그것으로 안나의 음악 교육은 끝나 버리고 말았다! 다른 여러 문화에서처럼, 프로이트 집안은 딸보다 아들을 선호했다. 지그문트의 특별한 위치는 가족이 그의 나이가 10세가 되던 해에 그의 영웅 알렉산더 대왕의 이름을 따서 남동생의 이름을 짓는 특권을 주었을 때 한걸음 더 나아간다.

지그문트가 그의 형제, 특히 자매를 중요하게 생각하지 않았던 것은 명백하다. 한번은 그의 남동생 알렉산더에게 이렇게 말했다. "우리 가족은 한 권의 책과 같아. 너와 나는 장자고 막내이니까 우리는 나와 너 사이에 태어난 연약한 여자 형제를 돌봐 주고 보호해야 하는 튼튼한 표지와도 같아."[12)]

더 중요한 것은 그가 그의 자서전에 자신의 성장에 대해 기록하면서 형제를 단 한 번도 언급하지 않았다는 사실이다. 따라서 그의 심리학 이론에서 형제관계가 아무런 역할도 하지 않았다는 것은 놀랄 만한 일이 아니다. 그러나 지그문트는 그의 어린 시절 몇 해 동안 형제와도 같았던 한 살 많은 사촌 존에 대해서는 이야기한다. "3학년 말까지 우리는 떨어질 수 없는 사이였다. 우리는 서로를 아꼈으며 싸우기도 했다. …… 이런 유치한 관계는 후에 나의 동년배와의 관계에 대한 나의 감정을 모두 결정지었다. 나의 사촌 존은 그 후 여러 번의 인격적 변화를 겪었다. 성격의 첫째 모습이 나왔다가는 다른 모습이 되었고, 그것은 나의 의식 속에 지울 수 없이 자리 잡았다. 때로 그는 나에게 못되게 굴었음에 틀림없다. 그리고 나는 분명 나의 폭군에게 용감하게 대항했을 것이다."[13)]

아이는 종종 자기보다 어린 형제에 비해 조금이라도 나이가 많은 형제에게 강렬한 감정을 갖는다. 지그문트 프로이트는 결코 진정한 동년배를 가지지 못했다. 후에 그는 강력한 지도자가 되었으나 맏이가 종종 그렇듯이, 모든 점에서 그의 지도력을 인정하지 않는 동료와 함께 일하는 데 어려움을 겪었고 그의 추종자의 대부분과는 그들이 도전하는 즉시 결별하고 말았다.

12) Kurt R. Eissler, Sigmund Freud: *His Life in Pictures and Words* (New York: Harcourt Brace Jovanovich, 1978).

13) Jones, op. cit., Vol. 1.

맏이의 주요 특성은 다른 사람을 이끌고 책임감을 느끼고 싶어 하며, 그 집단을 높은 위치에 끌어올리기 위해 열심히 일한다는 점이다. 미국의 초대 대통령 조지 워싱턴(가계도 7-5)은 훌륭한 사례이다.[14] 워싱턴의 지도자 역량이야말로 미국 건국의 주요 요소였다. 20세에 워싱턴은 버지니아 민병대에 입대하자마자 바로 두각을 나타냈고, 23세에는 버지니아 전 병력의 총 책임자가 되었다. 그는 그의 병력을 전투에 이끌고 들어갔다가 사상자 없이 데리고 돌아오는 기적과도 같은 능력이 있었다. 뛰어난 지도자로서 그는 어떤 희생이 따라도 자신의 목표와 의무에 대한 복종에 온전히 집중했다.

워싱턴의 지도자적 기술, 결단력 그리고 책임감은 그가 11세에 어머니와 네 여자 형제를 책임지는 위치에 놓이게 된 부친의 죽음으로 강해졌다는 것은 의심할 여지가 없다. 그보나 13세 많은 배다른 형제인 로런스(Lawrence)가 그때 해외에서 돌아와서 조지의 보호자이자 멘토가 되었다. 그러나 불행히도 로런스는 조지가 겨우 20세가 되었을 때, 그를 가장의 역할에 홀로 남겨 두고 세상을 떠났다. 워싱턴은 친자식이 없었지만, 부인 마사가 데려온 두 아이와 다른 수많은 친척에게 헌신적인 아버지가 되어 그들을 지원하고, 정신적인 지도자가 되게 키우기도 하였다. 오빠와 형으로서는 자상하고 책임감이 있었다. 그는 노년에 형제 중 한 명에 대해 이렇게 썼다. "방금 젊은 시절 나의 단짝이었고 장년기에는 나의 벗이었던 형제(존) 한 명을 묻었다."[15]

맏이가 되는 것은 복합적인 축복이다. 부모의 바람에 대한 응답이며, 새로운 가족의 시작으로서 장자는 그 밑의 자녀에게는 주어지지 않는 깊은 관심과 사람을 받는다. 그러나 그가 져야 하는 짐은 무거울 것이다. 가족의 기대를 저버리는 장

14) 프로이트처럼 워싱턴도 그보다 상당히 나이가 많은 배다른 형제가 둘 있었다. 그들은 외국에서 교육을 받았고 워싱턴은 사춘기 때 그 둘 중 손위인 로런스가 돌아와서 워싱턴의 보호자가 될 때까지 그들을 알지 못했다.

15) M. A. Bourne, *First Family: George Washington and His Intimate Relations* (New York: W. W. Norton, 1982).

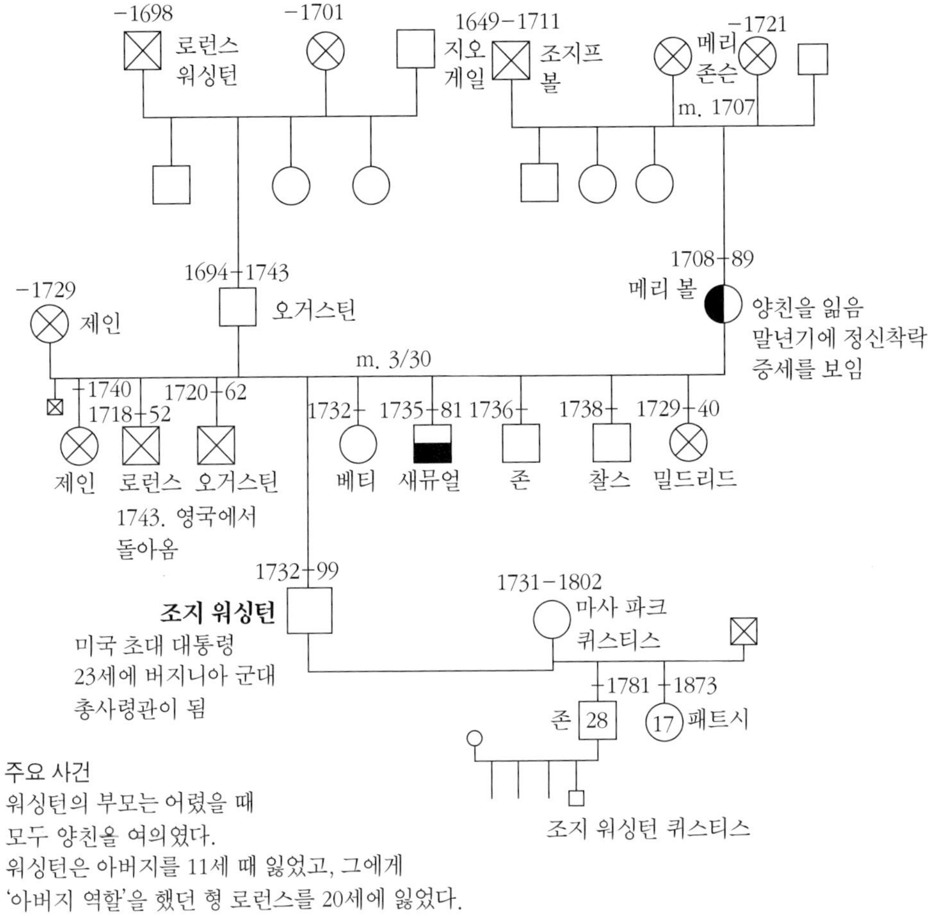

〈가계도 7-5〉 워싱턴 가족

자조차도 자신에게 주어진 역할을 제대로 못했다는 불편한 마음과 죄책감에 괴로워할 것이다.

장녀는 종종 같은 책임감과 성실성 그리고 장남처럼 다른 사람을 이끌고 보살피는 능력이 있다. 그러나 딸은 보통 장남과 같은 특혜를 받지 못하며 열심히 채워야 하는 기대도 없다. 장녀는 특혜도 없이 스스로의 가치를 우월하게 생각하지 못하면서 맏이의 책임만 지게 될지도 모른다. 형제가 모두 딸일 경우에는 장녀가 아들에게 돌아갈 때 그런 기대와 특권을 가질 수도 있다.

3. 막내

막내는 자신이 특별하다고 생각해서, 맏이에게 지워지는 지나친 책임감 없이 자신의 욕구를 충족시킨다. 이런 경향은 형제가 많은 가족일수록 더욱 심할 수 있다. 두 형제의 막내는 아마도 나이 차가 상당히 크지 않는 한 10형제의 막내보다 형과 '짝'이나 '쌍둥이관계'를 가지게 될 것이다. 막내는 관습에서 자유롭고 자신의 방식대로 일을 처리하려 하여, 때로 발명이나 혁신에 이르는 뛰어난 창조적 도약을 할 수 있다. 그런 예를 토머스 에디슨(Tomas Edison), 벤저민 프랭클린(Benjamin Franklin), 마리 퀴리(Marie Curie) 그리고 폴 로브슨(Paul Robeson)에서 볼 수 있다.

막내였던 토머스 앨바 에디슨은 축음기, 마이크, 영사기, 프로젝터, 타자기와 전구를 발명하고 전화를 실용화했으며, 그 외 1,100개 이상의 발명품을 고안했다(가계도 7-6). 그는 자기만의 고유한 삶을 살았다. 다른 유명한 막내인 벤저민 프랭클린처럼 에디슨은 사춘기에 집을 떠났다. 에디슨의 특이한 위치는 벤저민과 같은 것으로, 두 형이 아기일 때 죽고 그가 다섯 살 때 누나까지 죽음으로써 더욱 견고해진 것 같다. 막내라는 사실 외에도 에디슨은 독립적이고 고집 세고, 야심차고, 확고한 개인주의자의 집안 내력이 있었다. 그의 증조부 존 에디슨은 토리당과의 연합으로 혁명전쟁시기에 유배되었다. 그의 조부는 침례 교회에서 규율의 복종을 비웃고 거부하였다는 죄목으로 제명당했다. 그의 부친은 캐나다 정부에 대한 반란에 가담한 후에 미국으로 도망쳐 와야 했다. 에디슨은 정식 교육을 6개월밖에 받지 않았는데도 (오히려 그의 발명이 그 덕분이라고 하는 사람도 있다.) 대단한 발명가였을 뿐 아니라 그 역시 개인주의자였다.

성인이 된 에디슨은 괴팍한 삶을 살았다. 끝에 가서는 억만장자가 되었는데도 헐렁하고 낡아빠진 옷을 입었고, 거의 잠을 자지 않으며 쉬지 않고 일했다. 그리고 그는 모든 것에 호기심을 가졌다. 에디슨은 탁월한 수단을 가진 사업가가 되어 천재성과 노력을 보상받았으나 관료적 규정에는 거의 신경 쓰지 않았다. 돈에 관

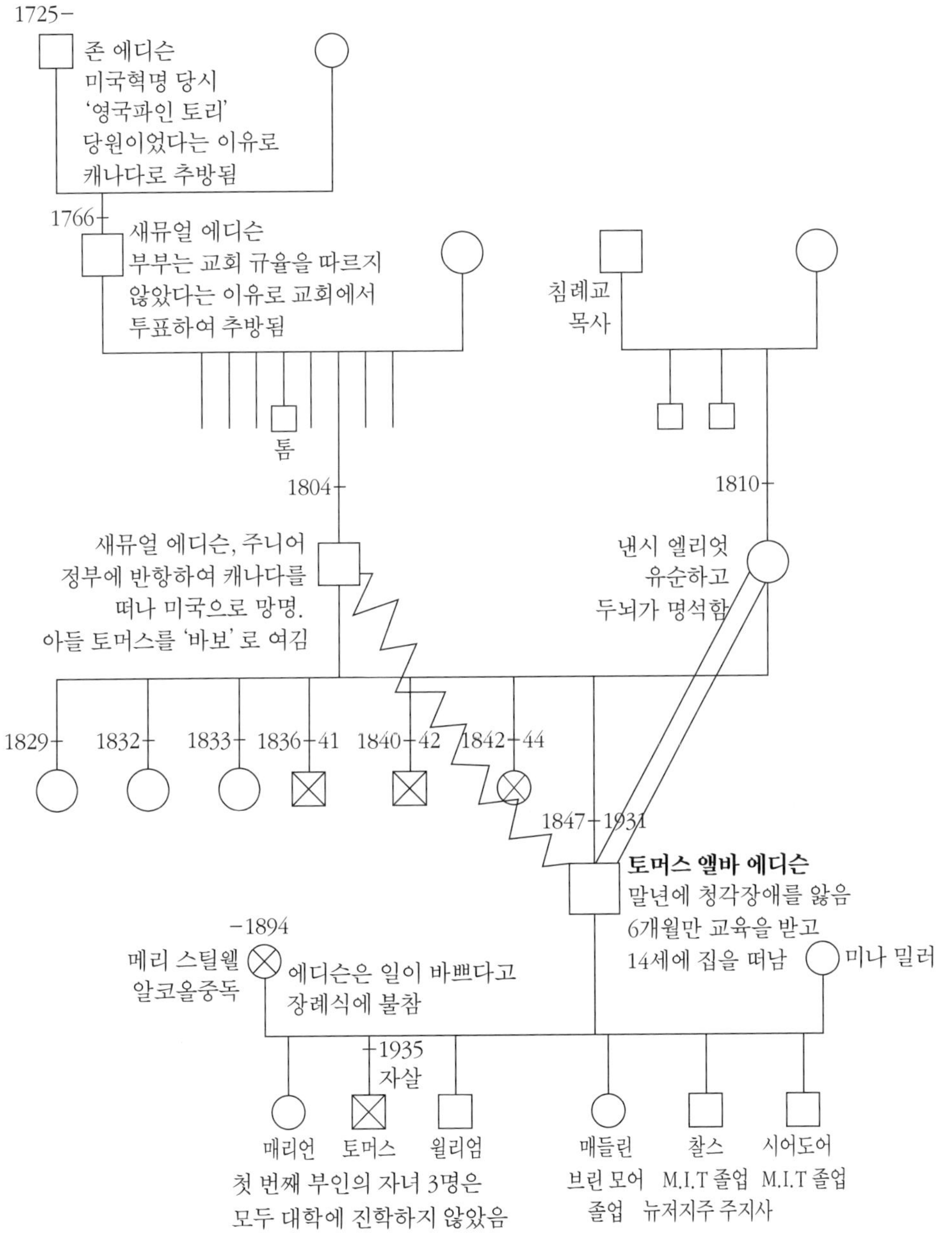
1725-
존 에디슨
미국혁명 당시
'영국파인 토리'
당원이었다는 이유로
캐나다로 추방됨
1766-
새뮤얼 에디슨
부부는 교회 규율을 따르지
않았다는 이유로 교회에서
투표하여 추방됨
침례교
목사
톰
1804-
1810-
새뮤얼 에디슨, 주니어
정부에 반항하여 캐나다를
떠나 미국으로 망명.
아들 토머스를 '바보'로 여김
낸시 엘리엇
유순하고
두뇌가 명석함
1829-
1832-
1833-
1836-41
1840-42
1842-44
1847-1931
토머스 앨바 에디슨
말년에 청각장애를 앓음
6개월만 교육을 받고
14세에 집을 떠남
-1894
메리 스틸웰
알코올중독
에디슨은 일이 바쁘다고
장례식에 불참
미나 밀러
-1935
자살
매리언
토머스
윌리엄
첫 번째 부인의 자녀 3명은
모두 대학에 진학하지 않았음
매들린
브린 모어
졸업
찰스
M.I.T 졸업
뉴저지주 주지사
시어도어
M.I.T 졸업

〈가계도 7-6〉 에디슨 가족

심이 있었던 이유는 단순히 돈이 그에게 자유를 주기 때문이었는데 이것은 막내 아들의 전형적인 태도이다.

막내의 다른 일반적인 특징은 아주 명백하다. 막내는 보살펴 주는 역할을 하는 손위 형제가 있기 때문에 지도자보다는 추종자로 있는 것에 더 익숙하다. 막내는 다른 사람이 자기를 도와주고 지원해 주기를 기대하며 앞서 태어난 모든 사람의 관심의 초점인 '아기'로 남기도 한다. 막내는 더 자유로워 관습에서 벗어날 수 있다고 느낄 수 있다. 막내는 '아기'에서 벗어나야 할 것처럼 느끼게 되기도 한다. 이것은 에디슨과 프랭클린이 사춘기에 집에서 뛰쳐나왔던 것처럼, 반란의 원인이 되기도 한다.

관심의 중심이라는 특별한 위치가 주어진 막내는 자신이 어떤 것이든 성취할

형제자매와 함께 있는 마리 퀴리(결혼 전의 스크워프도프스카): 왼쪽에서 오른쪽 순으로 15세에 죽은 조시아, 헬라, 마리, 유일한 남자 형제인 조지오 그리고 후에 마리의 보호자가 된 브로냐. 퀴리 부인은 노벨상을 두 번 받은 유일한 사람이다.

(출처: Archives Curie, Paris)

수 있다고 생각할 수도 있다. 막내는 훨씬 태평하고 성취한다기보다는 즐기는 것으로 만족하는 경향이 있다. 자기회의로 괴로워하는 일 없이 막내는 지극히 창조적이며 다른 사람이 생각조차 하지 않는 일을 자발적으로 열심히 시도한다. 그들은 또한 이기적이거나 자기도취적이기도 하며 때로 자존감으로 절망과 실망감에 빠지기도 한다. 뿐만 아니라 막내는 종종 다른 형제가 모두 집을 떠나고 나면 집안에서 유일한 자식이 되는 기간을 가진다. 이때는 부모의 관심을 독차지하는 기회가 되기도 하지만 동시에 형제에게서 버림받았다는 느낌을 받기도 한다.

막내는 어떤 상황에서는 거의 무책임하게 보일 때가 종종 있다. 훌륭한 장남이었던 존 애덤스는 부모 모두가 막내였다. 그는 5대 막내아들의 마지막 막내인 벤저민 프랭클린을 이렇게 보았다. 사소한 일로 즐거워하고, 독단적이지 않기 때문에 모든 사람이 그를 좋아하곤 했다. "그가 다른 사람만큼 확고한 신념을 가진 영혼을 가졌다 할지라도, 피할 수 없을 때가 아니면 가부를 확실하게 말하지 않는 것이 그의 방침이었다."[16] 프랭클린은 정말로 제멋대로였고 무책임하기까지 했다. 특히 가족에게 있어서, 그는 그의 약혼자(후에 그의 부인이 된)를 혼자 두고 영국으로 가서 1년 동안 단 한 통의 편지를 보냈다. 그리고 후에도 그의 부인과 딸의 감정과 요구에 무관심했고, 몇 년씩 자신의 외교적인 업무를 위해 외국으로 떠돌았다.

여느 막내처럼 벤저민 프랭클린은 반항아였다. 평생 그는 인습타파자로 자신이 이해할 수 없는 관습에 대항해 싸웠다. 혁명의 중요 인물이었던 그는 81세의 나이에도 변화의 원동력이었다. 그해(1787년)에 그가 입안하고 서명한 미국 헌법은 관습을 따르지 않은 가장 두드러지는 문서였다. 그는 그의 명석함으로써 길을 보여주고 외교력으로 교섭을 하며 사건에 간접적으로 영향력을 행사했을 뿐 뛰어난 지도자는 아니었다.

막내 여동생은 보호를 받고 사랑을 한 몸에 받으며, 인생의 청사진을 건네받는다. 그녀는 (오빠가 있는 경우에 더욱더) 버릇이 나빠지고 특별한 권리를 가지게 되

16) Carl Van Doren, *Benjamin Frandlin* (New York: Viking Press, 1938).

거나, 대가족의 경우에는 항상 자기 차례를 기다리느라 지치게 된다. 부모는 너무 지쳐서 막내딸에게 줄 여력이 없을 수도 있다. 막내딸은 휘둘리거나 단 한 번도 중요하게 여겨진 적이 없는 것에 대해 원망할 수도 있다. 외동딸인 막내는 공주와도 같지만, 그래도 역시 다른 형제의 하인이며 어른이 되면 오빠의 아주 가까운 친구가 되고 가족을 함께 품는데, 부모를 대신하는 사람이 될 수도 있다.

마리 퀴리(Marie Curie, 가계도 7-7)는 1867년 폴란드에서 마냐 스크워프도프스카(Manya Sklodowska)로 태어나서 방사선의 연구로 노벨상을 두 번 받은 유일한 사람이다. 5형제로, 오빠 하나와 언니 셋이 있는 막내였는데, 첫째 언니는 어린 시절에 사망하였다. 마리 퀴리는 어렸을 때부터 독립심이 강하고 관습을 따르지 않았다. 자신의 길을 가는 데 확고한 신념을 가졌던 그녀는 아마도 막내의 일반적 특징인 무관심한 사람의 극단적인 경우라고 하겠다. 외모나 주위에 거의 관심이 없었던 에디슨처럼, 마리는 끝까지 과학에 대한 관심만을 고집했다. 마리가 프랑스로 공부하러 간 직후 길에서 굶주림으로 허약해져서 정신을 잃고 쓰러진 채 발견되었는데, 그건 연구에 골몰하느라 음식에 신경을 쓰지 못했기 때문이었다.

마리와 남편인 피에르의 경우처럼, 막내 둘이 만나서 결혼을 하면 어떻게 될까 상상이 될 것이다. 이런 이야기가 있다. 둘이 처음 결혼했을 때 마리는 관심 밖의 일이었던 가사를 잘해 보려는 노력으로 언니에게 스테이크를 요리하는 방법에 관한 조언을 구했다. 그리고 하루는 마리가 남편에게 양고기 스테이크가 어땠냐고 묻자 그는 깜짝 놀라는 표정으로 자기 앞의 접시가 빈 것도 알지 못한 채,[17] "난 아직 맛을 보지 못했어."라고 말했다. 마리 퀴리는 성공이나 명예에 대한 집착이나 야망 없이 그리고 다른 사람을 지배하겠다는 욕망 없이, 자신의 호기심을 충족시키기 위해 과학을 탐구했다. 아인슈타인(Einstein)은 마리에 대해 그녀는 "유명 인사를 통털어 명성으로 인해 타락하지 않은 유일한 사람이다."라고 말했다. 마리의

17) Rosalynd Pflaum, *Grand Obsession: Madame Curie and Her World* (New York: Dougleday, 1989). The following quote is from the some source.

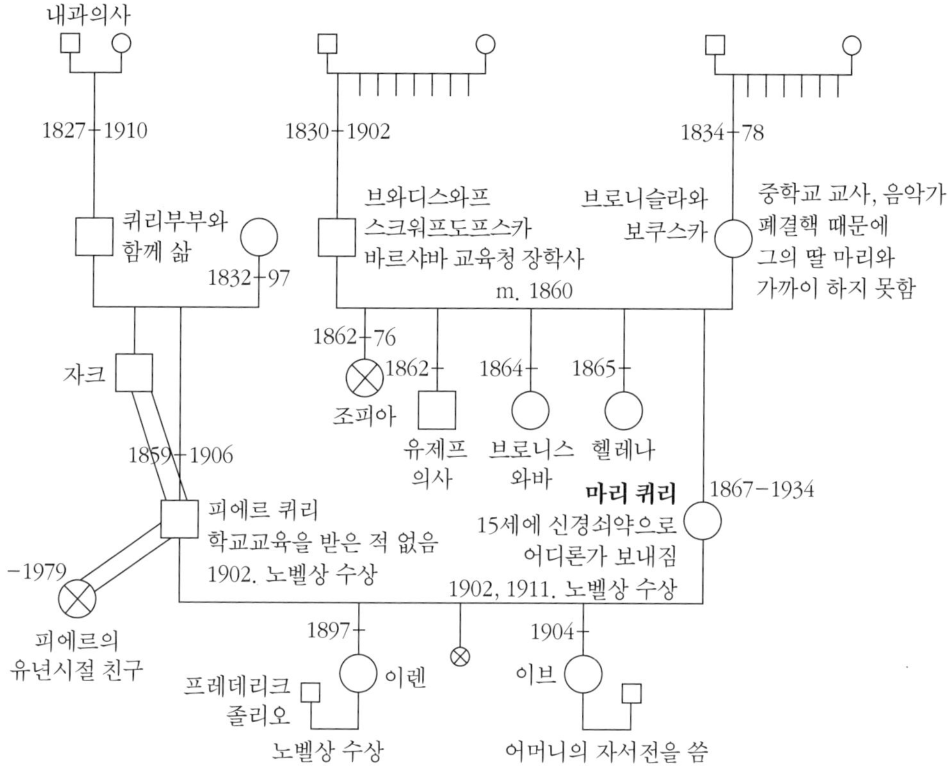

주요 사건

1867: 폴란드가 러시아 영토로 러시아에 영입
아버지가 새 직업을 가짐
가족이 이사를 함으로써 어머니는 자신의 직업을 포기할 수밖에 없게 됨
1873: 적대적인 러시아 정권에 의해 아버지 강등
1874: 아버지가 자신의 전 재산을 위험을 감수하고 모험적인 사업에 투자한 후 돈을 잃음
(자신이 가족을 망쳤다고 느낌)
1876: 조피아와 브로니스와바가 발진티프스에 감염되어 조피아 14세에 사망
1878: 11년의 병고 끝에 어머니 사망

〈가계도 7-7〉 퀴리 가족

막내딸 이브(Eve)는 어머니 마리의 자서전을 썼는데, 어머니는 마지막 날까지 "처음 무명 시절과 똑같이 온화하고, 고집세고, 소심하고 그리고 모든 것에서 호기심이 넘쳤다."라고 묘사했다.[18]

폴 로브슨(Paul Robeson, 가계도 7-8)도 명석하고 창의력이 있는 또 다른 막내로서 가족 내에서 다재다능한 자녀였다. 대학의 파이 베타 카파(Phi Beta Kappa)[19]의 회원이었고 모든 운동종목에서 뛰어난 선수이자 변호사로 나중에는 세계적인 가수와 배우가 됐다. 그 후 정치운동가로 활동한 로브슨은 자신의 인생에서 형제가 중요하다는 사실을 깊이 느꼈다. 그는 모든 사람이 그에게 넘치는 사랑을 주었고 자신을 일종의 "간절히 갈망하는 더 나은 날을 이뤄 줄 수 있는 …… 운명의 아이"[20]라고 여겼다. 이는 특히 가족이 어려운 시기를 겪었을 때 일반적으로 막내에게 주어지는 역할이나. 아버지와 동일한 이름을 지닌 로브슨의 맏형 윌리엄 드류(William Drew)는 부친의 뜻에 따라 의대에 가기 전까지 링컨 대학에 다녔다. 로브슨에 따르면, 윌리엄은 형제 중에서 가장 똑똑하고 그에게 공부를 하도록 가르친 사람이었다. 윌리엄 드류는 끝까지 그의 잠재력을 발휘하지 못했는데 그것은 인종차별의 영향이 컸다. 둘째 형 리드(Reed)는 분노를 삭히지 못하고 충동적으로 잘 폭발하여 사회에서 생존하기 쉽지 않았고, '쫓겨난' 가운데 아이였다. 그런데도 폴은 자신의 굳센 면이 형에게서 왔다고 느꼈다. 셋째 아들인 벤(Ben)은 유명한 운동선수가 되었고 폴에게 좋은 본보기가 되었다. 그는 나중에 그의 아버지와 같이 성공한 목사가 되었다. 넷째 외딸 메리언은 모친처럼 교사가 되었고, 행복이 넘치는 영혼의 소유자였다. 폴과 나이 차이가 제일 적었던 벤과 메리언은 그에게 가장 중요한 스승이었다. 그들은 "말을 아끼며, 성격이 강하고, 자신의 원칙에 따라 살았으며 언제나 어린 남동생에게 사심 없이 헌신적이었다." 이런 지지는 6세

18) Eve Curie, *Marie Curie: A Biography* (New York: Doubleday, 1939).
19) 역주-성적이 우수한 미국 대학생과 졸업생으로 조직된 모임을 말함.
20) Paul Robeson, *Here I Stand* (Boston: Beacon Press, 1988). The following quote is from the some source.

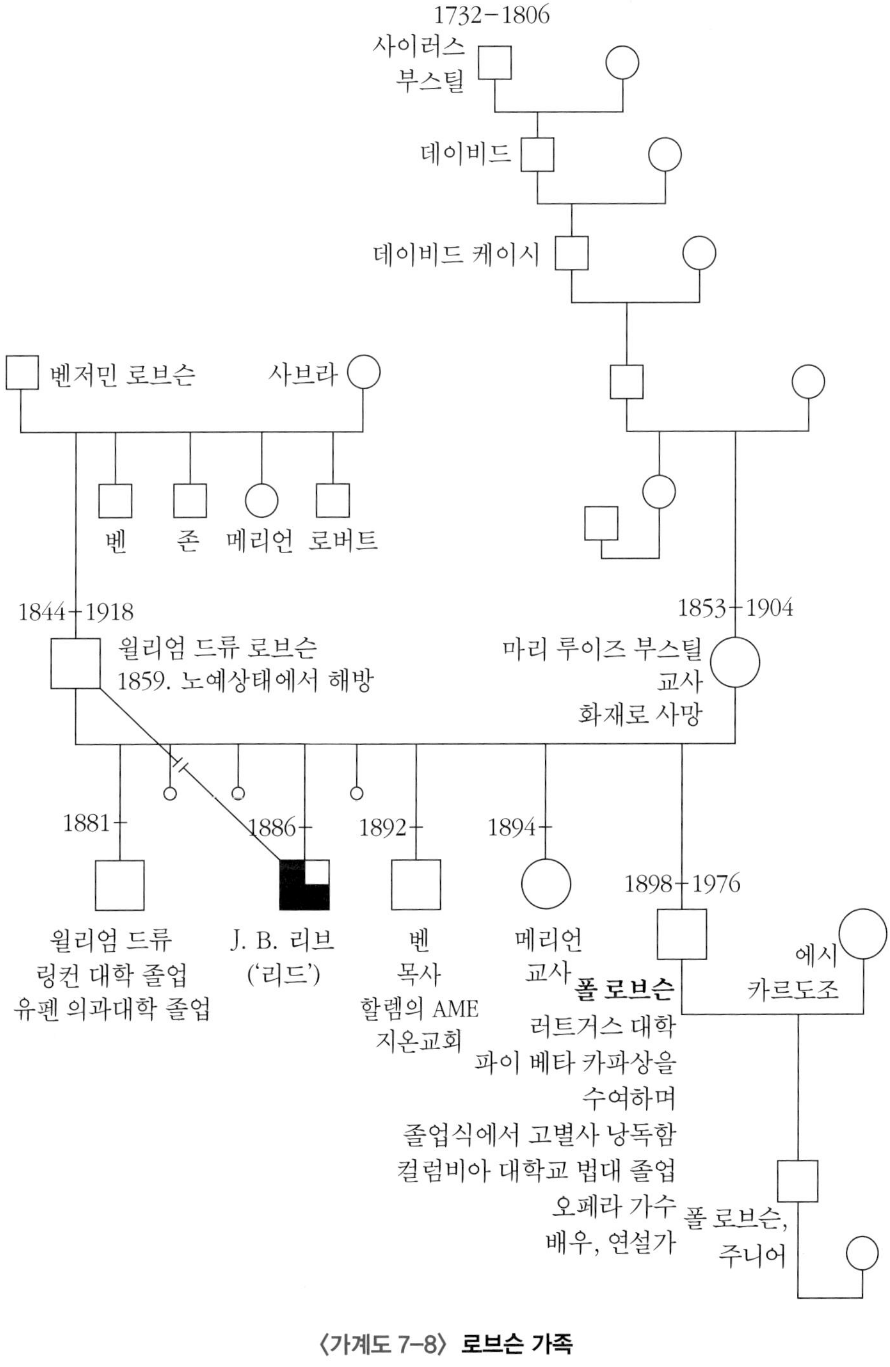
1732–1806
사이러스
부스틸
데이비드
데이비드 케이시
벤저민 로브슨
사브라
벤
존
메리언
로버트
1844–1918
윌리엄 드류 로브슨
1859. 노예상태에서 해방
1853–1904
마리 루이즈 부스틸
교사
화재로 사망
1881–
윌리엄 드류
링컨 대학 졸업
유펜 의과대학 졸업
1886–
J. B. 리브
('리드')
1892–
벤
목사
할렘의 AME
지온교회
1894–
메리언
교사
1898–1976
폴 로브슨
러트거스 대학
파이 베타 카파상을
수여하며
졸업식에서 고별사 낭독함
컬럼비아 대학교 법대 졸업
오페라 가수
배우, 연설가
에시
카르도조
폴 로브슨,
주니어

〈가계도 7–8〉 로브슨 가족

때 화재로 모친이 비극적인 사망을 했기 때문에 더욱 중요하게 작용했다.

리드에게서도 배운 것이 있었는데, 그는 위험한 상황이 닥치면 자신을 보호하기 위해 돌이 든 작은 가방을 가지고 다녔다. 로브슨은 '거친' 형을 우러러봤고 그에게서 인종적 모욕과 학대에 재빨리 반응하는 방법을 배웠다. 로브슨 형제에 대한 부친의 기대에 맞게 살지 못한 가운데 형에게 그는 특별한 애착이 있었다. 로브슨은 후에 이렇게 썼다. "그는 교실이나 교회 어디에서도 존경받지 못했다. 그러나 나는 충동적이고, 반항적이고, 관습에 냉소적이고, 백인의 질서에 도전적인 형을 사랑했다. 나는 리드와 같은 흑인을 많이 알고 있다. 그들을 매일 본다. 앞을 보지 못하고 그들만의 무모한 방법으로 스스로 나아갈 길을 찾는다. 여러 명이 함께 넘어뜨릴 수 있는 벽을 혼자서 주먹과 분노로 두드린다. …… 모든 것이 달라지는 날이 오면 리드처럼 분노에 불타는 자들이 평화롭게 살 수 있게 될 것이고 어느 누구도 그들에게 눈살을 찌푸리지 않을 것이다." 로브슨 목사가 리드의 자유분방하고 무절제한 방식을 인정하지 않고 결국 법적인 문제를 일으키자 그를 쫓아냈지만, 폴은 리드가 자신을 혼자 설 수 있도록 가르쳤다고 생각했다. 로브슨의 일생을 다룬 일인극에서 로브슨의 역을 하는 배우가, 아버지와 끝내지 못한 대화가 하나 있다고 말한다. 바로 형 리드에 대한 대화이다. "아버지는 어떻게 아들 한 명을 존재하지도 않았던 것처럼 행동하실 수가 있나요? 리드는 여기 있어요. 형 역시 아버지의 아들이에요." 자기에게 나쁜 영향을 미칠까 봐 아버지가 리드를 쫓아낸 그날 밤을 회상하면서 폴은, 아버지와 형 벤과 함께 리드를 데려오려고 찾아 나서는 상상을 한다. 그는 아버지에게 이렇게 답하는 상상을 한다. "아버지 제발 말을 돌리지 마세요. 리드는 나쁜 영향을 주지 않았어요. 형이 저한테 한 나쁜 말이라고는 '야, 넌 말이 너무 많아.'가 전부였어요. 형이 저에게 하라고 했던 것은 참고 일어서서 남자가 되라는 거였어요. '어느 누구에게도 기죽지 마. 만일 누가 널 때리면 더 강하게 되돌려 줘.' 성서에 뭐라고 써 있는지 알아요. 하지만 아버지, 리드도 아버지의 아들이에요. 아버지는 늘 제 안에서 아버지의 모습을 본다고 하시죠. 아버지, 아버지는 아들 모두의 안에 계세요."[21] 이 극화된 표현은, 가족의 다른 사람이 깨닫지 못해도 형제간에 연결되어 있는 상태를 나타내며, 형제 하나가 쫓겨나면 얼마나 큰 문제가 되는지를 감동적으로 보여 준다.

4. 가운데 아이

한 가족의 가운데 아이는 모범인 맏이도 '응석받이'인 막내도 아니다. 따라서 가운데 아이는 가족 안에서, 특히 형제의 성별이 같은 경우에는 눈에 잘 띄지 않는다. 반면에 가운데 아이는 손위 형제보다는 더 부드럽고 온화하며 막내보다는 덜 제멋대로인 최고의 협상자로 자랄 수 있다. 그들은 자신이 눈에 띄지 않는다는 사실을 즐길지도 모른다. 헨리 애덤스(Henry Adams)는 자신이 7형제 중 넷째로 태어나는 행운을 누렸다고 말하곤 했다. 그는 너무나 하찮은 존재여서 이런저런 일을 하며 인생을 허비할 수 있었고, '단 한 번도 아쉬워하지' 않았다.[22]

가운데 여아는 책임감의 압박을 덜 받는다. 그러나 특별한 역할이 없기 때문에, 일반적으로 자신을 특별한 존재로 부각시키기 위해서는 더 많이 노력해야 한다. 어린 시절 언니를 따라잡으려고 애썼거나 매 순간 자신을 능가하려는 여동생 때문에 정신없이 도망가야 했던 기억이 있다.[23] 가운데 여아는 경쟁심을 자극할 수 있고, 자기 자리를 찾지 못해 적응에 곤란을 겪는다. 그녀는 타협자이고, 중재자이며, 사교적이고, 양극단을 잘 조율하는 훌륭한 협상가이다.

맏이의 추종자이며 막내의 지도자인 가운데 아이는 타협을 잘한다. 장자의 권리와 특권이나 막내의 특혜와 혜택을 받아 본 적 없는 독자만이 그들을 이해한다. 긍정적인 측면에서 가운데 아이는 지나치게 융합된 가족의 소용돌이에 휘말리지

21) Philip Hayes Dean, "Paul Robeson," in *Black Heroes: Severn Plays, ed.* Errol Hill (New York: applause Theatre Book Publishers, 1989).

22) Patricia O'toole, *The five of Hearts: An Intimate Portrait of Henry Adams and His Friends* (New York: Ballantine, 1990).

23) Elizabeth Fishel, *Sisters: Love and Rivalry inside the Family and Beyond* (New York: William Morrow and Co., 1979).

1861년 프랜시스 카펜터가 그린 링컨 가족의 이상적인 모습. 세 아들 모두 어린 시절 또는 청소년기에 사망했다.
(출처: The Granger Collection)

않고 어느 정도 거리를 두는 중재자가 될 수 있다.

에이브러햄 링컨(Abraham Lincoln)의 부인인 메리 토드 링컨(Mary Todd Lincoln)은 평생 인정받기를 갈망했던 가운데 아이였다(가계도 7-9). 메리 앤이라고 이름 지어진 그녀는 토드 대가족의 셋째 딸이었다. 메리의 아버지는 12명의 형제 속에 '파묻힌' 셋째 아들로 활동적이었고 방임적인 부모였다. 그녀의 어머니 역시 가운데 아이로 소심하고 우유부단했다. 메리 앤이 11개월이 되었을 때, 토드가의 장남이 태어났기 때문에 그녀는 갑자기 젖을 떼이고 장남에게 막내 자리를 넘겨 주어야 했다. 그녀가 4세였을 때 둘째 남동생이 죽었다. 5세가 되었을 때, 그녀는 자신의 중간 이름 앤(Ann)을 여동생에게 물려주었다. 6세에 어머니는 셋째 남동생을 낳다가 사망했다. 7세가 되자 새어머니가 아버지의 관심을 독차지했다.

아버지는 재혼해서 9명의 아이를 더 낳았다. 이런 가족드라마에서 메리의 형제

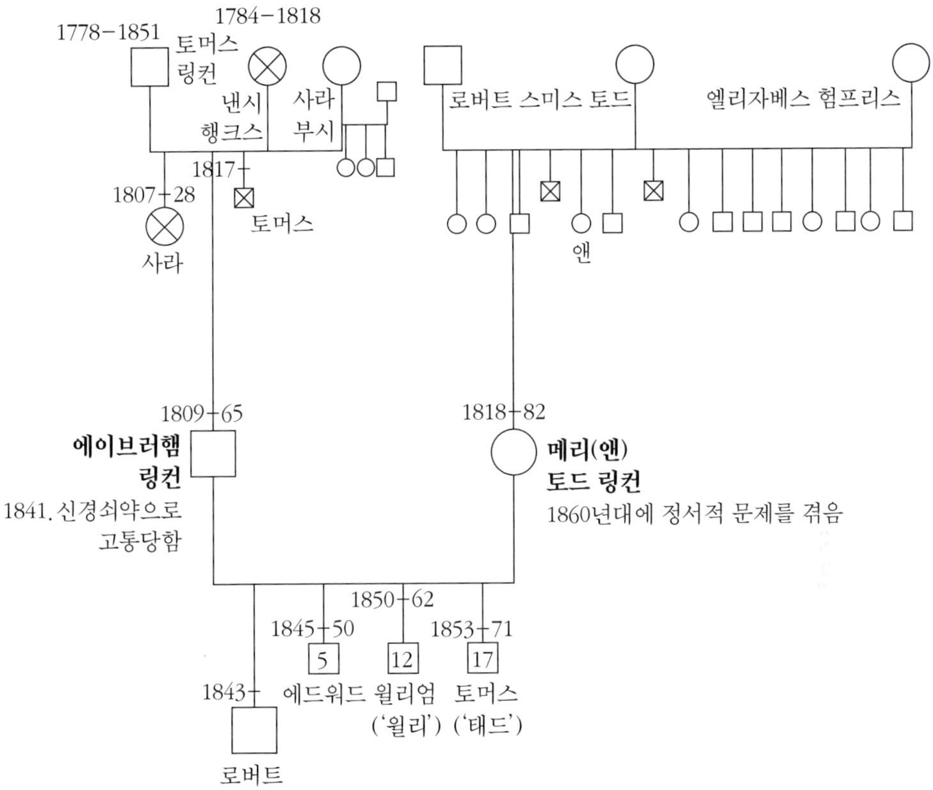

〈가계도 7-9〉 **링컨과 토드 가족**

모두가 정신을 제대로 차리기 힘들었겠지만 그중 메리가 가장 영향을 많이 받았던 것 같다. 그녀의 두 언니는 이미 서로 강한 유대를 형성하고 있었다. 여동생 앤은 어머니의 사망과 아버지의 재혼까지 가족을 보살펴 주었던 고모와 이름이 같은 고모의 사랑을 가장 많이 받았다. 그리고 생존한 두 아들은 아버지와 삼촌의 사랑을 독차지했다.[24)]

따라서 메리는 관심을 받지 못한 정서적으로 불안한 가운데 아이였다. 그녀는 얕보이거나 거절당하거나 그리고 무시당한다는 느낌을 받으면 참지 못했다. 아이

24) Jean H. Baker, *Mary Todd Lincoln: A Biography* (New York: W. W. Norton, 1987).

일 때 주목받지 못했다고 느꼈던 메리가 매우 인정받고 싶어 했다는 것은 이해할 만하다. 메리는 지적으로 아주 우수한 학생이었고 남편보다 훨씬 더 교육을 많이 받았으며 사교적으로 세련되었고, 훌륭한 여기수이자 탁월한 안주인이었다. 그녀는 남편의 일에 야심이 많아 '뒤에서 남편을 움직이는 아내'의 역할을 했다. 남편은 메리를 '아이 같은 아내'이며 '어머니'라고 생각했는데, 이는 그녀가 두 역할 사이에서 혼란을 겪었다는 것을 암시한다. 링컨의 적수들은 메리가 사치스럽고 화려하며 정치에 '간섭'하고 수동적인 여자의 역할을 받아들이지 않는다고 비판했다. 그것 모두 관심을 받으려고 애쓰는 가운데 아이의 특징이다. 이후 자신의 의지와 관계없이 정신병원에 수용됐을 때, 메리는 다른 사람을 자신의 관심 속으로 끌어들이는 노력에서 드디어 해방됐다. 이것은 아마도 가운데 아이의 기지가 풍부하다는 훌륭한 예가 될 것이다.

5. 독자

독자는 가운데 아이처럼 맏이와 막내의 특성을 모두 보인다. 사실 그들은 동시에 양면을 보여 줄 수도 있다. 그들은 맏이의 진지함과 책임감 그리고 막내의 권리와 특별함에 대한 확신을 모두 가지고 있을 수 있다. 형제가 없기 때문에 독자는 어른에게 순종해서 그들의 사랑과 인정을 얻으려고 하고, 그 보답으로 과도한 관심을 기대한다. 그들의 주요 과제는 동년배와 잘 지내는 것을 배우는 일이다. 독자는 평생 동안 부모와 매우 밀착되어 지내는 경우가 많아 친구와 배우자와의 관계에서 어려움을 겪을 수 있다.

프랑스 철학자 장 폴 사르트르(Jean-Paul Sartre)는 독자의 흥미로운 예다. 그가 갓 돌이 지났을 때 아버지가 세상을 떠나자 사르트르는 유년기를 어머니와 외조부와 함께 보냈다. 이 가족 어른의 모든 관심은 그에게 집중됐다. 스스로도 사르트르는 자신을 응석받이에 제멋대로인 아이라고 했다. "어머니는 내 것이었다. 누구도 내가 평화롭게 어머니를 소유하는 것에 도전하지 않았다. 나는 폭력과 미움이란 걸 몰랐다. 나는 현실의 날카로운 칼날에 상처받은 적이 없어서 비현실적 난관을 현실로 착각했다. 내가 누구에게 무엇을 반항했겠는가? 결코 그 누구도 나를 지배하려고 하지 않았다."[25]

사실 독자는 종종 갈등에 지나치게 예민해지고 주위 어른에게 기대려 한다. 사르트르 가족은 독자, 한부모 그리고 가족을 지원하는 나이 든 조부모의 3세대의 역동을 전형적으로 보여 준다. 외할머니 루이즈(Louise)는 사르트르가 진정한 신동이라고 생각했던 어머니와 외할아버지의 부추김을 깨트린 사람이었다. 루이즈가 그에게 '실실거리지' 말라고 하면, 사르트르는 말을 듣지 않았다. 루이즈는 사과하라고 했지만, 사르트르는 사과하지도 않았다. 외할아버지는 손주 편을 들었고, 외할머니는 화가 나서 자기 방으로 가 버리곤 했다. 사르트르의 어머니는 외할머니가 겁에 질려 외할아버지에게 시비를 걸었다고 쏘아붙이곤 했다. 그러면 외할아버지가 화를 내며 나가 버리고, 어머니는 사르트르에게 외할머니한테 사과하라고 타일렀다. 이때 사르트르는 '완벽한 아이'의 역할을 하면서 가볍게 사과를 했다.

따라서 사르트르는 어른 세계의 복잡하고 뒤얽힌 관계를 통해 살아가는 방식을 배워 나갔다. 독자로서의 그의 삶은 12세가 되기까지 동년배와 접촉하지 못하면서 더욱 심해졌다. 그가 자의식을 발전시킬 사람이라고는 주위 어른 세 사람뿐이었다. 사르트르는 성공적으로 가족드라마에 집어 던져져서 순종하는 신동이라는 독자의 일반적인 역할을 했다.

문제는 사르트르가 12세 때 어머니가 재혼을 하면서 그를 학교에 보냈을 때부터였다. "그는 심성이 메말랐고 심술궂은데다 시비조였으며, 친구들에게 가장 혐오감을 주는 아이였다."라고 그의 급우는 회상했다.[26] 사르트르의 급우들은 항상 관심의 중심에 있으려는 거만하고 잘난 척하는 아이에게 경멸을 느낄 뿐이었다. 때때로 그는 친구를 매수하거나 거짓말이나 놀랄 만한 행동으로 친구들을 당황

25) Jean Paul Sartre, *the Word* (Greenwich, Coun.:Fawcett, 1964).
26) a. Cohen-Solal, *Sartre, a life* (New York: Pantheon books, 1987).

하게 만들었다. 그는 자주 얻어맞았고 거의 10대 모임에 가입을 요청받은 적이 없었다. 그는 대부분의 시간을 독서와 글을 쓰면서 자신만의 세계 속에서 홀로 보냈다. 후에 사르트르도 새로운 상황에 적응했고, 문학과 글쓰기를 좋아하는 다른 독자에게서 동종의 영혼을 찾았다. 그는 결코 자신감을 잃지 않고, 일을 할 수 있다는 확신을 가졌다. 이 독자가 개인의식의 중요성, 인간의 실존적 고독, 삶의 불합리함 그리고 각 개인이 자신의 존재를 창조해야 하는 필요성을 강조하는 철학의 선구자 중 한 명이었다는 것은 흥미로운 일이다.

6. 출생순위와 결혼

형제관계는 때로는 부부관계를 상대방에게 질투, 갈등 그리고 경쟁심을 갖게 할 수 있는 것과 같은 공유, 상호의존 그리고 상보성으로 포장할 수 있다. 보통 형제는 우리가 제일 먼저 맞게 되는 동년배라서, 사람들은 다른 관계에서도 동일한 출생순위와 성별의 형제관계가 되풀이될 때 편안함을 느낀다. 그리고 일반적으로 결혼은 예를 들어, 장자끼리의 결혼보다는 막내와 장자의 결혼이 더 잘 어울린다. 만일 부인이 많은 형제 중 장녀로 양육자로서 성장했다면, 그녀는 지배적인 장남에게 끌릴지도 모른다. 그가 책임감을 떠맡을 수 있기 때문이다. 그러나 시간이 지나면서 그녀는 경험상 자기 스스로 결정을 내릴 때 더 편안함을 느끼기 때문에, 남편의 권위적인 주장을 원망할 수도 있다.

모든 것이 동등하다면(거의 그렇지 않지만), 출생순위에 걸맞는 이상적인 결혼은 여동생이 있는 남자와 오빠가 있는 여자의 결합이다. 이런 유형은 그들 자신의 가족유형을 되풀이할 뿐 아니라 남자가 지배적이고 여자는 복종적인 사회에서 선호하는 양상이다. 그러나 이런 경우 보호자와 보호받는 사람, 지도자와 추종자의 상보성이 친밀하고 행복한 결혼생활을 보증하지는 않는다.

보완적인 출생순위 외에도 배우자에게 반대 성별의 형제가 있는 것이 결혼생활에 도움이 된다. 가장 나쁜 경우는 여자 형제만 있는 집의 막내와 남자 형제만 있는 집의 막내가 결혼할 때인데, 서로 다른 성별을 가까이 접해 볼 수 없었을 뿐만 아니라 둘 다 보호해 주기를 바라는 '응석받이 아이'의 역할을 하려고 할지도 모르기 때문이다.

장녀 엘리너 루스벨트(Eleanor Roosevelt, 가계도 7-10)와 독자인 사촌 프랭클린은 서로가 자신의 영역을 각자 꾸려 나갔기 때문에, 결혼생활을 겨우 지탱할 수 있었던 의지가 굳은 배우자의 좋은 예이다. 그들은 각자 다른 세계의 지도자로서 휴가기간을 제외하고는 따로 살았다. 신혼 초에 엘리너는 프랭클린과 그들의 삶에 지배적인 역할을 했던 권력자 시어머니 사라 델라노 루스벨트에게 전적으로 복종했다. 그러나 점점 스스로에게 자신감이 생기면서 자신의 관심 영역을 확장시켜 나갔고, 엘리너는 장녀의 결단력을 드러내기 시작했다. 프랭클린이 루시 머서(Lucy Mercer)와 바람을 피우고 있다는 편지를 발견했을 때, 엘리너는 위기를 느꼈다. 엘리너가 결혼생활을 지탱할 수 있도록 둘 사이에서 협상을 한 사람은 분명히 프랭클린의 어머니였다. 맏이와 독자는 부모지향적이기 때문에, 사라야말로 그 둘의 결별을 막을 수 있었던 유일한 사람이었을 것이고, 실제로 그것을 막아 냈다.[27)]

둘은 결혼을 지속했으나 그들 공통의 관심사인 정치를 하면서 별거하기 시작했다. 프랭클린이 소아마비로 마비가 된 후, 엘리너는 그의 정치활동에 꼭 필요한 사람이었다. 그러면서 엘리너는 자신의 정치적 견해와 활동을 펼쳤고, 하이드 파크에 있는 다른 집에 친구와 함께 거주하면서 사람들과 친밀한 관계를 맺어 나갔다. 이미 논의된 바와 같이, 어린 시절 아주 끔찍한 경험을 이겨 낸 창조적인 능력의 소유자 엘리너 루스벨트는 최대한 자신의 삶을 개척해 나갔다(가계도 6-1). 그러나 엘리너는 자신이 지불해야 할 대가를 잘 알고 있었다. 남편이 미국 대통령에 당선됐다는 소식을 들은 지 여러 해 뒤에 그녀는 이렇게 썼다. "분명히 남편이 잘 되어서 기쁘다. 그러나 흥분되지는 않는다. 마치 다른 사람의 삶을 보고 있는 것처럼 초연하고 객관적인 느낌이 든다. 아직까지도 그렇다. 확실히 설명할 수는 없

27) 사라가 프랭클린과 엘리너를 위해서 협상한 계약은 루스벨트의 유품 중 유일하게 대중에게 공개되지 않는 문서이다.

지만 나는 두 가지 삶을 살고 있었던 것 같다. 하나는 나 자신의 삶 그리고 다른 하나는 주위 상황에 지쳐 있던 삶."[28] 이런 엘리너의 기록은 그토록 오랫동안 여자가 남편을 위해 자신의 삶을 포기할 것을 요구했던 성차별의 반영일 뿐 아니라 결혼생활의 위기를 해결하려는 부부의 노력이 부분적으로 그들의 어린 시절 형제의 역할에 기초했다는 것을 암시한다. 엘리너의 장점은 자신의 삶을 창조하는 효율성이다. 1945년 프랭클린 루스벨트의 사망 후, 그녀의 경력은 훨씬 더 화려해지고 미국의 유엔 대사로 재직하기도 했다.

그와는 대조적으로, 두 번 결혼하고 이혼한 리처드 버턴(Richard Burton)과 엘리자베스 테일러(Elizabeth Taylor)는 서로 '손아랫사람'이 되려고 경쟁하고 보호자를 찾으려고 애쓰는 막내끼리 결합한 결혼생활의 극단적인 예다. 버턴은 13명의 형제 중 열두 번째였으나, 남동생과 떨어져 자랐기 때문에 막내처럼 취급받았다. 대가족의 가장 어린아이는 종종 막내의 특징을 보인다. 엘리자베스 테일러는 막내였는데, 오빠의 요구는 그녀의 주역에 희생되기 일쑤였다. 물론 이것은 그녀의 특별한 위치를 공고히 했다. 버턴과 테일러는 극적인 사랑싸움, 상대방보다 더 많은 요구 그리고 유치한 행동으로 유명하다.

물론 결혼은 여러 가지 다양한 출생순위의 결합이 가능하다. 독자끼리의 결혼은 유난히 힘들지도 모르는데, 그것은 둘 다 형제나 자매와 가깝게 지내본 적이 없기 때문이다. 가운데 아이가 여러 가지 많은 역할을 경험했기 때문에, 가장 융통성이 있을 것이다.

여러분이 자신의 출생순위로 힘들었다면, 부모가 되어 성별과 출생순위와 같은 아이와 자신을 동일시할지도 모른다. 동생들이 자기 하고 싶은 것을 다 하면서 사는 동안, 5형제 중 맏이였던 아버지는 자신이 너무 과도한 책임을 지고 있다고 느낀다. 부모가 되어 그는 장남에게 많은 사랑을 쏟아부으면서 아이를 응석받이로 만들어 동생들을 긴장시킨다. 여동생에게 늘 질투를 해 왔던 어머니는 막내딸을

28) asbell, op. cit.

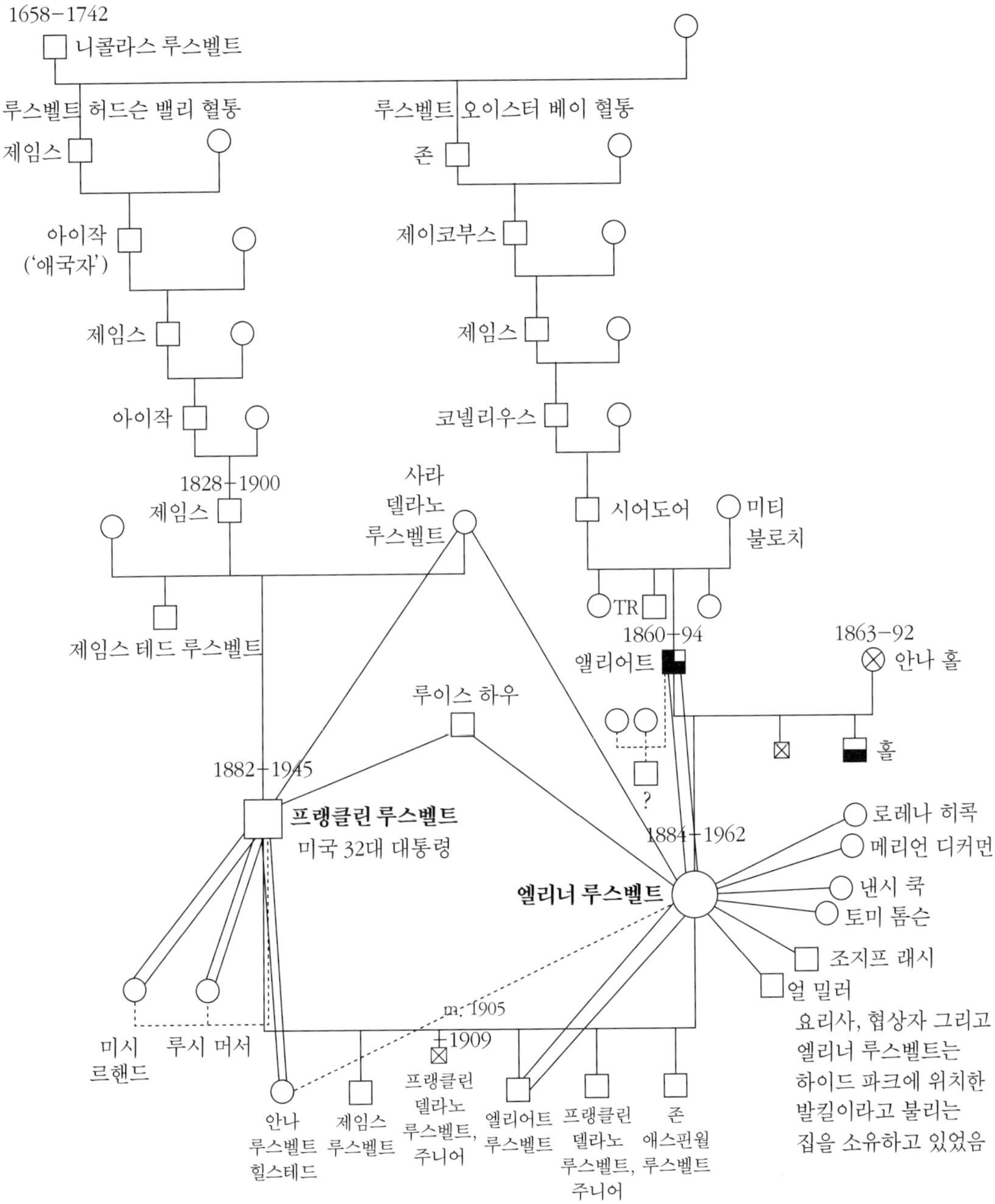

〈가계도 7-10〉 엘리너, 프랭클린 루스벨트 가족

동정하기 어려울지도 모른다. 이것은 시몬 드 보부아르(Simone de Beauvoir)가 어머니(두 자매 중 언니), 그녀(역시 두 자매 중 언니) 그리고 여동생과의 관계가 어떠했는지를 묘사한 것이다. "사춘기때까지 어머니는 가장 고귀한 지적, 도덕적 성품이 내게 있다고 여겼다. 어머니는 나와 자신을 동일시하면서 여동생에게 수치를 주고 하찮게 생각했다. 푸페트(Poupette)는 흰 피부에 금발이었다. 자신도 모르게 어머니는 여동생에게 복수하고 있었다."[29] 부모 또한 한 아이가 다른 가족과 닮았다는 이유로 그 아이를 동일시할 수도 있다. 이런 동일시는 의식적이든 아니든 정상적인 것이다. 부모가 모든 자녀에게 동일한 감정을 느낀다는 것은 신화같은 이야기다. 감정은 자녀가 가족 안에서 가진 고유의 위치와 아이의 성격에 따라 달라진다.

문제는 동일시가 너무 강해서 부모가 원가족의 상호관계유형을 계속 이어 나가거나 부모의 경험이 자녀의 경험과 달라서 자녀를 잘못 이해할 때 일어난다. 어머니가 자신과 언니가 그랬던 것처럼, 두 딸도 지독하게 싸울 것이라고 예상하는데, 사실 두 자매는 매우 사이가 좋을 수도 있다. 그리고 독자였던 부모는 사소한 형제 다툼을 문제가 있다고 생각할지도 모른다.

29) De Beauvoir, op.cit

아버지의 어깨에 올라탄 16개월 된 프랭클린 루스벨트(상단). 1920년, 캄포벨로에서 엘리너와 프랭클린 사이에 앉아 있는 프랭클린 루스벨트의 어머니 사라 델라노 루스벨트와 함께한 루스벨트 가족. 왼쪽부터 오른쪽으로 엘리어트, 프랭클린 주니어, 존, 안나. 프랭클린 루스벨트는 영아기에 세상을 떠났다(하단).

(출처: Underwood & Underwood, The Bettmann Archive)

7. 성인기 형제자매관계

형제관계는 성인기, 특히 노년기에 가장 중요한 유대관계이다. 하지만 부정적인 감정이 지속되면 나이 든 부모를 모시는 일이 특히 어려울 수 있다. 그런 시기에 형제는 오랫동안 떨어져 살아왔을 것이다. 형제는 새로운 익숙하지 않은 방식으로 함께 지내야 한다. 부모와 제일 가까이 지냈던 자녀, 보통 딸이 이런 부모를 모시는 일을 대부분 책임진다. 이런 경우 오래 묻어 두었던 질투와 원망을 드러낼 수도 있다. 부모 모두 세상을 떠나면, 형제는 비로소 진정한 독립을 한다. 이제부터 형제는 서로 어떻게 지내든지 그것은 자신의 선택이다. 이 시기에 영원히 사이가 멀어질 수도 있다. 특히 경쟁관계에 있었다면, 멀어질 가능성이 더욱 높을 것이다. 문제는 다음과 같은 구체적인 질문에 대한 의견이 일치하느냐이다. 누가 병든 부모를 보살필 수 있는가? 누가 모든 책임을 졌는가? 누가 더 사랑을 받았는가?

오랜 세월 해결하지 못한 문제와 갈등이 감정을 거세할 수 있다. 그러나 형제관계가 좋을수록 이런 일과 그 외 깊은 가족의 상처가 서로를 갈라놓지 않을 것이다.

- 가족은 출생순위에 따라 생각되는 일반화된 특징, 예컨대 지도자로서의 맏이, 반항아 막내, 인정받기 원하는 가운데 아이 같은 특징에 부합하려고 하는가? 그렇지 않다면 특별한 보살핌이나 성격을 지닌 아이나 아이의 출생 즈음에 가족의 다른 변화와 같은 형제관계에 영향을 미치는 경감사유가 있는가?
- 가족은 형제가 어떻게 행동해야 한다고 생각하는가? 동료, '피를 나눈 형제', 경쟁자, 협력자, 적대자?
- 형제역할과 관계에 영향을 주는 가족유산이 있는가?
- 가족 내 특별히 가까운 형제가 있는가? 동업하는 사업이 있는가? 사이가 소원한 형제가 있다면, 어떤 일로 소원해졌는가? 부모를 모시는 일? 직업에 대한 경쟁, 돈, 배우자, 배우자가 더 사랑하는 자녀 혹은 누구의 아이가 더 특별한가 하는 문제? 가족 전체에 내려오는 어떤 특별한 형제관계가 있는가?

- 여러분의 부모는 자신과 같은 성별과 동일한 출생순위의 아이를 자신과 동일시하는 경향이 있는가?
- 형제 중 어떤 아이가 가장 심각한 '삼각관계'에 휘말려 있는가? 그리고 왜 그렇게 되었다고 생각하는가?
- 각 형제의 호칭에 따른 가족의 가치와 가족유형에 대해 말할 수 있는가? 영웅과 실패자? 천사와 악당? 강자와 약자? 좋은 놈과 나쁜 놈? 분명하지는 않지만 그런 호칭이 붙여진 이유를 알고 있는가?

제 8 장

부부관계

순수하고 평등한 진정한 의미의 결혼이 신성이라는 미명하에 지금 감내해야만 하는 끔찍한 관계로 바뀔 수밖에 없다면, 세상이 얼마나 많이 바뀌어야 진정한 결혼이 가능해질까요?

–1853년 7월 27일, 루시 스톤이 헨리 블랙웰에게–

남편의 영혼이 내 영혼과 함께 숨 쉬고 있어서 그 어느 것도 우리를 갈라놓을 수 없다.

–1854년 앤트워넷 브라운이 새뮤얼 블랙웰에게–

세상에 존재하는 가장 악한 여자는 단 한 사람이다. 불행하게도 모든 남자는 자신의 아내를 바로 그 한 사람이라고 생각한다.

–1780년경 고트홀드 레싱–

가족을 이해하기 위해 탐색해야 할 가장 매혹적인 관계는 결혼이다. 가족 내에서 결혼은 어떤 역할을 하는가? 부모와 조부모의 결혼생활은 어떠했는가? 그리고 오늘날 이혼, 재혼 그리고 맞벌이 부부 등 복잡한 가족구조 속에서 가족 내 결혼은 어떤 변화를 겪고 있는가? 빠르게 변화하는 사회에서 누가 자녀와 노인을 부양하고 있는가? 등 부모, 조부모 그리고 집안의 다른 모든 부부가 언제, 어떻게 배우자를 만났는지 알아보고, 그들이 배우자의 어떤 점에 끌렸고, 어떻게 결혼을 결심했는지를 들어 봄으로써 가족의 결혼 성향을 알 수 있다.

일부 문화에서는 결혼을 통한 서로 간의 애정 확인을 기대하지 않는다. 결혼은 경제적, 사회적 안정이나 가족의 안녕을 위해 양가 아버지가 맺은 계약에 불과하다. 우리 문화에서 결혼은 성인 남녀가 정신적, 정서적 그리고 육체적으로 친밀한 배우자를 선택하는 것이라고 생각한다. 이것은 많은 문제를 낳는다. 왜냐하면 우리 사회는 결혼의 필요성을 아이를 낳고 양육하는 일이라고 생각하기 때문이다. 따라서 가족체계 내 결혼은 모든 가족이 갈등할 수 있는 잠재적 소인이 된다.

결혼의 특수한 문제는 배타성을 요구하는 유일한 가족관계라는 점이다. 우리는 한 명 이상의 자녀, 형제, 부모를 사랑할 수 있다. 그러나 배우자는 단 한 사람만을 사랑해야 한다(적어도 한 번에 한 사람). 또한 현재 이혼율이 50%에 달하고 있는 것처럼, 결혼은 가장 취약한 가족관계이면서 영원을 맹세하는 유일한 가족관계이다. 사실 우리는 부모, 형제, 자녀에게 그 맹세를 하는 편이 더 나을지도 모른다. 결혼서약에서 우리가 죽음이 우리를 갈라놓을 때까지라고 맹세해야 하는 이유는 바로 결혼의 취약성 때문이다. 인간이 맺은 가장 위력적인 친밀한 관계—가장 보편적인 환멸적인 관계인 동시에—는 아마도 부부관계일 것이다. '사랑에 빠진다.'는 것은 다른 어떤 관계보다 혼란스러운 것이고, 종종 우리를 바보로 만들어 버리는 가장 알 수 없는 감정이다. 사랑은 매우 멀쩡한 사람을 허튼 소리를 하는 멍청이로 만든다. 여자는 전통적으로 이 관계에서 자신의 정체성은 물론 자신의 이름조차도 잃어버렸다. 그리고 결혼한 배우자에게는 모든 것을 포기하지 않지만, 남녀 모두 연애를 시작할 때에는 종종 사랑—결혼하고 싶은 상대—을 위해 그 어떤 것도 기꺼이 포기해 왔다. 욕정, 사랑, 동료애, 충성, 우정 그리고 성적 친밀함 간의 혼란은 매우 심오한 것이다. 그리고 다른 어떤 관계도 바로 우리 자신에 대한 이해와 그렇게까지 연결되어 있지는 않다.

이는 물론 여러 이유로 많은 결혼생활이 견딜 수 없는 긴장으로 가득하다는 것이다. 그러나 긴장 없는 결혼 역시 문제다. 유진 오닐(Eugene O'Neill)의 결혼과 다른 관계에서의 어려움은 이미 앞에서 다루었는데, 그는 이상적인 결혼에 대한 환상을 갖고 있었다. "나의 아내와 나는 거룻배에서 살 것이다. 나는 한쪽 끝에서 살고 아내는 다른 쪽 끝에서 살 것이다. 그리고 거룻배가 부딪칠 때를 제외하고는 우리는 절대 만나지 않을 것이다."[1)]

그러나 상반되는 목적, 긴장 그리고 성역할의 차이만이 결혼을 그토록 복잡하게 만드는 이유는 아니다. 종종 인간이 다른 동물과 구별되는 것은 친척이 있다는 사실이다. 인간은 그들의 시댁식구나 친정식구와 매우 긴밀한 관계를 발전시키는 유일한 동물이다. 부부의 침대에서 여섯 사람이 함께 잠을 잔다는 농담은 우회적인 이야기이다. 동물의 왕국에서 짝짓기는 보통 성숙하고 가족에게서 독립한 두 배우자만의 관계를 의미한다. 정말로 결혼은 이제 외부인이 공식적인 가족의 일원이 된다는 인척관계를 허용하는 데서 적지 않은 스트레스가 된다.

당연히 가족의 일원이 된다는 것은 쉽지 않다. 왜냐하면 새로운 배우자는 함께 하지 않은 자기 가족만의 긴 역사를 갖고 있기 때문이다. 그리고 추억과 사적인 농담, 은어 그리고 한 가족이 공통적으로 가지고 있는 전통을 함께해 오지 않은 새로운 사람을 포용하는 것은 어려운 일이다. 조지 버나드 쇼(George Bernard Shaw)가 샬럿(Charlotte)과 결혼한 직후 여자 친구에게 쓴 편지에서 배우자의 이전 가족사 문제를 이렇게 썼다. "너는 샬럿이 너를 거부하는 본질을 이해하지 못한다. 아내는 다른 모든 사람에게 똑같이 거부감을 느낀다. 자신이 알지 못하는 과거 모든 사람에게 내가 있는 방에 네가 들어오는 순간 너는 우리에게는 고향이고 샬럿에게는 이방인이 된다. 나 또한 마찬가지이다. 그녀의 옛 친구가 찾아오면, 나는 단순히 우연하게 알게 된 사람이 된다."[2]

결혼은 한 쌍의 부부를 두 사람의 사적인 관계에서 두 가족의 공식적인 결합으로 바꾼다. 원가족 안에서 해결하지 못한 문제는 결혼을 선택하는 요인이 될 수도 있고, 확대가족 안에서 부부의 친밀감 형성을 방해할 수도 있다. 심지어 원가족이 열렬한 연애의 강도를 결정할 수도 있다. 이런 관점에서 로미오와 줄리엣은 명확히 두 집안이 서로의 원수였기 때문에, 서로에게 강하게 끌렸는지도 모른다. 트리스탄과 이졸데를 포함해서 금지된 사랑을 한 다른 연인처럼, 로미오와 줄리엣의 때 아닌 죽음은 더 많은 사람을 용서하게 만든다. 죽음은 또한 후에 누가 먼저

1) Gelb, op, cit.

2) Janet Dunbar, *Mrs. G. B. S.: A Portrait* (New York, Harper & Row, 1963).

이야기할 것인지 그리고 상대의 어머니를 어떻게 설득할 것인지를 갈등하지 않게 해 준다. 일상에서 그런 금지된 사랑의 결과가 언제나 그렇게 소설같이 로맨틱한 것은 아니다. 만일 두 사람이 자신의 문제를 상대방이 해결해 줄 것이라는 기대를 가지고 결혼한다면, 곧 실망하게 될 것이다.

결혼은 정말로 어려운 주제이다. 그래도 아직 우리 문화의 신화는 결혼을 오랫동안 어버이가 되는 상징적인 전조일 뿐만 아니라 가장 안락하고 행복이 넘치는 생애주기 전이로 묘사한다. 우리 사회의 결혼에 대한 신화는 결혼의 어려움을 더한다. 다른 어떤 통과의례보다 결혼은 훨씬 더 고독과 역경의 해결책, 즉 동화책에서 나오는 결말인 '그리고 그들은 오래오래 행복하게 살았습니다.'로 간주한다. 반대로 다세대 가족생애주기에서 보면, 그들은 새로운 역할과 관계를 형성하기 때문에, 결혼은 두 가족 모두에게 구조의 복잡한 변화를 겪게 한다.

구애와 결혼은 어떻게 가족과정이 이루어지는지 알기 위해 조사해야 할 아주 흥미로운 매듭 지점이다. 결혼을 조사하면서 여러분은 가족이 변화, 외부인 그리고 성역할에 어떻게 대처하는지 그리고 서로를 보완해 주는 상대를 찾는 데 얼마나 성공했는지를 알 수 있다.

결혼 스트레스로 인해 양극화된 가족관계 영상은 더 심각해질 수 있다. '우리와 사회경제적 수준이 맞지 않아.'라든가 '다른' 문화나 종교적 배경으로 새로운 배우자를 교묘하게 거부할 수도 있다. 부모는 자녀의 배우자를 '내가 바라는 사람이 아니다.'라고 말하며 개인적으로 거부할지도 모른다. 종종 결혼식에서 흘리는 눈물은 사진사의 어리석음, 방명록, 하객 수, 신부드레스 혹은 들러리의 허리 장식 같은 일 때문이라기보다는 가족 안에서 일어나고 있는 변화의 심각한 스트레스를 나타낸다. 결혼식을 둘러싼 가족불화는 근원적인 가족의 가치관, 동맹 그리고 두려움에 대한 확실한 지표일 수 있다. 그리고 사랑의 도피나 부모의 결혼식 불참은 가족관계를 여실히 드러낸다.

우리 문화가 결혼을 이상화시켰기 때문에, 부부는 종종 그들의 문제를 부모, 형제, 친척, 자녀 그리고 친구관계를 무시한 채, 주로 결혼관계 안에서 규정지으려고 한다. 이렇듯 달걀을 한 바구니 안에 넣으려는 경향이 있다. 부부는 인생의 불행과 행복의 원인으로 결혼문제를 지나치게 강조한다. 불행할 때에 그들은 배우자를 탓할 수도 있다. '그는 나를 실망시켰어, 그는 나를 사랑하지 않아.' 혹은 자신을 탓한다. '나는 형편없어. 그렇지 않았다면, 그 사람을 만족하게 해 줬을 거야.' 이런 개인화 과정이 한번 시작되면, 관계 유지는 매우 어려워진다.

시간이 흘러 부부간의 상호의존성이 점점 더 커지면 부부는 삶의 더 많은 부분을 결혼생활 속에서 해석하려고 한다. 예를 들어, 만일 구애기간 중에 한 사람이 우울해하면, 다른 한 사람이 '살아가면서 우울한 일은 많아. 이건 나하고 상관없는 일이야.'라고 생각하면서 쉽게 자기 일로 받아들이지 않는다. 그러나 결혼하고 몇 년이 지나면 배우자의 정서반응을 자신의 행동 때문이라고 보는 경향이 많은데, 즉 '이건 내가 좋은 배우자가 아니라는 게 분명해. 혹은 나는 지금까지 남편(아내)을 행복하게 해 주지 못했어.'라는 반응을 보인다.

물론 상대의 행복에 대한 이런 책임감은 여자에게 많은데, 그것은 우리 문화가 여자에게 다른 사람의 행복에 대해 책임을 지도록 하는 경향이 있기 때문이다. 그러나 부부가 한번 상대의 감정에 대해 책임을 지기 시작하면 관계의 많은 부분이 점점 더 긴장감으로 차서 피하게 된다. 아내는 자신이 제대로 하지 못하고 있다고 느끼며 죄책감을 갖거나 분개하기도 한다. 그녀는 그를 짜증나게 하거나, 그에게 욕을 먹고 싶지 않기 때문이거나, 아니면 그를 감싸거나 그를 화나게 만들지 않으려고 입을 다물면서 남편 대하기를 꺼리게 된다. 남편은 아내가 기분 나빠할까 봐 두려워 긴장감을 조성하는 화제를 끄집어내지 않으려고 할 것이다. 어떤 경우든 상대에 대한 반응으로 한 사람이 많이 반발할수록 그들의 대화는 정서적인 부분에 갇히게 될 것이며 점점 더 관계의 유연성을 잃을 것이다.

부부가 직접 서로의 갈등을 해결하는 데 두려움을 느낀다면 문제가 되는 자녀에게 관심을 쏟아부으면서 긴장을 완화시킬 수 있다.

결혼 전에 성숙한 개인이 되지 못한 배우자는 결혼생활에서 자존감을 형성해야 한다. 부부는 서로 대화하기를 꺼려 할지도 모른다. 남자는 이렇게 생각할지도 모른다. '내가 얼마나 별 볼 일 없는 사람인지 아내가 알지 못하게 해야 해. 그렇지 않으면 그녀가 떠날 거야. 그러니까 아내의 이야기가 지루하더라도 참아야 해.'

한쪽에선 부인이 이렇게 생각한다. '내가 정말 쓸모없는 사람인 걸 남편이 모르게 해야 해. 그랬다가는 우리 아버지처럼 나를 떠날 거야. 그러니까 그가 아무 말없이 지루하게 스포츠경기나 텔레비전을 시청하더라도 뭐라고 해서는 안 돼. 그는 할 말이 없는 거지.'

그런 부부는 상대방에게 자신의 자존감을 떠넘긴다. 예를 들어, '당신이 나를 사랑해 주기 때문에 나는 가치가 있어.' 이 말은 역으로 다음과 같은 뜻이다. '당신이 나를 사랑하지 않으면 나는 아무 가치가 없어.' 그래서 두 사람은 회피와 모호함의 그물에 갇히게 된다. 부부는 모두 원가족처럼 불행해질까 봐 두려워서 감히 단도직입적으로 말하지 못할지도 모른다. 둘 사이의 의도는 점점 더 위장된다. 그들은 결국 서로 하고 싶지 않은 일을 상대방이 원한다고 생각하게 된다. 그루초 마르크스(Groucho Marx)는 그것을 이렇게 표현했다.

> 거짓말이 미국의 가장 큰 산업이 됐다. 그 예로 남편과 부인 사이에 존재하는 관계를 생각해 보자. 부부가 50번째 결혼기념일을 축하하면서 서로에게 "사랑해."라고 100만 번쯤 말했다고 해도, 여러분이나 나는 그들이 서로에게 진실—진짜 자신의 속마음—을 결코 말한 적이 없다는 것을 안다. '당신 어머니는 비열한 인간이야.'라든가 '우리가 타고 다니는 이 깡통 말고 고급차를 사면 어떨까?'라는 피상적인 것을 말하는 것은 아니다. 내가 의미하는 것은 우리가 한밤중에 깨어나서 벽에서 헛것을 보았을 때 마음속에 떠오르는 아무도 모르는 생각을 말하는 것이다.[3)]

가족 내 부부관계를 탐색하기 위해 가족이나 지역사회가 금기시하는 특정 부부관계에 주의를 기울여야 한다. 예를 들어, 게이와 레즈비언 부부가 점차 가족 안에서는 허용되고 있지만, 우리 사회는 여전히 동성애에 대한 뿌리 깊은 부정을 불식시키지 못하고 있다. 그리고 법은 동성의 결혼을 인정하지 않는다. 그래서 게이

3) Groucho Marx, op, cit.

와 레즈비언 부부는 일반적으로 인정받지 못하게 되고 따라서 그들의 관계는 더욱 어려워진다. 그들은 종종 자신의 관계를 다른 사람에게 알리지 못한다. 가족은 그들의 인생주기의 변이를 축하하지 않을지도 모른다. 아니면 가족 행사에서 제외될 수도 있다.

가족과 사회의 모든 사람이 그런 은밀함과 자격박탈이라는 대가를 치른다. 가족의 외적 연고가 가족 내적 관계와 일치하지 않기 때문에, 가족관계를 왜곡하는 경향이 있다. 어떻게 해서라도 가족의 외적 연고와 가족의 내적 관계를 일치시키는 것이 중요하다. 사회가 허용하는 경계에 놓인 관계를 조사하는 일은 사회적 관습, 독립성, 차별에 가족이 대처하는 방법을 많이 가르쳐 줄 것이다. 가족이 관습을 깼거나, 그것에 억압된 측면에서 그들의 삶을 조사하도록 하라. 가족과 단절된 삶을 살고 있는 사람들은 가족의 강점과 취약점에 대해 많은 것을 말해 줄 것이다.

가족을 이해하기 위해 오랜 세월에 걸쳐 이루어진 결혼유형을 살펴보는 것이 필요하다. 배우자의 혼외정사 시기, 자녀, 시어머니 혹은 다른 외부인과 심각한 삼각관계에 빠졌던 시기 등과 같이 결혼생활의 위기를 살펴보라. 여러분이 가족의 다른 스트레스와 가족의 결혼유형 간의 상관관계를 발견할 수 있는지 알아보라. 또한 결혼에 대해 가족 안에서 내려오는 메시지에 주목하라.

블랙웰(Blackwell) 가족의 결혼하지 않은 비범한 여자들이 가족 내 훌륭한 아이들을 키우는 데 큰 역할을 했고, 그들이 분명히 아이들에게 반복해서 결혼을 거부하도록 경고했을 것이다(가계도 8-1). 조부모 세대에서 할아버지는 폭력을 일삼으며 원만하게 지내지 못한 사람으로 '자기 아내의 삶을 짓뭉개 버린' 것으로 알려졌다. 또 한 사람은 가족의 명예를 실추시켰는데, 처음에는 난잡한 성생활로, 그다음에는 위조범으로 체포되어 추방당했다. 그다음 세대에서 비교적 일찍 세상을 뜬 아버지는 할아버지와 외할아버지가 그랬던 것처럼, 아내와 9명의 자녀를 위한 생계대책을 마련해 놓지 않았다. 그런 경험의 결과로 가족일화는 결혼의 역할과 의미에 대해 강한 메시지를 만들 수도 있다. 물론 그것이 다음 세대도 같은 양상을 되풀이하게 운명 짓지는 않는다. 반대로 그런 결혼이 다음 세대가 독창적으로 자신의 삶을 선택하게 하는 계기가 될 수 있다.

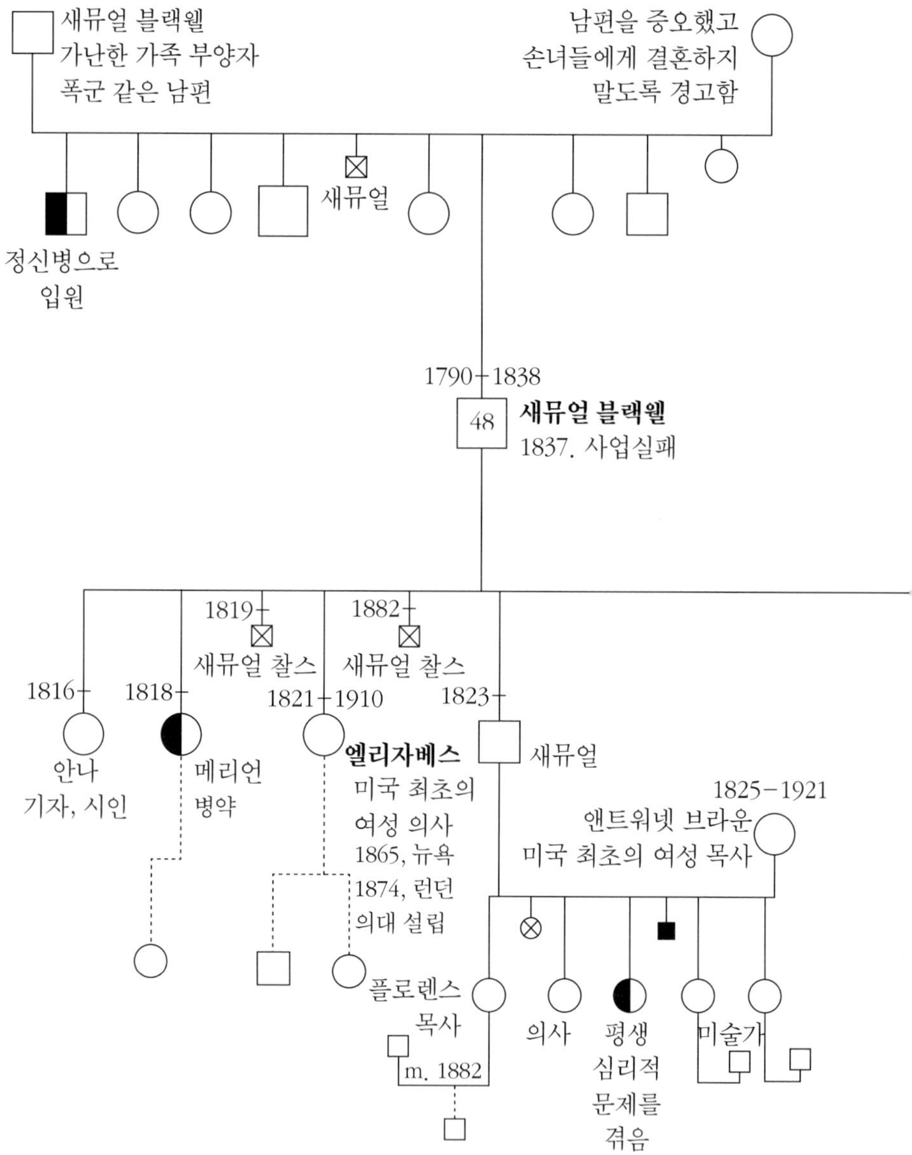
새뮤얼 블랙웰
가난한 가족 부양자
폭군 같은 남편
남편을 증오했고
손녀들에게 결혼하지
말도록 경고함
새뮤얼
정신병으로
입원
1790–1838
48
새뮤얼 블랙웰
1837. 사업실패
1819–
새뮤얼 찰스
1882–
새뮤얼 찰스
1816–
안나
기자, 시인
1818–
메리언
병약
1821–1910
엘리자베스
미국 최초의
여성 의사
1865, 뉴욕
1874, 런던
의대 설립
1823–
새뮤얼
1825–1921
앤트워넷 브라운
미국 최초의 여성 목사
플로렌스
목사
m. 1882
의사
평생
심리적
문제를
겪음
미술가

〈가계도 8-1〉 **블랙웰 가족**

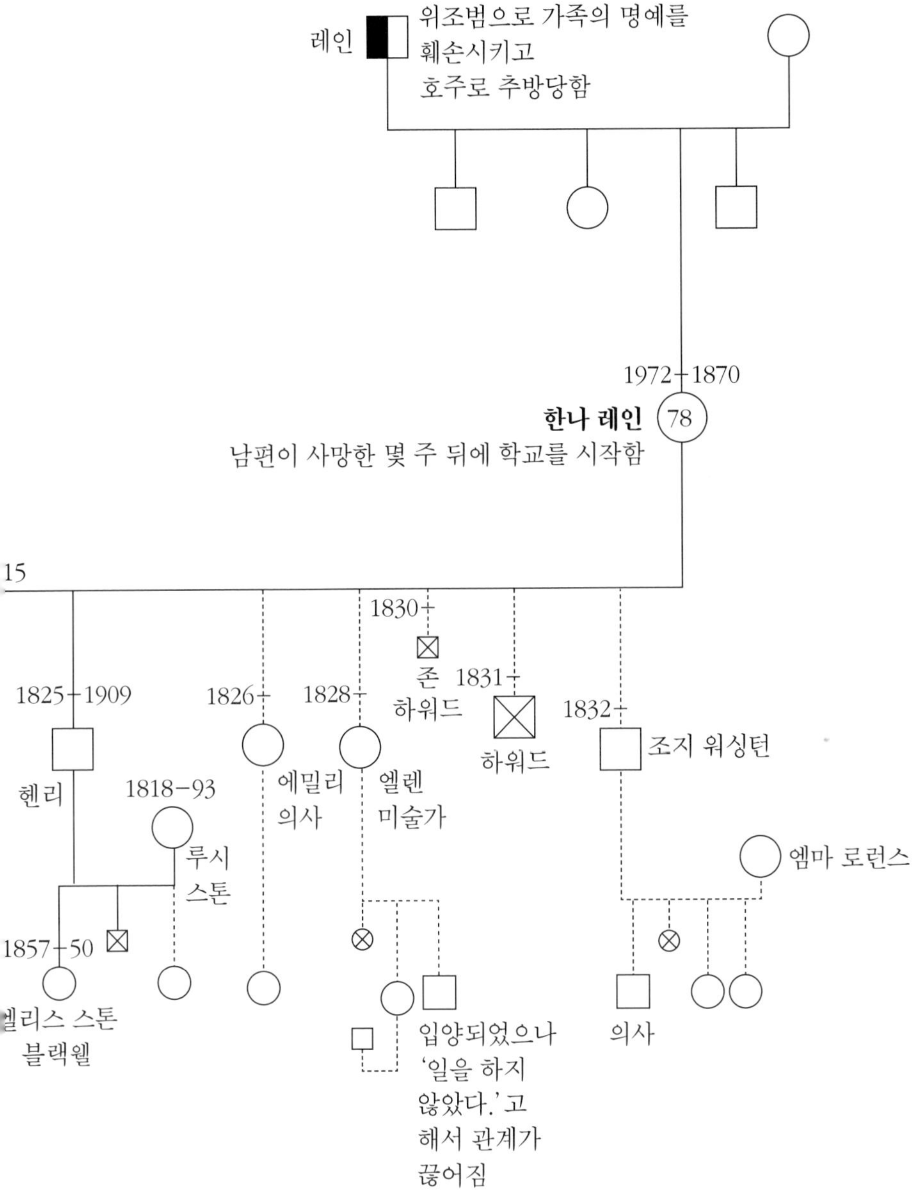
레인
위조범으로 가족의 명예를
훼손시키고
호주로 추방당함
1972–1870
한나 레인 78
남편이 사망한 몇 주 뒤에 학교를 시작함
15
1830–
존
하워드
1831–
하워드
1825–1909
헨리
1826–
에밀리
의사
1828–
엘렌
미술가
1832–
조지 워싱턴
1818–93
루시
스톤
엠마 로런스
1857–50
엘리스 스톤
블랙웰
입양되었으나
'일을 하지
않았다.'고
해서 관계가
끊어짐
의사

블랙웰 가족은 그 대표적인 경우였다. 블랙웰의 딸 다섯 중 넷이 양자를 들였으나 결혼은 하지 않았다. 엘리자베스(Elizabath)는 미국의 최초 여성 의사가 됐고, 에밀리(Emily)는 곧 그 뒤를 따랐다. 안나(Anna)는 언론인이 됐고, 엘렌(Ellen)은 예술가가 됐다. 메리언(Marian)은 병약했음에도 다른 세 딸처럼 아이를 입양해서 길렀다. 세 아들 역시 결혼에 대한 가족 메시지에 어떻게 대처했는지를 살펴보면, 정말 놀랍다. 헨리 블랙웰(Henry Balckwell)은 저명한 여성 참정권자 루시 스톤(Lucy Stone)과 사랑에 빠졌다. 그는 그녀의 노예제도 폐지와 여성 권리에 대한 열정적인 연설에 매료됐다. 정말로 그녀의 연설은 전통적인 혼인에 반대하는 감동적인 항변이었다.

헨리 블랙웰과 루시 스톤은 일부러 아내의 순종을 강요하는 부분을 뺀 결혼서약을 헨리가 준비하여 작성했다. 결혼생활에서 남편에 대한 여자의 법적 추종에 반대하는 감동적인 글이 뒤따랐다. "나는 남편으로서 엄밀하게 부부 공동의 것이 아닌 법이 나에게 부여하는 모든 특권을 포기하고자 한다."[4] 헨리의 항변은 전통적인 결혼의 성차별을 초월하고 싶어 하는 부부세대의 모범이 됐다. 두 사람은 각자의 이름과 은행 계좌를 가졌고, 헨리는 다른 모든 면에서와 동일하게 아내의 사회생활을 진심으로 뒷받침해 주었다.

루시의 가족 역시 결혼에 대한 부정적 메시지와 일화를 갖고 있었다. 그녀는 아버지의 학대와 지배에 대해 어머니가 '복종'하고 자기부정하는 것을 괴로워하면서 성장했다. 루시의 아버지는 돈 문제로 아내에게 '추했고', 그녀는 어머니와 다른 여자의 결혼생활이 자유의 박탈로 고통당하고 있다고 느꼈다. 루시는 친구에게 이렇게 썼다. "결혼한 여자가 자기 자신의 정체감 형성에 장애가 되는 것을 뿌리 뽑게 내 한평생을 바칠 것이다." 사실 그녀는 절대로 결혼하지 않겠다고 마음먹었다. 그리고 결혼을 생각하게 되면, 심한 편두통과 신경쇠약에 가까운 증세를 보일 정도여서 마지못해 마음을 바꿨다. 그녀의 증세는 헨리 블랙웰이 몇 번이나 결혼을

4) Leslie Wheeler, *Loving Warriers: Selected Letters of Lucy Stone and Henry B.* Blackwell, 1853 to 1893 (New York: Dial Press, 1961). The following references are to same soure.

연기해야 했을 정도로 심각했다. 그녀가 '굴복하기' 바로 전에 그녀는 가장 가까운 친구이며 곧 헨리의 형 새뮤얼과 결혼할 앤트워넷 브라운(Antoinette Brown)에게 이렇게 농담을 했다. "만일 예식이 뉴욕에서 있게 된다면, 네가 루시 스톤을 죽음에 이르게 하는 잔인한 작업에 동참할 마음을 굳게 먹길 바란다. 그러나 그 일은 합법적인 일이기 때문에, 처벌을 두려워할 필요는 없지. 하지만 나는 완전히 황폐해지기 위해 신시내티로 가려고 한다." 헨리 자신도 그의 친한 한 친구에게 그와 비슷한 농담 섞인 편지를 보낸 적이 있다. "나는 풀려날 가능성이 없이 나 자신을 얽어매고 있다네. …… 머지않아 끔찍한 소식을 전하게 될 걸세." 결혼에 대한 루시의 두려움에도 불구하고, 두 사람의 결혼은 오랫동안 행복하게 지속됐다.

헨리와 루시의 결혼 직후 헨리의 형 새뮤얼 블랙웰(Samuel Blackwell)이 앤트워넷 브라운에게 구애했다. 그녀는 미국 최초의 여성 성직자로 헨리와 루시가 결혼할 무렵 결혼에 대한 생각이 변하고 있었다.

그 이후 긴 결혼생활에서 새뮤얼이 한 가정에서 담당한 양육자의 역할은 관습을 뛰어넘는 것이었다. 그는 기꺼이 가사를 분담했고 블랙웰 가족 모두에게 성자로 여겨졌다. 또한 앤트워넷은 여자의 역할에 대해 뛰어난 선견지명을 갖고 있었다. 그녀는 남자의 세계에서 여자에게 단지 권리를 조금 더 줄 수 있도록 한 걸음 나아가야 한다고 믿었다. 그녀는 논리와 과학적 연구의 전통적인 '여자'의 배움의 방식인 직관과 개인의 경험을 더함으로써 여자에 관한 인간의 지식이 풍부해질 것이라고 주장하는 혁신적인 일보를 떼었다. 앤트워넷과 루시 스톤은 오래 전부터 매우 절친한 오벌린 대학동창이었고 결혼하지 않기로 맹세했었다. 두 사람 모두 결혼이 그들의 일에 심각한 방해물이 될 것이라고 굳게 믿었다. 앤트워넷은 남자의 의무가 가족과 가정에까지 확대되어야 한다는 극단적인 주장을 폈다. 다른 여권론자가 그 주장을 받아들이기까지 한 세기가 걸렸다. 어떤 사람도 공개적으로 남자가 돈을 벌어야 할 뿐 아니라 자녀를 돌보고 가사를 분담해야 한다고 주장하지는 않았다.

진심으로 아내의 생각을 수용하고 받아들여 그대로 살았던 새뮤얼의 격려 속에서 앤트워넷은 96세에 세상을 떠나기까지 목회자, 연설가 그리고 시인, 소설가,

철학자로서 의미 있는 삶을 살았다. 젊은 시절 그녀가 오벌린 대학교에서 모든 과정을 이수했을지라도 그녀에게 신학 학위를 주지 않았던 오벌린 대학교에서 명예신학 박사학위를 인정받고 수여받을 정도로 그녀는 장수했다.

앤트워넷은 다음 세대의 결혼에 대해 이렇게 말했다. "사위 모두가 훌륭한 사람들이고, 결혼은 만족스러운 것 이상이다." 새뮤얼과 앤트워넷 사이에는 이전 세대(딸 다섯 중 넷은 성공했고 하나는 병약했다.)처럼[5] 다섯 딸이 있었는데, 넷은 성공했고 하나는 병약했다. 그리고 이전 세대처럼 자녀의 성장에 결정적인 역할을 한 5명의 미혼여성이 있었다. 흥미로운 것은 딸 플로렌스(Florence)가 독립적인 사회생활을 하는 여자의 삶에 저항했다는 것이다. 플로렌스는 가족의 극심한 반대에도 불구하고 한 가게주인과 결혼했다. 결국 모든 사람은 그가 새뮤얼의 모델보다도 훨씬 더 훌륭한 남편이라는 사실을 알게 됐다. 플로렌스는 후에 어머니의 뒤를

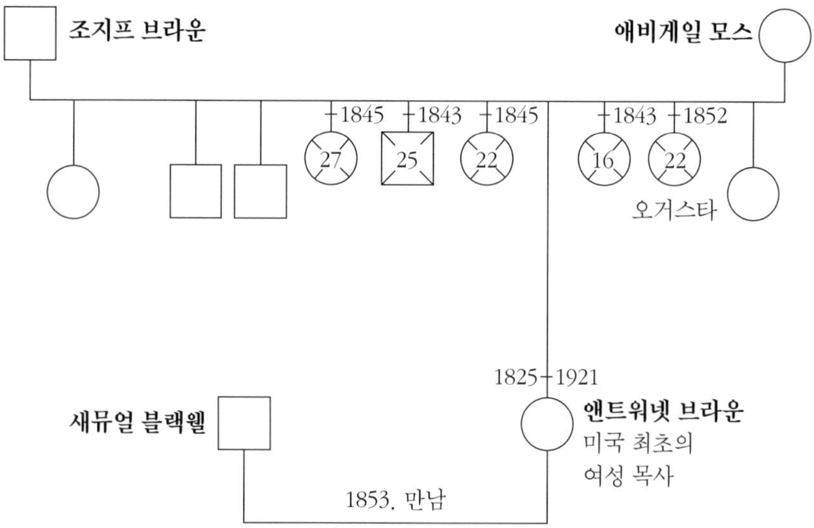

〈가계도 8-2〉 앤트워넷 브라운 가족

5) Elizabeth Cazden, *Antoinette Brown Blackwell: A biography* (Old WestBury, N. Y.: Feminist Press, 1983).

이어 평신도 목회자가 됐다.

부부가 거의 연관성을 알아차리지 못함에도 불구하고, 놀랍게도 사람들은 치명적인 사건이 일어난 직후에 배우자를 만나 결혼을 결심하는 경우가 매우 많다. 예를 들어, 앤트워넷 브라운은 새뮤얼을 만나기 전 몇 해 동안 다섯 형제를 잃었다(가계도 8-2). 그녀는 아마도 4명의 형제가 일찍 죽은 충격을 감내하기 위해 오벌린 대학교와 목회자에 이끌렸을 것이다. 앤트워넷을 따라 오벌린 대학교에 온 후 폐결핵으로 5년 동안 투병생활을 한 여동생 오거스타(Augusta)의 죽음은 앤트워넷에게 가족의 종말을 상징하는 것처럼 보였다. 이것은 바로 이듬해 새뮤얼과의 만남에서 그녀가 절대로 결혼하지 않겠다는 결심을 바꿀 수 있는 계기가 되었던 것 같다.

브라운 가족처럼, 확대가족 사건과 결혼 결정 사이의 연관성은 종종 모호하다. 가족은 첫눈에 반했다거나, 보호받고 싶었다거나, 돈이나 명성에 대한 기대나, 혼자 늙어 가는 것에 대한 걱정이나, 자녀를 낳아 기르고 싶었다는 등의 여러 가지 결혼한 이유를 댈 것이다. 말하자면 소망 같은 것이다. 체계적 관점에서 로미오와 줄리엣은 가족 간의 불화에 대한 그들의 불안을 완화시키기 위해 서로에게 한눈에 반했다고 볼 수도 있다. 사랑과 결혼에 대한 가족일화 이면에 있는 결혼과 이혼의 결정에 영향을 주었을 가족사건, 특히 상실을 탐구해 보는 것은 가치 있는 일이다. 물론 여자는 전통적으로 특정 관계 안에서 그들 자신을 포기할 것을 요구받고 남자는 친밀함을 자율권에 대한 위협으로 보도록 키워졌기 때문에, 부부가 그들의 관계를 경험하는 데에는 성차가 있다. 따라서 남자는 암묵적으로 그들을 돌봐 주는 아내에게 의존하면서 자신의 의존성과 욕구, 의심 혹은 실수를 인정하지 않고 결혼에서 종종 훨씬 더 많이 유사독립을 보인다. 한편 여자는 일반적으로 유사친밀을 유지하려고 한다('나는 당신이 원하는 건 뭐든지 하고 싶어.'). 의존성을 인정하는 남자의 두려움과 적응력을 인정하는 여자의 두려움이 종종 함께 작용해서 서로의 차이점을 인정해야 하는 친밀한 결혼관계를 방해한다. 일반적으로 말하자면 남자는 정서적으로 가족의 테두리에 있도록 사회화되지만, 여자는 가족 이외의 다른 곳에 있으려고 할 때 제재를 받는다. 특히 우리는 결혼이란 신데렐라가 멋진 왕자를 만나 그에게 그녀의 정체성을 희생시키는 것과 같다는 신화를 부추겨 왔다. 가족의 결혼을 고려해 볼 때, 가족이 이런 수수께끼에 얼마나 다르게 반응하는지 알아보라. 그러면 여러분은 '노처녀' 마미(mamie) 이모를 이해할 수 있을 것이다. 그리고 사업에서는 '성공'한 적이 없지만 자녀와 손자를 사랑했던 증조부를 새로이 이해하게 될 것이다. 여러분은 남자에 대한 그렇게 많은 사회규칙을 극복하고 사랑이 넘치는 사람으로 집에 머무를 수 있었던 그의 숨은 용기를 이해할지도 모른다.

1. 구스타프 말러 부부

1902년 오스트리아의 비엔나에서 금세기 최고의 재능 있는 작곡자의 한 사람인 구스타프 말러(Gustav Mahler)가 알마 쉰들러(Alma Schindler)와 결혼했다. 그녀 역시 음악적인 재능을 지닌 사람으로서 그 시대 유명한 천재 예술가 3명과 결혼했고 다른 3명의 남자와 사랑에 빠졌다. 구스타프와 알마 말러의 결혼은 전통적인 성역할과 일과 정사와의 전형적인 부부의 삼각관계를 통해 결혼의 많은 복잡성을 보여 준다(가계도 8-3). 구스타프 말러는 결혼하기 4개월 전에 알마를 만났다. 그는 그 시대의 반 유대성향에 대처하기 위해 기독교로 개종하고 세례를 받은 42세의 저명하고 까다로운 유대인 작곡가이자 지휘자였다. 알마는 아름다운 외모를 가진 반귀머거리의 23세 오스트리아 천주교 음악가이자 작곡가였으며, 그 당시 그녀에게 작곡을 가르치던 연상의 음악가와 이미 약혼 중이었다.

그때까지 구스타프는 부모의 결혼생활이 썩 행복하지 않았기 때문에, 결혼하기를 꺼려 했던 것 같다. 어머니 마리아(Maria)는 다른 사람을 짝사랑하며 가슴앓이를 했고, 아버지 베르나르트(Bernard)와 사랑 없는 결혼을 했다. 그녀는 태어날 때부터 불구였고, 친절하고, 연약하고, 조용하고, 다정다감한 여자였다. 성격이 거칠었던 구스타프의 아버지는 아내를 잔인하게 대하고, 자녀를 때렸으며 집안 여자 하인들의 뒤꽁무니를 좇아다녔다. 어머니에 대한 구스타프의 사랑은 아버지에 대한 미움만큼이나 강했다. 마리아는 21년에 걸쳐 14명의 아이를 낳았고, 8명의 아들을 어릴 때 잃었다. 구스타프는 생존한 맏이로서 14세에 죽은 남동생을 한 곁같이 돌봤고, 다른 형제의 보호자가 됐다. 결혼하기 전까지, 그는 20년 동안 그의 가정부이자 동료이며 안주인이었던 여동생 저스틴(Justin)과 함께 살았다. 33세에 저스틴은 오빠를 보살펴야 했기 때문에, 자신의 삶을 살 수 없을 것이라고 생각했다. 그녀는 구스타프를 좋아했지만 자신이 하인처럼 느껴졌다. 저스틴은 구스타프가 지휘하는 비엔나 오페라단의 제1바이올린 주자였던 아널드 로즈(Arnald Rose)와 사랑에 빠졌다. 구스타프가 알마와 결혼한 바로 다음 날 저스틴이 로즈와 결혼한 것은 당연한 일인지도 모른다.

구스타프는 첫눈에 알마에게 끌렸다. 그녀는 아름답고 강했으며, 독창적이고 생기가 넘쳤다. 그들의 사랑은 급속도로 진행되었지만, 곧 폭풍의 구름이 몰려 왔다. 알마는 음악가이자 작곡가로서 그녀의 삶을 계속 살 것이라고 확실하게 말했다. 구스타프는 그녀의 무례함에 아내역할에 대한 자신의 생각을 말하면서 거칠게 응대했다. "우리 모두 행복해지려면 당신은 내 요구를 들어주어야 하오. …… 역할은 …… 정확히 구분되어야 하오. 작곡가의 역할은 나의 것이고, …… 당신의 역할은 이해심 많은 동료이자 사랑하는 반려자인 것이오. 당신은 무조건적으로 내게 헌신해야 하고, 나의 사랑 이외 어떤 보답도 기대하지 않고 당신의 미래까지도 완전히 나의 욕구와 욕망에 따라서 맞춰야 하오."[6] 알마는 심한 충격을 받았다. 그는 그녀에게 일과 자신을 포기하고 대신 좋아하지도 않는 그와 그의 음악에 헌신해 줄 것을 요구했다. 알마는 14세 때 죽은 아버지에게 헌신하면서 자랐다. 그녀가 늘 원망하던 어머니에게 구스타프의 편지를 보여 줬을 때, 어머니는 그 관계를 당장 끝내라고 했다. 알마는 그 반대를 선택했고, 곧 대가를 톡톡히 치렀다!

결혼에 대한 얘기가 오갈 때에도 두 사람 사이의 긴장은 지속됐다. 구스타프의 친구들은 알마가 오만하고 그의 작품의 진가를 알지 못한다고 생각했다. 그의 여

6) Karen Monson, *Alma Mahler: Muse to Genius* (Boston: Houghton Mifflin,1983). The following quote is from the same source.

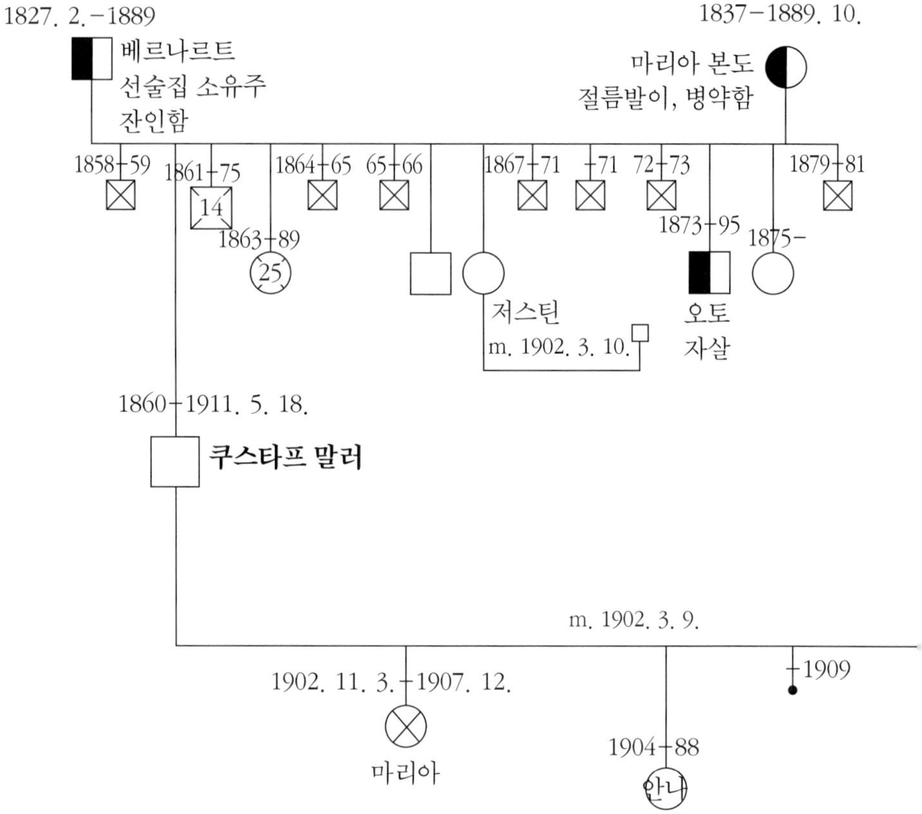

〈가계도 8-3〉 말러와 쉰들러 가족

동생 저스틴은 질투했다. 게다가 곧 알마가 알게 됐지만, 구스타프는 가족에게 완전히 무관심했고 엄청난 빚을 지고 있었다. 그녀가 상황을 호전시키는 데 5년 정도가 걸렸다. 그리고 구스타프는 짧은 연애 기간 동안에 융통성이 많은 사람처럼 보였지만, 결혼하자마자 일에 매우 집착했고, 연인이라기보다는 스승처럼 행동했다. 알마의 일은 모든 일이 무리 없이 잘 돌아갈 수 있도록 구스타프를 위해 그의 작품을 사본으로 만드는 것이었다. 그녀는 결혼하기 전에 임신을 했고, 임신기간이 지나갈수록 자유가 사라진다고 느꼈다. "나의 아름다움, 나의 영혼, 나의 재능, 아무것도 결실을 맺지 못했다. …… 나는 그저 삶이라고 하는 것을 살고 있다. 훨씬 더 내 안에 갇혀 있다. 나는 자유롭지 못하다. 고통스럽지만 그 이유가 무엇인

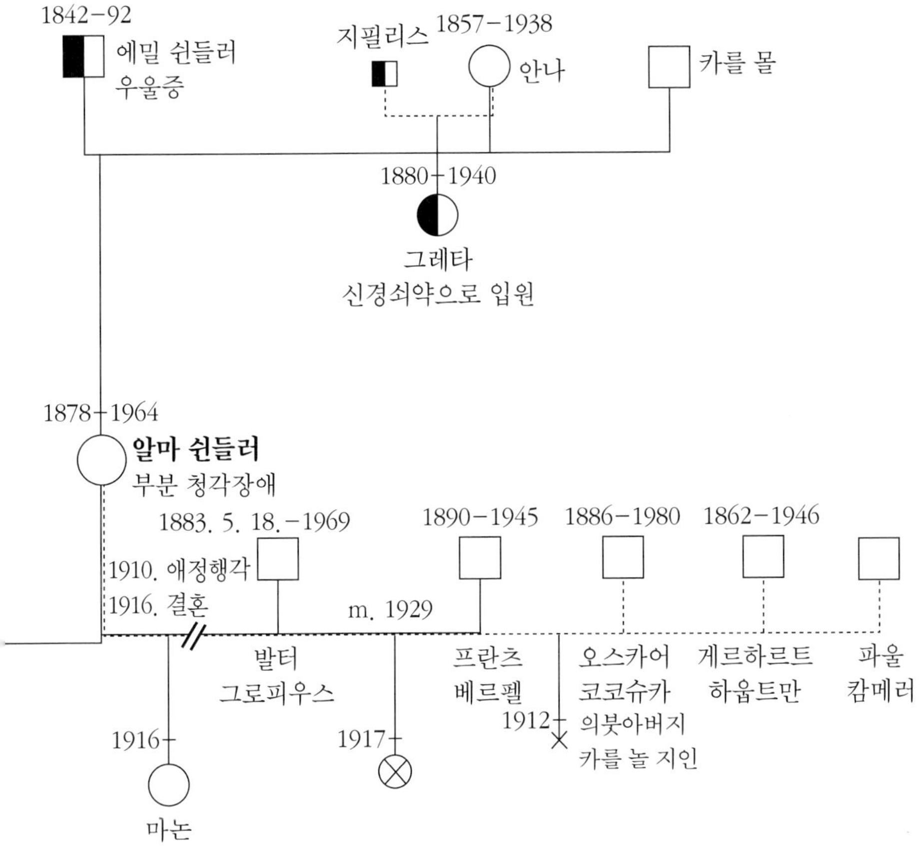

지 나는 모른다." 다른 많은 여자처럼, 알마는 자신의 문제로 혼란스러웠지만, 구스타프는 그런 문제를 인정하지 않았다. 하루는 그녀가 울고 있는 것을 발견하고는 그는 자신을 사랑하지 않아서 불행하다고 결론지었다. 그녀는 일기장에 이렇게 적었다. "내 안에서 계속되고 있는 무언의 투쟁을 어떻게 시작해야 할지 모르겠다! 그리고 나를 생각해 주는 누군가를 그토록 절실히 원하고 있다. 나 스스로를 찾을 수 있도록 도와줄 사람! 나는 한 번 건너간 다리를 다시 돌아와야 한다. 내 팔을 거칠게 잡고 나를 멀리 데리고 갈 누군가를 위해."[7)]

그다음 해 알마가 자신의 내면에서 무슨 일이 일어나고 있는지 관심이 없는, 그리고 자신의 일을 인정하지 않는 그에게 불평하면서 이런 절망감을 표현할 말을 찾으려고 했을 때조차도, 그는 그녀의 불행이 그녀 탓이라고 말했다. "단지 자신의 꿈을 이루지 못한 것은 …… 전적으로 당신 잘못이오." 그 후 몇 년 동안 두 사람은 더욱 멀어졌다. 구스타프는 일에만 전념했고, 알마는 우울과 절망 속에서 지냈다. 구스타프가 사랑했던 병약한 어머니의 이름을 땄던 맏딸 마리아(Maria)가 5세 밖에 되지 않았던 1907년에 세상을 떠났다. 슬픔으로 말러는 더더욱 자기 안으로 움츠러들었다.

말러는 치명적인 심장병 선고를 받았다. 그리고 알마는 우울증과 종종 몸이 아프곤 했다. 부모 모두 1904년에 태어난 둘째 딸 안나(Anna)를 돌봐 줄 여력이 없어 그녀는 혼자 내버려졌고, 그녀 나이 겨우 3세 때 일어났던 일이었음에도 오랫동안 언니의 죽음을 자책했다. 구스타프는 자기가 죽을지도 모른다는 걱정에 사로잡혔다. 8번 교향곡을 작곡하고 나서 그도 슈베르트, 베토벤 그리고 브루크너처럼, 9개의 교향곡을 남기고 죽게 될까 봐 두려워했다. 그래서 그는 다음 작품을 9번 교향곡이 아닌 '대지의 노래(The Song of the Earth)'라고 이름을 붙였고 숙명적인 죽음이 오지 않을 것이라고 확신했다.[8)]

이런 격정의 시기에 결별이나 결별의 위협이 있는 상황에서 일반적으로 나타나는 삼각관계의 양상은 알마가 말러의 열광적인 팬과 사랑에 빠진 것이다. 말러 역시 비엔나 오페라단과 그 시대의 사회 정치적 분위기의 주요 요소였던 자신의 기회를 제한한 반유태주의와 심한 갈등을 겪었다. 부부가 잠시 미국으로 갔을 때, 그곳에서 말러는 인정을 받았지만, 알마는 더 소외되고 단절됐다. 뿐만 아니라 1909년 알마는 유산했고, 그것은 맏딸의 죽음에 대한 고통을 되살아나게 했다.

1910년 5월 알마는 "[구스타프]처럼 강인한 정신이 쉬지 않고 몰아쳐서 헤지고 찢겨진"것을 치유하기 위해 정신과 의사에게 상담을 받았다.[9)] 그녀는 자신이 완전히 무너져 버릴 것만 같아 두려웠다. 의사는 장기간의 휴식을 권했고 그녀는 휴

7) Susanne Keegan, *The Bride of the Wind: The life of Alma Mahler* (New York: Viking Press, 1992).
8) 후에 그는 제 9번 교향곡을 완성했다 . 그러나 10번 교향곡을 완성할 때까지 살지 못했다.
9) Monson, op. cit. The following references are to the same source.

어머니와 10세인 여동생 그레타와 함께한 12세 당시 알마 쉰들러(상단). 적어도 알마는 이 사진에서는 편애를 받고 있다는 게 분명해 보인다. 그레타는 아버지가 심한 우울을 겪을 때, 어머니가 가진 짧은 정사에서 얻은 딸이다. 1905년 두 딸과 함께한 27세 당시 알마 말러(하단).
(출처: Bildarchiv der Österreichischen Nationalbibliothek, Wien)

양지로 떠났다. 이런 전후사정을 고려해 볼 때, 알마가 자기보다 5세 연하인 멋진 외모의 상상력이 풍부하고 재능 있는 독일인 건축가 발터 그로피우스(Walter Gropius)와 새로운 사랑에 빠진 것은 당연한 일이었다. 그 후 그로피우스는 마치 말러가 알마의 아버지라도 되는 것처럼, 말러에게 그녀와의 결혼을 허락해 달라고 편지했다. 구스타프는 당황해하며 알마를 잃을까 봐 전전긍긍했다. 그는 변하려 애쓰고 다짐하면서 프로이트에게 상담을 받았다.

가족체계적 관점에서 프로이트의 해석은 흥미로웠다. 그는 구스타프와 알마가 첫눈에 서로에게 끌렸던 부모의 미해결 갈등에 초점을 맞췄다. 그는 문제를 직면시켰다. "젊은 여자가 어떻게 감히 선생님과 같은 처지에 있는 남자와 사랑할 수 있었겠습니까? 저는 선생님의 부인을 압니다. 그녀는 아버지를 사랑했습니다. 그리고 오직 아버지 같은 남자를 선택해야만 사랑할 수 있습니다. 선생님 나이를 그렇게 걱정하시는데 그게 바로 부인에게는 매력입니다. 걱정하실 필요가 없습니다. 선생님은 어머니를 사랑하셨고, 모든 여자에게서 그분의 모습을 찾고 있습니다. 어머니는 고생에 찌들었고 병약했습니다. 그래서 선생님은 무의식적으로 부인이 그렇게 되기를 바라고 있는 겁니다." 구스타프는 자신을 '사랑에 빠진 어린아이'라고 말하면서 자신의 감정을 숨기지 않고 알마에게 연애편지를 쓰기 시작했다. "프로이트의 말이 옳소. 당신은 언제나 내게 빛이고 중심이오! 내 모든 것을 되살아나게 하는 내 안의 빛이여!"

여기에 그토록 많은 결혼의 모순이 존재한다. 남편이 부인 개인의 성장을 좌우하고 억제할지라도, 어쩌면 부인에게 그들 자신을 의지하는 알 수 없는 부분이 훨씬 더 강할 것이다. 이것이 여자를 매우 모순된 상황에 놓이게 한다. 즉, 그녀는 남편에게 나약하고 정서적으로 의존하는 것처럼 보이지만, 남편에게 거의 아무런 정신적 지지나 인정 또는 이해 없이 살아가야만 할 것이다.

이 경우는 위기로 자극을 받은 구스타프가 9년 전 포기하게 강요했던 작곡을 그녀에게 다시 시작하도록 권유하면서, 처음으로 수년 전에 그녀가 썼던 음악을 연주했다. 그녀는 남편의 이런 격려를 이제는 자신의 사생활 침해로 느꼈다. 결혼생활이 점차 원만해져 갔음에도 알마는 결코 작곡을 다시 시작할 용기를 내지 못했다. 구스타프는 훨씬 온화해졌다. 그전까지 아내의 생일이나 기념일 그리고 명절을 기억하지 못하고 결혼 선물을 단 한 번도 한 적이 없었던 그가 이제는 아내에게 다이아몬드 반지를 사 주고 크리스마스 파티를 정성껏 준비하기도 했다. 또한 그는 딸 안나에게도 더 많은 애정을 쏟았다. 그런 뒤 1911년 크리스마스가 지나고 구스타프는 독감으로 몇 달을 견디지 못하고 사망했다. 그 당시 알마는 32세였다.

그 뒤 알마는 두 번 더 결혼을 했으며, 극작가 게르하르트 하웁트만(Gerhart Hauptmann), 명석하고 논쟁을 좋아하는 생물학자 파울 캄메러(Paul Kammerer) 그리고 예술가 오스카어 코코슈카(Oskar Kokoschka) 등 여러 남자와 관계를 맺었다. 오스카어 코코슈카는 말러와 비슷한 요구를 했다. "오, 내 사랑! 그대는 과거의 모든 산물과 나를 알기 이전의 모든 사람을 잊어야만 하오. 나는 그대가 내 안에서 당신과 평화 그리고 자유를 찾기 바라오. …… 나는 지금 그대에게 나에게서 자유롭든지 아니면 내 안에서 자유롭든지 결정하라고 경고하는 거요." 실제로 그는 편지에 둘을 한 몸으로 생각하는 것처럼 "알마 오스카어 코코슈카"라고 서명했다. 코코슈카에게 상당히 끌렸음에도 불구하고, 알마는 힘겨웠던 경험을 통해서 얻은 지혜 때문인지 그와의 결합에 강한 저항을 느꼈다. 그녀는 결코 자신이 자유로울 수 없다고 느꼈고, 그들의 관계에서 상당히 혼란스러워했다. "오스카어와 헤어지고 싶다. …… 그 사람은 나를 무력하게 한다. 그러나 이제 나는 내가 죽은 후에야 음악을 할 수 있다는 것을 안다. 그때서야 비로소 나는 그 어느 누구의 노예도 아닐 것이다. 그때 나는 내 자신의 행복과 내 자신을 위해 살 것이다."

알마는 그로피우스와 헤어지려고 그를 다시 찾아갔다. 하지만 2주가 채 지나기도 전에 둘은 서로를 너무나 사랑하고 있다는 것을 확인했다. 그로피우스의 생일이 구스타프의 사망일인 5월 18일이라는 사실이 알마에게는 중요했다. 그녀는 다른 여러 가지 측면에서 그로피우스를 자신의 사별과 관련지으려고 했다. 알마는 처음에 그를 만났던 날을 회상했다. "나는 이제 늙었고, 사랑받지 못할 것이라고 믿는다. …… 그런데 갑자기 내 삶에 한 남자가 들어왔다. 첫눈에 나는 그에게 끌렸다. 그가 처음으로 내게 사랑한다고 말했을 때 그처럼 오랫동안 행복했던 적이 없었다. 나의 예쁜 아기를 잃고 난 후로 처음이었다. 나는 부서지고 고통받고 있었다." 이 관계가 사별 후에 맺어진 것이기 때문에, 그 관계가 그로피우스와 결혼하고 1916년 딸을 낳은 후 바로 끝난 것은 그다지 놀랄 일이 아니다. 알마는 그가 자신의 딸 마논(Manon)과 가까워지지 못하게 했다. 그리고 11세 연하의 시인 프란츠 베르펠(Franz Werfel)과 사랑에 빠졌다. 그녀는 곧 임신을 했다. 그로피우스는 그 아이가 자신의 아이라고 믿었으나 사실이 아니라는 것을 알자 아무런 비난도 하지 않고 알마를 보내 주었다. 그 아기는 미숙아로 태어난 후 몇 달 만에 죽었다.

그 후 몇 년간 알마는 어떻게 살아야 할지 갈등을 겪었다. 베르펠과 결혼할 수도 그를 떠날 수도 없었다. 두 사람은 한 해에도 여러 번 일 때문에 떨어져서 지냈다. 그런 후 다시 만났고 결국 1929년에 결혼했다. 그들은 실제로 행복하지 못했다. 베르펠은 죽기 얼마 전에 알마에게 한 편의 시를 써 주었다.

내가 당신을 얼마나 사랑하는지
나는 몰랐습니다.
어째서 우리는 죽을 때에 이르러서야
비로소 그 사실을 알게 되는 걸까요.

말년에 오스카어 코코슈카가 알마가 살고 있는 뉴욕으로 와서 그녀를 방문해도 좋은지 물었다. 수년 동안 그들은 가끔 생각날 때마다 편지를 주고받았다. 편지에는 재결합과 이루지 못했던 사랑에 대한 아쉬움이 가득했다. 결국 알마는 그와의 만남을 거절했다. 아마도 그녀는 사랑의 복잡한 현실에 다시 한 번 직면하기보다는 사랑의 환상을 붙잡고 싶었는지도 모른다.

2. 결혼의 상호보완성

자신과 반대되는 사람에게 끌린다는 말이 모두 맞는 것은 아니다. 사람은 보통 자신과 비슷한 배우자를 고른다. 그렇지만 아직까지도 연인은 상호 교환적이고 보완적이며 상반되는 사람에게 빠지는 경향이 있다. 배우자는 거의 자신의 감춰진 일면을 표현하기 위해 서로를 선택하는 것 같다.

결혼에는 너무 많은 상호의존 단계가 있기 때문에, 외부인은 절대 두 사람을 하나로 묶어 주는 상호보완성을 알지 못한다. 그리고 차이점이나 상호보완성이 처음에는 매력으로 끌리지만, 관계가 지속되면서 바로 그 차이점이 문제가 된다. 예를 들어, 브루클린 출신으로 이탈리아 중산층 대가족의 8명의 형제를 지닌 부인이 독자인 중서부 상류층 정통 미국인에게 매우 끌릴 수 있다. 그녀는 그를 '아메리칸 드림'의 화신으로 보면서 조용하고 안정된 힘, 야망 그리고 아무리 자극해도 침착하고 이성을 유지하는 능력에 감탄한다. 남자는 그녀가 즐길 줄 알고 따뜻하고 쾌활하다고 생각한다. 그는 맛있고 기름진 음식과 끝없이 이어지는 축제의 즐거움은 말할 것도 없고, 여자 가족의 즉흥성과 거침없는 애정 표현을 사랑한다.

모든 것은 결혼식이 끝나고 안주할 때까지 아무런 문제가 없다. 그때 가면 여자는 그의 성실성을 '일 중독증'이라고 생각하고, 금욕적인 침착성을 비난한다. 여자의 생기발랄함과 매력은 이제 가식적이고 발작적으로 보인다. 그리고 그는 그녀가 '무던한 사람'이 아니라 '조심성이 없다'고 비난한다. '즐길 줄 알고 표현이 풍부한' 여자의 가족은 '거칠고 참견하길 좋아하는 질식할 것 같은' 가족이 된다. '과묵한 매력이 있고 우아한' 남자의 가족은 '지루하고 평범하며 완고한' 가족으로 여겨진다.

어쩌면 가족 내 어머니는 순교자로서 자신을 억누르고, 아버지는 폭군일 수도 있다. 아니면 가족 내 부부가 힘겨루기를 하다가 어느 한 사람도 굴복하지 않고 끝내 막다른 지경에 이를지도 모른다. 남편은 한가롭게 구석에 앉아서 담배를 피우며 신문이나 보고 있고, 부인 혼자서 집안을 꾸려 갔을 수도 있다. 어떤 것이든간에 여러분은 자신의 역할이나 바라는 역할을 정확히 하기 전에 관계유형을 알아보고 그들의 의미를 살펴봐야 한다.

가족 내 상호보완성을 탐색해 보면, 특히 결혼관계에서 가족이 바꾸고 싶어 하는 관계유형을 알게 될 수도 있다. 조지 버나드 쇼(George Berhard Shaw)의 부인은 이렇게 썼다. "기질의 대립은 자연이 인류에게 한 복수다. 자연은 서로의 적수에게 남자와 여자를 내던진다. …… 평범하고 일반적인 사람은 자신과 다른 사람에게 끌린다. 예를 들어, 약한 자는 강한 자에게, 냉정한 사람은 열정적인 사람에게, 하얀 피부는 검은 피부에게 …… 우리는 끊임없이 한 사람만을 비난하지만 그 사람만의 잘못이 아닐 때가 많다. 젊은 시절, 내 문제는 전적으로 어머니의 잘못 같았다. 그러나 철이 들고 나서 돌이켜 보니 그것이 잘못된 생각이었다는 걸 알 수 있었다."[10]

42세에 조지 버나드 쇼는 당시 41세였던 샬럿 페인 톤젠드(Charlotte Payne-Townshend)와 결혼했다(가계도 8-4). 그해까지만 해도 샬럿은 절대 결혼하지 않

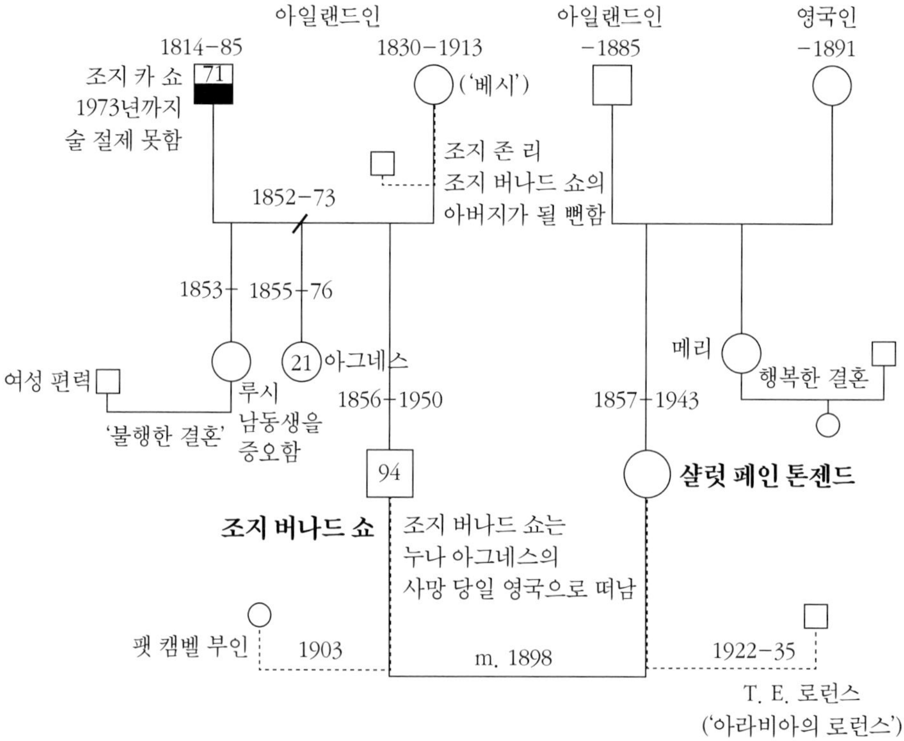

〈가계도 8-4〉 쇼와 페인 톤젠드 가족

10) Dunbar, op. cit.

겠다고 마음먹었고, 청혼을 여러 차례 거절하곤 했다. 쇼는 결혼에 대해 냉소적이었는데, 한편으로는 결혼을 자본주의 제도라고 생각하는 정치적 신념 때문에 반대했고, 또 다른 한편으로는 어린 시절 아버지의 비참한 결혼생활 때문이었다. 쇼가 12세 때 어머니가 아버지 대신 애인을 집에 데리고 와서 셋이 함께 살았다(버나드 쇼의 친아버지가 그 애인일 수도 있다.).

자신을 쫓아다니는 여자에게 거리를 두는 쇼의 양상은 오래 지속됐다. 그에 대해 한 숭배자가 이렇게 말했다. "그에게 깊이 빠져 있는 여자를 보는 것 자체가 그에게는 짜증나는 일이었다."[11] 이런 여자에 대한 쇼의 생각은 이러했다. "그녀에게 아무것도 주지 않는다. 그래서 아무것도 받지도 않는다. …… 그런데 이것이 그녀를 더 비참하게 만든다. 그녀에게 그렇게 말하면 그녀는 더 약이 오르고, 애가 타고, 더 끌리고, 더 악화될 뿐이다."

이것은 쫓고 도망가는 전형적인 관계 양상이다. 쫓아다니는 것은 도망가는 사람을 더 멀어지게 한다. 그리고 도망다니는 것은 쫓아다니는 사람을 더 쫓아가게 만든다. 그 양상에서 가장 흥미로운 것은 둘 중 하나가 역할을 바꾸면 다른 하나도 바꾼다는 사실이다. 샬럿이 매달리지 않게 되자 쇼는 그녀를 따라다니기 시작했고, 그가 따라다니자 샬럿이 거리를 두려고 했다. 전반적으로 샬럿이 정신적인 친밀감을 추구하기는 했지만, 그녀는 돈도 있었고 여행도 좋아했다. 이 때문에 샬럿은 쇼에게 거리를 둘 수 있었고, 그에게 어느 정도의 영향을 미칠 수 있었다.

샬럿은 두 자매 중 언니였고, 부모의 결혼생활이 끔찍했다고 생각했다. 영국인이었던 어머니는 아일랜드와 아일랜드의 모든 것을 증오했다. 아일랜드인이었던 아버지의 온화함은 아내의 화를 돋우었다. 샬럿의 어머니는 남편이 자기 주장을 하길 간절히 바랐다. 그러나 그는 부인의 말을 들은 척도 하지 않고, 자신의 속마음을 드러내지 않았다. 그는 숨소리 안으로 부드럽게 허밍을 하며 손가락으로 소파의 팔걸이를 두드리는 몽상가였다. 샬럿이 보기에 어머니는 아버지의 꿈에 찬

11) Michael Holroyd, *The search for Love, vol. 1, Bernard Shaw* (New York:Random House, 1988). The following quotes are from the same source.

물을 끼얹고, 마침내 그의 삶의 모든 것을 쥐어짜고 있었다. 후에 샬럿은 어머니의 증오가 아버지를 죽였다고 생각했던 것처럼, 자신의 증오가 어머니를 죽인 것이 아닐까 하는 생각을 했다.

샬럿의 어머니는 딸에게 혹독하게 결혼을 강요하였고, 그만큼 샬럿은 격렬하게 저항했다. 어머니가 세상을 떠난 후에야 샬럿은 비로소 처음으로 사랑에 빠졌다. 그 사랑이 받아들여지지 않자 샬럿은 여러 해 동안 방황하면서 삶의 의미를 찾으려고 애썼다. 샬럿을 쇼에게 소개시켜 준 친구는 그녀를 이렇게 말했다. "어디에 속해 있지도 않고, 어떤 확실한 신념도 없이, 많은 재산을 가진 샬럿은 이 세상에서 자기 혼자만 있다는 것을 알았다. 여러 해 동안 그녀는 …… 떠돌아다녔다. 인도, 이탈리아, 이집트, 런던을 다니며 할 일과 동료의 영혼을 찾아다녔다. 기질상 그녀는 무정부주의자로서 어떤 규정이나 규칙도 참을 수 없었다. …… 그녀는 타고난 반항아였다. 그녀에게는 자존심이나 인습 같은 것은 없었다."[12] 그러다가 쇼를 만났다. 쇼가 40세, 샬럿이 39세였다. 두 사람은 기막히게도 공통점이 많았다. 결혼에 대한 혐오감은 아무것도 아니었다. 그들은 둘 다 반항아였고, 극단적이었고, 독신으로 사는 것에 가치를 높게 둔 불순응주의자였다. 쇼는 초기 둘의 관계에 대해서 이렇게 적었다. "그녀 역시 아일랜드인이라서 나의 예술에 압도되지 않았다. …… 그러나 우리는 더 많은 일을 함께했다. 자전거를 수리하면서도 철학과 종교에 대해 이야기하고 …… 아니면 장난기가 발동하거나 감상적이 될 때는 부끄러워하지 않고 격정적으로 사랑을 나누었다. …… 그녀는 자신이 아직 결혼하지 않은 것을 자랑스러워했으나 가족이 그녀에게 결혼하도록 강요했기 때문에 많은 고통을 받았다. 결혼이 자신을 구속한다는 생각은 …… 그녀의 사고로는 참을 수 없이 바보 같은 일이었다."[13] 이 말은 그들의 성격이 서로에게 이상적인 것처럼 들리게 한다. 그러나 대부분의 다른 부부처럼, 그들도 관계가 발전하면서 상호보완적인 역할을 하게 됐다.

12) Dunbar, op. cit.

13) Holroyd, op. cit. The following quotes are from the same references.

결혼 2년 후인 1900년 조지 버나드 쇼와 아내 샬럿 페인 톤젠드. 그녀는 맏이였고, 그는 막내였다. 두 사람의 가족은 모두 혼란스러운 결혼생활을 보였다.
(출처: The Hulton Deutsch Collection)

샬럿은 더 많은 친밀감을 요구했고, 그런 행동에 쇼는 당황하며 한 걸음 뒤로 물러섰다. "당신이 나 없이 살 수 없게 된 그 순간부터 당신은 길을 잃은 거야." 샬럿이 충고를 받아들이고 돌연 아일랜드로 떠나 그에게 저항했을 때, 쇼는 당혹감에 불만을 토로했다. "당신은 왜 하필 다른 때도 아니고 지금 나를 버리려고 한단 말이오. 당신이 가장 필요한 지금 말이오." 그는 다른 관계에 몰두하면서 그녀와 거리를 두려고 했지만, 그녀를 멀리하면 할수록 자신도 놀랄 정도로 더욱 그녀에게 빠져들었다. 쇼는 샬럿이 아일랜드에서 돌아오기 전날 그녀에게 편지를 보냈다. "어떤 위험이 있더라도 당신을 어떻게든 만나고야 말 것이오. 그래야만 하오. 그리고 그 일을 당신이 '오히려 경계하지' 않을까 너무 두렵소. …… 만일 도망갈 수만 있다면, 아니 도망가는 걸로 해결이 된다면 그렇게 할 것이오. 나는 진실로 당신을 행복하게, 그러니까 내 말은 그대가 강인하고 자신에게 열중하며 평온하게 해 주고 싶은데도, 나의 객쩍은 농담과 거짓말과 뿌리 깊은 배신과 여자에 대한 변덕이 당신을 비참하게 만들까 봐 너무나 두렵소. …… 왜냐하면 우리 사이에는 나의 악행 말고 다른 무언가가 있기 때문이오." 그는 자신이 그녀를 행복하게 해주고 싶다는 것조차 인정할 수 없었다. 그것은 훨씬 더 많은 의존을 암시하는 것이었다. 샬럿을 만나기 전 쇼는 그녀와 둘이 다시 가까워지면 거리를 두어야 한다는 약속을 했다. 그러나 몇 달이 지나지 않아서 그들은 더욱더 뒤엉켰다. 그는 다른 여자와의 관계를 끝냈고, 샬럿은 그의 친구이자 비서며 보호자로서 점차 그에게 없어서는 안 될 존재가 됐다. 쇼는 결혼이 여자에게 가능한 한 많은 자유를 주어야 한다고 믿었다. 그러나 물론 그것이 자신에게는 해당되지 않았다. 마침내 샬럿이 그의 충고를 받아들여 그에게 청혼을 했을 때, 그는 분명히 '오싹할 정도로 무섭고 거칠게 호주로 가는 여비를 재촉'했다.

두 사람은 곧 다시 화해했다. 그러나 샬럿은 언제나처럼 정신적인 친밀감을 추구하는 사람이었다. 쇼가 실망시키자 그녀는 다시 한 걸음 뒤로 물러섰다. "나는 완전히 자유로운 상태다. 모든 사람이 제일 우선으로 꼽는 내 손안에 있던 개인의 행복을 잃어버렸다. …… 그리고 내 삶은 엉망진창이 됐다. 그래서 나는 평범한 개인의 희망, 두려움 그리고 절망과 같은 쇠사슬에서 자유롭다."[14] 샬럿이 없는 동안 쇼는 자신이 그녀를 얼마나 그리워하는지 깨달았다. "당신이 곁에 없으니 너무나 힘드오." 그때 그는 사고를 당해 몸이 아팠다. 처음으로 그는 자전거에서 떨어졌다. 극작가인 그는 멍든 눈과 얼굴의 상처를 과장했다. 그러나 그 후 바로 샬럿이 그에게 함께 여행을 가자고 제안했을 때, 그는 냉소적이고 회피적으로 반응했다. "내게 인간적인 동정심을 기대해 봐야 소용없소. 나는 마음이 변했고 이제 나는 당신의 좋은 친구이자 아주 냉혹한 친구가 되었소."

그녀가 혼자 떠났을 때, 그의 신랄한 유머는 극심해졌다.

> 이런 이해할 수 없는 행동으로 당신이 말하려 하는 것은 무엇이오? 당신의 모든 의무 아니, 비서 일까지도 저버린 것이오? 내가 아무 불평도 없이 이 삭막하고 재미

14) Dunbar, op. cit. The following quotes are from the same references.

> 없는 생활로 돌아온 것도 모자란단 말이오? 확신이 부족하오? 그럼 떠나시오. 은혜를 모르는 사람 …… 그대가 그토록 바라는 것을 위해. 주인을 찾아가시오. 그가 당신의 돈을 허비하고 당신의 집을 좌지우지할 것이오. …… 자유, 독립, 사랑, 앞으로 당신이 선택한 영혼과의 자유로운 만남 그리고 자신의 길이 될 고결한 행로에서 영원히 잘 지내시오. 그리고 999명의 여자가 갈망하고 1,000번째 여자가 벗어나려고 울부짖는 축복을 간직하시오.

샬럿이 떠나 있는 시간이 길어질수록 그는 더욱 안절부절못했다. 마침내 그는 자신이 '혐오스러울 만큼 황폐해졌다.'며 편지를 보냈다. 그리고 간청했다. "샬럿, 샬럿, 지금이 로마에서 어슬렁거리며 돌아다닐 때란 말이오?"[15] 둘은 곧 신체 증세를 보였는데, 쇼는 두통과 치통, 사고 그리고 통풍까지 갖게 됐다. 샬럿은 신경통, 정서불안 그리고 우울증을 보였다. 그는 샬럿을 그리워했지만, 또한 그녀를 두려워했다. "그러나 그러고 나면 또 하나의 샬럿이 생각난다. 끔찍한 샬럿, 우울증 환자에, 숨어서 기다리는, 항상 나를 살피고 구속하려 드는, 언제나 나를 위해 그럴 듯한, 멋지고 안락한 이기적인 음모를 계획하는, 나에게서 자유라는 말이 나올 때마다 놀라는, 결국 내가 나 자신을 숨기려고 거짓말을 하게 만드는, 그리고 나를 증오하고 날아다니는 거미처럼, 열정적으로 나를 갈망하는 끔찍한 그녀가 생각이 난다."

샬럿이 로마에서 돌아왔을 때 그는 그녀가 절실히 필요했고 발의 염증으로 거의 불구가 될 정도로 처참한 상태였다. 샬럿은 그가 살고 있는 상황을 보고 소스라치게 놀랐다. 그는 어떤 보살핌도 받지 못한 채 비참하게 꾀죄죄했고, 영양실조에 걸려 있었다. 함께 살던 시어머니는 어떤 조치도 취하지 않았고, 심지어 그가 어떤 상태인지조차 모르고 있었다. 샬럿은 쇼와 결혼하게 된 후에 시어머니에게 약간의 생활비를 보태 주기는 했었지만, 이렇게까지 남편에게 무관심했던 시어머

15) Holroyd, op. cit. The following quotes are from the same reference.

니를 결코 용서할 수 없었다. 사실 두 사람의 가족 모두 그들에게 반감을 가지고 있었다. 샬럿의 자매는 절대 쇼를 만나려고 하지 않았고, 처음에 오빠를 원망했던 쇼의 여동생은 샬럿에게 그보다 더 심한 적개심을 보였다.

딱 꼬집어 두 사람이 어떻게 결혼하기로 결정했는지 알려진 것은 없다. 샬럿은 사적인 일을 말하는 법이 없었고, 쇼는 항상 자기 삶의 깊은 내면의 일은 엉뚱한 말로 감추었다. 그는 무언가 변하고 있었다. 그는 다음과 같이 기록했다. "나는 언제나 어린 시절부터 천재는 38세에서 40세가 위험하고, 나도 어쩌면 모차르트나 쉴러 그리고 멘델스존처럼, 그 시기에 위기를 겪고 죽을지도 모른다는 생각을 해왔다." 그는 그 시기에 계속되는 고통에 시달렸고 대수술을 해야만 했는데, 샬럿은 수술을 받게 했다. 어딘지 모르게 그의 상태는 "나 자신의 생활을 바꾸면서" 호전됐다. "결혼에 대한 불복이 죽음에 대한 불복을 멈추게 한다는 것을 알았다."[16] 라고 쇼는 말했다. "나는 죽지 않았다. 그러나 내가 늘 죽음보다도 더 혐오했던 그것, 결혼을 했다."[17]

조지 버나드 쇼는 후에, 그가 목발을 짚은 비참한 상태에서 마취제에 질식해서 죽게 될 거라는 생각에 결혼했다는 이야기를 했다. "샬럿을 미망인으로 만들려고 청혼했다."[18] 그 후에도 쇼는 자신이 죽어 가는 상황에서 결혼을 결정했다고 주장했고, 샬럿은 그가 결혼하지 않으면 영원히 불구가 될 것이라고 생각했다고 말했다. 실제로 그는 신문에 우스꽝스럽게 마치 완전히 남의 일처럼 두 사람의 결혼을 글로 썼다. "어제 코번트 가든에 남녀 한 쌍이 차에서 내려 들어왔다. 세찬 소나기를 피해 둘은 서기관의 사무실로 들어왔다. 그리고 다소 어수선함 속에서 서기관은 두 사람을 혼인시켰다. 여자는 페인 톤젠드 양이었고 남자는 조지 버나드 쇼였

16) Dunbar, op. cit.

17) Holroyd, op. cit. The following quotes are from the same references.

18) 쇼의 재미있는 방식을 실제로 그가 사용했는지는 몰라도 그것은 상당히 아일랜드적인 청혼이다. 아일랜드에서는 여자에게 청혼을 할 때 "우리 식구와 함께 묻히는 것이 어떻겠습니까?"하고 묻는다. 세부사항은『상실을 넘어서(*Living beyond loss*)』를 참고하시오.

다. …… 그런 비관습적인 방식에 서기관이 놀랐지만 결혼식은 그런대로 무사히 끝났다. 페인 톤젠드 양은 아일랜드 여자로 '바셋 호른(Corno di Bassetto, 버나드 쇼가 쓴 음악 평론)'이 벌어들이는 수입의 몇 배가 되는 재산을 소유하고 있었다. 그러나 그 행복한 신사는 채식주의자라서 그에게 그 조건은 대단하지 않았다."[19]

'우연히 만난' 두 사람은 여러 면에서 매우 달랐다. 여느 맏이처럼 샬럿은 책임감이 강했고, 통제와 관리에 익숙했다. 반면에 쇼에게는 누나가 둘 있었다. 보통 누나가 있는 남자 형제가 그렇듯이, 그는 불손하고, 독특하고, 무책임하고, 다른 사람의 보살핌을 받으려 했다. 샬럿이 쇼와 결혼한 것은 어쩌면 그의 예측할 수 없는 독창적인 천재성을 즐겼기 때문인지도 모른다. 또한 그는 돌봐 줄 누군가가 필요한 사람이었다. 쇼가 결혼하기 몇 달 전에 쓴 희곡이 성공해서 마침내 경제적으로 안정됐지만, 샬럿의 재산이 그가 결혼을 결정하는 데 좀 더 수월하게 했을 수도 있다. 왜냐하면 그녀의 재산으로 그는 결혼 전까지 함께 살았던 어머니를 부양할 수 있었기 때문이다.

많은 경우에서처럼 둘을 결합시킨 상호보완적인 차이점은 성공적인 결혼의 필요조건이지 충분조건은 되지 못했다. 결혼은 42년간 지속됐고 쇼가 말년에 자신이 다른 사람과는 결혼할 수 없었을 것이라고 말하긴 했지만, 세월이 흘러가면서 둘은 점점 멀어져 갔다. 샬럿은 여행을 즐겼고 쇼는 여행을 싫어했다. 그녀는 아버지처럼 아일랜드에 머무는 것을 좋아했지만, 쇼는 그것조차도 반감을 가졌다. 가장 중요한 것은 그가 샬럿을 종교나 정치 같은 주제를 토론하기에는 부족하다고 생각하여 거기서 그녀를 제외시켰다는 사실이다. 샬럿은 쇼의 정사 중 주목할 만한 패트릭 캠벨 부인과의 추문에도 이혼하지 않고 낙담하지 않은 채 잘 이겨 냈다. 그동안 그녀는 자신의 영적인 세계에 몰두했고 그것을 남편과 함께 나누지 않았다. 1922년 무렵부터 그녀와 절친한 우정을 나눴던 로런스(T. E. Lawrence, Lawrence of Arabia)는 20세 연하로 그 시대 확실한 천재 중 한 사람이었다. 그녀는

19) Dunbar, op. cit.

남편과 나눌 수 없었던 자신의 생각을 그와 함께했다. 이 관계는 1935년 로런스가 세상을 떠날 때까지 계속됐다.

1943년 샬럿이 죽고 나서야 80대의 쇼는 비로소 아내와 로런스가 주고받았던 편지를 읽고 자신이 얼마나 샬럿을 잘못 판단했는지 알게 됐다. 그는 자신이 그녀의 풍부한 지성과 감성을 함께 나누지 못하고 놓쳐 버렸다는 것을 알았다. 그는 이렇게 기록했다. "최근에 발견한 아내의 일기와 로런스에게 썼던 편지에서 그녀가 자신의 영혼을 로런스와 함께 나눈 것을 보고 나는 그녀에 대해 알지 못했던 여러 가지를 알게 됐다. 나는 샬럿과 40년을 함께 살았지만, 이제야 비로소 내가 모르는 그녀의 많은 부분을 보게 됐다. 그것은 정말 충격적이었다." 쇼는 자기를 돌봐 줄 사람을 원했지 지성의 동반자를 기대하지는 않았다. 자신의 불행한 가족의 기대에서 벗어날 수 없었던 그는 자신의 부인이 진정 어떤 사람인지 알지 못했다. 사람들은 두 사람이 형제적 상호보완성으로 42년 동안 결혼생활을 유지할 수 있었다고 생각할지도 모른다. 가족의 불행한 결혼생활의 유산은 사회의 성역할을 제한할 뿐만 아니라 결혼에 대한 그들 자신의 기대에 영향을 미쳐 두 사람이 진정으로 서로에게 가까워질 수 없게 만들 수 있다.

3. 부부의 삼각관계

부부가 문제를 스스로 해결할 수 없을 때 일반적으로 많은 삼각관계가 형성된다. 부부가 말썽쟁이나 아픈 자녀 일로 연합하여 부부문제에서 벗어나려고 할 수도 있다. 아니면 둘은 원가족을 문제의 근원이라고 생각할 수도 있다. "시어머니가 그렇게 간섭만 안 했어도, 우리는 아무 문제도 없어요." 예전부터 남자는 결혼생활에 문제가 있으면 집 밖으로 돌았다. 일에 매달리거나 혼외정사를 찾거나 아니면 남자다운 활동에 에너지를 쏟는다. 즉, 친구와 한잔하며 어울린다거나 골프를 치거나 한다. 결혼생활의 긴장상태에서 남자의 가장 파괴적인 대응책이 중독이라는 것은 의심할 여지가 없다. 반면, 여자는 결혼생활에 대한 절망감을 불안,

우울, 탈선 그리고 가사나 자녀에게 몰두함으로써 돌리는 경향이 있다. 최근에는 여자가 중독과 혼외정사에 빠지기도 한다.

21세기는 결혼과 이혼이 보편적인 가족유형이기 때문에 가족의 결혼과 이혼주기가 정상적인 생애주기로 새롭게 만들어져야 할 것이라는 말이 있다. 그렇다고 해도 일반적으로 가족은 결혼생활의 파탄에 그리 잘 대처하지 못하고, 미해결된 관계가 후에 다시 나타나 괴롭힌다. 이혼은 종종 과거에 겪었던 고통과 단절과 더불어 끝내지 못한 결말의 유산으로서 한평생의 유물로 남는다. 한 청년이 아버지의 후처에게 적개심을 드러냈다. "글쎄, 그 여자가 내 지난날을 자기의 가짜 골동품으로 새 단장하고 있지 뭡니까?"

가족 내 별거, 이혼 그리고 사별로 인해 새로운 배우자가 생기거나 배우자를 잃은 가족이 있을 때, 가족 내 단절됐던 사람의 중개 역할을 하는 일은 여러분의 미래뿐만 아니라 과거에 투자한 사람과의 일련의 또 다른 연계가 될 것이다. 가족의 모든 일을 알게 되는 것은 어쩌면 다른 가족원의 심한 반대를 무릅쓰고 족보에서 없던 정보를 찾는 일에 당신이 매진하는 것일지도 모른다.

- 가족 내 부부가 어떻게 맺어졌는지에 대한 어떤 일화가 있는가? 배우자는 어떤 점에서 서로에게 끌렸는가? 그들은 어떻게 결혼을 결심했는가? 결혼에 대한 기본적인 기대와 두려움은 무엇인가? 결혼에 대한 어떤 메시지가 가족 내 전해 오는가?
- 결혼 결정(배우자를 만났거나, 사랑에 빠졌거나, 결혼을 결정했거나 혹은 부부문제가 생겼거나)과 다른 가족 사건, 특히 사별(죽음, 이사, 가족의 외상 또는 다른 인생주기의 과도기) 간에 일치성이 있는가?
- 부부가 결혼할 때 갖고 있는 원가족과의 미해결된 문제가 있는가?
- 연애기간과 달리, 결혼생활에서 배우자는 어떻게 변했는가?
- 가족의 전형적인 결혼 유형은 무엇인가? 유사성이나 상호보완성의 전형적인 유형이 있는가? 폭군과 사나운 여자 그리고 천덕꾸러기와 겁쟁이? 불 같은 적수들? 서로 다른 사람들? 서로 비슷한 사람들? 손과 장갑? 보호자와 환자?

강박 환자와 히스테리 환자? 과묵한 사람과 수다쟁이?

- 부부가 힘겨루기를 한 적이 있는가? 그들은 갈등을 회피하는가?
- 가족의 결혼에 전형적 삼각관계가 있는가? 자녀, 정사, 스포츠/텔레비전/마작/전화? 아니면 시어머니(장모)와의 삼각관계?
- 가족 내 결혼의 전형적인 성역할이 있는가? 남자가 떠나는가? 여자가 고통받고 있는가? 여자는 좌절하는가? 남자는 침묵하거나, 거리를 두거나, 충동적으로 행동하거나 혹은 화를 내는가?
- 전형적인 이혼의 유형이 있는가? 재혼, 만혼, 미혼, 백년해로, 행복한 결혼?
- 남자가 위험하다거나, 여자가 위험하다거나, 결혼을 하면 자유가 없어진다거나 결혼하지 않으면 결코 행복해질 수 없다는 등의 결혼에 대한 가족의 메시지나 규칙이 있는가?
- 결혼식은 전형적으로 가족의 고통스러운 일인가? 아니면 즐거운 가족모임인가? 거창하고 사치스러운가? 사랑의 도피인가? 결혼식을 올리지 못한 둘만의 언약인가? '꼭 가야 하는데' 결혼식에 가지 않은 사람이 있는가? 결혼 때문에 단절된 가족이 있는가?
- 배우자가 돈 때문에 싸우는가? 성문제? 자녀? 여가활동? 음식? 종교? 정치? 시어머니(장모)?
- 배우자가 같은 민족이나 사회계층 출신인가? 그렇지 않으면, 그들은 신분이 상승한 경우인가?
- 여러분의 가족 내 부부는 공간, 시간 그리고 돈의 사용, 휴가 갈 장소, 원가족의 전통과 의식 그리고 새로운 관계, 부모, 형제, 친구, 확대가족 그리고 협력자에 대해 어떻게 타협하는가?
- 가계도에서 이혼, 한쪽 부모의 사망, 아니면 친척과의 삼각관계로 인해 사라지거나 희미해진 부분이 있는가? 잃어버린 정보를 얻을 수 있는 방법을 알고 있는가? 여러분이 그 사실을 알게 된다면 가장 혼란을 겪을 사람이 누구인가? 전체 가족을 변화시키기 위해서 충성심의 대립, 질투 또는 다른 사람에 대한 배신감에 맞설 용기가 있는가?

- 결혼에 대한 가족규칙이 있는가? 그리고 그것이 지배적인 사회 규범과 다른가? 만혼이 있는가? 독신? 이혼과 재혼? 동거나 비관습적인 결합? 게이나 레즈비언이 있는가? 나이 차이가 많은 결혼? '아주 특별한' 사람과의 결혼이 있는가?

제9장

사회계층, 문화 그리고 가족관계

만약 내게 아프리카 뿌리에 대한 열정이 남아 있었다면, 나의 뿌리를 알고 싶은 나의 열망이 내 자신과 다른 사람을 더 많이 이해할 수 있게 해 주었을 것이다. 우리는 있는 그대로의 모습으로, 또 어떤 의문도 갖지 않은 채 갈 수 있는 안전한 장소로서의 집을 향한 열망이 남아 있다. 이는 원대한 포부와 위험한 광기를 불러일으킨다. 이를 통해 집이 우리를 받아들일 것이라고 기대하게 하거나 혹은 낙담함으로써 우리 모두가 집에 대한 지독한 열망을 잊어버리게 한다.

–마야 안젤루

중국계 미국인인 네가 중국인이라는 사실을 확인받고 싶다면, 너의 아동기, 빈곤, 광기, 일가, 육아일기 모두를 중국인의 것들과 구분하여 보아라. 어떤 것이 중국 고유의 전통이고, 어떤 것이 만들어진 허구인가?

–맥신 홍 킹스턴

우리 모두는 그 어떤 것보다도 정체성과 문화에서 훨씬 더 뒤죽박죽된다. 정체성은 나의 출생과 환경 속에서 내가 판단한 것과 다른 사람이 나에게 투사한 것의 복합체이다. 해설가 비비언 투스타(Vivian Twostar)는 나의 이야기일 수도 있는 루이즈 어드리치(Louise Erdrich)와 마이클 도리스(Michael Dorris)의 『위대한 모순(The Crown of Columbus)』에서 이런 복합체에 대한 새로운 조명을 제시했다.

나는 안락함에 저항하는 외침이 집결되어 뒤죽박죽되어 버린 멸망한 혼혈족의 후손이다. 나의 여러 조상, 즉 아일랜드계, 미국 아이다호주 쾨르달렌족, 스페인계, 나바호족 인디언 그리고 신이 아는 기타 여러 부족의 유전자가 섞여 나를 탄생시켰을 때, 나는 퀴진아트로 만든 고상한 정체를 알 수 없는 퓌레 요리 같지는 않았다. …… 나는 나 스스로 장래를 고려해 보기도 했고, 때론 다른 사람의 결정에 따르기도 했다. 어떠한 것도 나의 전부가 될 수 없었고, 다른 사람보다 언제나 더 형편없는 존재였다. 어쩌면 그들이 그것을 더 원했기 때문일 것이다. …… 나는 나와 같은 처지에 있는 사람에 관한 인류학적 논문을 읽었다. 우리는 역사의 중심이 아닌 외곽의 주변인이라고 불렸다. 우리는 결코 핵심 인물이 아닌, 주변인이라는 딱지를 붙인 채 세상을 살아가야 했다. 일상적인 삶에서 벗어나면, 우리는 곧 내가 어떤 위치에 놓여 있는지를 알게 된다. 소속감에 대한 압박에서 벗어나, 내부인은 결코 알 수 없는 그들이 누리는 안전이 환상이라는 사실을 깨달으면서 우리는 불안정이 무엇인지를 알게 된다. 우리는 종종 "두 개의 세계 틈 속에 낀 존재"라고 불리지만, 나는 그것을 다른 관점에서 생각한다. 우리는 이중소속자이다.[1)]

우리가 나 자신과 가족을 이해하려고 할 때, 나를 둘러싸고 있는 소속감과 정체성의 모호함을 탐색해 보라. 또한 사회의 '구성원'이 소외된 사람에 대해 무엇을 알고 있는지 고려해 보라. 그것은 각 개인이 다른 사람과의 관계에서 하나의 역할을 하는 체계로서의 가족에 대한 기본 관점을 갖게 해 준다. 우리는 전 생애 동안 가족, 사회, 문화와 같은 복잡한 네트워크체계에서 생활한다. 그러나 사회가 점점 더 국제화되어 가고 있을지라도, 우리는 여전히 우리만의 세계에 더욱더 깊이 몰두해 있다. 가족은 진공상태에서 규칙, 믿음과 의식을 발전시키지 않는다. 나의 생각, 행동, 심지어 말 한마디까지도 모두 가족을 통해 더 넓은 문화 속으로 전해진다. 가족 안에는 지금 내가 살고 있는 문화와 조상이 살았던 문화가 함께 공존한다. 사회계층, 종교, 거주지, 민족성과 문화 모두 가족에게 영향을 준다. 그리고 문화 그 자체는 일인 독백이 아닌 두 사람 이상의 대화이다.[2)] 여러분이 어떤 문화 속에서 생활을 했건 간에, 사실상 그것은 다문화적이다. 같은 맥락에서, 모든 결혼도 종족 간의 결합이라고 볼 수 있다. 두 가족이 뿌리를 두고 있는 문화는 완벽하게 똑같을 수 없다. 따라서 우리가 태어난 가족은 다문화적 뿌리에서 야기된 다

1) Louise Erdrich and Michael Dorris, *The Crown of Columbus* (New York: Harper & Row, 1991).
2) Paul Robeson, Jr. *Keynote speech*, Piscataway High School (Piscataway, N. J., January 18, 1992).

문화적 상황으로 형성된 것이다. 가족과 나를 이해하기 위해서는 반드시 문화를 이해해야만 한다.

문화는 출생, 사망, 성, 음식, 남녀노소, 생일, 장례 등에서 다양성을 지닌다. 이민, 종교, 사회계층, 교육, 직업, 거주지에 대한 가족의 특정 양식, 대도시에 살고 있는 인종의 주거지 그리고 일부 특정 가족의 경험은 민족성에 영향을 미친다. 만약 우리가 가족정체성처럼 민족성을 지닌다면, 우리는 더 건강하고 행복한 삶을 살 것이다.

가족문화에 대한 이해는 행동에 대한 보편적인 의미는 거의 없기 때문에 가족의 행동을 이해하는 하나의 확실한 방법이 된다. 예컨대, 가까운 가족원의 장례식에 참석하지 않을 때, 만약 가족이 장례식에 참석하는 것을 가장 중요한 생애주기 의식으로서 대수롭지 않게 생각하는 영국계라면, 아일랜드계나 아프리카계 미국인처럼 심각한 문제는 되지 않는다.

1. 가족의식

가족이 미국에 오래 살아서 미국 문화에 상당히 친숙해졌다면, 가족고유의 문화전통은 거의 사라졌을 것이다. 하지만 과도기나 민족 고유의 명절, 결혼식, 장례식, 가족재회와 같은 의식기간은 예외다. 이 시기에 가족은 과거에 잊고 지냈던 것을 되새기며, 잊고 있었던 가족의 내적 자원을 끄집어낸다.

이런 이유에서 가족의식은 우리가 가족의 믿음과 가치를 탐색할 수 있는 절호의 기회이다. 만약 귀 기울인다면 우리는 많은 이야기를 들을 수 있고, 가족 안에서 발생하는 동맹과 단절을 조심스럽게 관찰할 기회를 갖게 될 것이다. 의식은 단절의 다리 역할을 하고, 묻어 두었던 문제를 해결할 수 있는 최고의 열쇠이다. 가족에게 의식은 가족치료의 장이다.

가족이 속해 있는 문화의 일반 특징을 살펴보라. 가족의 성역할은 문화에 순응하는가? 예를 들어, 가족원이 기대하는 친밀감의 정도는 가족에 따라 다르다. 이탈리아인은 가족 모두가 모든 것을 공유하고, 가족과 함께 명절에 더 많은 여가를 보내며 친밀하게 밀착되길 기대한다. 만약 가족을 잃게 된다면, 함께 죽는 것이나 다름없다는 것이 이탈리아인의 믿음이다. 북유럽인은 보통 아무리 가까운 가족이라도 최대한 일정한 거리를 유지하며 심한 분노나 격렬한 애정을 자제한다.

모든 문화에는 장단점이 있다. 이는 우리가 알려고 애쓰지 않아도 자연스럽게 알 수 있다. 우리는 다양한 유럽 민족 간의 차이점을 강조한 우스갯소리를 알고 있다.

> 영국인이 경찰이고, 프랑스인이 요리사이고, 독일인이 기술자이고, 이탈리아인이 애인이고 그리고 이 모든 것을 스위스인이 관리하는 곳이 바로 천국이다.
>
> 영국인이 요리사이고, 프랑스인이 기술자이고, 스위스인이 애인이고, 독일인이 경찰이고 그리고 이 모든 것을 이탈리아인이 관리하는 것이 바로 지옥이다.

가족을 이해하는 과정에서, 우리는 가족의 문화적 가치에 내가 얼마나 잘 부합하는지 알려고 할 것이다. 만약 가족원이 지나칠 정도로 가족 고유의 문화에 강한 애착을 보인다면, 그것은 가족이 이민 초기에 느꼈던 이질감 때문이거나 심한 편견 때문일 것이다. 만약 극단적인 국수주의자였다면, 가족은 사회체계 안에서 소수민족이 억압받았다고 느꼈을 것이다. 때론 그런 태도가 새로운 문화적 충격에서 벗어나게 해 주고, 계속 문화전통을 엄격히 고수하게 할 것이다. 가족체계적 관점에서, 우리가 문화에 대해 갖고 있는 태도는 가족의 근원, 가족신념과 가족정체성을 알게 해 준다. 가족은 가족 고유의 전통을 포기한 채, 지배적인 사회풍토를 수용하려고 하거나 지나치게 전통에 집착할 수도 있다.

가족을 이해할 수 있는 중요한 '결정적 사건'은 이민이다. 많은 미국인에게, 특히 아프리카 노예의 후예에게 그 역사는 일찍이 잊혔을 것이다. 하지만 가족의 고유한 특징이 잊혔다고 해도, 문화를 통해 특정 가족 안에서 이민이 어떤 역할을 하는지 충분히 알 수 있다.

가족의 이민사를 상세히 알려고 할 때, 우리는 가족이 이민 온 이유, 가족이 모국에 두고 온 것 그리고 가족의 희망과 공포가 가족마다 다르다는 사실을 알게 된다. 이민할 당시의 자녀의 나이는 가족에게 지대한 영향을 미친다. 또한 가족이 다시 고국으로 돌아가려고 했던 것도 중요한 부분이다. 만약 자녀가 부모보다 영어에 더 능통하게 된다면, 그것은 의심할 여지없이 가족관계, 삼각관계, 연합, 동맹과 후에 야기될 수 있는 단절까지에도 영향을 미친다. 만약 부모가 이민을 와서 과거의 지위를 상실했거나 이주해 온 후 과거에 좀처럼 꿈꾸지 못했던 성공이나 신분상승을 했다면, 이것은 후대의 가족관계에 큰 영향을 미칠 것이다.

민족성은 고정된 것이 아니고 계속 유동적이어서 정의하는 데 많은 어려움이 있다. 민족성은 종교나 모국 이상의 더 많은 것을 함축한다. 예를 들어, 어떤 사람은 특정 종교가 없거나 심지어 무신론자라고 해도 강한 유대인의 정체성을 지닐 수 있다. 그리고 물론 단일 국가나 공통어가 없을지라도, 유대인은 종종 뿌리 깊이 공유하고 있는 문화적 가치와 역사를 갖고 있다. 복잡한 사회경제, 국제결혼, 지형적 유동성과 우리의 가족생애주기가 급속히 변할지라도, 민족성은 우리가 의식하고 있는 것 이상으로 뿌리 깊이 자리 잡고 있다. 동시에 모든 개인의 가치는 문화에 영향을 받고, 문화는 가족을 이해하는 원동력이 된다.

지금까지 내가 언급한 가족유형은 제9장에 소개된 일부 가족의 예보다 훨씬 더 복잡하다. 하지만 우리가 문화사를 알기 위해 탐색해야 할 많은 의문에 대한 실마리를 제공해 준다. 민족 고유의 가족관은 무엇인가? 가족 고유의 민족성은 문화에 순응하는가? 만약 그렇지 않다면, 가족은 가족 고유의 문화적 뿌리를 바꾸고 싶어 하는가?

가족의 간단한 의사소통을 일례로 들어 보자. 가족은 시시콜콜 모든 것을 알아야 한다고 생각하는가? 그들이 정치문제나 일상생활을 이야기를 할 때, 갈등이 촉발될 수도 있는 민감한 사안에 대해 거리낌없이 얘기하는가? 한 사람이 주도적으로 이야기를 하는가? 가족은 대화보다 몸짓이나, 음악, 음식 혹은 선물로 자신의 마음을 표현하는가? 예를 들어, 유대문화에서 경험을 명확하게 전달하는 대화는 심지어 경험 그 자체보다도 더 중요할 수 있다. 개인의 사고와 지각을 공유하는 언어적 의사소통은 인생의 의미를 찾아가는 방법으로써 상당한 가치를 지닌다. 한편 전 미국의 주류를 지배하고 있는 영국계 미국인에게 언어는 좀 더 실용적이고 실질적인 기능을 한다. 형의 죽음을 다룬 영화 '보통사람들(Ordinary People)'에서 작은아들이 말하고 있는 것처럼 "말씀하시는 요지가 뭐죠? 그렇다고 해서 뭐가 달라지나요?"라는 식이다. 중국 문화에서, 가족은 말보다는 음식을 통해 중요한 문제를 이야기하곤 한다. 이탈리아인은 음식과 언어를 동시에 사용하지만, 말은 주로 정서적 긴장감을 표현하는 하나의 수단이다. 세계에서 가장 위대한 시인 아일랜드인은 언제나 긴장을 해소하려고 말을 한다. 그들은 시나 유머를 통해 현실에서 조금이나마 벗어나려고 한다. 다시 말해서, 아일랜드인은 진솔하게 진실을 드러내기보다는 감추거나 아름답게 포장하는 말을 한다. 실제로 특정 가족관계에서 말을 금하는 수족(Sioux)의 미국 원주민 문화에서 의사소통에 대한 가족의 다른 태도를 엿볼 수 있다! 나는 시아버지와 단 한 번도 말을 한 적이 없는 수족 남자와 수년간 결혼생활을 하고 있는 동료를 알고 있다. 내게 말한 것처럼, 그녀는 여전히 남편을 깊이 사랑했다. 그런 관계는 우리의 온라인이나 오프라인에서 좀처럼 상상도 할 수 없는 일이다. 나의 동료는 입으로 내뱉는 것을 대수롭지 않게 여김으로써 미국 원주민 가족은 모든 경험에서 더 자유롭다고 말한다. 예컨대, 서로에 대해, 자연에 대해 그리고 영적 세계에 대해서 말이다.

또한 문화마다 가치관도 다양하다. 영국계 미국인과 유대인은 다른 문화보다 더 '현실적'이다. 물질적인 것을 '현실'이라고 할 정도로 지배적인 사회풍토가 영성, 상상과 꿈 같은 다른 '현실'을 과소평가한다. 예컨대, 남미 사람은 낭만과 물질적인 것 간의 변화무쌍한 연속체를 더 현실이라고 생각한다. 영국인은 일, 이성, 진실 그리고 무엇보다도 개성을 더 중시하지만, 아일랜드인은 진실 안에 숨겨 있는 그들의 희망을 더 중시한다. 최근 아일랜드의 소설 속에 나오는 한 인물은 상습적인 거짓말로 고소당했을 때, 이렇게 변명했다. "거짓말은 진실을 알리는 시인의 수단이다."[3] 조지 버나드 쇼(George Bernard Shaw)는 소설 속의 한 인물을 통해 아일랜드인의 가치를 말한다. "오, 꿈이여! 꿈이여! 고통스럽게 심장을 도려내는,

3) Thomas Flanagan, *The Year of the French* (New York: Holt, Rinehart & Winston, 1979).

그러나 결코 충족될 수 없는 꿈이여! …… 아일랜드인의 상상은 결코 그를 홀로 두지도, 확신을 주지도, 포만감을 주지도 않는다. 그리고 그것은 그가 현실에 직면할 수도, 대처할 수도, 통제할 수도, 정복할 수도 없게 한다. 그는 단지 비웃을 뿐이다. …… 술을 걸치지 않고 심장의 고통을 참아내기는 여간 힘겹지 않다. …… 부인이 천사가 아니기 때문에 집에서 바가지를 긁고, 당신이 영웅이 아니기 때문에 부인을 홀대한다."[4)]

역설적이지만, 꿈은 현실을 방어한다. 제임스 오닐(James O'Neill)은 자신의 꿈이 배우가 되는 것이라고 했다. "꿈이 없는 아일랜드 소년을 생각해 보았는가? 그래서 나는 내 꿈을 소중히 간직했다."[5)]

에드먼드: 응. 사실이 도대체 어떻다는 거야? 그래, 네가 믿고 싶은 건 진실이잖아!
셰익스피어가 아일랜드 가톨릭 신자인 것처럼.

제임스: 그렇지. 그건 작품에서도 입증됐지.

에드먼드: …… 빌어먹을! …… 그렇다면 누가 인생을 있는 그대로 보려고 하겠어?[6)]

질병에 대처하는 방법 또한 문화의 영향을 받는다. 유대인은 질병에 걸리면, 모든 방법을 동원하여 확실히 질병을 치료한다. 일반적으로 유대인은 약의 효능을 잘 알고 약물치료를 당연시한다. 반면, 아일랜드인은 과묵하기 때문에, 일부는 어떤 경우에 그 누구와도 그들의 신체에 대해 이야기하길 꺼린다. 아일랜드인은 질병을 원죄의 결과라고 믿는다. 그래서 만약 질병에 걸리면, 그것은 신이 내린 벌이라고 치부해 버리곤 한다. 따라서 의학은 아무 쓸모가 없다.

여전히 대부분의 개인이 미래를 생각할지라도, 일부는 현재에 더 안주하고, 다른 사람은 과거에 더 집착한다. 정말로 '시간'의 가치 면에서도, 우리 사회의 영국

4) George Barnard Shaw, 1975.
5) Gelb and Gelb, op. cit.
6) Eugene O'Neill, *Long Day's Journey into Night* (New Haven: Yale University Press, 1955).

계 미국인은 일반적으로 과거나 먼 미래보다는 현재와 가까운 미래를 더 중시한다. 따라서 우리 후대에게 남길 역사와 유물을 기록한 책 속에 담긴 가치는 미국 사회의 지배적인 생각이 아니다. 하지만 한국과 같은 일부 문화에서는 이것이 사물을 바라보는 가장 자연스러운 방식이다.

만약 내가 복합된 문화배경에서 태어났다면, 나는 각 문화의 가치가 서로 보완되고 충돌하는 부분을 이해해야 한다. 국제결혼은 가족의 특정 관심사다. 유진 오닐의 셋째 부인인 카를로타 몬터레이(Carlotta Monterey)는 부모의 국제결혼으로 태어난 아이였다.[7] 그녀는 자신을 '격정적인 아이'라고 평가한 친구의 말에 이렇게 답했다. "다른 국적 사이에서 태어난 혼혈이라 더 그런 것인지 나는 늘 궁금하다. 나는 종종 그것이 극단적인 상황에서 항상 동요하게 하고, 타협적인 평온한 중간점을 찾지 못하게 하는 것처럼 보인다. 내 안에서 나를 미개인, 야생의 야만인, 자연과 예술의 원형 그대로라고 부르짖던 때도 있다. 따라서 나는 정반대로 뒤바뀌어 절묘하게 조화를 잘 이룬 기품 있고 세련되길 갈망한다. …… 내가 두 세계를 오가는 것은 즐거운 일이 아니다. …… 제발 내가 미쳤다거나 이상하다고 생각하지는 말아다오. …… 나는 그 세계 속에서 나만의 위치를 찾으려고 매우 힘겹게 투쟁할 뿐이다."

서로 다른 문화를 지닌 부부는 그들 간의 차이를 알고 실망할 수도 있다. 역사적으로 가장 보편적인 사회계층이 존재하는 것처럼, 영국계 미국인이 상류층이고 아일랜드인이 하류 노동계층이라면, 심지어 영국인과 아일랜드인의 천성처럼 외모가 비슷한 집단일지라도 다양한 차원에서 차이를 보이고 사회계층이 혼재되어 나타난다. 영국계 미국인이 모든 상황에서 자제하고 예의 바르고 논리적이고 금욕주의적이라면, 아일랜드인은 좀 더 변덕스럽고 예측하기 어렵고 덜 논리적인데, 이런 감정표현에서도 차이가 난다. 도로시 파커(Dorothy Parker)는 스코틀랜드

7) 아버지는 덴마크 사람이었고, 독일계, 네덜란드계, 스위스계의 혼혈인 어머니는 캘리포니아에서 성장했다. See Louis Shaeffer, *O'Neill: Son and Artist* (Boston: Little, Brown, 1973). The following quote is from the same source.

와 영국의 금욕적인 신교도 가문의 자손인 캐서린 헵번(Katharine Hepburn)을 다음과 같이 말한 적이 있다. "그녀는 A에서 B까지 자신이 표현할 수 있는 모든 감정을 다 시연해 본다."[8] 반면에 스펜서 트레이시(Spencer Tracy)는 난폭하게 만취한 분노에서 쾌활하게 혹은 퉁명스럽게 의기소침해지는 것까지 극단적인 감정을 표출한다. 그는 명석하지 못했다. "스펜서에게 거짓말을 할 때와 정직해야 할 때를 구분하라고 하는 것은 사실상 불가능하다." 헵번이 사려감 있고 꼼꼼하고 정리정돈을 잘하는 분석적인 사람인 반면, 트레이시는 익히 많이 들어 잘 알고 있겠지만 직관적인 사람이다. 헵번이 예의 바르고, 청결하고, 검소하고, 성실하고, 지독한 개인주의자였다는 것은 이미 전설이 되었다. 헵번은 "근면과 신중한 태도로 자신만의 세계를 창조했고, 그 안에서 그녀는 영원히 행복하게 살았다." 하지만 트레이시는 종교를 제외한, 모든 면에서 쾌락적이고 정말이지 매우 예측불허의 사람이었다. 어린 시절 굉장한 말썽꾸러기였던 그는, 청소년기에 과거 신부가 되려던 꿈을 버리고 군대에 자원하겠다고 선포하여 가족을 놀라게 했다. 헵번과 트레이시 부부의 문화와 계층 간의 차이는 그들을 잘 알고 있는 가슨 캐닌(Garson Kanin)의 논평에서 가장 극명하게 드러난다. 그는 헵번을 이렇게 말한다.

> "당신이 헵번을 방문하려면, 그녀의 엄격한 규칙을 지켜야만 한다. 그리고 당신은 두말없이 그렇게 해야만 한다. 당신은 고기 요리를 먹을 때마다 매번 요리된 과일도 함께 먹어야 하고, 제시간에 도착하여 (그녀가 세 번 하품을 하면서 말할 때) 가능한 한 빨리 그녀의 집을 나와야 한다. 당신은 남을 험담해서도 안 된다. 그녀의 많은 의견에 매번 동의해야 하고, 많은 계획을 인정해야 한다. 술을 마셔도 취해서는 안 된다. …… 어떤 불평도 해서는 안 된다(그러나 당신은 불평당할 수 있다.). 당신은 반복될 수 없는 것은 아무것도 없다고 말해야 한다. 거짓말, 은폐 그리고 과장을 삼가고, (그녀의 충고를 들을 준비가 되어 있지 않는 한) 신체상태, 증상, 가벼운

8) Garson Kanin, *Tracy and Hepburn: An Intimate Memoir* (New York: Donald I. Fine, 1988). The following quotes are from the same source.

> 질병을 거론하지 말아야 한다. 당신은 그녀의 충고를 받아들여야 하고, 저속하거나 품위 없거나 음란한 말을 해서도 안 된다.

또한 항상 일을 도전으로 보았던 헵번식 접근법의 진수가 있다. 그녀는 단 한 번도 "이 정도면 되겠지."라는 말을 한 적이 없다. 그녀는 부족한 상태에 안주하지 않았다. "그녀는 지칠 줄 모른다. 때론 하루에 같은 부분을 7~8회나 반복해서 연습했다. 헵번은 영화 속 인물과 의도 그리고 인물의 욕구를 잘 소화하여 표현해야 한다는 각오로, 신성 다음으로 중요한 것이 청결이라는 신념에서 냉수욕으로 자기수행을 하곤 했다."

어릴 때부터 관계에서 만족을 얻지 못한 독불장군, 스펜서 트레이시는 유혹적인 쾌락을 즐기며 일주일 내내 술판을 벌인 사람이었다. 그는 심술궂게 면도도 하지 않은 채 일주일 동안이나 냄새나는 옷을 갈아입지 않았고, 한여름에도 밤에 두꺼운 코트를 입고 잠을 잤다.[9] 항상 싸움꾼이자 반항아였던 트레이시는 노동자와의 삶 속에서 가장 편안함을 느꼈다. 헵번이 영국계 정통 미국인의 뿌리를 가지고 분명한 목표하에 자기 일에 열심히 매진했다면, 트레이시는 대학 자퇴 전에도 수 없이 많은 학교를 중퇴했다.

국제결혼을 한 사람은 늘 반란과 도전 속에서 생활한다. 따라서 그들의 결혼생활이 안정될 때쯤 그들은 서로에게 이끌렸던 많은 차이가 오히려 '문제'가 된다는 것을 알게 된다. 예를 들어, 이탈리아 여자와 아일랜드 남자가 국제결혼을 했을 때 뭔가 공통된 부분이 있었을 것이다. 하지만 이 두 민족은 종교가 같다는 것 외에는 형식이나 가치에서 거의 모두 대립된다. 우선 음식과 술을 예로 들자면, 이탈리아인은 좋은 음식과 술을 함께 마시지만, 아일랜드인은 음식이 술 맛을 떨어뜨린다며 음식과 술을 함께 마시는 것을 싫어한다. 이탈리아인에게 음식은 필수적이고 민감한 부분이다. 그들은 축하하기 위해, 함께 있기 위해, 아프거나 우울

9) Bill Davidson, *Spencer Tracy: Tragic Idol* (New York: Dutton, 1987).

할 때 기분을 전환하기 위해 음식을 먹는다. 아일랜드인에게는 술이 그런 기능을 대신한다. 반대로, 아일랜드인이 음식 먹는 것을 즐기지 않고 오히려 당황스러워 한다는 사실을 우리는 이미 알고 있다.

둘째, 이탈리아인은 격렬하고 열정적이고 상당히 감정표현이 풍부하다. 아일랜드인은 (일반적으로 꽤 논리정연한 수다쟁이, 시인, 농담을 잘하는 사람, 이야기꾼일지라도) 감정, 특히 분노나 성욕과 같은 감정을 표현하는 데 훨씬 더 인색하다. 하지만 아일랜드인은 세계에서 가장 위대한 싸움꾼이다. 특히 정치문제나 종교문제에서 단순히 도덕적인 갈등이 빚어질 때 자리를 피하는 것은, 그들이 격앙된 마음을 진정하고 평정을 되찾았을 때 후회할 말이나 행동을 하지 않으려는 첫 번째 반응이다. 반면, 일반적으로 이탈리아인은 배우자가 그 자리를 떠나지 못하게 하고 오랜 시간 자신의 감정을 토로한다. 그래서 부부싸움에서 이탈리아인 부인은 그 문제에 그녀가 얼마나 화가 났는지 남편에게 알리려고 그를 심하게 비난하거나 위협할 것이다. 아일랜드인 남편은 부부싸움이 고조되면, 그 자리를 피하거나 아내의 '바가지'에 어떤 대응도 하지 않고 분노를 묵묵히 침묵으로 일관한다. 이탈리아인 부인은 분명 남편이 그녀를 사랑하지 않는다고 고통스러워한다. 하지만 그가 그런 반응을 보이는 것은 단지 제정신을 차리고 마음을 가다듬기 위한 하나의 방법이다. 부인의 '폭언'은 남편이 가장 두려워하는 자제력을 잃게 하는 신호탄이다.

대개 국제결혼에서 부부는 서로의 차이점을 자신의 문제로 돌리고, 모든 노력을 동원하여 문제를 해결하려고 애쓸 것이다. 그들은 서로를 비난할 수도 있다. "당신은 절 사랑하지 않아요. 만약에 당신이 절 사랑한다면, 절대로 그렇게 행동하진 않을 거예요." 혹은 그들은 자신을 탓하기도 한다(이탈리아인 부인: "만약에 내가 얼마나 화가 났는지 남편에게 말했더라면, 남편은 화를 내진 않았을 거야." 아일랜드인 남편: "만약에 내가 조금만 더 감정을 통제했더라면, 싸움은 끝났고 아내도 히스테리적인 발작을 보이지 않았을 텐데."). 이런 해결방법이 오히려 문제를 더 어렵게 만든다.

가족의 '이질감' 또한, 가족원이나 외부인과의 행동을 어렵게 한다. 우리는 이미 구스타프 말러(Gustav Mahler)가 부인에게 가졌던 기대와 관련된 경직성을 살펴봤다. 하지만 그가 이방인이라고 느끼고 생활했던 그의 사회문화적 배경을 고려해 본다면, 우리는 그의 음악자질이나 오만을 다른 관점에서 이해할 수 있다. 그는 이렇게 기록했다. "오스트리아인에게는 보헤미아인으로서, 독일인에게는 오스트리아인으로서, 전 세계 국민에게는 유대인으로서 나는 세 번 조국을 잃어버렸다."[10]

2. 사회계층

미국은 계층 없는 사회라는 신화 속에서 살고 있다. 하지만 사실은 그렇지 않다. 우리가 성역할이나 문화 혹은 역사를 바꿀 수는 없지만, 대부분의 가족은 한두 세대에 걸쳐 사회계층을 바꾼다. 그리고 우리는 언제나 사회계층을 바꾸려고 애쓴다.

가족이 부모와 자식 간에, 형제와 친척 간에 갈등을 벗고 동맹을 맺을지라도, 사회계층의 변화는 우리가 체험할 수 있고, 일반적으로 가족 안에서 이야기될 수 없는 가장 심각한 사회변혁이다. 특히 자매 한 명이 결혼하면서 신분상승을 하는 경우, 결혼을 통해 자매는 서로 다른 사회계층에 속하게 되고 서로 멀어질 수 있다. 디어 애비(Dear Abby)와 앤 랜더스(Ann Landers)가 신혼여행을 계속할 돈이 없어 처음으로 떨어져 지내야만 했던 것을 기억하라. 경제적인 문제를 종종 의식하지 않거나 해결하지 않으면, 이는 수년 동안 혹은 여러 세대에 걸쳐 나타날 형제간의 사회계층 갈등의 서막이 될 수 있다. 이런 경험은 국제결혼으로 인해 다른 수입, 교육, 사회적 지위와 문화를 지닌 배우자의 유입으로 가족 내에서 여러 차례 반복된다. 형제 또한 직업, 교육 및 수입에 따른 사회계층의 차이를 경험할 수 있다. 만약 자녀가 성공했거나 반대로 부모보다 교육을 받지 못했다면, 부모와 자녀 간에도 사회계층의 차이가 나타날 수 있다. 가족 내 사회계층의 변화와 문화적 거리감, 특히 성인기 부모와 자녀 관계, 결혼 및 형제관계를 주목하라. 전혀 다른 사

10) Keegan, op. cit.

회계층의 구성원이나 매우 다른 문화의 사람과 결혼한 사람에게 가해지는 압력은 심한 긴장감을 준다. 가족 내 어떤 환경이 다른 사회계층이나 문화로 유입되면서 가족원에게 영향을 미쳤는지 스스로 자문해 보는 것도 매우 흥미로운 일이다. 미래의 가족구조와 가족관계에 영향을 주는 형제지위, 기질, 재능, 무능력, 가족유산, 가족비밀이나 그 외 어떤 요소가 가족의 사회계층을 변화시켰는가?

자녀가 처음으로 대학에 진학하게 되거나 전문교육을 받게 될 때 초래되는 가족 내 사회계층의 차이 또한 균열을 일으킬 수 있다. 왜냐하면 사회적 거리감이 야기하는 상실감을 일반적으로 인정하지 않기 때문이다. 동일하게 정신지체, 조현병과 다른 기능장애 등으로 신분 추락하는 자녀가 가족 안에서 사회계층 간의 거리감을 일으키는 것도 사실이다. 가족은 종종 자녀가 기존에 갖고 있던 사회계층의 지위를 필연적으로 박탈당하는 데 수치감을 느낀다. 따라서 우리는 특히 교육, 경제적 성공이나 실패, 가족원의 기능장애 혹은 직장이나 결혼으로 인한 사회적 신분상승이 초래하는 사회계층의 변화에 대한 가족의 반응을 살펴보아야 할 것이다. 왜냐하면 가족은 사회문제나 사회계층에 대한 직접적인 질문에 답하길 꺼려 하기 때문이다.

가족과의 단절이 종종 사회계층에 대한 편견을 낳기도 한다. 예를 들면, '머리 꼭대기에 올라가 있어.' '너무 버릇이 없어.' 등이다. 사회계층 간의 거리감을 이야기할 때 오는 무력함은 상황을 더 악화시킨다. 게다가 우리는 경제적 어려움 때문이건 혹은 특권 때문이건 간에 다른 사람에게 소외당하는 것을 두려워하기 때문에, 어쩔 수 없이 사회에서 신분을 숨기기도 한다. 그리고 자신의 사회계층이나 문화를 부끄러워하는 가족원은 수치감이나 당혹감 때문에, 가족과 의절할 수도 있다.

사회계층은 권력이다. 비록 미국의 신화가 사회계층이 없는 사회에서 우리가 생활한다고 강조할지라도, 가족은 그들의 상호작용 안에서, 특히 외부인과의 관계에서 상당히 사회계층을 의식한다. 아이들과 마찬가지로, 우리는 집에 데려온 친구에게 가족을 평가받을 수 있고 그 반대의 상황도 있을 수 있다. 부모가 말하길 꺼리고 당황해하는 기색이 역력한가? 만약 사회 특권층이라면, 학교 친구에게 가족을 소개할 때, 잘난 척하거나 위화감을 주는가? 일반적으로 우리는 무의식적으로 모든 관계에서 스스로를 평가한다. 우리는 또한 여타의 지역사회에서도 이런 식으로 가족을 평가한다. 배우자 선택은 신분상승 갈망에 더 많은 영향을 준다. 그리고 대부분의 가족이 배우자를 선택하는 것은 그(그녀)의 성격보다 사회계층에 의해 결정되는 경우가 많다. 가족이 결혼할 배우자의 첫인상을 바꾸는 데 수년이 걸릴 수도 있다. 지금까지 살펴본 바와 같이, 부부간의 갈등과 삼각관계를 겪은 베토벤 부모의 양가는 베토벤의 부모가 결혼을 잘못했다고 생각했다("당신 가족이 제 가족을 무시하는군요. 당신도 절 사랑하지 않죠.").

때때로 문화나 사회계층의 경계로 인해 가족이 배우자에게 갖는 편견을 가족치료자 에드윈 프리드먼(Edwin Friedman)은 '문화적 위장(cultural camouflage)'이라고 했다. 즉, 그들은 서로 다른 문화적 배경을 갖고 있기 때문에, 상대방을 받아들일 수 없다는 변명 이면에 숨은 개인의 두려움과 정서적 긴장을 감춘다.[11] 물론 자녀가 다른 인종이나 사회계층을 지닌 배우자를 선택한다면, 가족이 동맹하여 배우자와의 거리감을 극복하기 위해서 많은 노력을 해야 하는 것은 사실이다.

주로 출생과 결혼이 사회계층을 결정한다. 여성의 사회적 신분은 여전히 남편의 사회계층에 따라 달라진다. 교육도 사회계층을 결정하는 또 다른 요인이다. 그리고 교육은 우리가 사회계층을 바꿀 수 있는 가장 안전한 방법이다. 우리는 어느 누구든 교육만 받으면 무엇이든지 될 수 있다는 신념에 따라 행동하는 것처럼 보이지만, 여전히 동부의 명문사립여대 7개교와 아이비리그 대학에서 주립대학, 지역 전문대학에 이르기까지 학군별로 사회계층을 판단하는 등 상당히 사회계층을 구분하는 교육제도를 갖고 있다. 직업이나 전문직은 사회계층을 나타내는 또 다른 척도이다. 성직자, 배우 혹은 정치인과 같은 특정 직업은 개인의 사회계층의 지위를 넘어서 신분을 상승시킬 수 있다. 마지막은 돈이다. 이는 다른 가치에 비해 매우 위험스럽다. 톰 울프(Tom Wolfe)가 말한 것처럼, 만약 우리 사회에 만연하는 '물질만능주의'가 중요한 사회계층의 결정요소가 된다면, 일가친척처럼 모

11) Edwin Friedman, "The Myth of the Shiksa," *Ethnicity and Family Therapy*, ed. Monica McGoldrick, John K. Pearce, and Joseph Giordano (New York: Guilford, 1982).

든 다른 유대와 가치는 혼란을 겪게 된다. 그러나 물질만능주의는 매년 증가하는 빈부격차처럼 극심해질 것이다.

사회계층의 상징은 가족의식, 특히 결혼식에서 두드러진다. 예를 들어, 결혼식장에서 상류계층과 하류계층은 모두 함께 어울린다. 중상류계층은 이런 행위를 '품위가 떨어지는 것'이라고 간주할 수 있다. 그러나 사회계층의 가치는 우리가 운전하는 차(심지어 편안한 승차감을 느낄지라도)나 듣고 있는 음악처럼 모든 일상생활의 활동 속에 배어 있다. 예를 들어, 만약 내가 이탈리아인이 아니라면, 일반적으로 오페라는 컨트리음악처럼 나의 사회계층을 결정한다. 여가활동 또한 사회계층의 태도를 반영한다. 즉, 골프나 테니스는 볼링과 다르다.

다양한 문화가 사회계층을 다른 시각으로 바라본다는 사실을 올바르게 인식하는 것 또한 중요하다. 영국계 미국인은 모국어를 사용하는 모든 사회적 관계를 규정하면서 기존의 사회계층을 계층화하려고 한다. 푸에르토리코인 또한 사회계층화를 당연시한다. 그들은 결코 개인이 계층을 바꿀 수 없다고 생각한다. 반면에 유대인은 될 수 있는 한 자녀에게 신분상승을 하도록 강요한다. 다른 민족, 특히 이탈리아인은 자녀가 가족을 떠나는 것을 두려워하면서도 자녀의 신분상승을 부추기는 양가감정을 보인다. 전통적으로 아일랜드인은 미국 사회의 특정 계층에 속한다. '판자촌의 아일랜드인'과 '중상층의 아일랜드인'은 사회계층의 차이를 나타내는 말이지만, 심지어 후자가 상당히 부정적인 표현으로 회자될지라도, 아일랜드인은 '우리 위에서 군림하지 않는' 강인한 정신력을 때문에 이를 대수롭지 않게 생각한다. 흑인은 교육이 '신분상승'의 가장 좋은 기회라고 믿는다. 하지만 그들은 '우리 위에서 군림'하고 '뽐내고' 싶어 하기도 한다. 폴란드인 또한 신분상승에 대해 심한 양가감정을 갖고 있는데, 거기에는 역사적 이유가 크게 작용한다. 전통적으로 폴란드의 상류계층은 외국인, 특히 프랑스인이기 때문이다. 그들은 국가에 '필요한 존재'로 남는 데 상당한 가치를 부여한다.

3. 돈

가족 안에는 인간사의 돈과 돈의 역할에 대한 신화와 모토가 많이 있다. "돈은 모든 악의 근원이다."라는 성경의 인용구는 돈은 위험하고 더럽다는 잘못된 인식을 반영한다. 그래서 수정된 인용문에는 "돈을 좋아하는 것은 모든 악의 근원이다."라고 되어 있다.

우리 모두는 남몰래 돈을 축적하는 스코틀랜드인, 끊임없이 쇼핑을 즐기는 유대인 부인, 돈 낭비가 심한 아일랜드인, 돈을 금기시하는 인도의 수행자를 그린 풍자만화와 다양한 문화에 따른 돈에 대한 다른 가치를 알고 있다. 친구와 친척은 씀씀이가 헤픈 나를 나무라기 위해 "어리석은 자의 돈은 쉽게 없어진다."라는 아일랜드 격언을 자주 인용하곤 했다. 하지만 나는 통상적으로 "빈손으로 왔다가 빈손으로 가는 것"이라고 응수하곤 한다.

만약 가족을 더 이해하고 싶다면, 인생의 가장 심오한 상징처럼 돈에 대한 가족의 태도를 알아보아야 한다. 가족 안에서 돈은 사랑, 안전, 행복, 성공, 권력, 수치, 자부심, 공포 등 다양한 모습으로 나타날 수 있다. '구두쇠'와 '낭비가' 간의 갈등은, 한쪽 부모에게 대항하기 위해 다른 한쪽 부모와 편먹고 갈등을 빚어내는 자녀가 가족관계를 혼란시키거나 왜곡시키는 지배적인 가족의 상호작용처럼 보일 수 있다. 돈에 대한 태도가 반드시 '현실'과 일치하는 것은 아니다. 백만장자가 돈이 아까워서 식사를 제대로 즐기지 못할 수 있고, 반면에 손가락으로 비빌 동전 두 개가 없는 사람이 더 풍족함을 느낄 수도 있다.

4. 종교와 종교관

가족의 종교관 또한 가족을 이해하는 기본 원리이다. 청소년기와 성인기 초기 우리는, 특히 전통적인 관습이나 관례에 저항하면서 자신의 고유한 종교와 종교관을 가지려고 노력했고 부모의 종교관에 맞서 갈등을 겪었다. 전체 가족의 연속체로서 부모가 위협을 느낄 때, 부모자녀 간의 종교갈등은 심한 긴장을 유발할 수도 있다. 가족을 탐색할 때 우리는, 과거의 종교와 정치문제로 갈등을 겪었던 가족논쟁에서 가족이 가장 소중히 여기는 믿음의 근원을 알아보아야 한다. 삼촌 조(Joe)는 왜 무신론자인가? 어머니는 묵주를 꼭 쥐고 왜 매일 기도를 하는가? 조부모는 삼촌이 유대인이 아닌 여자와 결혼했을 때, 왜 그가 유대규율을 어겼다고 생각했는가? 만약 우리가 가족원에 대해 이런 식으로 생각해 보지 않는다면, 우리는 진정으로 가족을 이해하기 어려울 것이다.

가족은 또한 가족원에게 어떤 종류의 종교 교육을 받게 상당한 압력을 가했을 수도 있다. 수도원에서 지낸 고모의 이야기나 랍비나 성직자가 되고 싶어 했던 아버지의 바람에 대한 가족비밀이 드러날 수 있다. 그런 꿈과 야망이 후에 삶의 진로를 이해하는 결정요인일 수도 있다. 음악, 예술, 좋은 직업, 전원 생활과 같은 신성한 것에 대한 가족의 비공식적인 믿음과 정형화된 가족의 종교관은 가족을 움직이는 원동력을 이해하는 필수요소다. 특히 흥미로운 질문은, 그 대답이 가족의 삶에 대한 가치척도를 추정해 주기 때문에 사후세계에 대한 믿음을 함축한다.

의심할 여지없이 가족의 종교관은 성, 결혼, 죽음, 질병, 다른 문화와 종교집단과의 관계, 개인 욕구와 집단 욕구 그리고 많은 다른 기본 태도에 영향을 미친다. 가족을 이해하기 위해 우리는 종교관이 전개된 배경과 종교가 특정 가족에게 지니는 의미를 평가해야 할 것이다. 만약 가족이 동성애가 죄악이라고 생각하거나 혹은 그것이 개인의 성적 취향이라고 생각한다면, 우리는 가족과 동일한 믿음체계를 갖고 있지 않아도 부모가 예상하는 두려움과 고통을 생각할 수 있다. 만약 가족이 종교가 다른 외부인과의 결혼을 인정하지 않으려고 한다면, 우리는 처지가 비슷한 다른 사람의 걱정거리를 알아봄으로써 왜 그것이 문제가 되는지를 알게 된다.

- 가족은 어떤 민족인가? 민족성을 잘 지키는 편인가? 그렇지 않다면 지키지 않는 이유는 무엇인가? 가족은 민족 유산을 자랑스러워하는가? 수치스러워

하는가? 민족일화, 종교관습, 음식, 음악, 명절의식에 대해 많이 알고 있는가? 그리고 자녀에게 이런 것을 전수해 주고 있는가?

- 가족이 미국으로 이민을 왔는가? 어디에서 이민을 왔는가? 이민 온 이유는 무엇인가? 얼마나 많은 사람이 함께 이민을 왔는가? 이민 올 당시 가족원들의 나이는 몇 살이었고, 그것이 가족관계에 어떤 영향을 미쳤는가? 이민자로서 가족은 어떤 경험을 했고, 이민이 가족의 희망, 꿈, 믿음과 같은 가족신화에 어떤 영향을 미쳤는가? 가족은 고국으로 돌아가려고 하는가? 이민자라는 사실을 숨기고 있는가? 언어장벽은 어떻게 극복했는가? 종교적 관습은? 고국에 남겨 두고 온 가족에 대한 상실감은?
- 사회계층에 관한 가족규칙이 있는가? 그것을 어떻게 전수하는가? 여러 세대를 걸치면서 가족의 사회계층이 변했는가? '결혼으로 신분상승'하거나 '결혼으로 신분추락'한 가족이 있는가? 형제간에 사회계층이 다른가? 이것이 형제관계에 미친 영향은 무엇인가? 사회계층의 변화는 교육을 통해 이루어졌는가? 경제적 성공이나 실패? 국제결혼? 직업적 지위? 무능력? 이것이 형제, 가족휴가, 가족모임과 가족의식에 어떤 영향을 미쳤는가?
- 가족은 돈에 대해 어떤 신념을 갖고 있는가? 모든 악의 근원? 항상 갚아야 하는 것? 어려운 시기를 대비하여 절약해야 하는 것? 돈이 없어도 돈이 많은 것처럼 항상 펑펑 쓰는 것? 돈과 관련된 가족 내 역할은? 도박꾼, 구두쇠, 충동구매자, 싼 것만 찾아다니는 사람, 수전노, 낭비벽이 심한 사람, 저축을 잘하는 사람? 가족은 교육, 부동산매입, 보석구입, 은행에 저축하는 것과 같이, 돈을 합리적인 방법으로 사용하는 것을 어떻게 생각하는가? 가족 안팎에서 돈에 대해 솔직히 털어놓는 편인가? 아니면 비밀스럽게 감추는 편인가? 가족은 유산이 어떻게 분배되어야 한다고 믿는가?

제10장

가족으로의 귀속

결국 제가 제 인생의 영웅이었나요?

데이비드 카퍼필드 – 찰스 디킨스

만약 가족이 함께 모였을 때, 오랫동안 가족과 왕래가 없었던 친척이 방문한다면 다소 불편할 것이다. 그 불편함을 참아라. 그것은 가치 있는 일이다.

– 폴 로브슨 주니어

인생을 산다는 것은 영속적인 유기체의 미래를 창조하고, 현재의 삶을 가치 있게 하고, 과거를 재해석하는 것이다. …… 과거를 각색하는 것은 의미를 찾는 인간의 기본 본성이다. …… 우리는 각자 새로운 이야기를 만들어 낸다.

인생창조 – 메리 캐서린 베이트슨

우리는 가족이 우리를 있는 그대로 수용하고, 가족과 함께 있기를 진정으로 바란다. 그러나 우리는 가장 중요한 사실을 간과하고 있다. 즉, TV 드라마 〈브래디 번치 가족(The Brady Bunch)〉과 같은 이상적인 가족의 모습이 아닐 때, 우리는 가족에게 분노, 분개, 후회를 하기보다 가족을 있는 그대로 받아들여야만 한다. 우리가 고향 집을 방문할 때, 일이나 다른 면에서 매우 사회적으로 성공한 사람조차도 철부지처럼 행동할 수 있다. 딸은 어머니가 자신의 옷, 머리모양 또는 남자친구를 은연중에 비아냥거릴 때, 잠시 화가 날 수 있다. 아들은 여느 가족처럼 화목하고 즐거운 가족의 정이 담긴 행복한 재회를 꿈꾸며 추수감사절에 집에 오지만, 그는 계속되는 부모의 싸움에 알 수 없는 비통함을 느낄 것이다.

우리 대부분은 언제나 가족의 품으로 돌아가길 바란다. 이는 가족의 품으로 돌아가야만 한다는 것과는 다른 의미이다. 우리는 어른스럽게 행동하려고 자신을 타이른다. 우리는 부모의 갈등에 휘말리지 않거나 부모의 관심을 끌려고 형제와 경쟁하지 않는다. 만약에 우리가 가족 안에서 적당한 거리를 유지할 수 있다면, 성숙, 객관, 유머 그리고 평온이 찾아올 것이다.

때때로 우리는 잠시 동안 그럭저럭 자의식을 갖게 된다. 그러나 곧 사소한 것처럼 보이는 일이 일어난다. 아버지가 어머니의 사치를 탓하며 비아냥거리지만, 어머니는 아무 말도 하지 않는다. 이런 별것도 아닌 상황이 과거에도 수없이 일어났을 것이다. 잠시 후, 우리는 어린 시절의 내 역할로 돌아가서 아버지를 반격하고 어머니를 보호하려고 할 것이다. 우리는 실망하고 부모가 서로를 얼마나 증오하는지 형제와 얘기하며, 오랫동안 가족 안에 내재되어 있는 적대감 속에서 우리 모두가 어떻게 지내 왔는지 의아해할 것이다.

그러나 집으로 돌아가고 싶다면, 우리는 나와 가족이 하나라는 일종의 유대감을 가져야 한다. 가족은 신비로운 존재인 우리 인간에게 기본적인 연결성을 강요한다. 다시 말해, 어떤 사람이 얼마나 잔인한 일을 저지르든, 그 사람은 인간이고 우리가 그 입장이 될 수 있다는 것을 수용해야 한다. 또한 이는 우리의 부모가 불완전하다는 것을 인정하는 것이기도 한데, 그 불완전함 자체를 수용하는 것과는 또 다르다. 예를 들면 정서적 태만이나 신체학대 혹은 아버지의 불합리한 요구나 협박을 탓하지 않고, 아버지를 인정하는 것이다. 그렇다고 해서 아버지가 학대하거나 학대를 계속하게 한다는 말은 아니다. 우리는 아버지와의 관계에 학대 이외에도 또 다른 무엇인가 있다는 것을 인식하여야 한다. 실제로 자신의 정체성이 확고한 성인자녀는 아버지가 계속 시비를 걸지라도 방어하지 않고, 비판적이고 소원한 관계에 있는 아버지에게조차도 관대할 수 있다.

우리는 다른 사람이 항상 나의 요구를 받아들이거나 감정을 이해할 수 없다는 것을 인정하고 다른 가족원의 관점에서 세상을 이해해야 한다. 개인은 흔히 가족을 변화시키려고 자기 자신을 바꾸기보다는 자기 자신을 변화시키려고 가족을 바꾸려 한다. 한 유대인 랍비 노인의 일화가 있다. "젊었을 때, 나는 세상을 바꾸려고 했다. 조금 더 성장했을 때 그것이 지나친 만용이라는 것을 깨달았다. 그래서 나는 국가를 바꾸려고 했다. 이 또한 더 나이가 들면서 무모하다는 것을 깨달았다. 그래서 나는 마을을 바꾸려고 했다. 그렇게 할 수 없다는 것을 깨달았을 때 가족을 바꾸려고 했다. 노인이 된 지금에서야 나는 나 자신을 바꾸어야 한다는 것을 깨달았다. 내가 나 자신을 바꾸려고 한다면, 어쩌면 나는 계속해서 가족, 마을 혹은 더 나아가 국가까지도 바꿀 수 있을 것이다. 그리고 또 누가 알겠는가? 정말로 내가 세상을 변화시킬지!"

가족이 변하거나, 나의 요구를 충족시켜 주고 기분을 이해해 주거나, 언제나 나를 자랑스러워할 것이라는 기대를 포기해라. 그럴 때만이 우리 스스로가 자신의 개인적 가치를 평가할 수 있는 새로운 관점을 알게 된다. 이는 나를 인정하지 않고 거부하고 무시하는 가족을 내가 감히 인정하고 거부하지 않고 무시하지 않겠다는 것이다.

가족으로의 귀속에서 가장 중요한 지침은 바로 "공격하지 말라. 그리고 방어하지 말라."이다. 이것은 자신을 발견하고, 자신을 방어하거나 다른 사람을 공격하지 않고, 가족과의 지속적인 유대를 갖게 해 준다. 한 사람은 보살피는 사람이 되고 다른 사람은 보살핌을 당하는 사람이 되거나, 한 사람은 언제나 밀착하려고 하고 다른 사람은 언제나 멀리 떨어져 지내려고 하는 가족의 전형적인 역기능은 가족에게 충분한 자의식이 형성되어 있지 않기 때문이다. 가족원 중 어느 한쪽이 거들먹거리며 양육능력이 없는 아버지에게 상처받은 딸의 역할을 하거나 혹은 낭비벽이 심한 형에게 빚을 갚아 주는 동생의 역할을 한다.

가족의 의무를 규정하는 것은 매우 사적인 문제다. 오직 나만이 가족에게서 어떤 상처를 받든 간에, 가족을 사랑하고 너그럽고 사려 깊게 대하는 방법을 알고 있다. 알코올중독자 아버지를 둔 많은 성인 자녀의 경험을 한 예로 들 수 있다. 만약에 아버지가 집 안에 틀어박혀 의기소침한 알코올중독자의 역할을 한다면, 우리 모두는 아버지를 동정하며, 아버지가 자신도 어쩌지 못하는 자기파괴적인 행동을 변화시켜 주려고 할 것이다. 동시에 우리는 자신의 한계를 깨닫게 된다. 알코올중독자의 자조모임에서 평온을 구하는 기도는 어려운 가족환경에 직면해 있는 누군가에게 큰 도움이 될 것이다. "제가 바뀔 수 없는 부분을 인정할 수 있도록 평온함을 주시고, 제가 바꿀 수 있는 부분은 바꿀 수 있도록 용기를 주시며, 그 차이를 알 수 있는 지혜를 주옵소서."

우리가 집으로 돌아가기에 가장 적당한 때는 결혼식, 장례식, 가족이 다 함께 모이는 가족명절이나 가족생애주기의 변화를 축하하는 자리이다. 가족의식은 잘 알려지고 종종 상징적인 의미를 재통합하는 중요한 가족경험이다. 가족의식에는 항상 가족의 영속성을 상징하는 의도적인 단어의 반복, 음악, 음식, 음주, 냄새, 눈요기, 의식, 행동이 있다. 만약 의식이 아무 의미가 없다면 그것은 사라질 수 있으나, 의식이 나에게 의미가 있다면 상징적인 가족 경험은 계속 넘쳐날 것이다. 또한 가족모임은 가족일화를 듣고, 실제로 가족관계를 관찰하고, 가족드라마에서 나의 역할을 바꿀 연습을 할 수 있는 좋은 경험의 장이다.

가족일화가 이야기에 등장하는 인물의 관점에 따라, 예컨대 소위 나쁜 놈이라고 회자되는 사람에게는, 다를 수 있다는 것을 한번 생각해 보라. 신데렐라 계모 입장에서 보면, '아름다움' 때문에 모두의 사랑을 받는 버르장머리 없는 의붓딸이 어떻게 보일지는 모든 것이 당연하다. 그녀가 유리구두를 떨어뜨린 행동에 분을 못 참고 술을 마실 수도 있다. 또한 여자에게 요구하는 필수조건, 즉 자그마하고, 예쁘고, 친절하고, 참을성 많고, 다소곳하길 바라는 우리 문화의 규범에 어긋나는 의붓언니의 딜레마를 생각해 보라!

만약 우리가 가족관계에서 자신의 역할을 바꾸어 보았을 때, 어떤 일이 일어날지 생각해 보자. 언제나 아버지와 의견충돌을 하던 내가 태도를 바꾸어 "아버님 말씀이 옳습니다."라고 말하게 될 것이다. 오랫동안 부모와 관계가 좋지 않았다면, 서서히 이런 변화를 시도해 봐라. 하지만 너무 많은 것을 짧은 시간 안에 이룰 것이라는 기대는 하지 마라. 여러분이 특정 관계를 강요할 수는 없다.

가족에게 귀속하려는 노력에서 편지는 매우 유용한 도구이다. 예를 들어, 편지는 거리감이 느껴지고 대하기 어려운 부모에게 돌아갈 수 있는 매우 효과적인 방법이다. 편지에서 우리는 말하고 싶은 걸 정확하게 얘기할 수 있고, 비난하거나 방어하지 않고 원하는 것을 정확하게 말할 수 있다. 특히 편지는 다른 사람의 말을 가로챌 필요 없이 내가 말하고자 하는 모든 메시지를 전달할 수 있다. 또한 편지는 좀 더 나아가서 사적인 대화를 할 수 있게 해 주는 첫 단계이다.

기억을 되살리거나 고통스러운 기억조차도 함께했다는 것을 느끼게 할 수 있는 사진을 활용해 보라. 가족에게 낡은 가족사진을 펼쳐 보임으로써 가족의 영속성을 확인할 수 있고, 전 세대의 경험담과 교훈을 되새길 수 있다.

가족 안에서 완벽한 성인과 완전한 죄인을 찾는 것은 거의 불가능하다. 예컨대, 알코올이나 약물중독 친척이 우리에게 해가 될 수 있을지라도 우리는 그들이 가족원이라는 사실을 명심해야 한다. 일생 동안 나쁜 짓만 일삼던 자일지라도, 그들이 언제 바뀔지 알 수 없다. 노화나 죽음과 같은 여러 가족사건이 그들을 변화시킬 수 있다.

세계의 저명한 두 인류학자 마거릿 미드(Margaret Mead)와 그레고리 베이트슨(Gregory Bateson)의 딸, 메리 캐서린 베이트슨(Mary Catherine Bateson)은 그녀가 부모와 화해한 방법을 감동적이고 교훈적인 두 권의 회고록에 상세히 기록했다(가계도 10-1). 그녀는 즉흥적으로 자신의 삶을 '불만족스러운 과거'라고 써 내려간다. 그리고 캐서린은 자서전을 바탕으로 살아가면서 어려운 상황에 부딪칠 때마다 자신을 변화하려는 다양한 시도를 했다기보다는 우리에게 가상의 목적의식을 제시한다.

캐서린의 어린 시절은 평탄하지 않았다. 부모는 사이가 좋지 않았다. 7세 때 아버지가 어머니를 떠났고, 11세 때 부모가 이혼했다. 어머니는 자주 오랫동안 유모에게 딸을 맡기고 멀리 떠나 있었다. 부모는 늘 자신의 관심사에 빠져, 딸의 요구에는 거의 관심을 보이지 않았다. 캐서린이 아기였을 때는 대부분 유모가 보살폈다. 부모가 헤어진 후, 캐서린은 재혼하여 한 아들의 아버지가 된 아버지를 정기적으로 방문했다. 아버지는 딸에게 한두 번 부적절한 성관계를 요구했다. 그럼에도 불구하고, 그녀는 부모와 가끔 떨어져 살았기 때문에 그들과 정서적 유대관계를 유지할 수 있었다. 캐서린은 성인이 되어 부모의 품으로 돌아간 한 아이의 감동적인 예다.

캐서린은 어머니가 자서전에서 자신과 남편을 길들여진 사람들이라고 묘사한

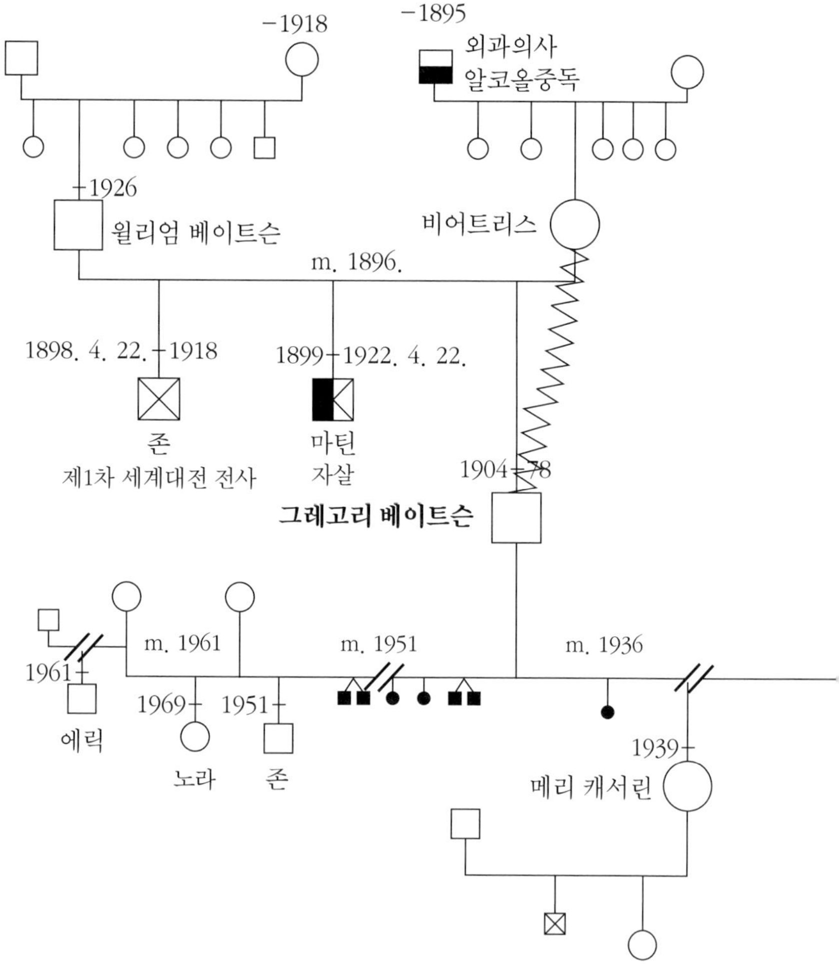

〈가계도 10-1〉 베이트슨과 미드 가족

데 당혹함을 금치 못했다. 부모는 그녀를 완벽히 만족스러운 아이라고 느꼈는데, 그 이유는 캐서린이 가능한 한 부모가 그녀와 함께 있어 주길 바랐기 때문이고, 그러기 위해서는 칭얼대지 않는 '좋은 여자아이'가 되어야 했기 때문에, 단 한 번도 불평한 적이 없었다. 만약 캐서린이 부모와 함께 있는 것을 좋아하지 않았다면, 그녀는 부모 모두를 일에 빼앗겼을 것이다.

회고록에서 캐서린은 부모의 복제품이 아닌 진정한 자신을 찾아야 했다. "나는

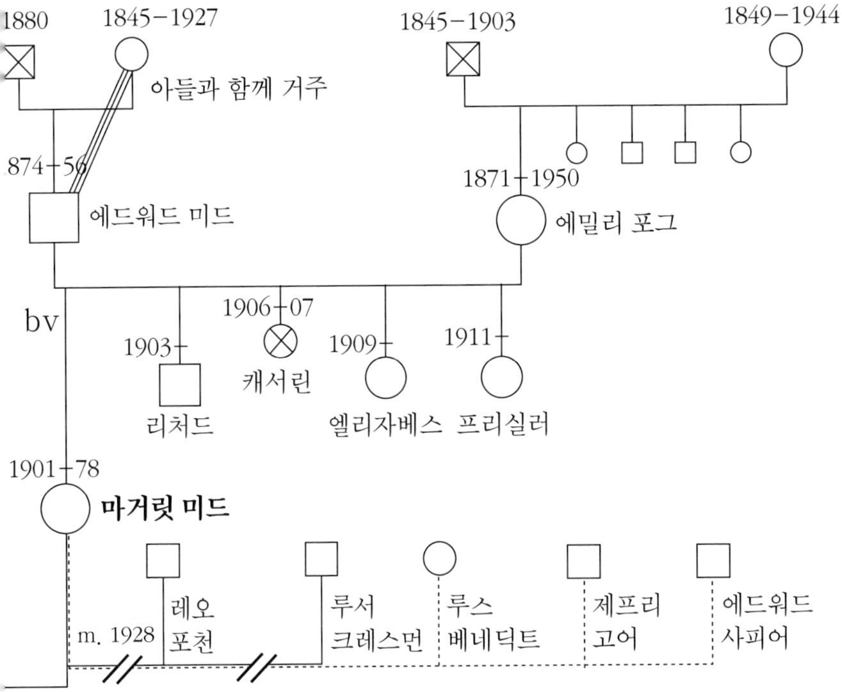

내가 완벽히 알지 못하는 부모, 미드와 베이트슨의 모든 저서를 읽고 있거나 읽긴 했지만 한 번 더 읽으려고 해 본 적이 없다. 왜냐하면 나는 스스로를 그들의 딸이 아닌 그들을 잘 아는 전문가로 만들고 싶지 않았기 때문이다."[1)]

1) Mary Catherine Bateson, *With a Daughter's Eye* (New York: William Morrow & Co., 1984). The following quotes are from the same source.

캐서린의 이야기는 부모의 결점과 한계를 수용하고, 부모와의 관계가 진정으로 가치 있다는 것을 인정하는 모습을 보여 준다. "여전히 부모는 나와 함께 같이 있다. 내가 직접 부모와 마주하고 있다고 느낄 정도로, 나는 그들의 목소리를 듣는다. …… 이젠 매우 복잡하게 뒤엉켜 때론 자식인 내가 차이점과 공통점을 이해할 수 없고, 부모에게 나를 맞춰 보려고 하지만 이 또한 여전히 낯설다."

결국 캐서린은 부모에게서 받지 못한 것보다 받은 것을 더 많이 기억하려 했다. 그녀는 어머니에게서 기본적으로 신뢰, 자신감, 성실, 체력 그리고 쾌활함을 물려받았다고 믿었다. 유명한 인류학자이자 어머니로서 미드가 같은 전문분야의 동료 베이트슨과 꾸린 가정을 위해 얼마나 헌신했는지를 잘 알기에 캐서린은 감사해했다. 그녀가 말한 것처럼, 캐서린은 부모와 주변 다른 모델들의 통합체였다. 어머니처럼 캐서린은 다양한 역할에 헌신해야 했고, 그녀가 집안에서 단지 일부분일 수밖에 없는 상황에 적응하려고 그때그때 대처해야만 했다. 비록 캐서린이 아버지와 함께 보낼 수 있었던 시간은 많지 않았지만, 그녀는 아버지를 자신에게 자연과 과학을 가르쳐 주고 세상의 이치를 묻는 어려운 질문에 답하며 산책과 대화를 해 준 감사한 존재로 여겼다.

부모의 별거와 이혼을 보면서 캐서린 또한, 부모처럼 자신도 여러 번의 결혼실패를 경험하지 않을까 하는 두려움을 갖고 있었다. 그녀는 부모의 결혼과 그들의 차이점을 이해하려고 많은 시간을 보냈다.

캐서린은 회고록에서 다양한 시각으로 부모를 이해하고 있다. 한 가족의 자녀, 사랑하는 사람, 배우자, 형제자매, 전문가로서 많은 점에서 미드와 베이트슨은 달랐다. 마거릿은 미국인이었다. 그리고 그녀는 실리적이고 감정적이며 시적이었다. 반면, 그레고리는 영국인이었다. 그리고 그는 실리적이지 못했고 이성적이며 분석적이었다. 마거릿이 문제에는 대부분 해결책이 있다고 생각한 반면, 그레고리는 어떤 것을 개선시키려는 대다수 사람의 노력은 오히려 그것을 더욱 악화시키는 경우가 많다고 생각했다. 마거릿이 여러 다른 사회의 관습과 규칙을 많이 관찰한 반면, 그레고리는 자신의 삶에서 되도록이면 관습에 얽매이지 않으려고 했다. 마거릿은 독실한 종교인이었지만, 그레고리는 무신자였다. 마거릿은 사람을 좋아했지만, 그레고리는 동물을 사랑했다. 마거릿의 진정한 관심사는 오로지 사회발전인 반면, 그레고리의 진정한 관심사는 생태학과 우주였다. 마거릿은 조직력을 갖춘 사람이 되려고 했기 때문에, 결국 그레고리도 그녀가 가족을 통제한다는 것을 알게 됐다. 그는 매우 관념적이어서 어떤 특정한 것을 통제하고 조종하기보단 삶 속에서 더 많은 것을 찾으려고 했다. 마거릿은 지나치게 사소한 것까지 신경을 썼다. "외골수인 그레고리가 결혼생활에서 무심히 지나치는 것을 챙기는 사람은 바로 그녀였다. …… 그의 삶은 언제나 목적 없이 매듭이 지어지지 않은 채로 남아 있었지만, 마거릿에게 그것은 매번 그의 바늘로 수를 놓을 수 있는 기회였다."

캐서린은 그토록 다른 두 사람이 어떻게 결혼을 했는지 의아해했다. 그녀는 어머니가 아버지의 문화적 배경에 가장 매료됐다고 생각했고, 그녀 자신 또한 이란 출신의 다른 문화권의 남자와 결혼했다고 기록했다.

캐서린은 회고록에 부모 간의 차이점을 이해하려는 시도에서 원가족에서 부모의 다른 형제지위와 역할을 기록했다. 마거릿은 1남 4녀 중 장녀였고, 그레고리는 3형제 중 막내였다. 캐서린의 부모는 문제를 해결하는 데 있어서 매우 달랐다. "어머니는 장녀로서 여러 해 동안 동생을 잘 보살피며 쌓아 온 어린 시절의 경험을 토대로 하여 문제를 해결하려고 했지만, 아버지는 주변에서 일어나는 것을 변화시킬 능력이 다소 부족한 막내였다. 대신 그는 해결하기보다는 이해하려고 애썼다."

게다가 캐서린은 아버지의 삶에 어린 시절의 가족사건이 영향을 미쳤을 것이라고 생각했다. "1922년에 일어난 작은 형 마틴(Martin)의 자살은 그레고리를 양육이 서툰 부모로 성장하게 했고, 인생의 중요한 선택도 스스로 결정하지 못하게 했다. 실제로 이는 그레고리에게 문제해결에 대한 두려움과 더 나아가 삶의 방향에 대한 불안을 안겨 주었다."

그레고리 베이트슨은 저명한 영국 유전학자의 세 아들 중 막내였다. 세 아들 중 가장 장래성이 없어 보였던 그는 어린 시절 자주 아팠고 뛰어난 학생도 아니었다. 장남 존(John)은 지도자감으로 촉망받았다. 큰형 존과 작은형 마틴은 두 살 터울로 절친한 사이였다. 그레고리는 네 살이나 더 어렸고, 한동안 형제와 떨어져 지냈다. 존은 20세에 제1차 세계대전에서 전사했다. 며칠 뒤 어머니는 마틴에게 편지를 보냈다. "여전히 너와 그레고리가 있지만, 네가 존이 가져가 버린 용기를 조금이라도 나에게 되돌려주렴."[2)]

존이 죽은 후, 존의 죽음 2개월 전에 할머니를 잃은 아버지는 마틴과 심한 불화를 겪었다. 당시 이중 상실감을 겪고 있었던 아버지는 시인이었던 둘째 아들 마틴이 동물학자가 되길 바랐다. 부자관계는 심하게 악화됐다. 게다가 마틴은 사랑하던 젊은 여인에게서 버림받자, 트라팔가 광장에서 권총자살을 했다. 공교롭게도 그날은 1922년 4월 22일 바로 죽은 형 존의 생일이었다. 이 사건은 '런던에서 목격된 가장 극적이고 계획된 자살'로 기록된다.

이것이 스스로를 '애송이'라고 칭하는 그레고리의 가족유산이다. 장남이 아버지의 뒤를 이어 저명한 과학자가 되길 바랐던 모든 가족의 기대는 이제 그레고리에게로 쏠렸다. 그레고리의 해결책은 아버지가 전공한 생물학과는 전혀 다른 인류학을 선택하는 것이었다. 인류학은 현지조사를 다닐 수 있다는 장점을 지니고 있어서 그레고리를 가족의 압력에서 벗어날 수 있게 해 주었다. 전 생애 동안 그레고리는 다른 사람의 기대에 저항했다. 성인 초기에 있었던 그레고리의 형제의 지위 전이가 비록 그들의 출생순위를 상호보완한 것에 불구할지라도, 실제로 그와 마거릿이 양립할 수 없는 원인이 되었을 것이다.

한편 그레고리와 마거릿 미드의 아버지에게는 어떤 공통점이 있었다. 그레고리는 형제가 모두 죽고 유일하게 생존한 자녀로서 어머니와의 관계가 극에 달할 정도로 나빴고, 마거릿 미드의 아버지는 고작 6세 때 아버지를 잃은 후 어머니의 맹목적인 사랑을 받는 아이였다. 베이트슨이 가족유산의 중압감에서 벗어나려고 어머니와 단절했던 반면, 먼 훗날 장인이 된 에드워드 미드(Edward Mead)는 결혼 후에도 홀어머니를 모시고 살았고 어머니는 미드의 집에서 여생을 함께했다. 캐서

2) David Lipset, *Gregory Bateson: The Legacy of a Scientist* (Englewood Cliffs, N. J.: Prentice Hall, 1980). The following quote is from the same source.

린은 궁극적으로 아버지와 조부모와의 미해결된 갈등이 부모의 부부관계에 어려움을 주었다는 사실을 알게 됐다. "아버지는 어머니와의 갈등에서 할머니에 대한 미해결된 적개심을 드러냈다. 아버지는 자신의 삶을 찾기 위해 어머니를 떠나야 한다고 느꼈다. …… 아버지 자신의 삶을 살려고 어머니에게 상처를 준 사람은 바로 아버지였다. …… [아버지는] 어머니에게 저항했다. 그 반항은 아버지의 원가족, 특히 할머니에 대한 솟구치는 분노였다."[3]

우리는 베이트슨 가족 내 결혼을 살펴보면서 전 세대에서도 문제가 되는 사건을 발견할 수 있다. 그레고리의 부모는 오랜 시간 연애를 했다. 이것이 가족관계를 어렵게 할 수 있다는 것은 누구나 다 알 수 있는 일이다. 실제로 그레고리의 외할머니는 윌리엄 베이트슨(William Bateson)이 술을 많이 마신다는 이유로 딸 비어트리스(Beatrice)와 그의 약혼을 파혼시켰다. 외할아버지가 알코올중독자였기 때문에, 외할머니는 딸도 자신과 똑같은 운명을 걷게 되지나 않을까 하는 우려에서 그렇게 결정했다. 그러나 비어트리스는 아버지가 세상을 떠난 뒤 얼마 지나지 않아 윌리엄과 재회했고 곧 결혼했다.

다음 세대에서 그레고리는 어머니 비어트리스를 피해 도망 나온 후 얼마 지나지 않아서 마거릿을 만났고 사랑에 빠졌다. 마거릿과 그녀의 두 번째 남편은 그때 외지에서 인류학 작업에 몰두해 있었다. 우리는 이들 가족의 자녀가 죽음이나 단절을 통해 부모와 연락을 끊은 후 배우자를 만났다는 것을 짐작할 수 있다.

캐서린은 부모의 삶을 탐색하면서 그들을 이해하려고 많은 노력을 기울였다. 캐서린은 부모의 문제를 시인했다. 중요한 것은 캐서린이 부모와 타협하려고 노력했던 똑같은 방법으로 조부모와의 타협을 시도하면서, 부모를 여러 세대에 걸친 한 가족의 자녀로서 이해하려고 했다는 것이다. 캐서린은 부모 중 어느 누구도 비난하지 않고 그들의 차이점을 받아들일 수 있었다. 비록 어머니를 떠난 것은 아버지였지만, 캐서린은 그를 비난하기보다는 오히려 이해하려고 했다. 부모가 생

3) Bateson, op. cit. The following quotes are from the same source.

존해 있는 동안 그녀는 계속 연락을 취했다. 그레고리는 언제나 그가 '중요한 일'이라고 생각한 것에 딸도 흥미를 갖길 바랐으나, 그녀는 단 한 번도 관심을 가진 적이 없었다. 캐서린은 그녀의 관심사만 고집하여 아버지를 거부하지도 않았다. 또한 아버지를 변화시키려고 애쓰지도 않았다. 노년에 이르러 그레고리가 생태학에 관심을 갖게 됐을 때, 그는 프로젝트를 수행하려고 딸에게 도움을 청했고, 딸은 아버지의 요청을 흔쾌히 수락했다.

캐서린은 어머니와도 사적이거나 직업적인 일로 계속 연락했다. 모녀는 함께 발표를 하고 공식회의를 계획했다. 캐서린은 어머니가 딸의 삶을 지배하지 않으려고 노력한 데에 감사해했다. 캐서린은 어머니를 이렇게 평한다. "부모로서 어머니가 가장 두려워했던 것은, 가능성 있는 미래를 꿈꾸는 딸의 삶 속에서 자신의 강요가 후에 딸이 어머니를 거부하게 만드는 원인이 되지 않을까 하는 것이었다. 어머니가 늘 이야기하곤 하지만, 우리 사이의 모든 싸움에서 어머니에게 가장 상처를 준 말은 내가 어머니에게 나를 구속하고 지배하며 내 삶을 간섭하지 말라고 비난한 것이었다." 여기서 우리는 마거릿이 캐서린의 삶의 중요한 모델로서 딸의 개성을 방해하지 않으면서 딸의 개성을 인정하려고 했음을 알 수 있다. 이는 개인주의적 사고와 타인에게 피해를 주지 않는다는 미국 전반에 팽배해 있는 사고이기에 가능할 수 있지만, 다른 문화에서는 매우 어려운 일이다.

> 어머니는 충고도 하지 않았고, 나에게 어떤 기대도 강요하지 않았으며, 나는 어머니가 내게 보여 준 우유부단과 불확실을 조심스럽게 지켜보면서, 우리 관계가 유지될 수 있을지 심각하게 고민했다. 나는 이것이 어머니가 계획했던 삶의 방식이라고 말할 수 없는, 즉 내게 투영된 어머니의 환상이 내 자신이라는 사실을 끊임없이 깨닫게 되었을 때, 내가 상상하는 미지가 확연히 내 눈에 펼쳐지는 것을 깨달았다. 어머니는 많은 사람과 함께 생활하면서 풍부한 감정이입을 통해 다른 사람이 간과하는 것을 놓치지 않는 능력을 지녔다. 그래서 어머니는 적당한 거리를 두고 내 삶을 지켜보기만 했다.

모녀의 관망적 태도는 부모와 자녀가 서로에게 간섭하려는 것을 피할 수 있었고, 부부의 결혼생활을 파경에 이르게 한 권력 다툼에서 벗어날 수 있게 했다.

캐서린이 경험한 가장 놀라운 일 중 하나는 어머니의 비밀이었다. 그 비밀은 가족 모두가 상당한 대가를 지불해야 할 정도로 충격적인 것이었다. 마거릿의 성정체성, 특히 그녀가 양성애자였다는 사실은 1978년 그녀가 사망한 후 가까운 친척에게 딸이 건네받은 편지를 통해 알게 됐다. 마거릿은 갑작스러운 죽음에 대비해 사랑하는 사람들에게 죽기 몇 년 전에 몇 통의 편지를 남겼다. 그 편지에는 어떤 변명이나 설명도 할 수 없는 상태에서 마거릿의 사생활이 스캔들이나 추문으로 낱낱이 폭로되는 것에 대한 우려가 역력했다. 마거릿은 그녀 삶의 많은 부분을 숨길 수밖에 없었던 사실과 비밀이 폭로되면서 다른 사람에게 끼칠 고통에 괴로워하고 몹시 비통해했다.

> 점점 나는 내 삶이 쪼개지는 것을 깨닫는다. 각각 단편으로 쪼개져 그 단편의 시공간 속에서 나는 하나가 됨을 느끼고, 특별한 관계에서 나는 완전한 자기를 느낀다. …… 매우 중요한 내 삶의 한 부분을 알지 못하는 사람들에게 숨길 의도는 없었다. 또한 그들은 믿지 못해서가 아니라, 단지 20세기 중반을 살았던 여성으로서 어쩔 수 없는 사정, 즉 우리, 적어도 내 나이의 사람들은 말할 수 없는 그들의 시대를 살았기 때문이다.

어머니인 마거릿이 이 편지를 썼을 당시 겨우 15세밖에 되지 않았던 캐서린도 이 편지를 받을 사람 중의 하나였다. 캐서린은 말한다.

> 나는 어머니가 죽은 후에야 어머니가 사귄 남자 애인과 여자 애인에 대해 알게 됐다. 그래서 그녀가 한 인간으로서 그리고 어머니로서 어떤 사람이었는지 되돌아보게 됐고, 어머니에 대해 다르게 생각하게 됐다. 그리고 내가 그 비밀에 대처해야 한다는 생각에 마음이 복잡해졌다. 나는 가끔 어머니가 내게 보여 주기 바랐던 이미지만을 고집하며 아무 의심 없이 의도적으로 내 자신을 속이고 있었다는 사실에 화

> 가 났다. 때론 나는 나 자신이 두 번 버림받았다고 느꼈다. 나는 어머니가 누구였는지, 또한 어머니와의 관계에서 내가 어떤 사람이었고 누구였는지에 대한 생각을 바꿔야 했다. 이것은 하나의 영속성으로 끊임없이 작용하면서 나를 당혹스럽게 했다.

자신의 비밀이 끼칠 부정적 여파에 대한 마거릿의 우려는 스스로 그것에 항변하는 편지를 쓸 정도로 상당했다. 그러나 캐서린의 평에서 가장 인상적인 것은 어머니의 비밀을 안 후, 그녀가 어떻게 해야 할지를 깨달았다는 것과 그녀 자신도 거기에 연루된 공범이었다는 사실을 부분적으로 시인했다는 것이다.

마침내 캐서린 베이트슨은 아버지와 어머니 모두를 진정한 한 인간으로 수용할 수 있었다. 마거릿과 그레고리는 부모로서의 완벽한 모습을 보여 주기에 매우 부족했지만, 부모가 딸에게 주려고 했던 것을 수용하고 그것을 자신의 중요한 일부분으로 통합시킨 캐서린의 능력은 매우 탁월했다. 캐서린은 부모의 죽음을 통해 이 사실을 깨달았다. "억눌려 있던 나의 어린 시절은 더 이상 존재하지 않는다. 그러나 나의 관심이 부모의 관심이고, 그것은 작은 사회에서 더 넓은 세계를 끊임없이 이어 주는 연속체이다. …… 나는 조그마한 책을 쓰고 싶다. …… 나는 사랑, 슬픔, 갈망, 분노를 담아 겉으로 드러나게 간직할 만한 완벽함이나 보호해야 할 정설도 없지만, 많은 사람이 찾고 읽을 것이라는 확신 속에서 나 자신의 양가감정을 이 책에 담으려고 한다."

캐서린 베이트슨은 인생이란 빠르게 변하는 환경에 적응하려고 아주 상반된 것들을 항상 꿰어 맞추려고 애쓰는 일종의 즉흥예술과 같다고 그녀의 인생관을 말한다.

> 우리는 자녀에게 인생을 얘기할 때, 아이가 인생목표를 갖고서 꿈을 갖도록 해주려고 과거를 각색한다. 그러나 자녀는 목표를 정하지도 못하고, 행복한 삶을 살지도 않는다. 대신 그들은 변화하는 환경에 맞춰 계속 자신을 새롭게 바꿔 나간다. …… 삶은 처한 상황에서 기존의 것과 새로운 것의 조화를 이루게 하는 즉흥예술[이다.] …… 나는 [우리가] 유동적이고 융통성 있기보다 하나의 목표를 향해 매진하기

> 만을 지나치게 강요하고 있다고 생각한다. …… 여성은 언제나 불연속적이고 불확실한 삶을 살아왔다. 그러나 오늘날 남성은 점점 유약해졌고, 그것이 여성의 전통적인 적응력을 하나의 자원으로서 뒤바뀌게 했다.[4)]

가족은 언제나 자신을 바꾸려고 노력하고, 힘겹고 고통스러운 경험을 새롭게 창조적이고 바람직한 것으로 바꾸려고 애쓴다. 캐서린은 말한다.

> 인생을 산다는 것은 더 폭넓은 시야로 자신의 잘못을 부인하지 않고, 그것을 활용할 방법을 찾는 예술가의 욕구이다. 중국의 한 대가가 그린 풍경화에 담긴 유명한 일화가 있다. 그가 거의 그림을 끝냈을 때 먹물 한 방울이 도화지 위에 떨어졌고, 주변에 있던 제자들은 그 그림이 망쳐진 줄 알고 모두 숨을 죽였다. 그 대가는 주저없이 가장 가는 머리빗을 꺼내더니, 이미 떨어진 작은 먹물로 풍경화에 그려진 앞마당을 돌아다니는 파리 한 마리를 그려 넣었다. …… 이 일화는 아직까지도 대가의 그림 속에 숨겨져 있는 노련미와 의미를 깨닫게 해 준다.

가족에게 귀속하려는 생각은 '희망과 역사가 조화를 이루는', 즉 과거와 연결하여 미래를 열어 가기 위한 것이다. 이것은 가족의식과 '집'이란 소속감을 갖게 한다. 집은 인종, 계층, 성별, 수치나 비밀, 복잡 미묘한 가족과의 유대를 타당한 것으로 만들어 주기 때문에, 어느 누구도 집의 역사 밖에서 존재하지 않는다.

가족을 이해하고 가족에게 귀속하려는 작업은 평생을 건 모험이다. 이것은 새로운 사실에 의미를 부여하려고 우리가 가치 있게 생각하는 방식대로 가족유대를 정의하고 기존의 정의에 대항하여 맞서는 작업이다. 에드윈 마크햄(Edwin Markham)이 쓴 글처럼 말이다.

4) Bateson, *Composing a Life*, loc. cit. The following quotes are from the same source.

그는 원을 그려 나를 밖으로 밀어냈다.
나에게 온갖 비난을 퍼부으면서.
그러나 나에게는
사랑과 극복할 수 있는 지혜가 있었다.
나는 더 큰 원을 그려 그를 안으로 초대했다.

결코 내가 있을 장소가 아니라 하더라도, 가족으로의 귀속 프로젝트는 가장 멋진 여행이다. 우리가 가족을 더 많이 알게 될수록, 자신을 더 많이 이해하게 될 것이다.

참고문헌

Anderson, Carol; Susan Stewart; and Sona Dimidjian. *Flying Solo*. New York: W. W. Norton, 1994.

Anderson, Robert. *I Never Sang For My Father*. New York: Random House, 1968.

Bagarozzi, D. A., and S. A. Anderson. *Personal, Marital and Family Myths*. New York: W. W. Norton, 1989.

Baldwin, James. "Sonny's Blues." In *Braided Lives: An Anthology of Multicultural American Writing*, ed. Minnesota Humanities Commission. St. Paul: Viking Press, 1991.

Barth, Joan. *It Runs in My Family*. New York: Bruner/Mazel, 1993.

Bernikow, Louise. *Among Women*. New York: Harper & Row, 1980.

Boller, Paul F., Jr. *Presidential Wives*. New York: Oxford University Press, 1988.

Bolton, Iris. *My Son … My Son…: Helping Families after Death, Loss, or Suicide*, Atlanta: Bolton Press, 1983.

Boose, Lynda E., and Betty S. Flowers, eds. *Fathers and Daughters*. Baltimore: Johns Hopkins University Press, 1989.

Boss, Pauline. "Ambigiuous Loss." In *Living beyond Loss*, ed. Froma Walsh and Monica McGoldrick. New York: W. W. Norton, 1991.

Bowen, Murray. *Family Therapy in Clinical Practice*. New York: Jason Aronson, 1978.

Brodzki, Bella, and Celeste Schenck, eds. *Life/Lines, Theorizing Women's Autobiography*. Ithaca and London: Cornell University Press, 1988.

Butler, R., and M. Lewis, *Aging and Mental Health*, St. Louis: C. V. Mosby, 1983.

Caroli, Betty Boyd. *First Ladies*. New York: Oxford University Press, 1987.

Carter, Elizabeth A. "The Transgenerational Scripts and Nuclear Family Stress: Theory and Clinical Implications." In *Georgetown Family Symposium*, vol. 3, (1975-76). Washington D. C.: Georgetown University, 1978.

Carter, Betty and Monica McGoldrick. "Overview: The Changing Family Life Cycle: A Framework for Family Therapy." In *The Changing Family Life Cycle.*, ed. Betty Carter and Monica McGoldrick. Boston: Allyn & Bacon, 1988.

Cath, Stanley, Alan Gurwitt, and Linda Gunsberg. *Fathers and Their Families*. Hillsdalw, N. J.: Analytic Press, 1989.

Cicirelli, V. G. "Sibling Relationships throughout the Life Cycle." In *The Handbook of Family Psychology and Therapy*, ed. L. L Abate. Homewood, Ill: Dorsey Press, 1985.

Conroy, Pat. *The Prince of Tides*. New York: Houghton Mifflin, 1988.

Dardis, Tom. *The Thirsty Muse: Alcohol and the American Writer*. New York: Ticknor & Fields, 1989.

DeFrain, J., J. Taylor, and L. Ernst. *Coping with Sudden Infant Death*. Lexington, Mass.: D. C. Heath, 1982.

Diagram Group. *Mothers: 100 Mothers of the Famous and the Infamous*. New York: Paddington Press, 1976.

Downing, C. *Psyche's Sisters: Reimagining the Meaning of Sisterhood*. San Francisco: Harper & Row, 1988.

Dunne, Edward J., John L. McIntosh, and Karen Dunne-Maxim, eds. *Suicide and Its Aftermath*. New York: W. W. Norton, 1987.

Eisler, Riane. The Chalice and the Blade: Our History, Our Future. New York: Harper & Row, 1987.

Fishel, Elizabeth. *Sisters: Love and Rivalry inside the Family and Beyond*. New York: William Morrow & Co., 1979.

Fishel, Elizabeth. "The Special Language of Sisters." *Radcliffe Quarterly* (March 1990).

Flanagan, Thomas. *The Year of the French*. New York: Holt, Rinehart & Winston, 1979.

Forbes, Malcolm. *They Went That-a-way: How the Famous, the Infamous, and the Great Died*. New York: Ballantine, 1988.

Forbes, Malcolm. *What Happened to Their Kids? Children of the Rich and Famous*. New York: Simon & Schuster, 1990.

Giamatti, A. Bartlett. Take Time for Paradise: American and Their Games. New York: Summit, 1989.

Goodwin, Donald W. *Alcohol and the Writer*. New York: Penguin, 1990.

Greenblatt, Robert B. *Sex and Circumstance*. Tallahassee, Fla.: Loiry Publishing House, 1987.

Griffin, Susan. *A Chorus of Stones*. New York: Doubleday, 1992.

Gutstein, Steven. *Adolescent Suicide: The Loss of Reconciliation*. In *Living beyond Loss*, ed. Froma Walsh and Monica McGoldrick. New York: W. W. Norton, 1991.

Hadley, T., T. Jacob, J. Miliones, Caplan, and D. Spitz. "The Relationship between Family Development Crisis and the Appearance of Symptoms in a Family Member." *Family Process*, vol. 13 (1974).

Haley, Alex. Roots: *The Saga of an American Family*. New York: Doubleday, 1974.

Haskell, Molly. *Love and Other Infectious Diseases*. New York: Doubleday, 1974.

Healy, Diana Dixon. *America's First Ladies: Private Lives of the Presidential Wives*. New York: Atheneum, 1988.

Heilbrun, Carolyn G. *Writing a Woman's Life*. New York: W. W. Norton, 1988.

Heilbrun, Carolyn G. *Hamlet's Mother and Other Women*. New York: Columbia University Press, 1990.

Hochschild, Arlie. *The Second Shift, Working Parents and the Revolution at Home*. New York: Viking Press, 1989.

Holmes, T., and T. H. Rahe. "The Social Adjustment Rating Scale." *Journal of Psychosomatic Research*, vol. 11 (1967).

Holt, Georgia, and Phyllis Quinn, with Sue Russell. *Star Mothers*. New York: St. Martin's Press, 1989.

Huygen, F. J. A., H. J. M. van den Hoogen, J. T. M. van Eijk, and A. J. A. Smits. "Death and Dying: A Longitudinal Study of Their Medical Impact on the Family." *Family Systems Medicine*, vol. 7 (1989).

Imber Black, Evan. *Rituals of our Time*. New York: Harper & Row, 1993.

Imber Black, Evan. *Secrets in Families and Family Therapy*. New York: W. W. Norton, 1993.

Kinston, Maxim Hong. *The Woman Warrior*. New York: Vintage, 1989.

Kleiner, Pam. *Good Mother; Good Daughter*. Forthcoming.

Kotre, John, and Elizabeth Hall. *Seasons of Life*. Boston: Little, Brown, 1990.

Laird, J. "Women and Stories: Restorying Women's Self-constructions." In *Women in Families*, ed. Monica McGoldrick, Carol M. Anderson, and Froma Walsh. New York: W. W. Norton, 1989.

Leman, K. *The Birth Order Book: Why You Are the Way You Are*. Old Tappan, N. J.: Fleming H. Revell Co., 1984.

Lerner, Harriet. *The Dance of Anger*. New York: Harper & Row, 1988.

Lerner, Harriet. *The Dance of Deception*. New York: Harper & Row, 1990.

Lerner, Harriet. *The Dance of Intimacy*. New York: Harper & Row, 1993.

Lerner, Max. *Wrestling with the Angel*. New York: W. W. Norton, 1990.

Liebowitz, Herbert. *Fabricating Lives: Explorations in American Autobiography*. New York: Alfred A. Knopf, 1989.

Lindemann, E. 'symptomatology and Management of Acute Grief." *American Journal of Psychiatry* (1944).

Luepnitz, Debra. *The Family Interpreted*. New York: Basic Books, 1988.

Mallon, Thomas. *A Book of One's Own: People and Their Diaries*. Harrisburg, Va.: R. R. Donnelley & Sons Co., 1984.

Maloney, M. L., and A. Maloney. *The Hand that Rocks the Cradle: Mothers, Sons and Leadership*. Englewood Cliffs, N. J.: Prentice Hall, 1985.

McGoldrick, Monica. "sisters." In *Women in Families*, ed. Monica McGoldrick, Carol Anderson, and Froma Walsh. New York: W. W. Norton, 1988.

McGoldrick, Monica. "Women through the Family Life Cycle." In *Women in Families*, ed. Monica McGoldrick, Carol Anderson, and Froma Walsh. New York: W. W. Norton, 1988.

McGoldrick, Monica. "Echoes from the Past: Helping Families Mourn their Losses." In *Living beyond Loss*, ed. Froma Walsh and Monica McGoldrick. New York: W. W. Norton, 1991.

McGoldrick, Monica. "The Legacy of Loss." In *Living beyond Loss*, ed. Froma Walsh and Monica McGoldrick. New York: W. W. Norton, 1991.

McGoldrick, Monica, John K. Pearce, and Joseph Giordano. *Ethnicity and Family*

Therapy. New York: Guilford, 1982.

McGoldrick, Monica, and Nydia Garcia-Preto. "Ethinic Intermarriage: Implications for Therapy." *Family Process*, vol. 23, no. 3 (1984).

McGoldrick, Monica, and Randy Gerson. "Genograms and the Family Life Cycle." In *The Changing Family Life Cycle*, ed. Betty Carter and Monica McGoldrick. New York: W. W. Norton, 1988.

McGoldrick, Monica, Nydia Garcia-Preto Paulette Moore Hines, and Evelyn Lee. "Ehtnicity and Women." In *Women in Families*, ed. Monica McGoldrick, Carol Anderson, and Froma Walsh. New York: W. W. Norton, 1988.

McGoldrick, Monica, Rhea Almedia, Paulette Moore Hinew, Nydia Garcia Preto, Elliott Rosen, and Evelyn Lee. "Mourning in Different Cultures." In *Living beyond Loss.*, ed. Froma Walsh and Monica McGoldrick. New York: W. W. Norton, 1991.

McGoldrick, Monica, and Froma Walsh. "Death and the Family Life Cycle." In *Living beyond Loss.*, ed. Froma Walsh and Monica McGoldrick. New York: W. W. Norton, 1991.

McNaron, T. A. H. *The Sister Bond: A Feminist View of a Timeless Connection*. New York: Pergamon Press, 1985. Includes Jane Austen, Virginia Woolf, Emily Dickinson.

Michael, Princess of Kent. *Crowned in a Far Country: Portraits of Eight Royal Brides*. New York: Weidenfeld & Nicolson, 1986.

Osterweis, M., F. Solomon, and M. Green, eds. *Bereavement: Reactions, Consequences, and Care*. Washington, D. C.: National Academy Press/Solomon & Green, 1984.

Parkes, C. Murray. *Bereavement: Studies of Grief in Adult Life*. New York: International Universities Press, 1972.

Paul, N., and G. Grosser. "Operational Mourning and Its Role in Conjoint Family Therapy." *Community Mental Health Journal*, vol. 1 (1965).

Paul, N., and G. Grosser, and Betty Paul. *A Martial Puzzle*. New York: W. W. Norton, 1975.

Paul, N., and G. Grosser, B. B. Paul. "Death and Changes in Sexual Behavior." In *Normal Family Processes.*, ed. Froma Walsh. New York: Guilford, 1982.

Prunell, D. *Exploring Your Family Story*. Melbourne, Australia: Joint Board of Christian Education, 1983.

Rilke, Rainer Maria. *Letters to a Young Poet*. Translated by M. D. Heath. New York: W.

W. Norton, 1954.

Rose, Phyllis. *Parallel Lives: Five Victorian Marriages*. New York: Vintage, 1984.

Robe, Lucy Barry. *Co-starring Famous Women and Alcohol*. Minneapolis: CompCare Publications, 1986.

Scarf, Maggie. Intimate Parents: Patterns in *Love & Marriage*. New York: Random House, 1987.

Schiff, H. S. *The Bereaved Parent*. New York: Penguin, 1970.

Simpson, Eileen. *Orphans: Real and Imaginary*. New York: Weidenfeld & Nicolson, 1987.

Stone, Elizabeth. *Black Sheep & Kissing Cousins: How Our Family Stories Shape Us*. New York: Times Books, 1988.

Thomas, E. H. Gwynnc. *The Presidential Families*. New York: Hippocrene Books, 1989.

Valliant, G. E. *Adaption to Life*. Boston: Little, Brown, 1977.

Vidal, Gore; V. S. Pritchett; David Caute; Bruce Chatwin; Peter Conrad; and Edward Jay Epstein. *Great American Families*. New York: W. W. Norton, 1975.

Videcka-Sherman, L. "Coping with the Death of a Child: A Study over Time." *American Journal of Orthopsychiatry*, vol. 52 (1982).

Wallace, Irving, Amy Wallace, David Wallechinsky, and Sylvia Wallace. *The Intimate Sex Lives of Famous People*. New York: Dell, 1982.

Walsh, Froma, and Monica McGoldrick, eds. *Living beyond Loss: A Systemic Perspective*. New York: W. W. Norton, 1991.

Walsh, Froma, and Monica McGoldrick, eds. "Loss and the family: A Systemic Perspective." In *Living beyond Loss*, ed. Froma Walsh and Monica McGoldrick. New York: W. W. Norton, 1991.

Watzlawick, Paul, Janet Helmich Beavin, and Don D. Jackson. *Pragmatics of Human Communication*. New York: W. W. Norton, 1967.

Wolin, Steven J., Linda A. Bannett, and Jane S. Jacobs. "Assessing Family Rituals in Alcoholic Families." In *Rituals in Families and Family Therapy*, ed. Evan Imber-Black, Janine Roberts, and Richard Whiting. New York: Guilford, 1988.

Wortman, C., and R. Silver. "The Myths of Coping with Loss." *Journal of Counselling and Clinical Psychology*, vol. 57 (1989).

ADAMS SOURCES

Adams, Abigail, and Adams, John. *The Book of Abigail and John: Selected Letters of the Adams Family: 1762-1784*, ed. L. H. Butterfield, Mark Friedlaender, and Mary-Jo Kline. Cambridge: Harvard University Press, 1975.

Adams, James Truslow. *The Adams Family*. New York: Signet, 1975.

Conroy, Sarah Booth. *Refinements of Love: A Novel about Clover and Henry Adams*. New York: Pantheon Books, 1993.

Homans, Abigail Adams. *Education by Uncles*. Boston: Houghton Mifflin, 1966.

Levin, Phyllis Lee. *Abigail Adams: A Biography*. New York: St. Martin's Press, 1987.

Musto, David. "The Adams Family." *Proceedings of the Massachusetts Historical Society* (1981).

Nagel, Paul C. *Descent from Glory*. New York: Oxford University Press, 1983.

Nagel, Paul C. *The Adams Women*. New York: Oxford University Press, 1987.

O'tools, Patricia. *The Five of Hearts: An Intimate Portrait of Henry Adams and His Friends, 1880-1918*. New York: Ballantine, 1990.

Richards, Leonard L. *The Life and Times of Congressman John Quincy Adams*. New York: Oxford University Press, 1986.

Shaw, Peter. *The Character of John Adams*. New York: W. W. Norton, 1976.

Shepherd, Jack. *The Adams Chronicles: Four Generations of Greatness*. Boston: Little, Brown, 1975.

Withey, Lynne. *Dearest Friend: A Life of Abigail Adams*. New York: Free Press, 1981.

ANGELOU SOURCES

Angelou, Maya. *I Know Why the Caged Bird Sings*. New York: Random House, 1970.

Angelou, Maya. *Gather Together in My Name*. New York: Bantam Books, 1974.

Angelou, Maya. *The Heart of a Women*. New York: Bantam Books, 1981.

Angelou, Maya. *Poems: Maya Angelou*. New York: Bantam Books, 1986.

Angelou, Maya. *All God's Children Need Traveling Shoes*. New York: Vintage, 1986.

Angelou, Maya. *Wouldn't Take Nothing for My Journey Now*. New York: Random House, 1993.

Elliot, Jeffrey, M., ed. *Conversations with Maya Angelou*. Jackson: University Press of

Mississippi, 1989.

McPherson, Dolly A. *Order out of Chaos: The Autobiographical Works of Maya Angelou*. New York: Peter Lang, 1990.

O' Neale, Sondra. "Reconstruction of the Composite Self: New Images of Black Women in Maya Angelou's Continuing Autobiography." In *Black Women Writers: 1950-1980*, ed. Mari Evans. New York: Doubleday, 1984.

Shuker, Nancy. *Maya Angelou*. Englewood Cliffs, N. J.: Silver Burdett Press, 1990.

BARRETT AND BROWNING SOURCES

Browning, Robert, and Elizabeth Barrett Browning. *The Letters of Robert Browning and Elizabeth Barrett Browning, 1845-1846*. New York: Harper and Brothers, 1902.

Browning, Vivienne. *My Browning Family Album*. London: Springwood, 1979.

Forste, Margaret. *Elizabeth Barrett Browning: A Biography*. New York: Doubleday, 1988.

Hewlett, Dorothy. *Elizabeth Barrett Browning*. New York: Cassell, 1953.

Honan, Park, and William Irvine. *The Book, the Ring and the Poet: A Biography of Robert Browning*. New York: Bodley Head, 1974.

Karlin, Daniel. *The Courtship of Robert Browning and Elizabeth Barrett*. New York: Oxford University Press, 1987.

Leighton, Angela. *Elizabeth Barrett Browning*. New York: Harvester Press, 1986.

Mander, R. *Mrs. Browning: The Story of Elizabeth Barrett*. London: Weidenfeld & Nicolson, 1980.

Marks, Jeannette. *The Family of the Barrett*. New York: Macmillan, 1938.

Mason, Cyrus. *The Poet Robert Browning and His Kinsfolk by His Cousin Cyrus Mason*, ed. with Afterword by W. C. Truner. Waso, Texas: Baylor University Press, 1983.

Maynard, John. *Browning's Youth*. Cambridge: Harvard University Press, 1977.

Miller, Betty. *Robert Browning: A Portrait*. New York: Scribner, 1973.

Orr, S. *Life and Letters of Robert Browning*, new ed., rev. and in part rewritten by F. G. Kenyon. New York: John Murray, 1908.

Robinson, J. "Mrs. Barrett Browning's Parentage." *Athenaeum*, vol. 3486 (August 18, 1894).

Ryals, Clyde de L. *The Life of Robert Browning*. Cambridge, Mass: Blackwell, 1993.

Taplin, Gardner B. *The Life of Elizabeth Barrett Browning*. New York: John Murray, 1957.

Thomas, D. *Robert Browning: A Life within a Life*. London: Weidenfeld & Nicolson, 1982.

Ward, Maisie. *The Tragi-Comedy of Pen Browning*. New York: Sheed & Ward Browning Institute, 1972.

Ward, Maisie. *Robert Browning and His World: The Private Face, 1812-61*. New York: Holt, Rinehart & Winston, 1955.

BATESON AND MEAD SOURCES

Bateson, Mary Catherine. *With a Daughter's Eye*. New York: William Morrow & Co., 1984.

Bateson, Mary Catherine. *Composing a Life*. New York: Atlantic Monthly Press, 1990.

Bateson, Mary Catherine. *Peripheral Visions*. New York: Harper Collins, 1994.

Cassidy, Robert. *Margaret Mead, a Voice for the Century*. New York: Universe Books, 1982.

Grosskurth, Phyllis. *Margaret Mead, Life of Controversy*. London: Penguin Books, 1988.

Howard, Jane. *Margaret Mead, Life*. New York: Ballantine Books, 1984.

Lipset, David. *Gregory Bateson, Legacy of a Scientist*. Englewood Cliffs, N. J.: Prentice-Hall, 1980.

Mead, Margaret. *Blackberry Winter, My Earlier Years*. New York: Simon & Scuster, 1972.

Rice, Edward. *Margaret Mead, Portrait*. New York: Harper & Low, 1979.

De BEAUVOIR SOURCES

Appignanesi, Lisa. *Simone de Beauvoir*. New York: Viking Penguin, 1988.

Ascher, Carol. *Simone de Beauvoir: A Life of Freedom*. Boston: Beacon, 1981.

Bair, Deirdre. *Simone de Beauvoir: A Biography*. New York: Summit, 1990.

Beauvoir, Simone de. *Memoirs of a Dutiful Daughter*. New York: Harper & Row, 1959.

Beauvoir, Simone de. *A Very Easy Death*. New York: Warner Paperback Library, 1973.

Beauvoir, Simone de. *The Second Sex*. New York: Vintage Books, 1974.

Francis, Claude, and Fernande Gontier. *Simone de Beauvoir: A Life a Love Story*. New

York: St. Martin's Press, 1987.

BEETHOVEN SOURCES

Ciardello, Jean A. "Beethoven: Modern Analytic View of the Man and His Music," *Psychoanalytic Review*, vol. 72, no. 1 (1985).

Cooper, Martin. *Beethoven: The Last Decade, 1817-1827*. New York: Oxford University Press, 1985.

Editore, Arnoldo Mondadori. *Beethoven: Portraits of Greatness*. New York: Curtis, 1967.

Forbes, Elliot, ed. *Thayer's Life of Beethoven*. Princeton: Princeton University Press, 1969.

Hamburger, Michael, ed. *Beethoven: Letters, Journals and Conversations*. New York: Thames & Hudson, 1951.

James, R. M. *Beethoven*. New York: St. Martin's Press, 1983.

Kerst, Friedrich, and Henry Edward Krehbiel, eds. *Beethoven: The Man and Artist as Revealed in His Own Words*. New York: Dover, 1964.

MacArdle, Donald W. "The Family van Beethoven." *Musical Quarterly*, vol. xxv, no. 4 (1949).

Marek, George R. *Beethoven: Biography of a Genius*. New York: Thomas Y. Crowell, 1969.

Matthews, Denis. *Beethoven*. New York: Vintage, 1988.

Rodman, Selden, and James Kearns. *The Heart of Beethoven*. New York: Shorewood, 1962.

Solomon, Maynard. *Beethoven*. New York: Schirmer, 1977.

Solomon, Maynard. *Beethoven Essays*. Cambridge: Harvard University Press, 1988.

Sterbe, E., and R. Sterbe. *Beethoven and His Nephew*. New York: Pantheon Books, 1954.

Sullivan, J. W. N. *Beethoven: His Spiritual Development*. New York: Vintage, 1960.

BLACKWELL, STONE, AND BROWN SOURCES

Cazden Elizabeth. *Antoinette Brown Blackwell: A Biography*. Old Westbury, N. Y.: Feminist Press, 1983.

Hays, Elinor Rice. *Those Extraordinary Blackwells*. New York: Harcourt Brace, 1967.

Horn, Margo. "*Family Ties: The Blackwells, a Study of the Dynamics of Family Life in Nineteenth Century America.*" Ph. D. dissertation, Tufts University, 1980.

Horn, Margo. 'sisters Worthy of Respect: Family Dynamics and Women's Roles in the Blackwell Family." *Journal of Family History*, vol. 8, no. 4 (1983).

Wheeler, Leslie, ed. *Loving Warriers: Selected Letters of Lucy Stone and Henry B. Blackwell, 1853 to 1893*. New York: Dial Press, 1981.

BRONTË SOURCES

Barker, Juliet. *The Brontë*. London: Weidenfeld & Nicolson, 1994.

Bentley, Phyllis. *The Brontë and Their World*. New York: Viking, 1969.

Cannon, John. *The Road to Haworth: The story of the Brontë Irish Ancestry*. London: Weidenfeld & Nicolson, 1980.

Chadwick, E. H. *In the Footsteps of the Brontë*. London: Sir Isaac Pitman & Sons, 1914.

Chitham, Edward. *The Borntà Irish Background*. New York: St. Martin's Press, 1986.

Chitham, Edward. *A Life of Emily Brontë*. New York: Basil Blackwell, 1988.

Chitham, Edward, and T. Winnifrith. *Brontë Facts and Brontë Problems*. London: Macmillan, 1983.

Du Maurier, Daphne. *The Infernal World of Branwell Brontë*. Garden City, N. Y.: Doubleday, 1961.

Frazer, Rebecca. *The Brontë: Charlotte Brontë and Her Family*. New York: Crown, 1988.

Gaskell, Elizabeth. *The Life of Charlotte Brontë*. London: Penguin, 1975.

Gerin, Winifred. *Branwell Brontë*. London: Thomas Neloson & Sons, 1961.

Gerin, Winifred. *Emily Brontë: A Biography*. London: Oxford University Press, 1971.

Hannah, Barbara. *Striving toward Wholeness*. Boston: Signpress, 1988.

Hanson, L., and E. Hanson, *The Four Brontë*. New York: Archon Press, 1967.

Hardwick, Elizabeth. "The Brontë." In *Seduction and Betrayal: Women and Literature*. New York: Vintage, 1975.

Hinkley, L. L. *The Brontë: Charlotte and Emily*. New York: Hastings House, 1945.

Hopkins, A. B. *The Father of the Brontë*. Baltimore: John Hopkins University Press, 1958.

Lane, Margaret. *The Brontë Story*. London: Fontana, 1969.

Lock, J., and W. T. Dixon. *A Man of Sorrow: The Life, Letters, and Times of Reverend Patrick Brontë*. Westport, Conn.: Meckler Books, 1965.

Mackay, A. M. *The Brontë: Facts and Fiction*. New York: Dodd, Mead, 1897.

Maurat, C. *The Brontë Secret*, tr. M. Meldrum. New York: Barnes & Noble, 1970.

Moglen, Helene. *Charlotte Brontë: The Self Conceived*. Madison: University of Wisconsin Press, 1984.

Morrison, N. B. *Haworth Harvest: The Story of the Brontë*. New York: Vanguard, 1969.

Peters, Margot. *An Enigma of Brontë*. New York: St. Martin's Press, 1974.

Peters, Margot. *Unquiet Soul: A Biography of Charlotte Brontë*. New York: Atheneum, 1975.

Ratchford, F. W. *The Brontë Web of Childhood*. New York: Russell & Russell, 1954.

Raymond, E. *In the Steps of the Brontë*. London: Rich & Crown, 1948.

Spark, Muriel, and Derek Stanford. *Emily Brontë: Her Life and Work*. London: Arrow Books, 1960.

White, W. B. *The Miracle of Haworth: A Brontë Story*. New York: E. P. Dutton, 1939.

Wilks, Brian. *The Brontë: An Illustrated Biography*. New York: Peter Bedrick Books, 1986 (paper).

Wilks, Brian. *The Illustrated Brontë of Haworth*. New York: Facts and File Publications, 1986.

Winnifith, T. Z. *The Brontë and the their Background: Romance and Reality*. New York: Collier, 1977.

Wright, William. *The Brontë in Ireland*. New York: D. Appleton & Company, 1893.

CHAPLIN SOURCES

Bessy, Maurice. *Charlie Chaplin*. New York: Harper & Row, 1983.

Chaplin, Charles. *My Autobiography*. New York: Simon & Schuster, 1964.

Chaplin, Charles, Jr., and N. and M. Rau. *My Father, Charlie Chaplin*. New York: Random House, 1960.

Chaplin, Lita Grey, and Morton Cooper. *My Life with Chaplin: An Intimate Memoir*. Brattleboro, Vt.: Book Press, 1966.

Epstein, Jerry. *Remembering Charlie*. New York: Doubleday, 1989.

Haining, Peter, ed. *The Legend of Charlie Chaplin*. London: W. H. Allen, 1982.

Karney, Robyn, and Robin Cross. *The Life and Times of Charlie Chaplin*. London: Green Wood Publishing, 1992.

Maland, Charles. *Chaplin and American Culture: The Evolution of a Star Image*. Princeton: Princeton University Press, 1989.

McCabe, John. *Charlie Chaplin*. New York: Doubleday, 1978.

Robinson, David. *Chaplin: The Mirror of Opinion*. Bloomington: Indiana University Press, 1983.

Robinson, David. *Chaplin: His Life and Art*. New York: McGraw-Hill, 1985.

Smith, Julian. *Chaplin*. Boston: Twayne Publishers, 1984.

CURIE SOURCES

Curie, Eve. *Marie Curie: A Biography*. New York: Doubleday, 1939.

Giroud, Francoise. *Marie Curie: A Life*. New York: Holmes & Meier, 1986.

Pflaum, Rosalynd. *Grand Obsession: Madame Curie and Her World*. New York: Doubleday, 1989.

Reid, Robert. *Marie Curie*. New York: E. P. Dutton, 1974.

Steinke, Ann E. *Marie Curie*. New York: Barrons, 1987.

DICKENS SOURCES

Johnson, Edgar. *Charles Dickens: His Tragedy and Triumph*. New York: Penguin, 1980.

Kaplan, Fred. *Dickens: A Biography*. New York: William Morrow & Co., 1988.

Mackenzie, Norman and Jeanne. *Dickens: A Life*. New York: Oxford, 1979.

Storey, Gladys. *Dickens and Daughter*. London: Frederick Muller Ltd., 1939.

Tomalin, Claire. *The Invicible Woman: The Story of Nelly Ternan and Charles Dickens*. New York: Alfred A. Knopf, 1991.

EDISON SOURCES

Conot, Robert. Thomas A. *Edison: A Streak of Luck*. New York: Plenum, 1979.

Frost, L. A. *The Edison Album: A Pictorial Biography of Thomas Alva Edison*. Mattituck, N. Y.: American House, 1984.

Josephson, Matthew. *Edison: A Biography*. New York: McGraw-Hill, 1959.

Venable, John D. *Mina Miller Edison: Daughter, Wife and Mother of Inventors*. East Orange, N. J.: Charles Edison Fund, 1961.

Wachhorst, Wynn. *Thomas Alva Edison: An American Myth*. Cambridge: MIT Press, 1984.

FONDA SOURCES

Guiles, F. L. *Jane Fonda: The Actress in Her Time*. New York: Pinnacle, 1981.

Hayward, Brooks. *Haywire*. New York: Alfred A. Knopf, 1977.

Kiernan, T. *Jane: An Intimate Biography of Jane Fonda*. New York: G. P. Putnam's Sons, 1973.

Sheed, Wilfred. *Clare Boothe Luce*. New York: E. P. Dutton, 1982.

Springer, J. *The Fondas*. *Secaucus*, N. J.: Citadel, 1970.

Teichman, Howard. *Fonda: My Life*. New York: New American Library, 1981.

FRANKLIN SOURCES

Bowen, Catherine Drinker. *The Most Dangerous Man in America: Scenes from the Life of Benjamin Franklin*. Boston: Little, Brown, 1974.

Clark, Ronald W. *Benjamin Franklin: A Biography*. New York: Random House, 1983.

Fay, Bernard. *The Two Franklins: Fathers of American Democracy*. New York: AMS Press, 1969.

Franklin, Benjamin. *The Autobiography of Benjamin Franklin*. New York: Lancer, 1968.

Hall, Max. *Benjamin Franklin and Polly Baker*. Chapel Hill: University of North Carolina Press, 1960.

Labaree, Leonard W., Ralph L. Ketcham, Helen C. Boarfield, and Helen H. Fineman, eds. *The Autobiography of Benjamin Franklin*. New Haven: Yale University Press, 1964.

Lopez, Claude-Anne, and Eugenia W. Herbert. *The Private Franklin: The Man and His Family*. New York: W. W. Norton, 1975.

National Center for Constitutional Studies. *The Real Benjamin Franklin: The True Story of America's Greatest Diplomat*. Washington, D. C., 1987.

Osborne, Mary Pope. *The Many Lives of Benjamin Franklin*. New York: Dial, 1990.

Randall, Willard. *A Little Revenge: Benjamin Franklin and His Son*. Boston: Little, Brown, 1984.

Seavey, Ormond. *Becoming Benjamin Franklin: The Autobiography and the Life*. University Park: Pennsylvania State University Press, 1988.

Skemp, Sheila L. *William Franklin, Son of a Patriot, Servant of a King*. New York: Oxford University Press, 1990.

Van Doren, Carl. *Benjamin Franklin*. New York: Viking Press, 1938.

Wright, Esmond. *Franklin of Philadelphia*. Cambridge: Harvard University Press, 1986.

Wright, Esmond. *Benjamin Franklin: His Life as He Wrote it*. Cambridge: Harvard University Press, 1990.

FREUD SOURCES

Anzieu, Didier. *Freud's Self Analysis*. Madison, Conn.: International Universities Press, 1986.

Carotenuto, Also. *A Secret Symmetry: Sabina Spielrein Between Jung and Freud*. New York: Pantheon Books, 1982.

Clark, Ronald W. *Freud: The Man and the Cause*. New York: Random House, 1980.

Eissler, Kurt R. *Sigmund Freud: His Life in Pictures and Words*. New York: Helen & Kurt Wolff Book/Harcourt Brace Jovanovich, 1978.

Freeman, Lucy, and Herbert S. Strean. *Freud and Women*. New York: Frederick Ungar Publishing Co., 1981.

Freud, Martin. *Sigmund Freud: Man and Father*. New York: Jason Aronson, 1982.

Freud, Sophie. *My Three Mothers and Other Passions*. New York: New York University Press, 1988.

Gay, Peter. *Freud: A Life for Our Time*. New York: W. W. Norton, 1988.

Gay, Peter. *Reading Freud*. New Haven: Yale University Press, 1990.

Gerson, Randy, and Monica McGoldrick. "Constructing and Interpreting Genograms: The Example of Sigmund Freud's Family." In *Innovations in Clinical Practice*: AL Source Book, vol. 5, 1986.

Glickhorn, Rose. "The Freiberg Period of the Freud Family." *Journal of the History of Medicine*, vol. 24 (1979).

Jones, Ernest. *The Life and Work of Sigmund Freud*. New York: Basic Books, 1953-55. 3 vols.

Jones, Ernest, ed. *Letters of Sigmund Freud, 1873-1939*. London: Cambridge University Press, 1975.

Kerr, John. *A Most Dangerous Method: The Story of Jung, Freud, and Sabina Spielrein*. New York: Alfred A. Knopf, 1993.

Krull, Marianne. *Freud and His Father*. New York: W. W. Norton, 1986.

Mannoni, O. *Freud*. New York: Vintage, 1974.

Masson, Jeffrey. *The Assault on Truth: Freud's Suppression of the Seduction Theory*. New York: Harper Collins, 1984.

Masson, Jeffrey, ed. *The Complete Letters of Sigmund Freud to Wilhelm Fliess, 1887-1904*. Cambridge, Mass.: Belknap Press, 1985.

McGoldrick, Monica, and Randy Gerson. *Genograms in Family Assessment*. New York: W. W. Norton, 1985.

McGoldrick, Monica, and Randy Gerson. "Genograms and the Family Life Cycle." In *The Changing Family Life Cycle*, ed. Betty Carter and Monica McGoldrick. Boston: Allyn & Bacon, 1988.

Nelken, Michael. "Freud's Heroic Struggle with His Mother." Manuscript in preparation.

Peters, Uwe Henrik. *Anna Freud: A Life Dedicated to Children*. New York: Schocken Book's, 1985.

Roazen, Paul. *Meeting Freud's Family*. Amherst: University of Massachusetts Press, 1993.

Schur, Max. *Freud: Living and Dying*. New York: International Universities Press, 1972.

Swales, Peter. "Freud, Minna Bernays, and the Conquest of Rome: New Light on the Origins of Psychoanalysis." *New American Review*, vol. 1, no. 2/3 (1982).

Swales, Peter. "Freud, his Origins and Family History." UMDNJ-Robert Wood Johnson Medical School. November 15, 1986.

Swales, Peter. "What Freud didn't say." UMDNJ-Robert Wood Johnson Medical School, May 15, 1987.

Young-Bruehl, Elizabeth. *Anna Freud: A Biography*. New York: Summit Books, 1988.

GURNEY SOURCE

Witchel, Alex. "Laughter, Tears." *New York Times Magazine* (November 12, 1989).

HAWTHORNE SOURCES

Bassa, Maurice. *Hawthorne's Son: The Life and Literary Career of Julian Hawthorne*. Columbus: Ohio State University Press, 1970.

Carton, Evan. "A Daughter of the Puritans and Her Old Master: Hawthorne, Una, and the Sexuality of Romance." *Daughters and Fathers*, ed. Lynda E. Boose and Betty S. Flowers. Baltimore: Johns Hopkins University Press, 1989.

Cowley, Malcolm, ed. *The Hawthorne Reader*. New York: Viking, 1983.

Hawthorne, Julian. *Nathaniel Hawthorne and His Wife: A Biography*. Grosse Pointe, Mich.: Scholarly Press, 1968. vols.

Maynard, Theodore. *A Fire Was Lighted: The Life of Rose Hawthorne Lathrop*. Milwaukee: Bruce Publishing Co., 1948.

Mellow, James R. *Nathaniel Hawthorne in His Times*. Boston: Houghton Mifflin, 1980.

Wagenknecht, Edward. *Nathaniel Hawthorne: Man and Writer*. New York: Oxford University Press, 1961.

Waggoner, Hyatt. "Article on Alice Doane's Appeal." *University of Kansas City Review* (1950).

Young, Philip. *Hawthorne's Secret: An Untold Tale*. Boston: David R. Godine, 1984.

HEPBURN AND TRACY SOURCES

Anderson, Christopher. *Young Kate*. New York: Henry Holt, 1988.

Carey, Gary. *Katharine Hepburn: A Hollywood Yankee*. New York: Dell, 1983.

Davidson, Bill. *Spencer Tracy: Tragic Idol*. New York: E. P. Dutton, 1987.

Edward, Anne. *A Remarkable Woman: A Biography of Katharine Hepburn*. New York: Simon & Schuster, 1985.

Hepburn, Katharine. *Me*. New York: Alfred A. Knopf, 1991.

Higham, Charles. *Kate: The Life of Katharine Hepburn*. New York: Signet, 1981.

Kanin, Garson. *Tracy and Hepburn: An Intimate Memoir*. New York: Donald I. Fine, 1988.

Leaming, Barbara. *Katharine Hepburn*. New York: Crown, 1995.

Morley, Sheridan. *Katharine Hepburn*. London: Pavilion Books, 1984.

KAFKA SOURCES

Citati, Pietro. *Kafka*. New York: Alfred A. Knopf, 1989.

Gray, R., ed. *Kafka: A Collection of Critical Essays*. Englewood Cliffs, N. J.: Prentice Hall, 1962.

Glazer, N. N. *The Loves of Franz Kafka*. New York: Schocken Books, 1986.

Heller, E. *Franz Kafka*. Princeton: Princeton University Press, 1974.

Kafka, Franz. *Letter to His Father*. New York: Schocken Books, 1953.

Kafka, Franz. *Letters to Ottla and the Family*. 1982.

Pawel, E. *The Nightmare of Reason: A Life of Franz Kafka*. New York: Vintage, 1984.

Robert, M. *As Lonely as Franz Kafka: A Psychological Biography*. New York: Schocken Books, 1986.

Washington, K. *Franz Kafka: Pictures of a Life*. New York: Random House, 1984.

KENNEDY SOURCES

Collier, Peter, and David Horowitz. *The Kennedys*. New York: Summit Books, 1984.

Davis, John H. *The Kennedys: Dynasty and Disaster*. New York: McGraw-Hill, 1984.

Goodwin, Doris Kearns. *The Fitzgeralds and the Kennesys*. New York: Simon & Schuster, 1987.

Hamilton, Nigel. *JFK Reckless Youth*. New York: Random House, 1992.

Heymann, C. David. *A Women Named Jackie*. New York: New American Library, 1989.

James, Ann. *The Kennedy Scandals and Tragedies*. Lincolnwood, Ill.: Publication International, 1991.

Kennedy, Rose. *Times to Remember*: New York: Bantam Books, 1975.

Latham, Caroline, and Jeannie Sakol. *Kennedy Encyclopedia*. New York: New American Library, 1989.

Leamer, Lawrence. *The Kennedy Women*. New York: Villard Books, 1994.

McTaggart, Lynne. *Kathleen Kennedy: Her Life and Times*. New York: Dial, 1983.

Rachlin, Harvey. *The Kennedys: A Chronological History, 1823-Present*. New York:

World Almanac, 1986.

Rainie, Harrison, and John Quinn. *Growing Up Kennedy: The Third Wave Comes of Age*. New York: G. P. Putnam's Sons, 1983.

Saunders, Frank. *Torn Lace Curtain: Life with the Kennedys*. New York: Pinnacle Books, 1982.

Wills, Garry. *The Kennedy Imprisonment: A Mediation on Power*. New York: Little, Brown, 1981.

ANN LANDERS AND DEAR ABBY SOURCES

Pottker, Jan, and Bob Speziale. *Dear Ann, Dear Abby: The Unauthorized Biography of Ann Landers and Abigail Van Buren*. New York: Dodd, Mead & Company, 1987.

LINCOLN AND TODD SOURCES

Baker, Jean. *Mary Todd Lincoln: A Biography*. New York: W. W. Norton, 1987.

Eliot, Alexander. *Abraham Lincoln: An Illustrated Biography*. New York: W. H. Smith, 1985.

Needy, Mark E., and R. Gerald McMurtry. *The Insanity File: The Case of Mary Todd Lincoln*. Carbondale: Southern Illinois University Press, 1986.

Oates, Stephen B. *With Malice toward None: The Life of Abraham Lincoln*. New York: New American Library, 1977.

Oates, Stephen B. *Abraham Lincoln: The Man behind the Myths*. New York: Harper & Row, 1984.

Sandburg, Carl. *Abraham Lincoln: The Prairie Years*, vol. Iand II. New York: Harcourt, Brace & Company.

Schreiner, Samuel A. *The Trials of Mrs. Lincoln*. New York: Donald I. Fine, 1987.

MAHLER SOURCES

Blaukoph, Kurt. *Gustav Mahler*. New York: Limelight Editions, 1985.

Keegan, Susanne. *The Bride of the Wind: The Life of Alma Mahler*. New York: Viking Press, 1992.

La Grange, Henry-Louis de. *Mahler*. London: Victor Gollancz Ltd, 1976.

Mahler, Alma. *Gustav Mahler: Memories and Letters*. New York: Seattle: University of Washington Press, 1971.

Martner, Kund, ed. *Selected Letters of Gustav Mahler*. New York: Farrar, Straus, Giroux, 1979.

Monson, Karen. *Alma Mahler: Muse to Genius*. Boston: Houghton Mifflin, 1983.

Secherson, Edward. *Mahler*. New York: Omnibus Press, 1982.

MARX BROTHERS SOURCES

Adamson, Joe. *Groucho, Harpo, Chico, and Sometimes Zeppo*. New York: Simon & Schuster, 1973.

Arce, Hector. *Groucho*. New York: G. P. Putnam's Sons, 1979.

Bergan, Ronald. *The Life and Times of the Marx Brothers*. London: Green Wood Publishing, 1992.

Chandler, Charlotte. *Hello, I Must Be Going: Groucho and His Friends*. Garden City, N. Y.: Doubleday, 1978.

Crichton, Kyle. *The Marx Brothers*. Garden City, N. Y.: Doubleday, 1950.

Marx, Arthur. *Son of Groucho*. New York: David McKay Co., 1972.

Marx, Arthur. *My Life with Groucho*. Fort Lee, N.J.: Barricade Books, 1988.

Marx, Groucho. *Gourcho and Me*. New York: Simon & Schuster, 1959.

Marx, Groucho. *Memoirs of a Lover*. New York: Simon & Schuster, 1963.

Marx, Groucho. *The Groucho Letters*. New York: Simon & Schuster, 1967.

Marx, Harpo. "My Brother Groucho." *Coronet* (February 1951).

Marx, Harpo, with Rowland Barber. *Harpo Speaks*. New York: Limelight Editions, 1985.

Marx, Maxine. *Growing Up with Chico*. New York: Limelight Editions, 1986.

Stables, Kate. *The Marx Bros*. Greenwich, Coon.: Brompton Books, 1992.

O'NEILL SOURCES

Bowen, Croswell. *The Curse of the Misbegotten*. New York: McGraw-Hill. 1959.

Gelb, Arthur, and Barbara Gelb. *O'NEILL*. New York: Harper & Row, 1987.

O'NEILL, Eugene. *Long Day's Journey into Night*. New Haven: Yale University Press, 1955.

Sheaffer, Louis. *O'NEILL: Son and Playwright*. Boston: Little, Brown, 1968.

Sheaffer, Louis. *O'NEILL: Son and Artist*. Boston: Little, Brown, 1973.

ROBESON SOURCES

Dean, Phillip Hayes. "Paul Robeson." In *Black Heroes: Seven Plays*, ed. Errol Hill. New York: Applause Theatre Book Publishers, 1989.

Dubermann, Martin Bauml. *Paul Robeson*. New York: Alfred A. Knoph, 1988.

Ehrlich, Scott. *Paul Robeson: Singer and Actor*. New York: Chelsea House, 1988.

Larsen, Rebecca. *Paul Robeson: Hero before His Time*. New York: Franklin Watts, 1989.

Ramdin, Ron. *Paul Robeson: The Man and His Mission*. London: Peter Owen, 1987.

Robeson, Paul. *Here I Stand*. Boston: Beacon Press, 1988.

Robeson, Susan. *The Whole World in His Hands: A Pictorial Biography of Paul Robeson*. New York: Carol Publishing Group, 1981.

ROBINSON SOURCES

Alvarez, Mark. *The Official Baseball Hall of Fame Story of Jackie Robinson*. New York: Simon & Schuster, 1990.

Robinson, Jackie. *I Never Had It Made*. New York: G. P. Putnam's Sons, 1972.

ROOSEVELT SOURCES

Asbell, Bernard, ed. *Mother and Daughter: The Letters of Eleanor and Anna Roosevelt*. New York: Coward, McCann & Geoghegan, 1982.

Bishop, Joseph B., ed. *Theodore Roosevelt's Letters to His Children*. New York: Charles Scribner's Sons, 1919.

Brough, James. *Princess Alice: A Biography of Alice Roosevelt Longworth*. Boston: Little, Brown, 1975.

Collier, Peter with David Horowitz. *The Roosevelts*. New York: Simon & Schuster, 1994.

Cook, Blanche Wiesen. *Eleanor Roosevelt, 1884-1933: A Life: Mysteries of the Heart*, Vol. 1, New York: Viking Penguin, 1992.

Felsenthal, Carol. *Alice Roosevelt Longworth*. New York: G. P. Putnam's Sons, 1988.

Fritz, Jean. *Bull for You, Teddy Roosevelt*. New York: G. P. Putnam's Sons, 1991.

Hagedorn, Hermann. *The Roosevelt Family of Sagamore Hill*. New York: Macmillan, 1954.

Lash, Joseph P. *Eleanor and Franklin*. New York: W. W. Norton, 1971.

McCullough, David. *Mornings on Horseback*. New York: Simon & Schuster, 1981.

Miller, Nathan. *Theodore Roosevelt*. New York: William Morrow & Co., 1992.

Morgan, Ted. *FDR: A Biography*. New York: Simon & Schuster, 1985.

Morris, Edmund. *The Rise of Theodore Roosevelt*. New York: Ballantino, 1979.

Pringle, Henry F. *Theodore Roosevelt*. New York: Harcourt, Brace & World, 1931.

Roosevelt, Eleanor. *The Autobiography of Eleanor Roosevelt*. Boston: G. K. Hall, 1984.

Roosevelt, James. *My Parents: A Differing View*. Chicago: Playboy Press, 1976.

Roosevelt, Theodore. *An Autobiography*. New York: Charles Scribner's Sons, 1925.

Teichman, Howard. *Alice: The Life and Times of Alice Roosevelt*. Englewood Cliffs, N. J.: Prentice Hall, 1979.

SARTRE SOURCES

Cohen-Solal, A. *Sartre, a Life*. New York: Pantheon Books, 1987.

Sartre, Jean Paul. *The Words*. Greenwich, Conn.: Fawcett, 1964.

SHAW AND PAYNE-TOWNSHEND SOURCES

Colbourne, M. *The Real Bernard Shaw*. New York: Philosophical Library, 1949.

Dervin, D. *Bernard Shaw: A Psychological Study*. Lewisburg, Penn.: Bucknell University Press, 1975.

Dunbar, Janet. *Mrs. G. B. S.: A Portrait*. New York: Harper & Row, 1963.

Holroyd, Michael. *Bernard Shaw*, vol. I, The Search for Love, 1856-1898. New York: Random House, 1988.

Holroyd, Michael. *Bernard Shaw*, vol. II, The Pursuit of Power, 1989-1918. New York: Random House, 1989.

Holroyd, Michael. *Bernard Shaw*, vol. III, The Lure of Fantasy, 1918-1951. New York: Random House, 1991.

Shaw, Bernard. *Complete Plays*, vol. III. New York: Dodd, Mead, 1968.

Smith, J. P. *The Unrepentant Pilgrim: A Study of the Development of Bernard Shaw*. Boston: Houghton Mifflin, 1965.

TOLSTOY SOURCES

Citati, Pietro. *Tolstoy*. New York: Schocken Books, 1986.

Courcel, Martine de. *Tolstoy: The Ultimate Reconciliation*. New York: Charles Scribner's Sons, 1980.

Edward, Anne. *Sonya: The Life of Countess Tolstoy*. New York: Simon & Schuster, 1981.

Maude, Aylmer. *The Life of Tolstoy*, vols. I and II. New York: Oxford University Press, 1987.

Simmons, Ernest J. *Leo Tolstoy*, vols. I and II. New York: Vintage, 1960.

Smoluchowski, Louise. *Leo & Sonya: The Story of the Tolstoy Marriage*. New York: G. P. Putnam's Sons, 1987.

Stilman, Leon, ed. *Leo Tolstoy: Last Diaries*. New York: G. P. Putnam's Sons, 1960.

Tolstoy, Leo. *Childhood, Boyhood, Youth*. Baltimore: Penguin, 1964.

Tolstoy, Nikolai. *The Tolstoys: Twenty-four Generations of Russian History*. New York: William Morrow & Co., 1983.

Troyat, Henri. *Tolstoy*. New York: Dell, 1967.

Howard, Fred. *Wilbur and Orville: A Biography of the Wright Brothers*. New York: Alfred A. Knopf, 1987.

Kelly, Fred C. *The Wright Brothers: A Biography*. New York: Dover, 1989.

Kinnane, Adrian. "The Crucible of Flight." Unpublished manuscript. George Washington University, Meyer Treatment Center.

Kinnane, Adrian. "A House United: Morality and Invention in the Wright Brothers' Home." *Psychohistory Review* (1988).

McMahon, John R. *The Wright Brothers Fathers of Flight*. Boston: Little, Brown, 1978.

Miller, Ivonnette Wright. *Wright Reminiscences*. Dayton, Ohio: Privately printed, 1978.

Renstrom, Arthur G. *Wilbur and Orville Wright: A Chronology Commemorating the One Hundredth Anniversary of the Birth of Orville Wright*. Washington, D. C.: Library of Congress, 1975.

Reynold, Quenton. *The Wright Brothers*. New York: Random House, 1950.

Walsh, John Evangelist. *One Day at Kitty Hawk. The Untold Story of the Wright Brothers and the Airplane*. New York: Crowell, 1975.

Wilson, A. N. *Tolstoy*. New York: W. W. Norton, 1988.

QUEEN VICTORIA SOURCES

Auchincloss, Louis. *Persons of Consqeunce: Queen Victoria and Her Circle*. New York: Random House, 1979.

Benson, E. F. *Queen Victoria*. London: Chatto & Windus, 1987.

Charlot, Monica. *Victoria: The Young Queen*. Oxford: Blackwell, 1991.

Hibbert, Christopher. *Queen Victoria in Her Letters and Journals*. New York: Viking, 1985.

James, Robert Rhodes. *Prince Albert*. New York: Alfred A. Knopf, 1984.

Stoney, Benita. *Victoria and Albert, a Family Life at Osborne House*. New York: Prentice Hall, 1991.

Strachey, Lytton. *Queen Victoria*. New York: Harcourt, Brace, Jovanovich, 1921.

Thompson, Dorothy. *Queen Victoria: The Woman, the Monarchy, and the People*. New York: Pantheon Books, 1990.

Weintraub, Stanley. *Victoria*. New York: E. P. Dutton, 1987.

Wilson, E. *Eminent Victorians*. New York: W. W. Norton, 1990.

Woodham-Smith, Cecil. *Queen Victoria*. New York: Donald Fine, Inc., 1972.

WASHINGTON SOURCES

Bourne, M. A. *First Family: George Washington and His Intimate Relations*. New York: W. W. Norton, 1982.

Desmond, Alice Curtis. *George Washington's Mother*. New York: Dodd, Mead, & Co., 1962.

Mitchell, S. W. *The Youth of Washington*. New York: Century Company, 1904.

Moore, C. *The Family Life of George Washington*. Boston: Houghton Mifflin, 1926.

WRIGHT BROTHERS SOURCES

Crouch, Tom D. *The Bishop's Boys: A Life of Wilbur and Orville Wright*. New York: W. W. Norton, 1989.

Freedman, Russell. *The Wright Brothers: How They Invented the Airplane*. New York: Holiday House, 1991.

Goulder, Grace. *Ohio Scenes and Citizens*. Cleveland: World, 1964.

Howard, Fred. *Wilbur and Orville: A Biography of the Wright Brothers*. New York: Alfred A. Knopf, 1987.

Kelly, Fred C. *The Wright Brothers: A Biography*. New York: Dover, 1989.

Kinnane, Adrian. "The Crucible of Flight." Unpublished manuscript. George Washington University, Meyer Treatment Center.

Kinnane, Adrian. "A House United: Morality and Invention in the Wright Brothers' Home." *Psychohistory Review*. (1988).

McMahon, John R. *The Wright Brothers: Fathers of Flight*. Boston: Little, Brown, 1930.

Miller, Ivonnette Wright. *Wright Reminiscences*. Dayton, Ohio: Privately printed, 1978.

Renstrom, Arthur G. *Wilbur and Orville Wright: A Chronology Commemorating the One Hundredth Anniversary of the Birth of Orville Wright*. Washington, D. C.: Library of Congress, 1975.

Reynold, Quenton. *The Wright Brothers*. New York: Random House, 1950.

Walsh, John Evangelist. *One Day at Kitty Hawk: The Untold Story of the Wright Brothers and the Airplane*. New York: Crowell, 1975.

찾아보기

인명

내용

저자 소개

모니카 맥골드릭(Monica McGoldrick)

뉴저지주 하이랜드 파크의 다문화가족연구소(the Director of Multicultural Family Institute) 소장으로 재직 중이며, 포드햄 대학교 사회복지학과 교환 교수 및 로버트 우드 존슨 의과대학교 임상심리학과 교수를 역임했다. 그녀는 1966년 예일 대학교에서 러시아문학 박사학위를 취득했고, 1969년에는 스미스 대학교에서 사회복지학 박사학위를 취득했다. 이후 다세대 및 문화간 가족치료 분야의 탁월한 업적을 인정받아 '미국 가족치료학회 우수 연구자상'을 수상한 바 있다. 저서로는『변화하는 가족생애주기(The Changing Family Life Cycle)』,『다문화가족치료(Ethnicity and Family Therapy)』,『가족과 여성(Women in Families)』,『상실을 넘어서(Living beyond Loss)』,『가계도(Genograms in Family Assessment)』등이 있다.

역자 소개

남순현

고려대학교 심리학과 학사

고려대학교 대학원 심리학과 임상심리전공 석사

고려대학교 대학원 심리학과 임상심리전공 박사

이화여자대학교 대학원 사회복지학과 노인복지실천전공 박사

현 경복대학교 교양학과 교수

황영훈

한국외국어대학교 이탈리어학과 학사

Fuller Theological Seminary 목회상담 석사

Princeton Theological Seminary 목회상담 박사

전 서울여자대학교 기독교학과 교수

현 서울보웬가족클리닉 소장

가계도 분석을 통해 본 **세계 유명인의 가족비밀**

YOU CAN GO HOME AGAIN: RECONNECTING WITH YOUR FAMILY

2007년 11월 30일 1판 1쇄 인쇄
2019년 2월 19일 1판 4쇄 발행

지은이 • Monica McGoldrick
옮긴이 • 남순현 · 황영훈
펴낸이 • 김진환
펴낸곳 • (주)학지사
04031 서울특별시 마포구 양화로 15길 20 마인드월드빌딩
대표전화 • 02-330-5114 팩스 • 02-324-2345
등록번호 • 제313-2006-000265호

홈페이지 • http://www.hakjisa.co.kr
인스타그램 • https://www.instagram.com/hakjisabook

ISBN 978-89-5891-607-9 93180

정가 23,000원